W0391132

Erhard Stackl

HANS BECKER O5

Widerstand gegen Hitler

GEGRÜNDET
1999

Erhard Stackl

HANS BECKER O5

Widerstand gegen Hitler

Czernin Verlag, Wien

Gedruckt mit Unterstützung der Stadt Wien, Kultur, des Zukunftsfonds der Republik Österreich und des Nationalfonds der Republik Österreich für Opfer des Nationalsozialismus

ZukunftsFonds
der Republik Österreich

Nationalfonds der Republik Österreich
für Opfer des Nationalsozialismus

Stackl, Erhard: Hans Becker O5. Widerstand gegen Hitler / Erhard Stackl
Wien: Czernin Verlag 2022
ISBN: 978-3-7076-0779-6

© 2022 Czernin Verlags GmbH, Wien
Autorenfoto: Katharina F.-Roßboth
Umschlaggestaltung und Satz: Mirjam Riepl
Druck: GGP Media GmbH
ISBN Print: 978-3-7076-0779-6
ISBN E-Book: 978-3-7076-0780-2

Alle Rechte vorbehalten, auch das der auszugsweisen Wiedergabe
in Print- oder elektronischen Medien

INHALT

-1-
TOD AM NACHMITTAG

Nichts deutete darauf hin, dass ein strahlender Tag im chilenischen Frühling Hans Beckers letzter sein würde. Während seiner 53 Lebensjahre war Becker schon oft an den Rand des Abgrunds geraten, manchmal sogar darüber hinaus.

Als österreichischer Fliegeroffizier überlebte er das feindliche Feuer in den klapprigen Flugzeugen des Ersten Weltkriegs. Danach, als Eisenbahnbauer in entlegenen Urwäldern Südamerikas, traf er bis dahin nicht kontaktierte indigene Völker und hielt bewaffnete Holzfäller in Schach, die in ihrem Camp betrunken tobten. Während des Zweiten Weltkriegs quälten Nazis den Hitlergegner Becker mehr als 1.000 Tage in Konzentrationslagern auf kaum sagbare Weise.

Wieder in Freiheit, kämpfte er trotz ständiger Todesgefahr im österreichischen Widerstand bis Kriegsende gegen Hitler. Freunde beschrieben Hans Becker als verwegenen Abenteurer im Stil früher Hollywoodfilme: 1,79 Meter groß, schlank und elegant, mit Witz und Charme anscheinend jeder Gefahr gewachsen.

An seinem letzten Tag, dem 16. Dezember 1948, saß Becker in seiner neuen, vermeintlich harmlosen Rolle als österreichischer Diplomat an seinem Schreibtisch in Santiago de Chile und führte bloß Papierkrieg. Gegen 16 Uhr kam im Vorraum Unruhe auf. Ein Mann war unangemeldet in die Gesandtschaft im sechsten Stock des neuen Bürogebäudes im Zentrum von Santiago eingedrungen und hatte Becker dringend zu sprechen verlangt.

Es war in diesen Tagen nicht der erste Versuch des Ungebetenen, einen Gesprächstermin zu erzwingen, aber sein heftigster. Im Empfangsraum konnten der Konsul Hugo Moser und Beckers Sekretärin Augusta Menjoni den wütenden Mann mittleren Alters – 1,60 Meter groß, blondes Haar, helle Augen – kaum zurückhalten. Er wedelte mit einem Brief, den Becker unbedingt lesen müsse. Um ihn zu beruhigen, nahm Frau Menjoni das Schreiben an. Sie eilte mit dem Umschlag in Beckers Zimmer. Als sie wieder herauskam, stürmte der Eindringling an Menjoni vorbei durch die Tür und warf sie hinter sich zu.

In den nächsten Minuten hörten sie einen »heftigen Wortwechsel«, so gaben Moser und Menjoni später zu Protokoll. Dann krachten drei Schüsse. Moser wollte sofort herausfinden, was geschehen war, doch die Tür war blockiert. Er drückte sie einen Spalt auf und sah im selben Moment, wie der Eindringling einen Revolver an seine rechte Schläfe hielt und schoss.[1]

Geschockt drückte Moser die Tür weiter auf und fand unmittelbar dahinter, in einer Blutlache liegend, Hans Becker. Als der Notarzt und die Polizei vor dem Hochhaus in der Calle Ahumada 312 eintrafen und wenige Minuten später in die Räume der österreichischen Gesandtschaft im Appartement 625 rasten, konnten sie nur noch den Tod Beckers wie auch seines Mörders feststellen.[2]

Zwei Schüsse hatten Becker getroffen, der erste von vorn in die Brust, der zweite, als er sich flüchtend zur Tür wandte, in den Hinterkopf. Eine dritte Kugel hatte das Opfer verfehlt und steckte in der Wand. Das stellten die Polizisten fest, die unter der Leitung des Präfekten Oscar Peluchoneau die Ermittlungen aufnahmen. Der Ablauf schien klar zu sein. Die Tatwaffe, ein Revolver der Marke Smith & Wesson, Kaliber 38, lag neben dem Täter, der auch einen chilenischen Personalausweis bei sich trug: er lautete auf Leo Sikorskyj, 42 Jahre alt, als Sohn ukrainischer Eltern im österreichisch-ungarischen Galizien geboren, seit Kriegsende staatenlos und erst vor drei Monaten in Chile angekommen.[3]

Als nächstes verständigte die Polizei das chilenische Außenministerium vom Diplomatenmord und versuchte, die erst 37-jährige Witwe zu erreichen. Beckers Ehefrau Etta und ihre beiden Töchter, die sechsjährige Angelika, genannt »Gika«, und die vierjährige Franka, verbrachten diesen Donnerstag im Thermalbad Colina,

Österreichischer Geschäftsträger in Chile durch drei Schüsse ermordet

UN INMIGRANTE ASESINÓ AYER, EN SU DESPACHO, AL MINISTRO DE AUSTRIA EN NUESTRO PAÍS

The New York Times

AUSTRIAN ENVOY SLAIN

In Chile, Ukrainian Former DP Then Takes Own Life

ASESINARON EN SU DESPACHO AL MINISTRO DE AUSTRIA; LUEGO EL AUTOR SE SUICIDO

Schlagzeilen zu Beckers Tod in Österreich (»Kurier«), den USA und Chile

100 Kilometer südöstlich von Santiago. Polizisten machten sie dort ausfindig, überbrachten die schreckliche Nachricht und lotsten sie zurück in die Stadt.

Inzwischen war Chiles Außenminister Germán Riesco vor dem Bürohaus in der Calle Ahumada eingetroffen, um Beileidswünsche seiner Regierung zu überbringen. Es herrschte ein wahrer Tumult, hunderte Schaulustige verstopften die damalige Durchzugsstraße, die heute eine Fußgängerzone ist. Reporter der Boulevardpresse veranstalteten ein Blitzlichtgewitter, um die erregte Menge, den Minister und die Arbeit der Polizei zu fotografieren.

Nachrichtenagenturen verbreiteten die Meldung in der Welt. »Austrian Envoy Slain« (Österreichischer Gesandter getötet), berichtete etwa die »New York Times« am 17. Dezember aus Chile.[4] In Österreich machte der »Kurier«, – »Herausgegeben von den amerikanischen Streitkräften für die Wiener Bevölkerung« hieß es damals im Untertitel – mit großen Lettern auf: »Österreichischer Geschäftsträger in Chile durch drei Schüsse ermordet«. Ähnlich titelte die von der britischen Besatzungsmacht herausgegebene »Weltpresse«: »Österreichischer Diplomat in Chile ermordet.« Beide Blätter nannten bereits den »staatenlosen Ukrainer« Sikorskyj als mutmaßlichen Täter. Laut »Kurier« soll er mit einem Flüchtlingstransport aus Österreich nach Chile gekommen sein und »Becker mehrmals aufgesucht haben, um Arbeit zu finden«. Das Mordmotiv ließen die Berichte offen.[5]

Chilenische Journalisten forschten noch am Tag der Tat weiter nach Gründen. Ein Reporter von »Las Noticias de Última Hora« (etwa: Neueste Nachrichten), der überhaupt der erste am Tatort gewesen sein will, wie er in seinem Bericht stolz vermeldete, traf unter den Schaulustigen einen Österreicher. Dieser nannte sich Walter Kallich und bot eine Erklärung für die Bluttat: Becker sei ein hochrangiger »Anti-Nazi«, aber auch ein »Anti-Kommunist« gewesen. Sikorskyj, ein »eingefleischter Kommunist«, habe ihn wohl aus »politischen Gründen« und in höherem Auftrag liquidiert.[6]

Als Präfekt Peluchoneau* tags darauf eine Pressekonferenz zum Diplomatenmord abhielt, fragte der Reporter gleich nach diesem »internationalen Motiv«. Bei einer »Bluttat am helllichten Tag mitten im Zentrum von Santiago« sei der Gedanke an einen politischen Auftragsmord ausgesprochen »absurd«, lautete die negative Antwort. Der Täter sei äußerst nervös gewesen und wie ein Anfänger vorgegangen, nicht wie ein Berufskiller.[7] Nachfragen, ob es dann vielleicht ein »Mord aus Leidenschaft« gewesen sei, ließ Peluchoneau unbeantwortet.

Aus Ermittlerkreisen sickerte zu den Medien durch, dass der Mord tatsächlich mit dem privaten Umfeld von Täter und Opfer zu tun haben könne. »Der Brief, den Sikorskyj zurückgelassen hat – der

---

* Im Spielfilm »Neruda« (2016) konfrontiert der chilenische Regisseur Pablo Larraín die Figur des weltberühmten Dichters und kommunistischen Senators Pablo Neruda mit einem Gegenspieler in Gestalt eines gewitzten Polizisten. Dieser fiktionale »Inspektor Oscar Peluchoneau«, der den 1948 zum Staatsfeind erklärten und untergetauchten Poeten aufspüren und verhaften soll, ist wohl nach dem im Fall Becker ermittelnden Polizeipräfekten modelliert.

verrät das Motiv«, schrieb die Zeitung »Últimas Noticias«. Und das Konkurrenzblatt »Noticias de Última Hora« spekulierte, der »Immigrant« habe Becker wohl wegen »Eheproblemen« mit seiner Frau getötet.[8]

Konsul Moser berichtete empört an den damaligen Außenminister Karl Gruber nach Wien, dass er mit dem Rechtsanwalt der Gesandtschaft eine »mehrstündige Unterredung« gehabt habe, um eine »Richtigstellung der entstellenden Zeitungsnachrichten zu konzipieren«.[9]

Es war aber nicht ein mit Andeutungen spekulierendes Boulevardmedium, sondern »El Mercurio«, das Leibblatt der Konservativen, das als erstes den Namen Hilde Sikorskyj nannte. Die junge Ehefrau des Täters sei mit ihm ins Land gekommen und bald danach »als Kinderfrau in den Dienst Hans Beckers getreten«. Im Rahmen der damaligen Anstandsgrenzen noch deutlicher wurde die Zeitung »La Nación«: Der Täter habe eine Aussprache darüber verlangt, was an den Gerüchten über den Umgang Señor Beckers mit seiner Ehefrau dran sei. Darum sei es auch in dem ominösen Brief gegangen.[10]

Um weitere Spekulationen zu stoppen, gab die österreichische Vertretung in Chile die vorbereitete Erklärung an die lokale Presse und an Agenturen wie United Press weiter. »Danach hatte sich der Mörder Leo Sikorskyj in die Gesandtschaft begeben, um die Auslieferung seiner Frau zu verlangen, die Asyl gesucht hatte, weil sie von ihrem Mann stets mit Morddrohungen verfolgt wurde«, meldete der »Wiener Kurier« am nächsten Tag unter dem Titel »Motiv für Mord an Gesandten Dr. Hans Becker aufgeklärt«.[11]

Aber der Schaden war schon angerichtet. Im Wiener Ministerium, wo Becker nicht nur Freunde hatte, wurde sogar noch lange untersucht, ob es sich tatsächlich um einen »Dienstunfall« gehandelt habe. Es könnte auch ein »Selbstverschulden« Beckers vorliegen. Hatte er Schwierigkeiten mit Menschen bekommen, für die es keine Zuständigkeit gab, weil sie keine Österreicher waren? Die Beamten entschieden dann doch, dass es ein Dienstunfall war, was für die finanzielle Versorgung der Hinterbliebenen Bedeutung hatte.[12]

Den Angehörigen macht das Gerede aber bis heute viel Verdruss. Zu ihrem Ärger munkelten sogar Leidensgenossen Beckers, die gemeinsam mit ihm das KZ überlebt hatten, noch Jahre später, dass bei seinem Tod eine Frau im Spiel gewesen sein könnte.

In Santiago de Chile wurde bereits zwei Tage nach dem Mord ein Staatsbegräbnis für Becker ausgerichtet. Zur Einsegnung in der Sagrario-Kirche neben der Kathedrale sei am Samstagvormittag neben Regierungsvertretern, Diplomaten und Mitgliedern der österreichischen Kolonie »sehr viel chilenisches Publikum« erschienen, meldete Konsul Moser nach Wien. An der Bestattung selbst nahmen laut Moser »nach chilenischem Brauch Damen nicht teil«. Der Leichenwagen wurde vor dem Cemeterio General, Santiagos Zentralfriedhof, »von Lanzenreitern flankiert«. Eine Infanteriekapelle spielte Beethovens Trauermarsch.[13]

Als Vertreter des chilenischen Außenamts hielt Enrique Bernstein, ein späterer Botschafter seines Landes in Österreich, die Trauerrede für Becker, der für sein Vaterland viel gelitten und trotz seiner kurzen Amtszeit in Santiago starke Sympathien gewonnen habe. Für das Diplomatische Corps sprach der Nuntius des Vatikans und zitierte das biblische Buch Hiob. Dann gab eine Ehrenkompanie drei Salutschüsse ab, während der Sarg in einer Ecke des Mausoleums der Luftstreitkräfte beigesetzt wurde.[14]

Daheim in Österreich schrieben die Zeitungen über Beckers Rolle im Zweiten Weltkrieg, die von der Tragik seines Todes fast überschattet wurde. Die »Wiener Zeitung«, für die Becker 15 Jahre zuvor als Journalist gearbeitet hatte, betonte seinen Beitrag zur österreichischen Résistance: »Er war einer der führenden Männer der O5.« Auch das Regierungsblatt »Neues Österreich« und »Das Kleine Volksblatt« der konservativen Volkspartei (ÖVP) erinnerten an Beckers »Aufbau der Widerstandsbewegung«. Der ÖVP-Funktionär

O5-Zeichen auf dem Stephansdom: O und E für Österreich

Fritz Bock, früher ein enger Mitarbeiter des Ermordeten, nannte Becker im »Kurier«-Interview »einen der größten Köpfe Österreichs im Kampf gegen den Nationalsozialismus«.[15]

Ähnlich klang es aus der entgegengesetzten politischen Ecke. Als »fanatischen Vorkämpfer für die Freiheit«, der für sie ins KZ ging und nach seiner Entlassung »als Organisator des Österreichischen Widerstands wirkte«, beschrieb ihn »Der neue Mahnruf«, das Organ »österreichischer KZler und politisch Verfolgter«, dem eine Nähe zur Kommunistischen Partei nachgesagt wurde. Für Beckers Engagement sah dieser Nachruf zwei Motive: seinen Glauben an Österreich, das für ihn »auch in den dunkelsten Tagen des Terrors und der Unterdrückung niemals gestorben« war, und den »Nazismus, den er aus tiefster Seele verabscheute«.[16]

Am 21. Dezember 1948 hielt Bundeskanzler Leopold Figl, der zehn Jahre zuvor mit Becker ins KZ Dachau verschleppt worden war, in der Sitzung des Ministerrats eine Gedenkminute für den Ermordeten ab. Am Tag darauf gab es im Wiener Stephansdom in

Anwesenheit zahlreicher Überlebender des Naziterrors ein Requiem für Becker. Mit dabei war Theodor Innitzer. Österreicherinnen und Österreicher, die in der Nazizeit wegen ihres Patriotismus verfolgt wurden, schätzten den Kardinal wenig, weil er 1938 den Anschluss des Landes an Hitlerdeutschland befürwortet hatte.[17]

Auf der Fassade des Stephansdoms, rechts neben dem Riesentor, prangt jedenfalls bis heute deutlich sichtbar das Zeichen »O5«, das Kürzel der von Hans Becker gegründeten Widerstandsorganisation. Es ist ein leicht zu entschlüsselnder Code: Zum O kommt als fünfter Buchstabe des Alphabets das E und ergibt OE als Symbol für ein freies OESTERREICH, das sich entschlossen gegen die Auslöschungsversuche der Nazis wehrte.

– 2 –
WEGE IN DEN WIDERSTAND

Hans Becker stammte aus einer adeligen Familie der österreichisch-ungarischen Monarchie. Er sympathisierte zwar prinzipiell mit der monarchischen Regierungsform, gehörte aber nicht zu jenen, die ihre Wiederherstellung verlangten. Becker sah sich als liberalen Konservativen und vor allem als österreichischen Patrioten und Nazigegner, der in allen politischen Lagern Verbündete suchte. Im Sammelbecken O5 gab es Monarchisten und Christlichsoziale, abgesprungene Soldaten ebenso wie einige Kommunisten. Auch Sozialdemokraten waren in der Bewegung aktiv – drei wichtige Verbindungsleute der O5 wurden in späteren Jahren enge Vertraute Bruno Kreiskys.

Zeitgenossen beschrieben Becker als ungewöhnliches Multitalent. Nach seiner Zeit als Offizier im Ersten Weltkrieg arbeitete der absolvierte Jurist zunächst als Bankkaufmann. Becker betätigte sich aber auch als Maler und Grafiker, arbeitete später in Übersee als Eisenbahningenieur und Völkerkundler. Nach seiner Rückkehr wurde er in Wien zum Werbefachmann und arbeitete für einen tschechischen Weltkonzern. Über diese Erfahrungen hielt er Vorträge und schrieb Zeitungsartikel. Anfang der 1930er-Jahre stieg er ganz in den Journalismus ein, wurde Autor und Art-Director einer Sonntagszeitung, für die auch der bekannte Essayist Alfred Polgar schrieb.

Becker hatte bis dahin keiner politischen Partei angehört. Sein Milieu war künstlerisch-kreativ und intellektuell. Seine erste Ehefrau brillierte als Solotänzerin auf großen Bühnen und stammte aus einer Familie jüdischer Großbürger und Kunstmäzene. Seine zweite Ehefrau forschte schon als junge Ethnologie-Studentin im afrikanischen Busch und berichtete über ihre Abenteuer in populären Zeitschriften und Rundfunksendungen.

Radiovorträge waren ein weiteres Metier Beckers, als er 1934 einen scharfen politischen Schwenk vollzog und als Werbeexperte für die zunehmend autoritäre Regierung zu arbeiten begann. Deren Einheitspartei, die »Vaterländische Front«, ernannte ihn zum »Propagandaleiter«, auch wenn Mittel und Macht weit von seinem deutschen Pendant, Hitlers Sprachrohr Joseph Goebbels, entfernt waren. Becker glaubte, die austrofaschistische Diktatur unterstützen zu müssen, um den Ansturm der Nazis auf Österreich zu stoppen.

Doch Hitler erhöhte den Druck auf Österreich, schleuste Vertrauensleute in das »vaterländische« Regime ein und untersagte öffentliche Kritik an Deutschland. Becker berichtete später, er habe deshalb schon Mitte der 1930er-Jahre einen Teil seiner Aktivitäten gegen Hitler in den Untergrund verlagert. Für dieses geheime »Operationsbüro« sammelte er Geld, knüpfte ein Netz von Kontaktleuten und legte für Nazis unsichtbare »Verbindungswege ins Ausland« an, wie er es in einer nach dem Krieg veröffentlichten Rechtfertigungsschrift formulierte.[1]

Am Ende des Schuschnigg-Regimes und dem von den Österreicherinnen und Österreichern massenhaft bejubelten Einmarsch der Deutschen war Becker im März 1938 unter den 70.000 Menschen, die von den Nazis sofort verhaftet wurden. Anfang April gehörte er zu den 150 Bedauernswerten – politische Aktivisten »vaterländischer« und linker Richtung sowie jüdische Geschäftsleute –, die mit dem ersten »Prominententransport« ins Konzentrationslager Dachau verschleppt wurden. Bis heute hält sich die Erzählung, dass dort linke und rechte Österreicher, eben noch Bürgerkriegsgegner, miteinander ins Gespräch kamen. Becker gehörte zu jenen, die sich zusätzlich schworen, die Nazis gemeinsam zu bekämpfen, wenn sie die Chance dazu hätten.

Anfang 1941 war für Hans Becker die Zeit im KZ vorerst vorbei. Gerade wieder in Freiheit, versuchte er mit anderen Haftentlassenen das Versprechen wahr zu machen. Er kontaktierte Verbindungsleute von früher und entwickelte ein Programm. Der wichtigste Punkt war, stets konspirativ vorzugehen, um unter dem Radar des nationalsozialistischen Überwachungssystems zu bleiben.[2]

An zweiter Stelle stand die Bemühung, Mitglieder der Gruppe vom Kriegsdienst fernzuhalten. Es gab Tipps, wie man sich »untauglich machen« konnte und Kontakte zu Ärzten, die dabei halfen.

Als »wichtigster Sektor der Widerstandsarbeit« wurde die Sabotage der Rüstungsproduktion gesehen. Beckers Gruppe wollte dazu mit »Zellen in den Fabriken« kooperieren und Anleitungen für erfolgreiche Sabotagemethoden weitergeben.

Ziel der Widerstandstätigkeit war es, das System der Naziherrschaft zu destabilisieren. Die von der Nazipropaganda anfänglich entfachte »Siegespsychose« (Becker) versuchten sie per Flüsterpropaganda zu unterminieren. So warnten sie vor kriegsbedingten Lebensmittelkürzungen für die Bevölkerung, während sich Nazibonzen zur gleichen Zeit bereicherten. Zusätzlich machten sich Beckers Leute bereits Gedanken darüber, wie Österreich nach dem Sturz der Nazis aussehen könnte.

Die Zusammenarbeit mit Widerstandsgruppen anderer Länder wurde geplant und mit Tschechien bald realisiert. Zusätzlich wollte die Gruppe auch Kontakt zu den Alliierten aufnehmen.

Zum Kürzel O5 kam es erst spät. Intern verwendete Becker ab 1942 nacheinander die Bezeichnungen »Operationsbüro«, »Zentralkomitee Österreich« und »Provisorisches Österreichisches Nationalkomitee«. Diese Netze sollten jeweils mehrere Widerstandsgruppen unter einem Dach zusammenbringen.

Im Herbst 1944 hielt Becker die Zeit für reif, gemeinsam an die Öffentlichkeit zu treten. Dazu war es notwendig, ein einprägsames Zeichen zu finden. Den zündenden Einfall hatte ein aus Graz kommender Nazigegner, der Medizinstudent Jörg Unterreiner. Soeben zur Wehrmacht eingezogen, kam Unterreiner nach Wien, wo er in einem Lazarett arbeitete und auf Beckers geheime Organisation traf.[3]

Becker soll Unterreiner aufgefordert haben, in der Nacht auf möglichst viele Hauswände in weißer Farbe »Freiheit für Österreich«

zu schreiben. Unterreiner fand, dass das zu viel Zeit brauche – und schlug stattdessen das Kürzel O5 vor. Begonnen wurde die Malaktion am Wiener Stephansplatz, andere Städte Österreichs folgten.[4]

Die Bewertungen dessen, was Becker und die O5 dann tatsächlich geleistet haben, gehen weit auseinander. Hans Becker sei »zweifellos« die »wichtigste Persönlichkeit« im österreichischen Widerstand gewesen, schreibt der Historiker Radomír Luža. Becker sei es gelungen, ein »Auffangbecken« für die zersplitterten österreichischen Widerstandsgruppen zu schaffen, urteilte Luža, der an US-Universitäten lehrte. Gegen Hitler hatte Luža im Krieg selbst für die tschechischen Partisanen gekämpft, sein eigener Vater verlor dabei das Leben. Das Cover des Buches, das Luža über den österreichischen Widerstand verfasste, schmückt das Zeichen O5.[5]

Ein »Hauptträger« des Widerstands ist Becker auch für Otto Molden, der nach 1945 Gründer der Ideenschmiede »Forum Alpbach« in den Tiroler Bergen war. 1958 brachte Otto Molden ein erstes wissenschaftliches Werk über Gruppierungen wie O5 heraus, mit der er als junger Mann selbst in Berührung gekommen war.[6]

Schon weniger enthusiastisch fällt das Urteil des Zeithistorikers Gerhard Jagschitz aus, für den O5 als »parteiübergreifende, wenn auch eher konservative, lose Gruppe« nur »vorübergehend einige Bedeutung« hatte: als politisches Netzwerk, das die Wienerinnen und Wiener vor Kriegsende per Flugblatt zum Widerstand gegen die Nazis und zur Unterstützung der herannahenden sowjetischen Truppen aufrief. Eine »Hochstilisierung zu einer gesamtösterreichischen Widerstandsbewegung« hielt Jagschitz für »übertrieben«.[7]

Ähnlich skeptisch äußerte sich Wolfgang Neugebauer, der O5 in seinem umfangreichen Standardwerk über den österreichischen Widerstand bloß drei Seiten widmet. Die von der Gruppe behaupteten »umfassenden Widerstandsaktivitäten« wären kaum durch entsprechende »Gestapo- und NS-Justizdokumente« belegbar. Neugebauers Urteil: O5 sei zwar »eine der wichtigsten Widerstandsgruppen«,

Wiener Palais Auersperg, 1945 Sitz der O5

aber »keineswegs die Dachorganisation« des gesamten Widerstands gewesen.[8]

Die Ziele von O5 und ihren Verbündeten im Militärapparat waren 1945 hochgesteckt. Sie wollten einen Volksaufstand entfachen, mit den Alliierten die kampflose Übergabe Wiens und anderer Städte vereinbaren und eine von allen Nicht-Nazis getragene Nachkriegsregierung formieren. Hans Becker sollte Regierungschef oder Außenminister werden.

Kontakte zu den heranrückenden Sowjets waren bereits hergestellt, die Vorbereitungen liefen. Doch Verrat vereitelte den Plan in letzter Minute. Becker kam ins KZ und entging dort nur knapp der Hinrichtung.

Der Volksaufstand blieb aus. Als die Sowjettruppen die Nazis dann in der »Schlacht um Wien« besiegten, betrieben die nicht verhafteten O5-Widerständler im Wiener Palais Auersperg ein Büro, um dort »die neue demokratische Verwaltung einzusetzen«.[9] In der Hoffnung auf Posten strömten von allen Seiten Menschen herbei. Dubiose Figuren deklarierten sich plötzlich zu Aktivisten des Widerstands und diskreditierten so das Ansehen des ganzen Unternehmens.

Vertreter alter und neu entstehender Parteien, die im überparteilichen Projekt der O5 ohnehin eine unliebsame Konkurrenz sahen, besuchten das Palais Auersperg und fanden ihren negativen Eindruck bestätigt. Lois Weinberger, einer der Mitbegründer der ÖVP und im April 1945 selbst gerade aus dem KZ entkommen, sah im Auersperg »sehr zweifelhafte Gestalten« vom Typ »Graf Bobby«, wie er in seinen Erinnerungen schrieb.[10]

Adolf Schärf, Sozialdemokrat und späterer Bundespräsident, war im April 1945 provisorischer Leiter seiner Partei. Am 12. April erschienen in seiner Wohnung zwei Männer »mit rot-weiß-roten Armschleifen«, die ihn aufforderten, in das Palais Auersperg zu kommen. Schärf schrieb später darüber: »Ich ging sofort. Im Palais herrschte fieberhafter Betrieb. Es war, wie ich erfuhr, der offizielle Sitz der ›Widerstandsorganisation O5‹, sozusagen die einzige österreichische Stelle in Wien, die überhaupt amtierte.«[11] Schärf bevorzugte dann aber doch Gespräche mit der neuen ÖVP und ging auf Distanz zu O5. Die Widerstandsorganisation stand nach seinem Eindruck zu sehr unter dem Einfluss der Kommunisten, weil ihre Vorstellung von einer gemeinsamen Regierung aller politischen Kräfte – ohne die Nazis – nach der von Moskau propagierten Volksfrontidee roch.

Doch ausgerechnet von Ernst Fischer, einem der aus Moskau heimgekehrten kommunistischen Parteiführer, kam die schärfste Verurteilung der O5. Fischer sah im Palais Auersperg nur eine »Bande von Gaunern, Schwindlern und naiven Leuten«, die »fantastische Erwartungen« hätten und mit denen sich eine Kooperation nicht auszahle.[12]

Und so geschah es. Von der SPÖ, der neuen ÖVP und der KPÖ wurde eine provisorische Regierung gebildet. Die Widerstandsorganisation blieb draußen. Als Hans Becker nach der Befreiung aus dem KZ Mauthausen endlich nach Wien zurückkam, war für ihn kein Posten mehr frei. Seine Rolle, und die der O5, geriet langsam in Vergessenheit. Farbe und Glamour kam in die Geschichte der O5 erst durch die Erzählungen von Fritz Molden. Der Zeitungsmann, zeitweise international erfolgreiche Verleger und jüngere Bruder von Otto Molden, schilderte Jahre später in Interviews und Büchern seine Abenteuer als 20-jähriger Wehrmachtsdeserteur im Geheimauftrag von O5.[13] Mit gefälschten Papieren fuhr er mehrmals nach Italien und überquerte die Grüne Grenze zur Schweiz. Österreicherinnen und Österreicher im Schweizer Exil und in der französischen Résistance halfen ihm, Kontakt zu den Alliierten aufzunehmen.

Eindringlich schilderte Fritz Molden, wie er den Kontrollen der Wehrmacht mit knapper Not entging. Für den Zeithistoriker Peter Pirker ist das zu abenteuerlich: Moldens Erzählungen seien zwar »großartig zu lesen, in vielen Aspekten wunderbar erfunden, als verlässliche Quelle jedoch mit Vorsicht zu genießen«.[14]

Im Kern ist die Geschichte aber wasserdicht. Als O5-Verbindungsmann traf Molden in Bern 1944 mehrfach Allen W. Dulles, den Chef des damaligen amerikanischen Geheimdienstes OSS, später CIA. Für seinen Einsatz erhielt Molden 1947 – im selben Jahr wie Marlene Dietrich – die höchste US-Auszeichnung »Medal of Freedom«. Fritz Molden, so hieß es in der Würdigung, habe »außergewöhnlich verdienstvolle Taten und Dienste« vollbracht, und das mit »herausragendem Heldenmut unter großen persönlichen Risiken«.[15] Er fand zum Geheimdienstchef Dulles sogar Familienanschluss und heiratete 1948 dessen Tochter Joan, die Ehe hielt knapp sechs Jahre.[16]

Laut Fritz Moldens Memoiren hatte er von den Amerikanern gehört, dass der Osten Österreichs zuerst von der Roten Armee eingenommen werden würde. Deshalb habe er in Paris am 30. März 1945 den russischen General Iwan Susloparow aufgesucht, um eine »baldige Verbindung zwischen O5-Vertretern und den auf Wien zu marschierenden Sowjetarmeen« herzustellen.[17]

Sowjetische Geheimdokumente, die nach dem Ende der UdSSR westlichen Forschern zugänglich wurden, bestätigen Moldens Darstellung. Aus ihnen geht hervor, dass Stalin sofort von der Unterredung in Paris informiert wurde. Die Sowjets waren zwar sauer, dass sich die Österreicher zuerst an Amerikaner und Briten gewandt hatten, stimmten »einer Zusammenarbeit mit O5 jedoch zu«.[18]

In Paris wurden Codes für Funkkontakte ausgetauscht und Losungsworte für einen Boten vereinbart, der von Wien kommend die Front durchqueren und die sowjetischen Truppen erreichen sollte. Auch dieses Husarenstück ist historisch verbrieft: Am 2. April 1945 fuhr Oberfeldwebel Ferdinand Käs mit gefälschten Kurierausweisen, die einen Besuch beim ungarischen Armeekommando vortäuschten, Richtung Bucklige Welt im Süden Niederösterreichs. In der Gemeinde Hochwolkersdorf erreichte Käs das damalige sowjetische Hauptquartier und berichtete Generaloberst Aleksej Zeltov, wie der Widerstand die kampflose Übergabe Wiens ermöglichen wollte. Im Gegenzug bat er, »die schweren alliierten Luftangriffe auf Wien einzustellen« und die Versorgung der Bevölkerung mit Hochquellwasser nicht zu unterbrechen.[19]

Vom Angebot der O5, eine neue österreichische Regierung aufzubauen, hielt Stalin offenbar nichts. Die Gruppe war ihm zu westlich orientiert. Der Sowjetdiktator erinnerte sich aber anscheinend an Karl Renner, der Österreich nach dem Zusammenbruch 1918 schon einmal als Staatskanzler gedient hatte. Dass der Sozialdemokrat Renner ein Antikommunist war und 1938 für den Anschluss Österreichs an Deutschland gestimmt hatte, schien Stalin nicht zu stören. Er gab seinen Truppen »den Befehl, nach Renner zu suchen.«[20] Nach einer anderen Version fuhr Renner aus eigenem Antrieb der Roten Armee entgegen. Und Stalin habe dazu gesagt: »Was, der alte Verräter lebt noch immer? Er ist genau der Mann, den wir brauchen.«[21] Seit in Moskauer Archiven Briefe Renners an Stalin auftauchten, in denen er selbst anbietet, eine Staatsregierung mit Billigung der Sowjets zu installieren, ist die zweite Version plausibler geworden.[22] Am 3. April tauchte der 75-jährige Renner, der den Krieg zurückgezogen in Gloggnitz überlebt hatte, jedenfalls tatsächlich in Hochwolkersdorf auf.*

In einem Balanceakt gelang es Renner, nicht nur von den Sowjets, sondern danach auch von Westalliierten ausreichend Vertrauen zu erhalten, um am 27. April 1945 die Unabhängigkeit Österreichs (freilich noch ein Jahrzehnt lang unter alliierter Aufsicht) verkünden zu können.

Nur wenige Tage davor waren die Verbände von Wehrmacht und Waffen-SS in Ostösterreich von den Sowjettruppen besiegt worden. Die Schlacht um Wien hatte zehntausenden Menschen das Leben gekostet, in besonderem Ausmaß sowjetischen Soldaten von Einheiten, die aus der Ukraine stammten.

Die Bemühungen um eine kampflose Übergabe der Stadt war in der letzten Phase gescheitert. Schon Ende Februar war Hans Becker in eine Falle der Gestapo getappt. Die Verantwortung lag dann beim Hitlergegner Carl Szokoll, einem im Wehrkreiskommando tätigen Major. Szokoll war es auch, der den Funkkontakt mit den Sowjets aufrecht hielt. Unterstützt wurde er unter anderem von Major Karl Biedermann, Hauptmann Alfred Huth und Oberleutnant Rudolf Raschke – drei Offizieren der Heeresstreife, die als eine Art Militärpolizei große Bewegungsfreiheit genoss. Sie sollten den Radiosender Bisamberg besetzen und die Bevölkerung zum Aufstand gegen die Nazis aufrufen. Am 6. April sollte es losgehen.

Doch am 5. April denunzierte ein Bekannter Biedermann als Angehörigen der Widerstandsbewegung. Er wurde sofort verhaftet. Unter Folter begann er Namen zu nennen. Szokoll konnte der

* An dieser Stelle kommt meine eigene Familiengeschichte ins Spiel: Mir wurde als Kind erzählt, dass meine Tante Anna Pusiol, die 1945 als Bauunternehmerin in Gloggnitz lebte und über ein Auto verfügte, Karl Renner die 40 Kilometer bis zum temporären sowjetischen Hauptquartier in Hochwolkersdorf chauffiert habe.

Gestapo rechtzeitig entfliehen, doch Huth und Raschke wurden gefangen genommen. Gemeinsam mit Biedermann wurden sie von einem Standgericht zum Tod verurteilt und am 8. April, nur fünf Tage vor der Eroberung Wiens, am Floridsdorfer Spitz an Laternenpfählen aufgehängt. Biedermann, noch in Offiziersuniform, bekam ein Schild umgehängt: »Ich habe mit den Bolschewiken paktiert.«

Insgesamt wurden in der Nazizeit fast 3.000 Österreicherinnen und Österreicher wegen ihres Widerstands hingerichtet. 32.000 starben in Konzentrationslagern und Gefängnissen.*

Es sei zwar nicht möglich, »die Österreicher mit der Gloriole eines kollektiven Widerstandes zu versehen«, resümierte Erika Weinzierl. Eine zu große Zahl ließ sich »vom Terror des NS-Regimes einschüchtern, verharrte in politischer Abstinenz oder dumpfer Gleichgültigkeit«, schrieb die Mitbegründerin der österreichischen Zeitgeschichteforschung.[23]

»Umso höher« bewertet Weinzierl deshalb das Verdienst der mehr als 35.000 Menschen, die in Österreich »ihr Leben für den Widerstand gaben«. Zu diesen Toten – »immerhin ein halbes Prozent der Bevölkerung« – kamen noch »Zehntausende, die Monate und Jahre im Gefängnis und im Konzentrationslager verbrachten« (Weinzierl).

Bei der politischen Zuordnung der Angeklagten kamen mehr aus der Kommunistischen Partei als aus allen anderen Gruppierungen zusammen.[24] Sozialer Hintergrund war bei vielen Arbeiterschaft oder Adel, es gab Priester und nicht wenige Soldaten – nur Kleinbürger waren kaum vertreten.

---

* Weitere österreichische Opfer im Zweiten Weltkrieg: 65.000 österreichische Jüdinnen und Juden wurden ermordet, 120.000 konnten fliehen oder wurden vertrieben. 9.000 Roma wurden ermordet. In psychiatrischen Anstalten und Pflegeheimen wurden bis zu 30.000 Menschen umgebracht. 100.000 Menschen waren aus politischen Gründen in Haft. 247.000 Wehrmachtssoldaten aus Österreich kamen nicht lebend aus dem Krieg zurück. 15.000 Österreicher fielen als alliierte Soldaten oder als Partisanen. 24.000 Menschen kamen durch Bombenangriffe und Gefechte im Land um. (Opferstatistik aeiou.at und Wolfgang Neugebauer: Der österreichische Widerstand)

Im Jahr 1930, bei den letzten freien Parlamentswahlen vor dem »Anschluss«, war die KPÖ nur auf 21.000 Stimmen gekommen, während für die Sozialdemokraten 1,5 Millionen Wählerinnen und Wähler gestimmt hatten. Die Christlichsozialen, die mit 1,3 Millionen Stimmen an zweiter Stelle lagen, schafften in Koalition mit kleineren Rechtsparteien dennoch eine knappe Regierungsmehrheit.

Nach dem Verbot der Linksparteien 1934 flüchtete ein Teil der sozialdemokratischen Funktionäre ins Exil. Viele Aktivisten schlossen sich den im Untergrund agierenden »Revolutionären Sozialisten« an. Ein anderer Teil ging zu den Kommunisten über, die nach dem »Anschluss« an Hitlerdeutschland im März 1938 sofort einen Aufruf an das »Volk von Österreich« kundmachten: »Wehre Dich!« Das Volk werde »nie und nimmer diese Fremdherrschaft« anerkennen und stehe »mit tödlichem Hass den faschistischen Tyrannen gegenüber«.[25]

Militante KP-Mitglieder – Frauen und Männer – begannen sofort, Flugblätter und Untergrundzeitungen gegen die Hitlerei zu verteilen und verübten in Fabriken Sabotageakte. Hunderte von ihnen wurden bald verhaftet. Trotz aller Vorsicht hatten sich Spitzel eingeschlichen. Und viele der neu hinzugekommenen Sozialistinnen und Sozialisten hatten von konspirativer Arbeit wenig Ahnung. Von den Angeklagten, die als Kommunistinnen und Kommunisten vor Nazi-Gerichten in Wien und Graz standen, waren zwei Drittel vor 1934 Sozialdemokratinnen und Sozialdemokraten gewesen.[26]

Trotzdem kamen die Kommunistinnen und Kommunisten in der ersten, von Otto Molden verfassten Widerstandsgeschichte nur am Rande vor. In ihren Reihen hätten zwar »unzählige ehrliche Idealisten« mitgemacht, schrieb Molden. Sie hätten aber demokratiefeindlich für die Weltrevolution und die Diktatur des Proletariats gekämpft, »nicht für die Unabhängigkeit Österreichs«.[27]

Dem widersprach Wolfgang Neugebauer, von 1983 bis 2004 wissenschaftlicher Leiter des Dokumentationsarchivs des österreichischen

Widerstandes in Wien. Trotz der »gigantischen Verbrechen des stalinistischen Kommunismus« könne man den tiefroten Widerstand nicht als »Verirrung« bezeichnen. Menschen wie die Architektin Margarete Schütte-Lihotzky oder der Dichter Jura Soyfer, die Kommunisten waren, hätten »nicht für die Errichtung einer mörderischen stalinistischen Diktatur« gekämpft, sondern »für eine sozial gerechte, demokratische Gesellschaft« und gegen den Faschismus.[28]

Dem möchte ich hinzufügen: Wenn man unter den Frauen und Männern des Widerstands nach Lichtgestalten sucht, die damals das heutige Ideal einer liberalen Demokratie durchgehend vertreten haben, wird man nicht viele finden. Den Zeitumständen entsprechend, verirrten sich manche zunächst auch zu den Faschismen unterschiedlicher Ausprägung, ehe sie, nach innerer Wandlung, für die Freiheit ihr Leben gaben. So stand Karl Biedermann, der 1945 gehenkt wurde, weil er bei der unvermeidlichen Übergabe Wiens viele Menschenleben retten wollte, elf Jahre davor auf der anderen Seite. Der Mann, dem heute im Wiener Arbeiterbezirk Floridsdorf zurecht eine Gedenktafel und eine Gasse gewidmet sind, kommandierte im österreichischen Bürgerkrieg 1934 ein Heimwehr-Bataillon, das die im Karl-Marx-Hof verbarrikadierten Arbeiter angriff.[29]

Hans Becker hatte im Konzentrationslager drei Jahre gemeinsam mit den früheren Gegnern von 1934 gelitten und sich sogar mit kommunistischen Mithäftlingen angefreundet. Danach wollte er seine Widerstandsorganisation für alle Hitlergegner öffnen. 1946 rechtfertigte er sich in einer Broschüre gegen die zum Teil vernichtende Kritik, die O5 als »marktschreierische Organisation« von »Monarchisten und politischen Glücksrittern« bezeichnete, die hauptsächlich in den Tagen der Befreiung Österreichs großen Zulauf gehabt hätte.[30]

»Es gab in der O5 Monarchisten, Kommunisten, sicher auch politische Glücksritter aller Farben und ebenso seriöse Menschen aller Farben«, antwortete Becker. »Ich glaube, dass ein Unwetter, wie es in den Befreiungstagen über Österreich rollte, in allen Tümpeln viel Bodensatz aufwirbelte. Es hat manchen gegeben, der im nächtlichen Straßenkampf seinen Mann stellte und dann für den Schreibtisch in einem hohen Partei- oder Staatsamt weniger geeignet ist. Umgekehrt konnte man mit alten Hofräten nicht Widerstand organisieren.«

Welche Voraussetzungen Männer und Frauen für den Widerstand haben müssen und wie er selbst in diese Rolle hineingewachsen ist, darüber sagte Becker wenig. Ich möchte deshalb dazu einladen, Hans Beckers Lebensweg vom Anfang an zu folgen. Wie von einem Navigationsgerät geleitet, das »Points of Interest« links und rechts der Strecke anzeigt, sollen dabei Orte, Menschen und Ereignisse beschrieben werden, die ihn zu der Person machten, die den Widerstand gegen Hitler wagte.

– 3 –

K. K. GYMNASIUM MIT MEERBLICK

Zur Welt kam Hans Becker am 22. September 1895 in Pola an der Adria, damals eine der faszinierendsten Städte der österreichisch-ungarischen Monarchie. Drei Generationen zuvor hatten in dem Ort an der Südspitze der Halbinsel Istrien – heute das kroatische Pula – nur 600 Einwohnerinnen und Einwohner zwischen römischen Ruinen gelebt. In ärmlichen Gassen spross zwischen Pflastersteinen Gras.

1856 reisten Kaiser Franz Josef und Kaiserin Elisabeth – seine »Sisi« – aus Wien an, um in der Bucht von Pola den Grundstein für ein neues »See-Arsenal« zu legen – eine Schiffswerft samt Flottenbasis für die Kriegsmarine. Der Grund für das Großprojekt war ein Aufstand, den es 1848 im damals österreichischen Venedig und dem dortigen Marine-Arsenal gegeben hatte. Mit brutalem Artilleriebeschuss eroberten die Österreicher unter General Radetzky ihre Vorherrschaft zwar zurück, als Flottenstützpunkt war ihnen Venedig aber nicht mehr sicher genug, deshalb wich man nach Istrien aus.

Aus der Umgebung Polas zogen kroatische und slowenische Bau- und Werftarbeiter in die davor überwiegend von Italienern bewohnte Stadt – Wachsoldaten, Matrosen und Offiziere kamen aus allen Teilen der Monarchie. Als der Schulbub Hans Becker durch die Gassen lief, hatte Pola bereits 60.000 Einwohnerinnen und Einwohner, neben Hafenanlagen, Kasernen und einem Krankenhaus gab es auch Theater und Cafés, seit neuestem elektrisches Licht und eine Straßenbahn.

Auch die Eltern des Knaben hatte der rasante Aufschwung nach Istrien gebracht. Sein Vater Alois wurde 1842 als Sohn des Wiener Bibliothekars und Pädagogen Moritz Ritter von Becker geboren, der den Kaisersohn und Kronprinzen Rudolf (1889 aus dem Leben geschieden) unterrichtet hatte. Alois absolvierte die Marineakademie in Fiume, dem heutigen Rijeka, und heiratete Emma Wickerhauser aus Oed bei Wiener Neustadt. Deren Vorfahren mütterlicherseits, die aus England kommende Industriellenfamilie Rosthorn, besaßen in dem niederösterreichischen Ort eines ihrer Metallwerke, die Eisenbahnschienen für das ganze Land produzierten. Emmas Vater war Moritz Wickerhauser, Professor für orientalische Sprachen in Wien.[1]

Als Erwachsener empfand Hans Becker Dankbarkeit dafür, an einem Ort aufgewachsen zu sein, »wo romanische, germanische und slawische Kultur sich überschnitt«. Er betonte zudem, dass ihm »beide Elternteile einen Lebenskreis von Wissen, Kunst und Kultur« mitgegeben hatten.[2]

Hans zeichnete und malte – wie schon vor ihm sein Vater, der ein Buch mit »Rot-weiß-roten Marine-Anekdoten« illustriert hatte. Wie der Vater, so spielte auch Hans mehrere Musikinstrumente, darunter Geige und Mandoline. Er war technisch interessiert und sprachenbegabt. Ungewöhnlich waren die großen Altersunterschiede der Geschwister. Sein ältester Bruder Moritz war 17 Jahre älter als Hans, auch zur ältesten Schwester Elsa und dem Bruder Max bestand ein großer Abstand. Insgesamt wurden dem Ehepaar Becker sieben Kinder geboren, von denen fünf ihre ersten Jahre überlebten. Die Abstände zwischen den Geburten haben wohl auch damit zu tun, dass Vater Alois als Schiffskapitän oft für längere Zeit auf See und von der Familie abwesend war.

Ein Höhepunkt dieser Laufbahn kam im Dezember 1892, als Alois Ritter von Becker mit Erzherzog Franz Ferdinand eine Weltreise unternahm – jenem Habsburger, dessen Ermordung 1914 in Sarajevo den ersten Weltkrieg auslöste. 22 Jahre vor seinem Tod stand Franz Ferdinand, ein Neffe des Kaisers, an zweiter Stelle in der Thronfolge und war bei schlechter Gesundheit. Man sprach von Tuberkulose. Da entschied der Hof, den Erzherzog auf große Tour zu schicken. Die Meeresluft würde ihm guttun, hieß es. Als Vorbild mag die einzige und spektakuläre Weltumsegelung der österreichischen Marine gedient haben, die auf der in Pola gebauten Fregatte »Novara« mit etlichen Gelehrten an Bord von 1857 bis 1859 unternommen wurde.

Erzherzog Franz Ferdinand wurde der Torpedo-Rammkreuzer »SMS Kaiserin Elisabeth« zur Verfügung gestellt. Der exzessive Jäger und Sammler könnte in fernen Ländern seiner Leidenschaft unter der Bezeichnung »wissenschaftliche Studien« nachgehen. »Anderseits«, so heißt es in einer kompetenten Einschätzung der Mission, »könnte Österreich-Ungarn durch die Entsendung eines imposanten Kriegsschiffes auf den Weltmeeren als moderne Seemacht Flagge zeigen.«[3]

Franz Ferdinand galt als mürrisch, er neigte zu Wutausbrüchen.[4] Als Kommandant des Kreuzers wurde ein Mann mit starken Nerven gebraucht, der sich bereits in Extremsituationen bewährt hatte. So fiel die Wahl auf den 50-jährigen Alois Becker, damals Linienschiffskapitän im Rang eines Obersts, der schon als 34-jähriger Leutnant an einer waghalsigen Polarexpedition teilgenommen hatte.

Im Jahr 1876 wurde von Großbritannien die »Pandora«, eine Segelyacht mit Hilfsmotor, in den hohen Norden zwischen Kanada und Grönland zur Erkundung der »Nordwest-Passage« geschickt. Die Briten hatten ausländische Marineoffiziere eingeladen, an der Expedition teilzunehmen, Alois Becker vertrat Österreich.

Unterwegs legte das Schiff bei kleinen Inseln an, Mitglieder der Besatzung erkundeten sie und nahmen Kontakt zu den Inuit auf, die damals noch »Eskimos« genannt wurden. Weiter im Norden drängten Eisberge an ihr Schiff, die Besatzung fürchtete, »dass die ›Pandora‹ zerquetscht werde und sinke«. Das schrieb Alois Becker in seinem später in Pola veröffentlichten Reisebericht. Eine seiner Zeichnungen von den Landgängen im ewigen Eis erschien sogar in der »Illustrated London News«. 16 Jahre nach dieser Expedition, die schon viele Elemente kommender Übersee-Abenteuer seines Sohnes Hans hatte, erhielt Alois Becker das Kommando über ein Schiff auf der Weltreise des späteren Thronfolgers Franz Ferdinand übertragen, er selbst stand auf dieser Fahrt jedoch diskret im Hintergrund.

Nachdem der waffenstarrende Rammkreuzer »SMS Kaiserin Elisabeth« mit royalen Gemächern ausgestattet und mit reichlich Proviant sowie den besten Weinen bestückt worden war, begab sich Franz Ferdinand am 15. Dezember 1892 in Triest an Bord. Der Kreuzer hatte eine Länge von 103 Metern und war 15 Meter breit, die Deutsch, Italienisch und Kroatisch sprechende Mannschaft umfasste 400 Mann. Vier Dampfkessel mit einer Gesamtleistung von 9.000 PS trieben ihn an. Franz Ferdinand konnte die Mahlzeiten unter einem Sonnendach auf Deck einnehmen, die 18-köpfige Bordkapelle spielte dazu Tafelmusik.

Das Schiff steuerte das indische Bombay an, das heutige Mumbai. Der Erzherzog wurde als Staatsgast empfangen und im Sonderzug durch Britisch-Indien befördert. Franz Ferdinand konnte seinen beiden Leidenschaften frönen – dem Sammeln von Kunst- und Kultgegenständen sowie der Jagd. Hier kamen ihm auch Tiger vor die Flinte und er konnte sogar vom bequemen Salonwagen aus Tiere jagen. Insgesamt nahmen sie auf dieser Reise Zehntausende Artefakte, Tier- und Pflanzenpräparate sowie Zeichnungen und Fotografien mit, die heute unter anderem im Wiener Weltmuseum gehütet werden.

Während Franz Ferdinand von West nach Ost durch Indien fuhr, umrundete Kapitän Alois Becker mit der »Kaiserin Elisabeth« den indischen Subkontinent und wartete in Kalkutta (heute Kolkata) auf ihn. Weitere Stopps gab es in Indonesien, Australien und China, dann traf die »Kaiserin Elisabeth« im japanischen Yokohama ein.

Nach dem Staatsbesuch in Japan verwandelte sich Franz Ferdinand in einen Nobel-Touristen, der als zahlender Passagier per Schiff und Bahn Nordamerika erreichte und dann zurück nach Europa fuhr. Kapitän Becker steuerte die »SMS Kaiserin Elisabeth« währenddessen nach Pola zurück, wo sie im Dezember 1893 ankam.

Alois Becker hatte wieder Zeit für seine Familie. Im Jahr darauf wurde seine Tochter Margarethe geboren und 1895 der jüngste Sohn, der auf die Namen Johann Victor Sydonius getauft wurde.

In diesem Jahr 1895 besuchte der deutsche Kaiser Wilhelm II. Pola. Die Flotte Österreich-Ungarns zählte mittlerweile zu den größten Europas, wenn sie auch kleiner als die deutsche oder gar die britische war. Die Neugier der Öffentlichkeit stieg und so brachte etwa die »Wiener Abendpost« eine ausführliche Reportage aus Pola.[5]

Als Aufgaben der Marinestation nannte der Berichterstatter die Verteidigung der Handelshäfen Triest im österreichischen und Fiume im ungarischen Teil der Monarchie sowie den Schutz des istrischen Küstenlandes, das früher zu Venedig gehört hatte und das seit 1815 fix bei Österreich war.

Bewundernd schilderte er die Einrichtungen des Hafens, an dessen Kais die Kriegsschiffe vertäut waren: Die Werft mit ihren riesigen Kränen, mit den Schwimm- und Trockendocks auf der Oliveninsel mitten in der Bucht. »Mit einer Brücke verbunden war das Arsenal am Festland, in dessen Hallen eine Vielfalt von Arbeiten erledigt wurde. Da waren die Schiffbauschmiede, eine Dampfsäge und die Verzinkungswerkstätte«, so zählte der Berichterstatter auf, weiters »die Böttcherei, die Anstreicherwerkstätte und jene für die Masten- und Rudermacher, die Kesselschmiede, die Dampfhammerschmiede, das Walzwerk und die Metallgießerei, die Torpedowerkstätte, aber auch die Büchsenmacherei, das chemische Laboratorium und die Ölküche.«

Die Ufermauer des Arsenals war drei Kilometer lang. Um die einzelnen Bereiche für Dampfloks und Kräne befahrbar zu machen, wurden acht Kilometer Schienen verlegt, heißt es in der Reportage. Die gesamte Einrichtung befinde sich auf neuestem technischen Stand.

Dann warf der Berichterstatter noch einen Blick auf das zivile Pola mit dem römischen Amphitheater und einer lärmenden Altstadt im venezianischen Stil. Eindrucksvoller fand er die neuen, rasch »aus dem Boden gewachsenen« Vororte wie San Policarpo, wo die Marineangehörigen in ruhiger Grünlage wohnten.

Nicht erwähnt wurden damals aktuelle Probleme der Stadt wie die problematische Versorgung mit Trinkwasser und die Ausrottung einer Seuche, die einst zum Niedergang der ganzen Region beigetragen hatte: der Malaria. Kriege und Hungersnöte hatten im 18. Jahrhundert Istrien entvölkert, Klöster und Bauernhöfe wurden aufgegeben. Es breiteten sich Tümpel und Sümpfe aus, in denen sich die Stechmücken rasch vermehrten, von denen die fiebrige Infektionskrankheit ausging. Zunächst wurde sie auf »schlechte Luft« (Mal'aria) zurückgeführt, dann erkannte man, dass der Erreger etwas mit stehenden Gewässern zu tun hat.

1893, kurz vor Hans Beckers Geburt, kaufte der österreichische Eisenindustrielle Paul Kupelwieser die Pola vorgelagerte Inselgruppe Brioni (auf Kroatisch Brijuni genannt und später, in der jugoslawischen Zeit, als Residenz von Staatschef Tito bekannt), um dort ein mondänes Adria-Seebad zu errichten. Eben wegen der Malaria galten die Inseln damals als unbewohnbar. Kupelwieser hatte aber erfahren, dass der Berliner Seuchenforscher Robert Koch Methoden zur Bekämpfung dieser Krankheit entwickelte – und bot ihm Brioni als Testgebiet an. Koch kam tatsächlich, behandelte Kranke mit Chinin und ließ Sümpfe trockenlegen, wie er dann in Berlin berichtete.[6]

Auf Brioni konnte das geplante Seebad verwirklicht werden und auch im benachbarten Pola war die Malaria bald besiegt. Jahre später wurde Hans Becker allerdings von dieser Krankheit in Südamerika eingeholt.

Als Kind in Pola, wo die Unterrichtssprache in öffentlichen Schulen der Gemeinde Italienisch war, besuchte Becker nach der deutschsprachigen »Marine-Volksschule für Knaben« ab dem Herbst 1905 das »kaiserlich-königliche« Gymnasium, 1890 eröffnet und ebenfalls deutschsprachig geführt.

Das dreistöckige Gymnasium steht noch heute, obwohl in den zwei Weltkriegen durch Kämpfe und Bombenhagel in der Stadt etliches zerstört wurde. Jahrzehntelang beherbergte es das

Archäologische Museum Istriens, das wertvolle Funde aus der Römerzeit zeigte. Ab 2013 wurde das Museum generalsaniert und war gesperrt, die Schätze kamen ins Depot. Als ich das im sonnengelben Fassadenputz neu erstrahlende Gebäude im September 2021 mit einer Sondergenehmigung betrat, waren die ehemaligen Klassenzimmer schon frisch ausgemalt und warteten auf die Rückkehr der Ausstellungsvitrinen.

Das Gebäude mit hohen Räumen in beiden Flügeln und der zentrale Mitteltrakt mit dem Treppenhaus gleicht vielen anderen Gymnasien, die damals in Österreich-Ungarn gebaut wurden. Und doch: Was für ein Unterschied! Die Mittelschule in Pola steht neben einem kleinen römischen Theater, angeblich wurden auch dessen Steine für den Bau verwendet. Aus den Fenstern der oberen Stockwerke sahen Becker und seine Mitschüler in nördlicher Richtung das über dreißig Meter aufragende Oval des großen Amphitheaters mit seinen hohen Arkadenbögen. Im Westen geht der Blick auf das blaue Mittelmeer und den Bootshafen, wo heute Ausflugsschiffe nach Venedig und Brijuni ablegen. Daneben der dahinrostende Industriefriedhof auf der Oliveninsel, einst das Herzstück der Werft und der Marinestation.

Beckers Heimweg nach der Schule führte in südliche Richtung nach San Policarpo. Er dauerte etwa eine halbe Stunde und ging ein Stück durch die Altstadt mit Modesalons und Konditoreien sowie mit Kaffeehäusern, in denen internationale Zeitungen auslagen. Gleich danach kam mit einem acht Meter hohen Triumphbogen ein weiteres Erinnerungsstück an die Römerzeit. Im Eckhaus daneben residierte eine Filiale der Berlitz School, wo ab 1904 James Joyce österreichischen Offizieren Englisch beibrachte. Der irische Schriftsteller hatte damals versucht, sich am Kontinent als Sprachlehrer durchzuschlagen. Nach Fehlschlägen in Zürich und Triest, wo gerade keine Stelle frei war, wurde er nach Pola geschickt, wo er ständig Notizen schreibend die Kaffeehäuser frequentierte.

Joyce und Pola waren keine Freunde. »Eines Märztages 1905 erhielt er von der Polizei die Aufforderung, binnen 24 Stunden die Stadt zu verlassen«, heißt es im Buch »Via Pula« von Dragan Velikić. Der serbische Autor und Diplomat vermutet, dass die überall Verrat witternden Behörden der durchmilitarisierten Stadt Joyce wegen seiner Notizenschreiberei der Spionage verdächtigten. Der spätere Großschriftsteller ging zunächst nach Triest zurück.[7]

Pola wurde von Joyce, vielleicht unter dem Einfluss ihm bekannter und kulturell ausgehungerter Marineoffiziere, in einem Brief als »Naval Siberia« bezeichnet, also als »Marine-Sibirien«. Wien, damals die strahlende Metropole der Monarchie, war – wenn man als Soldat frei bekam – mit dem schnellsten Zug 20 Stunden entfernt.

Vielleicht war das Urteil der in Friedenszeiten zwischen Kasino, Café und Bordell gelangweilten jungen Offiziere zu hart, es gab durchaus auch kulturelle Einrichtungen. Nur ein paar Gehminuten vom Triumphbogen entfernt kommt man – unterwegs in den Süden der Stadt – auf einem ziemlich steil ansteigenden Hügel an dem Theater vorbei, das der Impresario Pietro Ciscutti 1887 gegründet hat. Auch der Marinekapellmeister Franz Lehár trat dort auf.

Auf der anderen Seite des Hügels führt der sanft abfallende Weg durch ein Viertel mit mediterranem Flair. In den Vorgärten von Villen wachsen mehrere Meter hohe Oleanderbüsche in weiß und rot, dazu Olivenbäume und einige Palmen, wie es sie in dieser Region ohne Winterfrost schon vor 120 Jahren gab. Häuserzeilen im venezianischen Stil werden von einem Park unterbrochen, in dem duftende Pinien stehen, aber auch Zypressen und Zedern.

Gleich dahinter beginnt das Villenviertel, in dem einst höhere Offiziere mit ihren Familien wohnten. Die italienische Zeitung »Eco di Pola« habe die Gegend als »fremdes, sonderbares Wohnquartier« bezeichnet, heißt es in einem historischen Reiseführer der Stadt.[8]

Dem Klischee gemäß herrschten hier »germanische« Ordnung, Ruhe und »ernster Anstand«, während in der italienischen Stadt das

Leben lärmte und brodelte. Jetzt ist es in der nun Ulica Budicina genannten Straße womöglich noch ruhiger. Manche Häuser stehen leer, andere wirken vernachlässigt. Dabei könnte das Viertel eine internationale Touristenattraktion sein, meint der Autor des Reiseführers.

Er denkt etwa an das Haus auf Nummer zehn, eine bröckelnde dreistöckige Villa mit großer Freitreppe. Sie ließ der Marineoffizier Baron Georg von Trapp errichten. Hier wurden die ersten Kinder einer siebenköpfigen Schar geboren, die Jahre später als »Trapp-Familie« auf der Flucht aus Nazideutschland singend durch die USA zog und in der Version des Hollywoodfilms »Sound of Music« Millionen amerikanischer und asiatischer Zuschauerinnen und Zuschauer berührte.

Einige Meter daneben, auf Nummer 13, steht eine Villa mit rundem Eckturm und klobigen Erkern. Sie gehörte Admiral Miklós Horthy, 1918 letzter Befehlshaber der österreichisch-ungarischen Kriegsmarine und von 1920 bis 1945 als autoritärer »Reichsverweser« das faktische Staatsoberhaupt Ungarns. Es gibt in der Gegend noch weitere Villen in unterschiedlichem Erhaltungszustand, Kaskaden pink leuchtender Bougainvillea wuchern über Balkone und Terrassen.

Wo die Beckers gewohnt haben, ist nicht bekannt. Eine Villa wäre für die recht großen Familie eines hohen Marineoffiziers – zuletzt im Rang eines Konteradmirals – wohl angemessen gewesen. (Die Werftarbeiter lebten beengt in einfachen Wohnungen; manche hausten auf ausrangierten Schiffen.) Vielleicht mussten die Beckers später mit einer Wohnung für Militärangehörige Vorlieb nehmen. Denn Alois Ritter von Becker starb, erst 58-jährig, im Jahre 1900. Sein ältester Sohn Moritz diente bereits bei der Marine und war für Hans so etwas wie ein Vaterersatz. Elsa, die ältere Tochter, arbeitete vor ihrer Heirat für einige Zeit als Gouvernante. Max, der nächstältere Sohn, war noch in Ausbildung. Wegen der Verdienste seines Vaters wurde sein Studium an der Marineakademie gnadenhalber »aus der Privatschatulle Kaiser Franz Josephs bezahlt«, wie sich Elsas Tochter Wilhelmine erinnert.[9]

Auch Hans war im Gymnasium vom Schulgeld befreit. Ihn und seine Schwester Gretel musste die Mutter mit ihrer Witwenpension durchbringen. Emma von Becker sei eine ehemalige »höhere Tochter« gewesen, erinnert sich Enkelin Wilhelmine. Im Alter erwartete sie, dass man sie mit »grand-mère« ansprach und Französisch parlierte.

Dabei herrschte nicht nur »ernster Anstand« im Hause Becker. Hans und Gretel hätten »ein sehr freies Leben« gehabt und viel Zeit mit anderen Kindern am nahen Strand verbracht, weiß Franka Lechner, die Tochter von Hans, aus Erzählungen in der Familie.[10]

Hans, das spätere Kontaktgenie, führte stets eine Schar Kinder an und hatte riskante Ideen. Um sein Taschengeld aufzubessern, fing er für einen Apotheker in Küstennähe Giftschlangen – »und seine Mutter hat beinahe der Schlag getroffen« (Franka Lechner).

Wo einst die Schlangengruben waren, befinden sich heute Badestrände. Stadteinwärts kommt das lange Mauerband des Arsenals. Zu Beckers Zeiten muss hinter der Mauer die dröhnende Betriebsamkeit der Dampfhämmer und -sägen geherrscht haben. Für einen technikbegeisterten Gymnasiasten gab es ein besonderes Spektakel: Wasserflugzeuge kreisten über einer 1910 errichteten Teststation, weltweit eine der ersten ihrer Art. Die in Pola herrschende Atmosphäre von Macht und technischer Machbarkeit regte nicht nur Fantasien zur persönlichen Weltentdeckung an. Auch die Idee des Widerstands war dort angelegt. Kleine und unbewohnte Inseln vor der Küste Istriens, von einer undurchdringlichen und immergrünen Vegetation überwuchert, die »Macchia« genannt wird, boten seit jeher Unterschlupf für Gesetzlose aller Art. Ähnliches gibt es auch anderswo im Mittelmeer. Auf Spanisch wird dieses Dickicht »Maquia« genannt, auf Französisch »Maquis«. In Frankreich ist dieses Wort so stark mit dem Begriff des Widerstands verbunden, dass »Maquis« im Zweiten Weltkrieg ein Synonym für die Résistance war.

1887 kam die deutschsprachige Ausgabe des Buches »Mathias Sandorf« heraus, eines Istrien-Romans des französischen Autors Jules

Verne. In Verlagsankündigungen wird er als »eine Geschichte des Widerstands« bezeichnet – jener »der Magyaren gegen die Vorherrschaft der Habsburger«. Vernes »Reise um die Erde in 80 Tagen«, schon damals ein großer Erfolg, wird im Hause wohl bekannt gewesen sein. Und so könnte Hans Becker auch den neuen Roman Jules Vernes gelesen haben.

In einer für Verne typischen Geschichte wird die Verschwörung mutiger Ungarn geschildert, die chiffrierte Geheimbotschaften austauschen und damals utopische Techniken wie ein »von elektrischen Motoren bedientes Schnellboot« nutzen.

Zu Pola schrieb Verne, der den Ort zuvor selbst besucht hatte: »Diese istrische Provinz ist, vornehmlich an den westlichen Küsten, in Sitten und Sprache noch vollständig italienisch, noch besser gesagt, venezianisch geblieben.« Allerdings kämpfe dort »das slawische gegen das italienische Element sehr an«, während »die deutsche Strömung sich nur mit Anstrengung« zwischen beiden halte.

Die ethnischen Spannungen müssen sich zu Beckers Zeit im Gymnasium weiter aufgestaut haben, anders sind die Gewaltausbrüche der nächsten Jahrzehnte nicht zu erklären. Bei einer Volksbefragung 1910 bezeichneten im Bezirk Pola 45,8 Prozent ihre Umgangssprache als italienisch, 32 Prozent als kroatisch, 15,5 Prozent als Deutsch und 5,6 Prozent als slowenisch.[11]

Die Deutschsprachigen, zumeist vorübergehend stationierte Angehörige der Marine und ihre Familien, hatten auf lokaler Ebene kein Wahlrecht. Die Italiener, unter ihnen auch militante Anhänger der nationalen Unabhängigkeitsbewegung, der Irredenta, bestanden etwa im Schulbereich auf dem Primat ihrer Sprache. Das erzürnte wiederum die Kroaten, deren istrische Abgeordnete im Wiener Reichsrat wiederholt und lautstark kroatische Schulen verlangten.

Acht Jahre und einen Weltkrieg später war das Vielvölkerreich zerfallen. Italien wollte in Istrien die alte venezianische Glorie wiederherstellen. Am 20. September 1920 trat in Polas Ciscutti-Theater

Benito Mussolini auf, Anführer der eben gegründeten faschistischen Bewegung. Er beschimpfte »die slawische Rasse« als »inferior und barbarisch«. Zum Schutz des eigenen Territoriums müsse man hart gegen sie vorgehen. »Wir können leicht 500.000 barbarische Slawen für 50.000 Italiener opfern.«[12]

Trotz des offenen Slawenhasses Mussolinis begeisterten sich auch etliche Kroaten für den Faschismus. Umgekehrt nahmen istrische Italiener den Kampf dagegen auf. Einer ihrer Anführer, Giuseppe »Pino« Budicin, wurde von Mussolinis Soldaten hingerichtet. In Jugoslawien galt Budicin als Widerstandsheld. Die Straße in Pula, in der die altösterreichischen Villen stehen, trägt seinen Namen.

Gegen Ende des Zweiten Weltkriegs, bei ihrem Vormarsch gegen Italien und auch nach dem Sieg 1945, nahmen die Tito-Partisanen Rache. Hunderttausende Italiener wurden vertrieben, die umstrittene Zahl der Todesopfer geht jedenfalls in die Tausenden.

Obwohl der heutige Tourismusmagnet Istrien auch Italienerinnen und Italiener anzieht und viele Bewohnerinnen und Bewohner Pulas ihre multikulturelle »istrische Identität« betonen, ist die Spirale des Hasses noch nicht zu Ende. Der »Opferdisput« hält bis in die Gegenwart an.

Hans Becker erlebte die Eskalation des Nationalitätenhasses in seinem Geburtsort nicht mehr mit. Er blieb nur bis zu seiner Matura 1913 in Pola. Wurden seine Leistungen im Gymnasium zunächst mit »vorzüglich« bewertet, so entwickelte er sich im Lauf der Jahre zu einem eher mittelmäßigen Schüler, der in einigen Fächern – vor allem in Altgriechisch, in manchen Jahren auch in Latein – nur auf die Note »genügend« kam. Zwischen »sehr gut« und »genügend« wurde, je nach Schuljahr, seine Leistung in Mathematik bewertet. Durchgehend »sehr gut« war er in Deutsch, Geschichte und im »Freihandzeichnen«.

In der zweiten Jahreshälfte 1913 übersiedelte Hans Becker nach Wien, wo er sich an der juridischen Fakultät der Universität immatrikulierte. Wohnen konnte er bei seinem älteren Bruder Max, der mittlerweile ein Haus in Purkersdorf nahe der Wiener Stadtgrenze besaß.[13]

Max, Absolvent der Marine-Akademie, arbeitete nun für die Wiener Straßenbahn. Moritz, der älteste Bruder, blieb dem Wasser treu: Er heuerte nach dem Krieg bei der DDSG an, der Donaudampfschifffahrtsgesellschaft.

Hans Becker besuchte nach eigenen Angaben auch Lehrveranstaltungen für Malerei und Architektur an der Kunstgewerbeschule, einer Vorläuferin der Universität für angewandte Kunst. Während es darüber keine Dokumente gibt, hat Becker die »Frequentationszeugnisse« über den Besuch von juristischen Seminaren penibel gesammelt. Das letzte dieser Zeugnisse trägt das Datum 28. Juli 1914 – jenes Tages, an dem Kaiser Franz Joseph Serbien den Krieg erklärte. Genau einen Monat davor waren der Thronfolger Franz Ferdinand und seine Gemahlin Sophie auf Truppenbesuch in Sarajevo von einem serbischen Nationalisten ermordet worden. Die Kriegserklärung löste einen Weltenbrand aus. Wenige Monate später war Hans Becker Soldat.

Die österreichische Flotte griff in den Ersten Weltkrieg kaum ein – auch die viel größeren Seestreitkräfte Englands und Deutschlands belauerten einander die meiste Zeit aus der Ferne. 1915, nachdem das ursprünglich mit Österreich verbündete Italien aufseiten der Entente in den Krieg eingetreten war, wurde Pola den österreichischen Kommandeuren als zentraler Flottenstützpunkt zu unsicher. Sie verlegten die meisten Schiffe in die Bucht von Cattaro im damals österreichischen Dalmatien (heute die Stadt Kotor in Montenegro). Im Februar 1918 kam es dort zu einem Matrosenaufstand mit der Forderung nach Frieden, einem Vorzeichen für den bereits verlorenen Krieg.

Viele Angehörige der Marinesoldaten, die Mitglieder der deutschsprachigen Community, verließen Pola, das Städtchen an der Südspitze Istriens. Auch Hans Beckers engere Familie hatte Möbel und Hausrat längst abtransportiert. In Pola lebte von ihr später niemand mehr.

Hans Becker als Offizier im Ersten Weltkrieg

Soldat und Feldflieger

Die im Sommer 1914 in Österreich herrschende Kriegsbegeisterung erfasste auch Becker. Der 19-jährige Jusstudent meldete sich als »Einjährig-Freiwilliger« zum Militär, das ihn am 15. September in der Reserveoffiziersschule in Innsbruck aufnahm.[14]

Für viele Jahrgänge von »Einjährig-Freiwilligen« war die Ausbildung künftiger Akademiker zu Reserveoffizieren die Eintrittskarte in die Elite der Monarchie. Die jungen Männer, die hier Freundschaften schlossen, stiegen später im Zivilleben zu höheren Beamten, Rechtsanwälten oder zu Wirtschaftsbossen auf, die oftmals miteinander Kontakt hielten und im Kaiserreich mit seinen 50 Millionen Einwohnerinnen und Einwohnern zu den tonangebenden Schichten gehörten. Das galt für Friedenszeiten. 1915 erwartete viele der jungen Offiziersanwärter Kampf, Verstümmelung, Krankheit und Tod.

Hans Becker zog nach einer nur wenige Monate dauernden Ausbildung im Jänner 1915 in den Krieg. Seine Truppe waren die Tiroler Kaiserjäger, laut Bundesheer damals »die bekannteste österreichische Infanterieeinheit«.[15] Neben Tirolern gehörten ihnen Soldaten aus der ganzen Monarchie an. Begleitet von Militärmusik waren ab August 1914 an die 45.000 Männer, darunter die vier Regimenter der Kaiserjäger, von Innsbruck aus in Viehwaggons in einer tagelangen

Reise »an die russische Front in Galizien ausgerückt«, wie es in einem Tiroler Bericht über das »Galizientrauma« heißt.[16]

In Galizien, auf dem heutigen Gebiet Südpolens und der Westukraine, mit rund 80.000 Quadratkilometern fast so groß wie nun Österreich, prallten die kaiserliche Armee und die zaristischen Truppen zusammen. Kadett Becker, Zugführer in einer Kompanie des 1. Regiments der Kaiserjäger, tat sich schon nach wenigen Wochen mit einer Heldentat hervor. In Sekowa (jetzt der polnische Ort Sękówa 130 Kilometer südöstlich von Krakau) gelang es ihm am 8. März 1915, gemeinsam mit einem Feldjäger namens Angerer, ein russisches Maschinengewehr zu erbeuten. Der junge »Ritter von Becker« erhielt eine Tapferkeitsmedaille und wurde zum Fähnrich befördert.[17]

Im Mai 1915 nahm Becker an der Durchbruchschlacht bei Gorlice teil, als die Österreicher noch vorwärts stürmten. Insgesamt mündete der Galizienfeldzug für die Kaiserjäger jedoch in einem Desaster. Mehr als 10.000 Soldaten starben, doppelt so viele gerieten in russische Gefangenschaft.[18] Die »am besten ausgebildete Truppe der österreichisch-ungarischen Armee wurde nahezu vernichtet«, weiß man beim Bundesheer. Die vier Regimenter der Kaiserjäger »verloren bis zu achtzig Prozent ihrer Mannstärke.«[19]

Die Soldaten hatten noch keine Stahlhelme, für Verletzte gab es nur unzureichende medizinische Versorgung. Viele »starben auch an Cholera und Ruhr«.[20]

Hans Becker holte sich eine schwere Lungenentzündung. Am 20. Mai wurde er ins Garnisonsspital in Wien-Leopoldstadt eingeliefert. Einigermaßen ausgeheilt, durfte er zur Kur ins niederösterreichische Sanatorium Grimmenstein. Danach machte er Urlaub und kehrte erst am 18. August 1915 zu seiner Stammeinheit nach Innsbruck zurück.

Inzwischen hatte sich die Welt- und Kriegslage entscheidend verändert. Am 23. Mai war Italien gegen Österreich-Ungarn in den

Krieg eingetreten. Diese Südgrenze des Habsburger Reiches war kaum bewacht gewesen. Eilends wurden die personell aufgefüllten Regimenter der Kaiserjäger an die sogenannte Isonzo-Front verlegt. Trotz ihres Namens waren die Tiroler Kaiserjäger keine ausgebildeten Gebirgssoldaten, sondern normale Infanteristen. Nun zogen sie in den verlustreichen und irrwitzigen Gebirgskrieg.

Beckers Truppenteil kam im Oktober 1915 in der Nähe von Cortina d'Ampezzo zum Einsatz. Er kommandierte nun eine Maschinengewehrabteilung im ersten Kaiserjäger-Regiment und wurde abermals für »tapferes Verhalten vor dem Feinde« belobigt, weil er »mit einigen todesmutigen Leuten« feindliche Stellungen aus der Nähe ausgekundschaftet hatte. Am 1. Jänner 1916 wurde Becker zum Leutnant der Reserve befördert.[21]

Die Offensive, in deren Rahmen sich Beckers Heldentat abspielte, ist letztlich gescheitert, schreibt seine Biografin Elisabeth Jauk. In Beckers Belobigungen sieht sie, auch wenn man den Militärjargon (»tapfer«, »schneidig«) abzieht, Hinweise auf Eigenschaften, die sein ganzes Leben lang hervortraten: »Abenteuerlust und Risikobereitschaft«.[22]

Der nun 20-jährige Becker war aber nicht nur ein Offizier im Kriegseinsatz, er war auch ein braver Sohn, der regelmäßig an die Frau Mama schrieb. »Liebe Mutter«, so begann er am 8. August einen Feldpostbrief, der an »Frau Admiral Emma von Becker« im Militärkurhaus Hofgastein adressiert war. »Habe gerade eine Siesta beendet und mir inzwischen gute Vorsätze anerzogen, den Schreibstecken in die Hand zu nehmen.«[23]

Viel zu sagen hatte der Schreiber angesichts der Briefzensur nicht. »Hier alleweil das Gleiche«, betonte er zur Beschwichtigung der besorgten Mutter. Die Lage habe sich »großenteils beruhigt« und er werde »spätestens Anfang September auf Urlaub gehen« können. In seinem nächsten Brief bedankte sich Becker bei seiner Mutter für die Karte aus Hofgastein und schrieb ihr von seinem Ärger, dass man ihn offenbar nicht an seinen Geburtsort Pola reisen ließ, »dieweil ein Kamerad von mir, so einen Bruder bei der Marine hat, ruhig, ohne weiteres und ohne Erlaubnis nach Pola gefahren« sei.

Auf losen Blättern hielt Becker auch dichterische Versuche fest. Ausgerechnet auf einem mit dem Stempel seiner Maschinengewehrabteilung versehenen Zettel entwarf er ein Liebesgedicht. »Du darfst nicht glauben, dass mein Sehnen Dich allein umflicht«, heißt es da in Richtung einer spröden Angebeteten. »Dein wär' ich, Mädchen, ach so bald, wenn nur Dein Sehnen hätte mehr Gewalt.«[24]

Zwischendurch fand Becker offenbar auch noch Zeit, Skripten für das Jusstudium durchzugehen. Während seines Heimaturlaubs legte er im Oktober 1916 an der Uni Wien die Staatsprüfung in Rechtsgeschichte erfolgreich ab.[25] An die Isonzo-Front kehrte er danach nicht mehr zurück.

Stattdessen bemühte sich Becker im Herbst 1916, in die Fliegerschule in Wiener Neustadt aufgenommen zu werden. Was immer ihn zur damals hochmodernen Fliegerei zog, Gefahrenvermeidung war es nicht. In den Augen der Öffentlichkeit waren die Piloten »alle Selbstmörder«, sagte ein damaliger Kollege Beckers Jahrzehnte später dessen Biografin Elisabeth Jauk in einem Interview. »Wir haben gewusst, es geht uns an den Kragen«, verriet der ehemalige »Feldpilot« Othmar Wolfan. »Aber es sind ja nur Leute gekommen, die Draufgänger waren oder Fatalisten, und alle sind freiwillig dagewesen«.[26]

Schon wenige Jahre nach den ersten motorisierten Flugversuchen der Brüder Wright im Jahr 1903 hatten Militärs weltweit die Bedeutung der neuen Technik für den Krieg erkannt. Weit besser als die davor üblichen Fesselballone und »Lenkluftschiffe« wie dem Zeppelin konnten die Flugapparate feindliche Stellungen von hoch oben auskundschaften und die Nachschubwege im Hinterland beobachten.

Bereits 1910 hatten die Streitkräfte Österreich-Ungarns die Aufstellung einer Fliegertruppe mit bis zu 200 Aeroplanen beschlossen.

Beobachtungsflieger von Hansa Brandenburg

Bei Kriegsbeginn waren 85 Piloten mit 39 Flugzeugen im Einsatz – aus Holzstreben zusammengeleimte, mit Stoff bespannte Kisten aus der Pionierzeit der Fliegerei.[27]

Die Entwicklung ging rasant voran. Als Becker in Wiener Neustadt ab November 1916 drei Monate lang zum Beobachter ausgebildet wurde, waren bereits neue, metallverstärkte und in größeren Serien produzierte Flugzeuge deutscher Firmen im Einsatz. Sie wurden zumeist in Österreich in Lizenz gebaut und mit rund 160 PS starken, von Ferdinand Porsche konstruierten Austro-Daimler Motoren ausgestattet. Standardmodell war der Typ C.I der Flugzeugwerke Hansa Brandenburg.

Die »Brandenburger« war ein Doppeldecker mit 13 Metern Spannweite und einem Gewicht von 1.200 Kilogramm. Die Besatzung war ungeschützt wie in einem Cabrio. Vorn saß der Pilot, zumeist ein Unteroffizier, hinter ihm der Beobachter – immer im Offiziersrang und deshalb auch Kommandant. In Frontnähe machte der Beobachter Fotos oder zeichnete die feindlichen Stellungen auf Landkarten ein, gelegentlich warf er auch händisch eine primitive Bombe auf einen Bahnhof oder ein ähnliches Ziel.[28]

Was rückblickend an Stummfilm-Klamauk erinnert, war der Beginn einer Kriegsfliegerei, die in die zerstörerischen Bombennächte von Guernica, Coventry und Dresden mündete, letztlich auch in das Inferno von Hiroshima und Nagasaki.

Becker war ab Jänner 1917 Beobachtungsoffizier einer Fliegerkompanie, für die er Erkundungsflüge im Osten, etwa in der Gegend von Czernowitz, und später, von Laibach aus, in Oberitalien absolvierte. Pilotenkollege Wolfan schildert den üblichen Ablauf: »Man ist zweimal am Tag gestartet, einmal in der Früh und einmal am Abend.« Die »Brandenburger« stieg langsam in eine Höhe von 4.500 Meter auf und flog an die Front. Auch an heißen Sommertagen betrug die Temperatur dort oben zehn Grad minus, was beim scharfen Fahrtwind für die Besatzung trotz gefütterter Lederkleidung sehr hart war.

Eine Weile nach der »Brandenburger« stieg die Begleitstaffel aus leichteren und schnelleren Einsitzer-Jagdflugzeugen auf, vor allem der Typen Aviatik Berg und die »Albatros« der österreichischen Flugzeugfabrik AG (Oeffag) in Wiener Neustadt. »Wir sind in zwei Minuten auf 1.000 Meter gewesen«, sagte Wolfan.

Waren die Beobachtungsflieger zu Kriegsbeginn noch unbewaffnet, so verfügten sie inzwischen selbst über Maschinengewehre. Weil nun Aufklärungsflüge aber vermehrt von feindlichen Jägern, vor allem des britischen Typs Sopwith Camel, attackiert wurden, gab es bewaffneten Begleitschutz. Das Wort »Luftüberlegenheit« fand Eingang in den militärischen Sprachgebrauch.

»Manchmal war keiner von den feindlichen Fliegern da«, erzählte Wolfan, »manchmal war es gleich eine ganze Staffel.« Schon damals wurden neben normalen Patronen auch Phosphorpatronen verschossen, die mit ihrer Leuchtspur bessere Zielgenauigkeit ermöglichten, aber auch das gegnerische Flugzeug in Brand setzten. Wolfan: »Das Benzin ist ausgeflossen und hat dann Feuer gefangen, wenn man angeschossen worden ist.«

Aber nicht nur in Luftkämpfen, die heute noch spektakuläre Filmszenen hergeben, konnte man sein Leben verlieren. Auch Materialgebrechen, Motorschäden und Pilotenfehler führten zum Absturz. Zwischen 1914 und 1918 kamen fast 500 österreichische Piloten und Beobachter um oder blieben für immer vermisst, 260 wurden – mit oder ohne Feindeinwirkung – verletzt.[29]

Othmar Wolfan überlebte. Bis zu seinem Lebensende 1990 erzählte er seine Geschichte als »des Kaisers letzter Feldpilot«. Zum Widerstandskämpfer wurde er im Gegensatz zu Becker nicht. Im Zweiten Weltkrieg kommandierte er Fliegerhorste der deutschen Luftwaffe im Nordosten Norwegens und in Finnland.[30]

In Hans Beckers Militärakten sind 24 »Feindesflüge« im Jahr 1917 festgehalten, 1918 waren es bis zur Jahresmitte 17.[31] Von seinem Ausbildungsturnus haben nur zwei Flieger das Kriegsende erlebt – Becker selbst und sein lebenslanger Freund Hermann Schefter, von dem diese Angabe stammt.[32]

Im Februar 1918 wurde der 22-jährige Becker zum Oberleutnant der Reserve befördert, sein Personalakt beschreibt herausragende Einsätze. So wurde er am 13. März »bei Ponte di Piave von sechs feindlichen Sopwith angegriffen«, sein Pilot wurde verwundet. Becker nahm das erste gegnerische Flugzeug »unter derart wohlgezieltes Feuer, dass es in scharfer Rechtskurve abfiel und niederging«. Auch dem »Angriff der weiteren Apparate« entgingen Becker und sein Pilot.[33]

Am 12. Juli 1918 wurde es für Becker knapp: Auf einem »Photoflug« beim Monte Granuda in den Julischen Alpen kam es in 5.000 Metern Höhe zum Luftkampf mit einer Sopwith, die sechsmal angriff – und traf –, ehe sie selbst unter Beschuss abdrehte. Schaden an Beckers Maschine: »Motor, Kühler und Propeller durchschossen, mit stehendem Motor auf eigenem Flugfelde notgelandet; fünf gelungene Aufnahmen.«[34]

Becker wurde in diesem Sommer zur weiteren Ausbildung als Kampfpilot abkommandiert, obwohl vielen bereits dämmerte, dass dieser Krieg für Deutschland und Österreich-Ungarn nicht mehr zu gewinnen war. Soldaten und Zivilbevölkerung litten an Lebensmittelmangel und Unterernährung, es mangelte an allem. In den Rüstungsbetrieben von Wiener Neustadt hatten schon im Jänner massive

Streiks begonnen, die gewaltsam niedergeschlagen wurden. Auch in deutschen Städten gab es Massenproteste und Friedensdemos.[35]

Im Februar war zwar mit der Sowjetunion und dann auch mit der Ukraine Frieden geschlossen worden, im Süden und Westen ging der Krieg jedoch unvermindert weiter. Österreich-Ungarn trat Mitte Juni zur letzten großen Offensive am Fluss Piave an, wurde aber in einer großen Schlacht mit 20.000 Toten von den Italienern und deren britischen und französischen Unterstützern geschlagen. Die Deutschen steckten an der Westfront gegen Franzosen und Briten fest.

Die fehlgeschlagene Offensive am Piave sollte auch »der letzte geschlossene Großeinsatz der k. u. k. Luftfahrtruppen sein.«[36] Materialmangel machte den Fliegern zu schaffen. So fehlte es an hochwertigem Schmieröl. Stotternde Motoren und Flugzeuge, die sich schon beim Start überschlugen, waren die Folge. Feldpilot Othmar Wolfan erinnert sich, dass damals »feindliche Flugzeuge gekommen sind und unsere eigenen am Boden abgeschossen haben.«[37]

In dieser Situation schoss ein italienischer Dichter und Pilot den Vogel ab: Gabriele D'Annunzio tauchte am 9. August 1918 mit einem Fliegergeschwader über der Wiener Innenstadt auf und ließ tausende Flugblätter hinunter regnen. In den grün-weiß-roten Farben der italienischen Trikolore gehalten, verkündeten die Zettel D'Annunzios blumige Botschaft: »Der frohe Wagemut wirft über Santo Stefano und dem Graben das unwiderrufliche Wort ab: Viva l'Italia!« Die Überraschungsbesucher hinterließen zudem Flugblätter mit der Drohung, dass man das nächste Mal »Tonnen von Bomben auf Eure Stadt abwerfen« könnte, ehe sie unbehelligt davonflogen.[38]

Von Hans Becker ist auf diesen peinlichen Zwischenfall keine Reaktion bekannt. Nach einem Urlaub absolvierte er im September in Wien die für Kampfpiloten vorgeschriebenen medizinischen Tests. Um ihn herum flog indessen die Monarchie auseinander. Anfang Oktober lösten sich Slowenen und Kroaten aus der Monarchie und gründeten mit den Serben einen nationalen Rat der Südslawen.

Wenig später sagte sich Ungarn von Österreich los und holte seine Soldaten heim. Polen erklärte sich für unabhängig, am 28. Oktober auch die Tschechoslowakei. Am Tag darauf wurde der SHS-Staat der Slowenen, Kroaten und Serben offiziell ausgerufen.[39]

Die Mühlen der österreichischen Militärbürokratie mahlten noch weiter. An diesem 29. Oktober 1918 gab sie einem Ansuchen Hans Beckers statt, das er schon zu Jahresbeginn eingereicht hatte: Der bisherige Reserveoffizier wurde zum Oberleutnant im aktiven Dienst ernannt. In früherer Zeit verhieß diese Erhebung in den Beamtenstand jungen Offizieren eine Lebensstellung. Jetzt klang sie nur noch wie Hohn.[40]

Fünf Tage später, am 3. November, willigte Österreich in einen Waffenstillstand ein, Deutschland folgte wenige Tage danach. Die Herrscher traten ab, in Wien wurde am 12. November die »Republik Deutsch-Österreich« ausgerufen. Der Weltkrieg, der den Großteil der damaligen Erdbevölkerung erfasst und 17 Millionen Menschen ins Grab gebracht hatte, war vorbei.

– 4 –
DURCHSTARTEN IN WIEN

Der Absturz war brutal. Ende 1918 brach mit der österreichisch-ungarischen Monarchie auch die Karriere des Soldaten Hans Becker zusammen. Galt der Flieger eben noch als Held und Beherrscher der neuesten Technik, so war er nun einer von vielen Kriegsverlierern. Das neu geschaffene »deutsch-österreichische Staatsamt für Heerwesen« entließ den 23-jährigen Oberleutnant per 31. Jänner 1919 aus dem militärischen Dienst. Die Abfertigung, die ihm via Postsparkassa angewiesen wurde, betrug 3.397 Kronen und 25 Heller. Einige Monate früher hätte das nach heutigem Wert dem ansehnlichen Betrag von rund 7.000 Euro entsprochen. Weil aber zur Finanzierung des Krieges massenhaft Banknoten gedruckt worden waren, schnellten die Preise in die Höhe. Und wegen der Inflation schrumpfte die Kaufkraft von Beckers Abfertigung auf wenige hundert Euro. (Bei der Währungsreform 1925 gab es dann für 10.000 Kronen bloß einen Schilling.)

Um Becker herum verfiel die Welt in Massennot und Chaos. Seine Heimat Istrien gehörte jetzt zu Italien. Wien, davor die glänzende Metropole eines Reichs mit 50 Millionen Einwohnerinnen und Einwohnern, war nun die zu große, nur an Bettlern reiche Hauptstadt eines Staates mit sechseinhalb Millionen Bürgerinnen und Bürgern. Zur Unterversorgung mit Lebensmitteln und zu den vielen verwundeten Soldaten in den Spitälern kam im Herbst 1918 auch noch die Grippepandemie mit weltweit Millionen Toten, damals als »spanische Influenza« bekannt. An ihr starben in Wien vor allem jüngere Menschen wie der Maler Egon Schiele, mit 28 bereits ein gefeierter Künstler. Aber auch der 56-jährige Gustav Klimt, der nach einem Schlaganfall ins Allgemeine Krankenhaus kam, starb dort mit dem Grippevirus.

Die hilflosen Reaktionen der Behörden, denen es an Medikamenten und Pflegepersonal fehlte, unterminierten »die Legitimität der kaiserlichen Regierung noch weiter«, wie es in einem Bericht heißt.[1] Die Militärverwaltung habe lange gezögert, die zur Betreuung verwundeter Soldaten eingezogenen Ärzte zur Versorgung von Grippekranken abzustellen. Zudem seien Wochen vergangen, bis in den »von den Militärs okkupierten Spitälern« für schwerkranke Zivilisten Platz geschaffen wurde.

Die früher verbreitete Bewunderung für Armeeangehörige war durch die Niederlage im Krieg zerstört worden und schlug in Wut und Hass um. Mehrere Berichte zeugen von Übergriffen auf heimkehrende Soldaten, die, noch in ihren Uniformen steckend, die Bahnhöfe bevölkerten und öffentliche Verkehrsmittel benutzten.

Sie habe gesehen, wie vom Nordbahnhof kommenden Soldaten in der Straßenbahn »die Tapferkeitsmedaillen von der Brust gerissen wurden«, erzählte Johanna Lewandowske, damals 33 Jahre alt und überzeugte Sozialistin, 60 Jahre später in einem Interview.[2] Und auch der erzkonservative Politiker Heinrich Drimmel berichtet von »Offizieren, denen man die Rangabzeichen und Kriegsauszeichnungen heruntergerissen hatte.«[3]

Den Offiziersrang wird Johann Ritter von Becker in der Öffentlichkeit wohl nicht mehr betont haben. Ab dem 10. April 1919 war es ihm und seinen Standesgenossen auch verboten, Adelstitel zu tragen. Ob er ein Monarchist blieb, also von einem Kaiser oder König regiert werden wollte, ist unklar. Für Viktor Matejka, einem Leidensgenossen im KZ Dachau, war er ein »Altmonarchist«.[4] Andere sahen diese Einstellung in späteren Jahren nicht mehr bei ihm. 1919 scheint ihn die Reduzierung auf einen einfachen »Hans Becker« jedenfalls stark getroffen zu haben, denn im Ausland verwendete er bald wieder das Adelsprädikat. Als in späteren Jahren unter rechten österreichischen Regierungen für Verstöße gegen das »Adelsaufhebungsgesetz« keine Verwaltungsstrafen mehr verhängt wurden, firmierte er auch im Inland manchmal wieder als »von«.

Aus der Zeit vor dem »Umsturz«, wie Becker das Ende der Monarchie nannte, hätte er eine fast abgeschlossene akademische Ausbildung in das neue Österreich mitnehmen können. Er hatte sein 1913 begonnenes Jusstudium während des Krieges sporadisch fortgesetzt und 1916 ja die Staatsprüfung in Rechtsgeschichte abgelegt. 1919 studierte er zunächst weiter, im Oktober »erhielt er sein Absolutorium«, wie die Becker-Biografin Elisabeth Jauk festhält.[5] Damit hatte er die nötige Zahl von Semestern und Übungen absolviert, um zu den Abschlussprüfungen anzutreten.

Ein vorsichtiger Mensch hätte das versucht, um wenigstens ein bisschen Kontinuität zu wahren. Nicht so Hans Becker. Er brach das Jusstudium ab und schrieb sich an der Technischen Universität Wien als außerordentlicher Hörer (im Vermessungswesen) ein. Gleichzeitig besuchte er, mit Interesse an Malerei und Architektur, die heute Universität für angewandte Kunst genannte Institution, die früher »Kunstgewerbeschule« hieß. Die Frage, was ihn zu diesem Schwenk veranlasst haben könnte, beantwortet der Autor Christian Feest mit dem Hinweis, dass 1918 Beckers Mutter, 18 Jahre nach dem Vater, verstorben sei. Das habe ihn möglichweise von einer »moralischen Verpflichtung« befreit und ihm die Freiheit gegeben, Künstler zu werden.[6]

Zunächst wurde aber auch daraus nichts. Auf eine für Beckers weiteres Leben typische Weise ging er mehrere Aufgaben gleichzeitig an. Doch mitten im »Multitasking« schlug er einen Haken und lief in eine ganz andere Richtung. Becker konkret: »Ich musste eine Anstellung übernehmen, um leben zu können.«[7]

Am 20. Mai 1920 trat Becker in die Wiener »Devisenzentrale« ein, die den damals streng geregelten Zahlungsverkehr mit dem Ausland kontrollierte. Doch schon fünf Monate später verließ er »seinen Posten über eigenen Wunsch«, wie es im Dienstzeugnis heißt. Darin wird ihm bescheinigt, dass er sich »als ein in jeder Hinsicht tüchtiger, fleißiger und strebsamer Beamter erwiesen hat.«

Dieses Muster wiederholte sich noch zwei Mal. Nach der Devisenzentrale war er für vier Monate bei der Außenhandelsgesellschaft »Gefex« angestellt, dann, nach einigen Monaten ohne fixen Job, von Dezember 1921 bis Oktober 1922 bei der Aktiengesellschaft »Treuga«. Aufgabe der »Treuga« war es, durch den Export österreichischer Waren Devisen zu beschaffen, um damit den Einkauf von Rohstoffen für die heimische Industrie zu finanzieren. Beide Anstellungen endeten auf Beckers eigenen Wunsch – so steht es in den Zeugnissen, die ihn durchwegs loben. »Wir können seinen Austritt nur sehr bedauern«, schrieb die »Treuga«. »Wir können Herrn Becker bestens empfehlen«, formulierte es die »Gefex«.[8]

Becker habe in Wien damals mindestens dreimal die Wohnung gewechselt, weiß Christan Feest, der sich auch mit dessen kulturellen Interessen befasste. Der engste Freund Beckers war Hermann Schefter, mit dem er schon die Fliegerschule besucht hatte. In einem später verfassten Brief erinnert sich Schefter an den gemeinsamen Besuch der Salzburger Festspiele, die 1920 als katholisch-österreichisches Gegenstück zu den »germanischen« Richard-Wagner-Festspielen in Bayreuth begannen. Schefter, laut Feest als Sohn eines mährischen Seidenfabrikanten wohl auch Finanzier der Reise, erwähnt Besuche im Café Bazar, wo man mit Prominenten zusammensaß. Mit Anton Faistauer etwa, dem Salzburger Maler, der in Wien mit Egon Schiele und anderen die expressionistische »Neukunstgruppe« gegründet hatte. Weiters hätten sie im »Bazar« Alexander Moissi getroffen, den großen Bühnenstar und ersten »Jedermann« der Festspiele.

Seine Verwandten bezeichnen Hans Becker als »musisch begabt«. Neben dem Zeichnen und Malen habe er Gitarre und Mandoline, aber auch Geige gespielt. Zu Menschen habe er rasch Kontakt gefunden. Das gute Aussehen des jungen Mannes mit den ebenmäßigen Gesichtszügen, blauen Augen und glatt zurückgekämmten, eher dunklen – aber laut Reisepass dennoch »blonden« – Haaren wird dabei nicht geschadet haben.

FESCH. Gute wesentlich Freund Schefter

Annie Lieser,
gefeierte Tänzerin

So geschah es, dass Becker einem aufgehenden Stern der Wiener Bühnen näherkam: Annie Lieser. Bereits als 19-Jährige eroberte die ausgebildete Tänzerin große Bühnen. Am 17. September 1920 debütierte sie als neue Primaballerina der Wiener Volksoper mit einer Balletteinlage in der »Fledermaus« von Johann Strauß. »Die Leistung der jungen Dame wurde mit stürmischem Beifalle aufgenommen«, war im »Deutschen Volksblatt« zu lesen.[9]

Wenige Monate zuvor hatte ihre um drei Jahre ältere Schwester Helene mit einem Triumph ganz anderer Art medial auf sich aufmerksam gemacht. Sie war Österreichs »erste Doktorin der Staatswissenschaften«, wie die »Wiener Illustrierte Zeitung« ihren Bericht titelte: »Am 26. Juni fand im Festsaale der Wiener Universität im Beisein zahlreicher Gäste die erste Promotion zum Doktor der Staatswissenschaften statt. Ein ebenso interessanter wie liebenswürdiger Zufall ist es, dass als erster österreichischer Doktor der neuen staatswissenschaftlichen Fakultät eine Dame promoviert wurde, nämlich das im 21. Lebensjahre stehende Fräulein Helene Lieser, das sämtliche Prüfungen, auch im Gymnasium, mit Auszeichnung bestanden hat.«[10]

In ihrer Doktorarbeit bewertete sie Texte zu den Themen Geldentwertung und Inflation aus einer vergangenen Zeit, als Banknoten noch »Bancozettel« hießen.[11] Als »bemerkenswerter Beitrag zur Geschichte der Nationalökonomie in Österreich« wurde die Dissertation Helene Liesers von einem ihrer beiden Doktorväter bezeichnet – dem Ökonom Othmar Spann, später führender Ideologe des österreichischen »Ständestaats« mit durchaus antisemitischem Einschlag.

Helene Lieser stand ihrem zweiten Betreuer näher: Ludwig von Mises, ein früher Befürworter möglichst freier Märkte und einer der wichtigsten Vertreter der Österreichischen Schule der Nationalökonomie, die etwa in den USA zahlreiche Anhänger hat. Lieser war sogar zu den exklusiven Privatseminaren von Mises zugelassen, zu deren Teilnehmern auch der spätere Nobelpreisträger und Erz-Neoliberale Friedrich August von Hayek gehörte. Frau Dr. rer. pol. Lieser winkte eine Anstellung beim »Verband österreichischer Banken und Bankiers« und eine internationale Karriere im Finanzwesen.

Dabei waren Helene und Annie Lieser Scheidungskinder, die Ehe ihrer Eltern ging schon 1905 in die Brüche. Ihr Vater Justus Lieser war Spross einer jüdischen Unternehmerfamilie, die im niederösterreichischen Pöchlarn eine Hanfspinnerei und Seilfabrik betrieb.

Die Mutter der Lieser-Schwestern war Henriette Amalie Landau, genannt Lilly. Sie wurde 1875 als fünftes Kind des jüdischen Ehepaars Fanny und Albert Landau geboren, das aus Galizien stammte. In der Wiener Kulturgeschichte nach 1900 taucht Lilly gleich zweimal auf. Einmal an der Seite von Alma Mahler-Gropius-Werfel, der teils verehrten, teils verhassten Muse genialer Männer. Und dann als großzügige, aber lang übersehene Mäzenin des Neutöners Arnold Schönberg.

Für den Autor Oliver Hilmes ist Lilly »eine der wenigen Frauen gewesen, die man als engere Freundin Almas bezeichnen kann«.[12] Alma und Lilly, das Kind »schwerreicher« Eltern, hätten einiges gemeinsam gehabt, schreibt Hilmes: »Beide waren wohlhabend, reisten gern und schätzten das mondäne Leben.« Lilly begleitete Alma nach Paris und Berlin sowie ins niederländische Seebad Scheveningen. Almas Tochter Anna Mahler war zudem nur wenige Jahre jünger als die Lieser-Mädchen. Als Alma zwei Jahre nach dem Tod Gustav Mahlers im Jahr 1911 in Breitenstein im Semmering-Gebiet auf einem noch vom Komponisten ausgesuchten Baugrund eine Villa errichten ließ, trat sie ein Stück an Lilly ab, die darauf ihre »Villa Lillenaun« baute. Das Haus wurde zu einem Kleinod am Semmering, den die Wiener Society als sommerlichen Salon im Grünen betrachtete. »Die Wände schmückten Gemälde von Gustav Klimt, Edvard Munch und Oskar Kokoschka«, schreibt die Kulturwissenschafterin Lisa Fischer. Zudem habe Lilly Lieser Bildermappen von »Rembrandt, Cézanne, van Gogh und Michelangelo« besessen.[13]

Nebenan tobte der leibhaftige Kokoschka, der mit Alma eine exzessiv unglückliche Liebesaffäre zelebrierte. Als Alma von ihm schwanger war, soll ihr Lilly bei einer Abtreibung Beistand geleistet haben. Dennoch kühlte die Freundschaft der beiden Frauen 1915 plötzlich ab. Alma habe bemerkt, »dass Lilly lesbische Neigungen hatte und offensichtlich um sie warb«, schreibt Oliver Hilmes. Wer aber weiß, wie negativ – und manchmal stark antisemitisch – sich Alma über Menschen in ihrer Umgebung ausließ, der wird diese Einschätzung mit Skepsis aufnehmen.

Noch vor dem Bruch ersuchte Alma die Freundin, sich um den notleidenden Komponisten Arnold Schönberg zu kümmern. Sie kannte ihn aus der Zeit, als beide Schüler von Alexander Zemlinski waren, einem Wegbereiter der Wiener Moderne. Ab dem Frühjahr 1913 sprang Lilly »helfend ein«, schreibt die Musikwissenschafterin Irene Suchy, die »die Übersehene« als »Co-Produzentin der Schönberg'schen Musikgeschichte« ans Licht holte.[14] Bis dahin hatte die Schönberg-Literatur die spendable Lilly fälschlich als »vermögende Witwe« bezeichnet, obwohl ihr geschiedener Mann Justus erst 1927 starb.

In Wien residierte Lilly Lieser mit ihren Töchtern in einem Palais in der Alleegasse 20, die ab 1921 »Argentinierstraße« hieß, aus Dank für die Hungerhilfe aus diesem südamerikanischen Land. In der Hietzinger Gloriettegasse 43 besaß Lieser aber noch ein zweites Domizil, das mit einem Klavier und mit einem Harmonium ausgestattet war. 1915 bot sie dem »hochverehrten Herrn Schönberg« und seiner »lieben Frau« dieses Haus zur kostenlosen Benützung an. Der Komponist, der damals noch um Anerkennung rang, nahm dankend an und komponierte dort auch auf dem Harmonium, etwa Teile des Oratoriums »Die Jakobsleiter«.

Laut Irene Suchy bot Lilly Lieser nicht nur materielle Hilfe, sondern half auch bei Behördenkontakten und bei der Organisation von Konzerten. Schönberg zog 1918 nach Mödling weiter, Lilly spielte ihre Rolle als verständnisvolle Unterstützerin von Komponisten aber auch noch in den 1920er-Jahren. So war sie dem Schönberg-Schüler Alban Berg bei der Drucklegung der Oper »Wozzek« behilflich, der sein Werk dann aber doch Alma Mahler widmete.[15]

Es ist kein Wunder, dass es Lillys Tochter Annie mit diesem familiären Hintergrund anfangs schwer hatte, künstlerisch ernst genommen zu werden. Zu einem Soloauftritt im Großen Saal des Wiener Konzerthauses im Februar 1920 präsentierte das »Wiener Salonblatt« Annie Lieser bloß als »anmutige junge Dame der Wiener Gesellschaft« und schwafelte dann etwas von Grazie und Körperbeherrschung.[16]

Misstrauisch war nach eigenem Bekenntnis auch Joseph Roth, der damals als 26-jähriger Journalist seine Laufbahn als großer Romanautor noch vor sich hatte. In seiner Kritik für den »Neuen Tag« erwähnt er den teuren Blumenschmuck im Konzerthaus, das »Symphonieorchester« (das laut Programmzettel allerdings ein deutlich kleineres »Kammerorchester« war) und das Publikum aus dem »Cottage« – also aus den teuersten Wiener Wohngegenden – in den Logen. Roth: »Ein Herr, der hinter mir saß, sagte zu seiner Nachbarin: ›Der Abend kostet eine Menge Geld! Sie ist reich! Zwanzig Millionen!‹«[17]

»Aber, dass Annie Lieser tanzen kann, weiß ich auch«, fügt Roth hinzu, bemängelt jedoch, die zur Musik von Edvard Grieg und Jan Sibelius gezeigten Tänze verströmten »keine Spur von Erotik«, die er sich offenbar erhofft hatte. Als »maskuline Heroinengestalt« erscheint ihm Annie Lieser, die nach eigenen Angaben 1,62 Meter groß war und auf Fotos dieser Zeit als zarte Person mit dunklem, keck zum »Bubikopf« geschnittenem Haar zu sehen ist.

Tanzen in vielen, auch wild-expressionistischen Formen, war ein eskapistischer Ausdruck der krisengebeutelten 1920er-Jahre, die in Wien allerdings weniger toll waren als anderswo. Und neben Annie Lieser gelang es etlichen anderen Solotänzerinnen, allein mit ihren Namen auf dem Plakat große Säle zu füllen. Begonnen hatte dieser Trend bereits 1903, als Isadora Duncan mit ihrem »Ausdruckstanz« aus den USA nach Wien kam. Es ging auch darum, das klassische Ballett aufzubrechen und das neue, ungezwungene Körperempfinden auszudrücken. Es ging um die Selbstbestimmung der Frau: »Als Folge wurden zahlreiche Schulen für rhythmische und künstlerische Gymnastik, Frauensport und Bühnentanz gegründet«, heißt es in einer Diplomarbeit zum Thema.[18]

In Wien beindruckte Grete Wiesenthal mit allein getanzten, weit ausschwingenden Walzern die Zeitgenossen. Mit ihren Schwestern gründete Grete Wiesenthal eine Tanzschule, an der auch Annie Lieser lernte. Das neue Metier zog viele Tänzerinnen an, darunter in Deutschland Leni Riefenstahl, die später Hitlers liebste Filmemacherin wurde.

Der neue Stil, tatsächlich ein Vorläufer des Modern Dance späterer Jahrzehnte, hatte auch erbitterte Gegner. Im »Deutschen Volksblatt« hieß es im Oktober 1921 über einen Auftritt von Annie Lieser: »Es mangelt ihr an Technik und an Seele, vergebens fragt man sich, warum sie ihre Bewegungen Tanzen nennt.« Auch die berühmteren »drei Schwestern Wiesenthal« kommen bei dem mit R. H. zeichnenden Kritiker nicht besser weg: »Viel Erwartung, umso mehr Enttäuschung. Reizende Walzerschritte, das ist aber alles.«[19]

Trotz des Gegenwinds stieg Lieser weiter auf. Bei einem Tanzabend zur Musik von Strauß, Mozart und Tschaikowsky im Dezember 1920 im Berliner Blüthner-Saal war als Rezensent wieder Joseph Roth anwesend, der für die »Neue Berliner Zeitung« diesmal freundlich berichtete: »Hat sie, was anzunehmen ist, die vorgeführten Tänze selbst durchkomponiert, so ist das Können und der Geschmack dieser Neunzehnjährigen erstaunlich.« Und: »Annie Lieser verspricht viel.«[20]

Ihre Tourneen führten Annie Lieser auch in österreichische Kurorte und Sommerfrischen, etwa nach Gmunden, wo sie im »Saisontheater«, dem späteren Stadttheater, 1920 zugunsten der »Kindersonnenheilstätte« und der »Tuberkulosenfürsorge« tanzte. In der »Linzer Tagespost« wurde die »vorbildliche Begleitung am Flügel« hervorgehoben: Sie kam von der Pianistin Luise Sonnenthal, genannt Luzi, enge Freundin Liesers und Enkelin des Burgtheaterstars Adolf von Sonnenthal, die vier Jahre später den erfolgreichen Komponisten Erich Wolfgang Korngold heiratete.[21]

Ende des Jahres 1921 meldete die »Wiener Fremden-Presse«, dass Annie Lieser in der königlichen Oper von Madrid »Triumphe über Triumphe« feiere: »Das heißblütige Publikum überschüttete sie bei ihrem Auftreten in ›Aida‹ und ›Wilhelm Tell‹ mit geradezu frenetischem Beifall.« Als nächstes werde Annie Lieser in Madrid einen eigenen Tanzabend gestalten, »zu dem auch das Erscheinen des Königspaars in Aussicht gestellt ist.«[22]

Es ist gut möglich, dass Hans Becker bei dem erfolgreichen Gastspiel seiner Freundin dabei war, schrieb er doch später von einer Spanienreise in diesem Zeitraum. Und Kenntnisse der spanischen Sprache hat er damals offenbar auch erworben, was nicht allzu schwer gewesen ist, wenn er im Gymnasium gute Lateinlehrer hatte. (Im Lauf seines Lebens eignete er sich nach eigenen Angaben Kenntnisse in Englisch, Französisch und Italienisch an.)

Gesichert ist, dass Becker zusätzlich zur »Bankenpraxis«, wie er die Anstellungen bei Wiener Geld- und Handelshäusern nannte, seine Kreativität zum Geldverdienen einzusetzen begann. Er gestaltete Plakate für Kabarettprogramme, Buchumschläge und Illustrationen. Der damals bekannte Gebrauchsgrafiker Otto Dely bestätigte ihm am 23. Oktober 1922, dass er »die gestellte Aufgabe sowohl in zeichnerischer als auch in drucktechnischer Hinsicht glänzend gelöst« habe.[23] Am selben Tag besorgte sich Becker auch eine Bestätigung vom Bankenverband für ein ganz neues Aufgabengebiet: »Herr Hans Sidonius Becker war während mehrerer Monate in der Verlagsabteilung des Verbandes der österreichischen Banken und Bankiers schriftstellerisch und publizistisch tätig und hat mit seinen eigenen Arbeiten und durch Übersetzungen dem Verbande stets die besten Dienste geleistet.«[24]

Becker, den die Arbeit im Geldsektor offenbar nicht zufriedenstellte, war wieder einmal dabei, umzusatteln. Jetzt definierte er sich als »Maler und Journalist«, der sein neues Betätigungsfeld weit weg, in Südamerika finden wollte.

Becker-Kenner wie Christan Feest vermuten, dass ihn das Vorbild mehrerer nach Übersee ausgewanderter Cousins angeregt haben könnte. Wie es damals um seine Verbindung zu Annie Lieser stand, wissen wir nicht. Nach dem Ersten Weltkrieg gingen jedenfalls Millionen Europäerinnen und Europäer nach Amerika, um bessere Lebenschancen zu suchen.

Und Becker hatte einen Fürsprecher gefunden, der in seinem Leben noch öfter eine Rolle spielen sollte: Eduard Ludwig (1883–1967), damals Leiter des für die Öffentlichkeitsarbeit der Regierung zuständigen Bundespressedienstes.

Ebenfalls am 23. Oktober 1922 verfasste Ludwig ein Empfehlungsschreiben an den Leiter des österreichischen Generalkonsulats in Buenos Aires. Hans Becker sei von Wiener Zeitungen beauftragt, »regelmäßig über Argentinien zu berichten und er hat sich bereit erklärt, auch dem Bundespressedienst gelegentlich Berichte journalistischen Inhalts zukommen zu lassen.« Ludwig ersuche, »Herrn Becker nach Tunlichkeit in seinem Vorhaben unterstützen zu wollen.«[25]

– 5 –
IN PARAGUAYS »GRÜNER HÖLLE«

Am 28. Oktober 1922 verließ Hans Becker Österreich und nahm in Hamburg ein Schiff nach Buenos Aires. In Argentinien gelang es ihm, eine Anstellung bei einer Firma zu finden, die im Nordwesten des Landes Eisenbahnstrecken errichtete. Zum einen ging es dabei um den Ausbau der wenig spektakulären Strecke von Tucumán nach Salta, zum anderen aber um den Beginn eines der gewagtesten Bahnprojekte Südamerikas: die Überquerung der Anden, um das argentinische Salta mit der chilenischen Hafenstadt Antofagasta am Pazifik zu verbinden.

Fertiggestellt wurde diese einspurige Bahnlinie, die durch zahlreiche Tunnels, über Viadukte, Kehrschleifen und Spitzkehren bis auf 4.200 Meter über dem Meer zwischen den steil aufragenden Wänden von Fünftausendern verläuft, erst nach dem Zweiten Weltkrieg. Seither wurde der Personenverkehr wieder weitgehend eingestellt – bis auf eine Touristenattraktion, die unter dem Namen »Tren a las nubes« (Zug in die Wolken) von Salta aus auf der argentinischen Seite der Bergstrecke ein atemberaubendes Landschaftskino bietet.

Becker war nur beim Frühstadium dieses luftigen Projekts dabei, während seine Hauptarbeit der Tucumán-Strecke im feuchten, subtropischen Hügelland galt. Dabei erkrankte er an der Malaria, was ihn gezwungen habe, »gesündere Gegenden aufzusuchen«.[1] Er wechselte vom Bahnbau in den Dienst der Provinzregierung von Salta, die ihn, nach bestandener Eignungsprüfung, im Jänner 1924 als »Ingeniero agrimensor« (Vermessungsingenieur) anstellte.[2] Diese Tätigkeit führte ihn in die Calchaqui-Täler und in Gegenden mit Gesteinsformationen in den Farben des Regenbogens. Im Ort Tacuil beteiligte er sich an archäologischen Ausgrabungen, die Keramiken und Bronzen aus der Inkazeit zutage förderten.

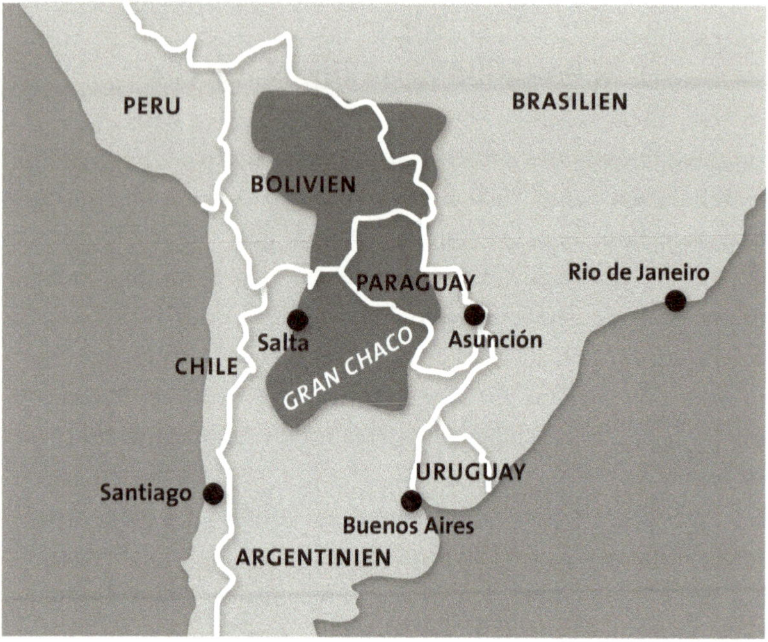

Trockene Tropen: »Gran Chaco« in Südamerika

In Salta, der auf 1.187 Metern Seehöhe gelegenen Hauptstadt der gleichnamigen Provinz, traf er in einem der Herrenhäuser im spanischen Kolonialstil den Schriftsteller Juan Carlos Dávalos (1887–1959). Den landesweit bekannten, aber auf lokale Themen konzentrierten Autor begleitete er bei dessen »folkloristischer Sammelarbeit«. Für ein Buch von Dávalos mit »ländlichen Fabeln«, in denen ein Fuchs seine Schlauheit gegenüber Jaguaren und Gürteltieren beweist, zeichnete der Österreicher unter dem Namen »Juan S. v. Becker« die Illustrationen. Das populäre, in Buenos Aires erschienene Büchlein (»Los casos del Zorro«) ist antiquarisch noch immer erhältlich.

Bereits im Juli 1924 trat der mittlerweile 28-jährige Becker einen neuen Job an, dieses Mal bei der »International Products Company« (IPC), einem multinationalen Unternehmen mit dem Hauptsitz in New York und einer Zweigstelle in Paraguays Hauptstadt Asunción.

Beckers Einsatzort war Puerto Pinasco, zu dieser Zeit eine entlegene Siedlung ohne Straßenverbindung, heute ist sie von Asunción im Auto in wenigen Stunden zu erreichen. Damals waren die einzig verfügbaren Verkehrsmittel Dampfschiffe mit Schaufelrädern, die tagelang den gelblichen Rio Paraguay in nördliche Richtung stromaufwärts fuhren.

Der Fluss trennt das Land in zwei klimatisch völlig unterschiedliche Zonen. Am östlichen Ufer, so schilderte Becker später seine Eindrücke, reichten »dicht bewaldete Hügelketten bis an den Strom«, während sich nach Westen jenseits der lehmigen und steilen Uferböschung ein ganz anders Bild bot: eine »ungeheure Ebene« von »seltsamer Eintönigkeit«, die sich hunderte Kilometer bis zu den Abhängen der Anden ausdehnte.[3] Obwohl geografisch in den Tropen gelegen, ist dieses Gebiet die meiste Zeit des Jahres staubtrocken. Eine dicke Lehmschicht liege auf dem Land, wasserundurchlässig »wie ein Regenmantel«.[4] In der – nicht immer verlässlich eintretenden – Regenzeit im südamerikanischen Sommer von November bis April stehen für kurze Zeit weite Flächen etwa einen halben Meter unter Wasser. Bei Lufttemperaturen von über 40 Grad ist bis auf einige Wasserlöcher und salzige Sümpfe bald alles verdunstet.

Das ist der »Gran Chaco« – ausgesprochen »Tschako«, wie Becker in seinen Berichten betonte –, eine Region mit Trockenwäldern und dichten Dornbuschsavannen, die mit 800.000 Quadratkilometern zehnmal so groß ist wie Österreich oder mehr als doppelt so groß wie Deutschland. Über den dornigen Büschen ragen »hochwachsende Baumriesen« auf, es gibt ausgetrocknete Bäche und sandige Flächen, sogenannte »Kämpe«, dann wieder kilometerweite Haine mit Fächerpalmen, »deren abgestorbene Stämme ohne Blätterkrone stehen bleiben und der Gegend zuweilen den Eindruck eines Waldes von Telegrafenstangen verleihen«, so Becker.[5]

Fünfundzwanzig Jahre vor Beckers Ankunft galt der Gran Chaco noch als »weißer Fleck auf der Landkarte« oder auch als »Grüne

Hölle«, wirtschaftlich bedeutungslos und von Ureinwohnerinnen und Ureinwohnern nur schwach besiedelt. Die Indigenen zogen in großfamiliären Gruppen als Jäger und Sammler durchs Land, mit Fremden hatten sie keinen oder nur wenig Kontakt. Untereinander erzählten sie alte Geschichten über die Ankunft der Spanier, die schon im 16. Jahrhundert auf der Suche nach Gold und Silber den Paraguay-Fluss heraufkamen. Etliche von ihnen wurden allerdings, wie es Becker ausdrückt, »von den Indianern erschlagen«.

Bekamen die Indigenen lange Zeit an Fremden nur Missionare, Forscher und Abenteurer zu Gesicht, so begann um 1900 die Ausbeutung der Naturschätze des Gran Chaco, der auf den Staatsgebieten von Argentinien, Bolivien, Paraguay und – in geringerem Ausmaß – von Brasilien liegt. Besonders begehrt war der hochwachsende Quebracho-Baum, dessen rotes Holz extrem hart ist – so hart, dass er auf Spanisch »Axtbrecher« (Quiebra hacha) heißt. Zunächst verarbeitete man seine Stämme zu Schwellen für das schnell wachsende südamerikanische Eisenbahnnetz. Doch kurz vor dem Ersten Weltkrieg, so schrieb Becker in einem seiner zahlreichen, noch weit bis in die 1930er-Jahre erschienenen Zeitungsberichten, da sei »irgendein Chemiker« draufgekommen, dass das steinharte Holz »ungemein viel« des Gerbstoffs Tannin enthält, der zur Verarbeitung von tierischen Häuten zu Leder benötigt wird.[6] Laut neueren Forschungen war Emilio Poirier, ein aus Frankreich eingewanderter Gerber, der Entdecker.[7]

Da zu dieser Zeit in Südamerika die Rinderzucht – und damit zunächst vor allem die Lederverarbeitung – einen enormen Aufschwung nahm, wurde das Tannin »zum roten Gold des Gran Chaco«, das laut Becker »ungeahnten Reichtum« versprach.

Holzfäller schlugen kilometerlange Schneisen in den Trockenwald, auf einachsigen Ochsenkarren mit übermannshohen Holzrädern schafften sie die Stämme zum Hafen am Paraguay-Fluss, wo Tanninfabriken standen. Mechanisch mit viel Lärm zu

Hackschnitzeln und Spänen zerkleinert, kam das Holz in »Autoklaven« – riesige »Schnellkochtöpfe«, in denen die Inhaltsstoffe mit Druck und Wasserdampf aufbereitet wurden. Laut Auskunft von Industriechemikern war die Tannin-Extraktion weitgehend geruchsfrei, ganz im Gegensatz zu den nach Verwesung stinkenden Rinderhäuten, die später damit gegerbt wurden. Das in der Fabrik zu einem roten Pulver getrocknete Tannin kam in Säcke. Hilfsarbeiter schleppten sie zu den Frachtkähnen am Fluss.

Die größte Tanninfabrik stand im 1917 gegründeten Puerto Pinasco. Sie gehörte der International Products Company (IPC), die auch Viehzucht betrieb und Fleisch verarbeitete. Sie hatte ein Kühlschiff gekauft und machte damit beim Fleischexport dem südamerikanischen Pionier der Fleischkonserven Konkurrenz, der Firma Liebig in Uruguay. In Paraguay stieg die IPC mit 3.000 Beschäftigten in kurzer Zeit zur größten Arbeitgeberin des Landes auf. Nun sollten in Puerto Pinasco Hafenanlagen ausgebaut und einige hundert Kilometer lange Eisenbahnlinien zum Holztransport aus dem Chaco errichtet werden. Und genau das waren die Aufgaben, die Hans Becker als Landvermesser und Bauaufseher übernahm.

Es war eine Knochenarbeit. Tagelang und mit bewaffnetem Geleitschutz ritt sein Vermessungstrupp durch die dornige Savanne, Myriaden von Moskitos über ihren Köpfen. Von den Indigenen lernten sie, im Nachtlager harzreiche Holzstücke anzuzünden, um die Insekten mit dem beißenden Qualm zu vertreiben. Manchmal verbrannten sie getrockneten Kuhmist, dessen stinkender Rauch ihnen Tränen in die Augen trieb. Becker begann, etliche der achtzig vorkommenden Arten von Stechmücken zu unterscheiden. Zufrieden nahm er zur Kenntnis, dass es hier zumindest die Anopheles-Mücke nicht gab, die Überträgerin der Malaria. Überhaupt fand er, dass der Gran Chaco mit seiner trockenen Hitze und den vergleichsweisen kühlen Nächten »eine der gesündesten tropischen Gegenden« sei.

Hans Becker im Gaucho-Kostüm

Bald begann Becker damit, seine Eindrücke journalistisch zu verarbeiten. Zunächst für das deutschsprachige »Argentinische Tageblatt«, später auch für Zeitungen in Österreich. In seinen »Bildern aus Paraguay« beschrieb er ein katholisches Kirchweihfest. Höhepunkt war ein laut Becker vergleichsweise humanes, unernstes »Stiergefecht«, bei dem paraguayische Männer in Frauenkleidern einem wütenden Bullen entgegentraten und ihn gemeinsam niederrangen, während einer von ihnen wie bei einem Rodeo auf ihm zu reiten versuchte.[8] Für eine österreichische Illustrierte erzählte er später von »Weihnachten im Sommer«, als er mit drei weiteren Bahn-Ingenieuren fernab aller Siedlungen in einer schlangenverseuchten Gegend versuchte, einen vier Meter hohen Kaktus mit Kerzen und Silberfäden als Christbaum zu dekorieren, um ein bisschen festliche Stimmung zu erzeugen. Doch kaum brannten die Dochte, da krachte es, eine Stichflamme loderte »hoch über dem Kaktus empor und die Herrlichkeit fiel in sich zusammen«. In der großen Hitze war die Pflanze »trocken und brennbar wie Schießpulver« geworden.[9]

Im frühen 20. Jahrhundert konnten europäische Autoren für exotische Geschichten aus noch nicht erforschten, kaum kolonisierten Weltgegenden mit ähnlichem Interesse des Publikums rechnen wie Jahrzehnte später für die Weltraumfahrt. In Südamerika bestand diese »Terra incognita« aus drei riesigen Gebieten: Aus der kahlen Pampa, den Vulkanen und Gletschern Patagoniens ganz im Süden, aus dem gigantisch-grünen Amazonas-Regenwald am Äquator – und dazwischen aus dem »Gran Chaco«.

Als schnurrbärtige Forscher in Tropenanzug und -helm in Patagonien Saurierskelette in der Größe von Lastwagen und Überreste bis dahin unbekannter Tiere fanden, kam vor allem in Großbritannien die Vorstellung auf, dass in dieser Weltgegend sogar Dinosaurier überlebt haben könnten, vielleicht auch ansonsten ausgestorbene Rüsseltiere wie das Mastodon oder das Riesenfaultier Mylodon.

Der Reiseschriftsteller Bruce Chatwin und der Naturfilmer David Attenborough haben diesen Forschungsboom geschildert. In deutschsprachigen Ländern wurde der Chaco früh zum beliebten Schauplatz von Abenteuergeschichten und »Indianerromanen« im Stil von Karl May. Es sind zumeist stark von Dialogen lebende, mit etwas Lokalkolorit angereicherte Geschichten über Verrat, Gefangenschaft und Befreiung, unter Teilnahme von teils edlen, teils blutrünstigen »Wilden«.

Das 1909 erschienene Buch »In der Wildnis des Gran Chaco« von Maximilian Kern, in dem auch ein aus Wien stammender Ex-Soldat namens Schani vorkommt, erlebte mindestens 14 Auflagen. Der Autor schwärmt darin von »Erzen und Edelsteinen«, besonders aber von »zahllosen Stämmen kostbarer Hölzer, die noch im Gran Chaco der Verarbeitung harren«. Die Erzählung, die zunächst in der populären Jugendzeitschrift »Der Gute Kamerad« erschienen ist, könnte Becker als Gymnasiast durchaus gelesen haben.[10] Karl May selbst lässt im Buch »In den Cordilleren« (Band 13 seiner gesammelten Werke) die Protagonisten einen Abstecher in den Gran Chaco machen.

Während die meisten dieser Autoren ihre »Indianer« in Europa erfanden, wurde Hans Becker 1924 in Puerto Pinasco auf reale Indigene aufmerksam, die eben erst aus ihrer traditionellen Lebensweise im Chaco herausgetreten waren.

Im wirtschaftlich weit früher entwickelten Osten Paraguays hatten die spanischen Eroberer schon ab dem 16. Jahrhundert die Vermischung der Kolonisatoren mit den Ureinwohnerinnen und

Ureinwohnern, vor allem der Guaraní, gefördert. In den 1920er-Jahren waren die meisten Arbeiter der Tannin-Industrie Spanisch und Guaraní sprechenden Mestizen. Hier im Chaco Boreal, dem nördlichen Teil des Gran Chaco, lebten aber noch zwölf verschiedene indigene Völker nach jahrhundertealten Traditionen im Busch. Die Verschlechterung ihrer Lebensbedingungen führte dazu, dass einige von ihnen Jobs als Holzfäller annahmen oder Tanninsäcke zu den Schiffen schleppten, wofür sie mit Kleidung und Lebensmitteln entlohnt wurden. »Gleich zu Beginn meines Aufenthalts war der Flusshafenort Pinasco zum Sammelplatz der Angehörigen mehrerer Indianerstämme geworden«, schrieb Becker Jahre später in einer wissenschaftlichen Aufarbeitung seiner Begegnungen.[11] Ein paraguayischer »Leiter der Indianerarbeit« namens José de Alarcón machte ihn mit Häuptlingen bekannt, was ihm später bei der Vermessungstätigkeit im Landesinneren zugutekam.

Becker begann während seiner Streifzüge, die ihn vom Rio Paraguay aus an die 300 Kilometer nach Westen führten, Beobachtungen zu notieren und die Bewohnerinnen und Bewohner nach ihren Gewohnheiten zu befragen. »Infolge meiner technischen Aufgaben verfügte ich nicht über genügend Zeit, um meine völkerkundlichen Sammelergebnisse lückenlos gestalten zu können«, bat er in seiner später ausgearbeiteten Studie um Entschuldigung. Sein Motiv sei es gewesen, die Lebensweise der »indianischen Menschen« zu beschreiben, als diese bereits zu verschwinden begann.

Da der Staat Paraguay nach einem 1870 gegen seine Nachbarn verlorenen Krieg in argen Finanznöten war, verkaufte er in den folgenden Jahrzehnten große Gebiete, darunter auch im nördlichen Chaco, an private Investoren. Die indigenen Völker wussten davon nichts. Sie bemerkten nur, wie Fremde ihr Gebiet wirtschaftlich zu nutzen begannen. Einer dieser Investoren, der eine Million Hektar (10.000 Quadratkilometer) am Westufer des Rio Paraguay erworben hatte, war die International Products Company, der Arbeitgeber Beckers.

Becker erkundete vor allem das Jagdgebiet einer Ethnie, die er als »Lengua« bezeichnete, obwohl er für sie auch andere Namen wie Enlhet – »Mensch« bedeutend – kannte. Das indigene Volk, dem damals an die 10.000 Menschen angehörten, benutzt selbst allerdings kaum noch den Überbegriff »Lengua«. Heute sind die »nördlichen« Enlhet und die »südlichen« Enxet die offiziellen Namensbezeichnungen der beiden sich voneinander unterscheidenden, aber eng verwandten indigenen Gruppen.

Die sprachliche Verständigung sei ihm »relativ leichtgefallen«, schreibt Becker, da er neben Spanisch »auch das Guaraní der Paraguayer beherrschte«. Bei allen Ethnien habe er Menschen getroffen, die »Guaraní bemerkenswert gut« sprachen. »Das Lengua lernte ich soweit, dass ich den Erzählungen folgen konnte.«[12]

Bei der Bewertung seiner Beobachtungen verließ Becker sich zunächst auf den »Indianerbeauftragten« Alarcón. Außerdem bezog er sich auf den britischen Chaco-Pionier und anglikanischen Missionar Wilfrid Barbrooke Grubb (1865–1930), der mit dem Buch »An Unknown People in an Unknown Land« 1911 eine grundlegende Studie vorgelegt hatte. Daheim wurde der Schotte Grubb als »Livingstone von Südamerika« gefeiert. Der Afrikaforscher David Livingstone (1813–1873), der vor allem dadurch weltberühmt wurde, dass er einige Zeit als verschollen galt, war ebenfalls Schotte und Missionar gewesen.

Schon Grubb beschrieb die dramatischen Folgen der Ankunft der Europäerinnen und Europäer und der von ihnen eingeschleppten Viren. Vor allem die Pocken rafften viele Indigene hinweg. Die an sich detailreichen Beobachtungen Grubbs förderten allerdings die Entstehung eines Klischees über die Bewohnerinnen und Bewohner des Chaco: Sie würden »nie etwas für schlechtere Tage aufsparen«. Ein Jäger erlege nur das, »was zur Erfüllung seines unmittelbaren Bedarfs« diene »und den Bedürfnissen jener, denen er zu helfen wünscht.« Das zweite Klischee, das später von Kolonisten gegen die

Indigenen vorgebracht wurde, war, dass sie untereinander und mit ihren Nachbarn ständig im Krieg gelegen wären.[13]

Zu der Zeit, als Becker nahe Puerto Pinasco seine »Indianerstudien« betrieb, forschte drei Dampfschiffstationen nördlich davon ein Deutscher, der später zum »Altmeister der Völkerkunde Brasiliens« wurde, zum selben Thema: der 1899 in Wiesbaden geborene Herbert Baldus. Er war zunächst preußischer Kadett und im Ersten Weltkrieg wie Becker bei der Fliegertruppe gewesen. Danach versuchte er sich als Schauspieler und ging 1920 nach Südamerika. Von São Paulo aus organisierte er eine deutsch-brasilianische Filmexpedition in den Gran Chaco, wo ihn die Indigenen derart faszinierten, dass er später wieder kam und sich ihrer wissenschaftlichen Erforschung verschrieb. Zurück in Deutschland studierte und promovierte er an der Universität Berlin. 1931 legte er sein Buch »Indianerstudien im nordöstlichen Chaco« vor. Als strikter Gegner des Nationalsozialismus emigrierte Baldus nach Brasilien, wo er als Professor an der Universität von São Paulo bis zu seinem Tod 1970 aktiv war.

Als die deutsche Fachzeitschrift »Anthropos« in den 1930er-Jahren eine Besprechung von Baldus' »Indianerstudien« brachte, war Becker der Rezensent. Sich selbst als Kenner der Region deklarierend, lobt er Baldus' Untersuchungen des Lebens und der Denkweise der Indigenen, da »mit diesen ein bereits in wenigen Jahren uneinbringlicher Schatz für unser Wissen bewahrt wurde«.[14]

Es ist gut möglich, dass Becker durch dieses Werk dazu angeregt wurde, seine eigenen, allerdings erst ein Jahrzehnt später publizierten Beobachtungen über die »Lengua und Kaiotugui« (mit dem an Baldus anklingenden Untertitel »Indianerstudien im Chaco Boreal«) wissenschaftlich auszuarbeiten. Dieser Meinung ist jedenfalls der 1943 geborene Wiener Sozialanthropologe Georg Grünberg, der noch selbst bei Baldus in São Paulo studiert und unter anderem im Gran Chaco Feldforschungen betrieben hat.[15]

Nach seiner Rückkehr nach Österreich trat Becker mit Vorträgen und in Radioprogrammen als Experte für Paraguay und ganz Südamerika auf. Neben einer Vielzahl von sonstigen beruflichen, politischen und künstlerischen Aktivitäten holte er sich in den 1930er-Jahren an der Uni Wien in Vorlesungen und Seminaren das völkerkundliche Rüstzeug, um seine Chaco-Studien später als Dissertation einzureichen. Da sie die wichtigste und 1941 mit einem Doktorat gekrönte wissenschaftliche Arbeit Beckers war, scheint mir ein kritischer Blick darauf angebracht. Ich habe Georg Grünberg ersucht, Beckers Arbeit zu analysieren, natürlich unter Berücksichtigung damaliger wissenschaftlicher Gepflogenheiten.

Die »Indianerstudien im Chaco Boreal« über die Lengua und Kaiotugui böten »die ziemlich genaue Darstellung der materiellen Kultur eines Volkes«, sagte mir Grünberg, für den die nur bei Becker vorkommenden Kaiotugui »eindeutig eine Regionalgruppe der Lengua sind«. Becker sei jedenfalls »ein sorgfältiger Beobachter, man sieht, dass ihn die Leute interessieren«.[16]

Damaligen ethnografischen Standards entsprechend beschreibt Becker ausführlich Aussehen (schwarzhaarig, »breitgesichtig«, mit »bronzefarbener Haut«) und Körperbau (klein und untersetzt) der Indigenen. »Man merkt aber, dass sie ihm sympathisch sind«, urteilt Grünberg. »Er betreibt keine von vorherein kolonialistisch-abwertende, rassistische Völkerkunde, wie sie damals auch üblich war.« Selbst für eine befremdlich wirkende Stelle, wo unangenehmer Körpergeruch von Afrikanern, Chaco-Ureinwohnern und Weißen verglichen wird, hat Grünberg eine Erklärung: »Becker gibt an, dass die Paraguayer das so gesagt haben. So wird es wohl gewesen sein.«

In seine Inventarliste der Lengua-Kultur nimmt Becker die Kleidung der barfuß durch die dornige Savanne laufenden Menschen auf (lederner Lendenschurz, Wolldecke, Kopfschmuck aus Federn für feierliche Anlässe) und beschreibt ihre Wohnstätten (Palmhütten und einfache Unterstände aus Zweigen und Laub, die von den

Nomaden nach kurzer Zeit wieder verlassen werden). Er geht auf ihre Gefäße ein, Tonkrüge und Kalebassen aus Flaschenkürbissen, auf geknüpfte Tragnetze sowie Pfeile, Bogen und Lanzen für die Jagd. Damit wurden manchmal sogar Jaguare und Alligatoren erlegt. Beliebtestes Jagdtier sei aber der große Laufvogel Ñandú (den Becker als »Strauß« bezeichnet, obwohl er mit diesem afrikanischen Vogel nicht verwandt ist), danach Wildschwein und Hirsch.

Becker betont, dass der Chaco nicht einfach »dünn besiedelt« war, sondern dass die umherziehenden, vor allem von der Jagd lebenden Gruppen zum Überleben auf ein sehr großes Gebiet angewiesen waren. Grünberg: »Er hat eine klare Vorstellung von Raum; man merkt, dass er Ingenieur war«. Schon während Beckers Anwesenheit, aber viel intensiver noch in den Jahren danach, wurde der Busch gerodet, viele Kilometer lange Drahtzäune zerteilten immer größere Gebiete des Chaco.

Die Kolonisierung schnitt die Indigenen zunehmend von ihren Jagdgebieten ab. Becker sah bereits den Beginn dieser Verelendung, konnte aber noch wandernde Sammler (von Früchten, Beeren und dem Honig der Wildbienen) und Jäger beobachten.

Becker räumte mit dem Vorurteil auf, die Indigenen würden ohne Vorratshaltung in den Tag hineinleben. Er nennt in hohlen Bäumen angelegte Wasserreservoirs für die Trockenzeit im Winter (Juni bis September) und die Herstellung von Pemmikan, einer Paste aus getrocknetem und zerkleinertem Fleisch oder Fisch. An günstigen Stellen sei auch die Aussaat von Pflanzen wie Maniok oder Tabak üblich, die Felder wurden freilich bis zur Ernte sich selbst überlassen.

Zum zweiten Klischee, dem angeblich permanenten Kriegszustand zwischen verschiedenen indigenen Gruppen, schreibt Becker, dass man ihm von »gegenseitigen Überfällen« und größeren Konflikten »in früherer Zeit« berichtet habe. Während seines Aufenthalts seien ihm die Indigenen defensiv vorgekommen. Als typisch schildert er einen Zwischenfall, den er 1926 in einem 180 Kilometer vom Paraguay-Fluss entfernten Lagerplatz beobachtete: Ein Hund, der den Indigenen gehörte, hatte dort von den paraguayischen Arbeitern verwahrtes Fleisch aufgefressen. Einer von ihnen erschoss den Hund im Zorn. Als zwischen dem Arbeiter und einem empörten Indigenen ein lauter Streit begann, der in Gewalt auszuarten drohte, sei Becker dazwischen gesprungen. »Im selben Augenblick sah ich bereits alle Frauen und Kinder der Indianer in den nahen Wald rennen«, um hinter Bäumen Deckung zu suchen. Das Ganze habe nur wenige Minuten gedauert, »wobei außer den beiden Streitenden niemand einen lauten Ton von sich gab«.

Für den Anthropologen Grünberg ist diese Anekdote ein gutes Beispiel dafür, dass sich die Nomaden ständig auf Bedrohungen von außen einstellen mussten. Es habe aber auch Zeiten für friedliche und eher unbeschwerte Feiern gegeben.

Becker beschreibt dazu jene Sommerwochen, in denen der heilige Baum Teves Früchte trägt. Die Spanier nannten den hohen Baum mit den langen Fruchtkapseln »Algarrobo«, weil er einem in Europa so bezeichneten ähnlich war: dem Johannisbrotbaum, dessen lange Schoten in Österreich »Bockshörndl« heißen. Die zerstoßenen Schoten vermengten Lengua-Frauen mit Honig und mit ihrem Speichel, dann stellten sie das Ganze in Krügen zur Seite. Nach einigen Tagen fermentierte es zu einem alkoholischen Getränk, dem milchig-süßen Algarrobo-Bier, das nach Beckers Beschreibung bei ausgelassenen Erntefesten konsumiert wurde.

Über Rauschzustände durch andere natürliche Drogen, mit denen sich Heiler in Trance versetzten, schreibt Becker nichts. Er spricht mehrfach von »Zauberärzten«, denen er sehr skeptisch gegenübersteht. Den Begriff »Schamanen« verwendet er nicht, »obwohl er damals schon gängig war«, so Grünberg. Deren Vorstellung, Krankheiten als seelische Leiden zu betrachten, kommt gar nicht vor, ihre Fähigkeiten als Naturheiler, etwa bei der Wundversorgung, kaum.

Mit Zurückhaltung beschreibt Becker zwei Verhaltensweisen der Nomaden des Chaco, die außerhalb dieser Lebenssphäre schockierend waren und es noch immer sind: Kränkliche Alte, die beim Weiterwandern nicht mehr mitkamen, wurden zum Sterben zurückgelassen. Und Neugeborene wurden aus verschiedenen Gründen getötet, etwa wenn die Mutter bei der Geburt starb. Kamen Zwillinge auf die Welt, so wurde ein Kind getötet, weil die Mutter nicht zwei ernähren und auf den weiten Wanderungen tragen konnte.

Schon frühe Chaco-Forscher wie William Grubb haben diese Praxis verdammt und als Rechtfertigung der Missionierung betrachtet. Für die 1920er-Jahre sagt Becker: »Diese Sitte ist trotz des Jahre dauernden Ankämpfens der Missionare bis zur Zeit meiner Beobachtungen nicht ausgestorben.«[17]

Für das 21. Jahrhundert schreibt der amerikanische Evolutionsbiologe Jared Diamond in seinem populären Buch »Vermächtnis – Was wir von traditionellen Gesellschaften lernen können«, dass es in Gruppen von Jägern und Sammlern zu allen Zeiten üblich gewesen sei, Kleinkinder zu töten, wenn es darum ging, die Überlebenschancen der ganzen Großfamilie nicht zu gefährden. Diamond, der ja eigentlich das Positive am Leben von Jägern und Sammlern aufzeigen will, fügt lakonisch hinzu, »Säuglingsmord, Aussetzen älterer Menschen und häufige Hungersnöte« gehörten eben zu »jenen Aspekten der Welt von gestern, bei denen wir froh sein können, sie los zu sein«.[18]

Erst vor kurzer Zeit gelang es den Indigenen des Chaco, selbst ihre Stimme zu erheben. Ernesto Unruh vom Volk der Enlhet kooperierte dafür mit Hannes Kalisch, der in Köln Sprachwissenschaften studiert hat. In jahrelanger Arbeit sammelten die beiden Forscher Erzählungen von indigenen Männern und Frauen, die in ihrer Sprache von ihren alten Traditionen berichten und auch darüber, wie sie zu heute wenig geachteten Fremden im eigenen Land geworden sind.[19]

Über die Kindstötung sagen sie, dass sie nur in Ausnahmefällen vorkam und für die Familie »ein Ausdruck der Verzweiflung« war. Als

Gründe nennen sie die Bewahrung eines Neugeborenen vor Hunger und den Anstrengungen langer Fußreisen. Besonders zu jener Zeit, als Soldaten sie verfolgten, und Gruppen der Enlhet sich verstecken mussten, »da konnte man nicht zulassen, dass ein Kind weint.« Zur Rettung der Gruppe kam es manchmal dazu, dass es erstickt wurde, »denn wir waren voller Schrecken«.

Diese Ära des Schreckens begann genau zu dem Zeitpunkt, als Beckers Aufenthalt in Paraguay zu Ende ging. Die ältesten Erzählerinnen erinnern sich noch an die Jahre davor, als es für sie als Kinder recht idyllisch zuging: »Unser Essen wuchs im Busch.« Die Mütter sammelten Früchte und Beeren. Sie waren zugleich Lehrerinnen, die ihnen tagsüber Überlebenswichtiges beibrachten, bis die von der Jagd Heimkommenden das erlegte Wild in Erdöfen zubereiteten.

1925 kam Hermann Heinrich Schefter, Beckers Freund aus der Fliegerkompanie im Ersten Weltkrieg, auf einer Reise durch Südamerika zu ihm nach Puerto Pinasco. Als Schefter später in Wien sein Reisebuch »Yankees und Indianer« herausbrachte, beschrieb er darin auch Begegnungen »im buschigen Kampland des Chaco«. Das Porträt eines Indigenen auf dem Titelbild steuerte Becker bei.[20]

Becker nahm auf seinen Expeditionen auch viele Fotos auf, von denen allerdings ein Teil »in Verlust geriet«. Er verdanke es seinem »Freund Ing. Alejandro Langer«, dass er die Lücken mit Aufnahmen aus dessen Sammlung auffüllen konnte, schrieb er später.[21] Den gebürtigen Österreicher Langer habe er im Botanischen Garten von Asunción getroffen, fand der Becker-Kenner Christian Feest heraus. Agrarexperte Langer trat als Gutsverwalter in die Dienste der Mennoniten, die im Gran Chaco »die Wildnis urbar« machen wollten.

Ursprünglich war diese protestantische Freikirche zu Zeiten Martin Luthers im deutsch-niederländischen Grenzgebiet entstanden. Die auch noch in Paraguay plattdeutsch sprechenden Anhängerinnen und Anhänger des Predigers Menno Simons (1496–1561) wurden als Befürworterinnen und Befürworter der

Erwachsenentaufe von der Umwelt »Täufer« oder »Wiedertäufer« genannt und vom christlichen Mainstream blutig verfolgt. Sie wichen in ferne Länder aus, etwa nach Kanada, wo allerdings 1917 die allgemeine, englischsprachige Schulpflicht auf nicht religiöser Grundlage eingeführt wurde. Dort lebende Mennonitinnen und Mennoniten, die um ihre Identität fürchteten, schickten Kundschafter nach Paraguay, wo die Regierung Neuansiedlern weitgehende Autonomie versprach und wo ihnen Großgrundbesitzer ausgedehnte Ländereien verkauften.

Fast 2.000 Siedlerinnen und Siedler kamen 1926 und 1927 am Rio Paraguay an. Die Familien fuhren in Trecks mit hoch beladenen Ochsenkarren in den Gran Chaco, wo sie Kolonien mit Namen wie Hoffnungsfeld und Fernheim anlegten und mit dem Anbau von Baumwolle und anderen Pflanzen begannen. Indigene aus der Umgebung wurden als Knechte eingestellt, nach und nach nahmen einige auch den christlichen Glauben an.

Der Autor Ernesto Unruh vom Volk der Enlhet verdankt seinen Familiennamen auch dem Kontakt seiner Vorfahren mit den Mennoniten. Gemeinsam mit Hannes Kalisch wendet er sich aber gegen den »Mythos, die Einwanderer hätten die Enlhet vor dem Aussterben gerettet«. Bestenfalls ließe sich sagen, dass die Fremden versucht hätten, »die Folgen ihres eigenen Erscheinens zu bekämpfen«. Manche Indigene beklagten, sie hätten die Mennoniten »mit ihrer Arbeitskraft reich gemacht«.[22]

Die Siedlungen der Mennoniten boten den Indigenen allerdings einen gewissen Schutz vor bewaffneten Truppen, die sie auszurotten trachteten. Diese Beschützerrolle hatten Jahrzehnte davor schon die anglikanischen Missionare im Gran Chaco gespielt. Noch früher, im 17. und 18. Jahrhundert, gab es die »Reduktionen« genannten indigenen Siedlungen des »Jesuitenstaats« auf dem Gebiet der heutigen Länder Argentinien, Brasilien und Paraguay, die dann doch von spanischen Kolonialisten zerstört wurden.

In der Zeit von Beckers Aufenthalt braute sich in der politischen Großwetterlage wieder etwas zusammen. Die Binnenstaaten Bolivien und Paraguay brauchten für ihre Exporte dringend sichere Zugänge zu den großen Flüssen, mit denen sie ihre Produkte zum atlantischen Ozean verschiffen konnten. Im Gran Chaco gab es auch Hinweise auf Erdölvorkommen.

1927 begannen beide Seiten, militärische Vorposten, sogenannte »Fortificaciones«, zu errichten. Die politischen Spannungen stiegen. Einige Jahre später, von 1932 bis 1935, lagen Bolivien und Paraguay im offenen Krieg, über den auch in Europa berichtet wurde. Becker brachte darüber in deutschsprachigen Medien etliche aktuelle Beiträge, die er mit seinen Erfahrungen und mit seinem Bildmaterial anreicherte.

In diesem »letzten großen Krieg auf südamerikanischem Boden« war mit einem Sieg der stärker eingeschätzten bolivianischen Armee gerechnet worden, sagte mir Georg Grünberg. Doch Bolivien verlor den Krieg, der an die 100.000 Soldaten beider Seiten das Leben kostete. Dazu kamen Zehntausende getötete Zivilistinnen und Zivilisten, darunter viele Indigene. Die Ureinwohnerinnen und Ureinwohner des Chaco nahmen zwar nicht direkt an den Kämpfen teil, etliche Männer wurden aber als Scouts oder zum Auffinden von Wasserlöchern eingesetzt, viele Frauen von Soldaten vergewaltigt.

Nach diesem Krieg ging es für sie bis heute nicht mehr bergauf. Das Buschland ist nun weitgehend gerodet, Brunnen und Wasserreservoire wurden angelegt. Wenige Tausend Enlhet leben in zehn Siedlungen, viele von Lohnarbeit außerhalb ihrer Gemeinschaften. Die riesigen Trockenwälder wurden und werden zum Schaden des Weltklimas abgeholzt, um – wie im Amazonasgebiet – für die Rinderzucht und den Anbau von Soja Platz zu machen. Nach Schätzungen gingen seit 2010 im Gran Chaco Wälder im Ausmaß von 30.000 Quadratkilometer verloren, das entspricht der Fläche von Belgien. Bei den Schlägerungen werden nach Angaben von Umweltschützerinnen und Umweltschützern auch Indigene vertrieben. So, wie ihr Leben im Chaco vor 1927 war, wurde es nie mehr.

Für Hans Becker war 1927 ein Jahr, das sein Leben einschneidend veränderte. Die in Wien von ihm verehrte Annie Lieser war zu ihm nach Südamerika aufgebrochen. Dass Becker mit ihr in Verbindung geblieben war, lässt sich nur erahnen; schriftlich ist dazu nichts erhalten. Becker-Kenner Christian Feest wurde allerdings im Briefwechsel Annie Liesers mit ihrer Freundin Luzi Korngold fündig. »Ich bleibe sechs Monate weg«, kündigte Annie ihre Reise an. »Was dann mit mir sein wird, weiß ich noch nicht. Ich glaube, es wird sich vieles für mich geändert haben.«[23]

So war es dann auch. Hans Becker fuhr Annie Lieser nach Buenos Aires entgegen, von Asunción stromabwärts mit dem Flussdampfer eine Dreitagesreise. Am 24. Jänner 1927 schlossen sie vor einem Standesamt in der argentinischen Hauptstadt die Ehe. Was der damals 31-Jährige seiner 26-jährigen Frau von dieser neuen Welt näher brachte, wissen wir nicht. Wohl aber, dass Annie einige Monate später und allein nach Europa zurückkehrte. Sie kam rechtzeitig nach Wien, um am Begräbnis ihres am 18. Juni verstorbenen Vaters Justus Lieser teilzunehmen. Die Traueranzeige nannte neben den Töchtern Dr. Helene Lieser und Annie von Becker auch den 10.000 Kilometer entfernten Hans von Becker als Schwiegersohn. (Die Verwendung von Adelstiteln wurde damals bereits wieder weitgehend toleriert.)

Becker arbeitete währenddessen bei der International Products Corporation in Paraguay weiter, für die er schon mehr als zwei Jahre tätig war. Im August erklärte er seinen Vorgesetzten, dass er nach Europa reisen wolle. Aus einem Briefwechsel mit dem Geschäftsführer, dem Kanadier J.H. Scott, geht hervor, dass Becker kündigen wollte, sich dann aber dazu überreden ließ, nach sechs bis acht Monaten unbezahlten Europaurlaubs nach Paraguay zurückzukehren. Becker reiste ab, kam aber nie wieder zurück. Das hing mit seiner

Heirat zusammen, wohl aber auch damit, dass sich die Verhältnisse in seinem paraguayischen Arbeitsumfeld schlagartig verschlechtert hatten.

Mitte Juli 1927 kam es zu einem gewaltsamen Konflikt, der Paraguay als das »Massaker von Puerto Pinasco« bis heute beschäftigt. Aus Protest gegen schlechte Arbeitsbedingungen versammelten sich an die 400 Holzfäller, sogenannte »Hacheros« (Axtschwinger) und marschierten im Demonstrationszug zum Tanninwerk, um dort die Fabrikarbeiter zum Mitmachen aufzufordern. Ihre Hauptforderungen: höhere Löhne und bessere medizinische Versorgung. Die Firmenleitung rief via Morsetelegraph das paraguayische Militär herbei. Ungefähr 30 Soldaten kamen und schossen in die Menge, es gab bis zu 20 Tote und zahlreiche Verletzte.[24]

Die Zeitungen in der Hauptstadt Asunción berichteten Tage danach nur von einem isolierten »Zwischenfall«, der angeblich von einem kriminellen argentinischen Deserteur ausgelöst worden sei. Sie hielten sich dabei an die Sprachregelung, die von einem mächtigen Mann ausgegeben worden war: Eusebio Ayala, ehemaliger Präsident Paraguays und nun Vizepräsident der IPC. Obwohl die überlebenden »Rädelsführer« deportiert wurden, gingen die politischen Unruhen in Puerto Pinasco weiter. Einige Zeit nach dem Massaker soll aus dem Wald auf den Geschäftsführer Scott geschossen worden sein.[25]

Über diesen politischen Konflikt liest man bei Becker nichts. In seinen Zeitungsberichten über »Selbsterlebtes im Gran Chaco« schilderte er aber noch fünf Jahre später individuelle Gewalttätigkeit, die in diesem »Wilden Westen« Südamerikas alltäglich sei. Wie in dünn besiedelten Gegenden Nordamerikas beanspruchten impulsive, in ihrer Ehre rasch gekränkte Menschen eine Freiheit, »die sich selbst Recht spricht und keine anderen Strafarten kennt als Prügel oder Tod«.[26]

Aus einem Streit werde rasch eine blutige Messerstecherei, schnapsgetränkte Feste der Waldarbeiter endeten nicht selten mit

Prügeleien und tödlichen Revolverschüssen. Als Verantwortlicher für zahlreiche Männer habe er eine Methode zur Beruhigung entwickelt, schreibt er in seinem Bericht. Vor einem Fest nahm er einen leeren Sack und sagte vor allen Gästen: »Freunde! Wir sind hier zusammengekommen, um lustig zu sein. Wenn die Nacht aber fortschreitet und wir alle zu viel Caña (Zuckerrohrschnaps – *Anm.)* im Kopf haben, fangen die Unglücke an. (…) Stecken wir alle unsere Waffen, Revolver und Messer in diesen Sack und verstecken wir ihn bis zum Morgen. Und wenn einer Lust zum Streiten hat, dann mache er es ehrlich, Faust gegen Faust und rufe mich zum Schiedsrichter.«

In dieser Nacht habe es bloß zwei eingeschlagene Nasen gegeben und sein Erfolgsrezept sei später oft kopiert worden, schreibt Becker, der im selben Bericht ein Fazit seines Aufenthalts im südamerikanischen Hinterland zieht: Um hier zurechtzukommen »muss man mit einer doppelten Dosis von Diplomatie und Furchtlosigkeit versehen sein.«

– 6 –

VON HITLER BIS BATA

Kaum nach Europa zurückgekehrt, hatte Hans Becker 1927 ein einschneidendes Erlebnis: Er konnte Adolf Hitler »gleich zweimal von Angesicht sehen«.[1] Das geschah in München. Beckers erste europäische Station war allerdings Hamburg, wo ihn seine Frau Annie schon erwartete. Sie war angereist, auch um mit ihrer Freundin Luzi und deren Ehemann Erich Wolfgang Korngold am 7. Oktober die Premiere von dessen Werk »Das Wunder der Heliane« an der Hamburgischen Staatsoper zu erleben.[2] Das Publikum habe auf dieses »Meisterwerk der spätromantischen Operngestaltung« geradezu »frenetisch« reagiert, hieß es in Zeitungskritiken.[3] Für Korngold, das einstige musikalische Wunderkind, war es in diesen Jahren ein seltener Triumph. Anderswo hatten antisemitische Rowdys seine Opernabende gestört, nach 1933 erhielt er, wie alle jüdischen Komponisten, in Deutschland Aufführungsverbot. Korngold und seine Frau gingen nach Hollywood, wo er für seine Musik zu Filmen wie »Robin Hood« einige Jahre später Oscars gewann.

Hans Becker reiste 1927 von Hamburg zu Bekannten nach München weiter. Dort lockten ihn Plakate zu einer Versammlung, auf der Hitler sprach. Das von der bayrischen Regierung 1925 über den Demagogen verhängte Redeverbot war erst kurz zuvor aufgehoben worden und der Andrang entsprechend groß. »Der menschliche Eindruck war einfach zum Lachen reizend, besonders für Österreicher«, schrieb Becker später. »Vor mir stand die Karikatur Charlie Chaplins. Da ich Hitler noch nie, Chaplin aber in Filmen oft gesehen hatte, war das aufgeklebte Bärtchen eben Charlie und nicht Adolf.« Hinter dem Bärtchen war für Becker »das kondensierte Gesicht aller brutalen Markthelfer von Prag, Brünn und Wien« zu sehen, »aufreizend durch das Fehlen des geringsten Anzeichens von Humor und Gemütlichkeit«.[4]

Hitlers »Phrasen dienten hauptsächlich der Möglichkeit, seine im Timbre gute, aber immer wieder sich überschlagende Stimme wirken zu lassen«, fand Becker. Im »hingerissenen« Publikum machte er vor allem Verlierertypen aus. »Sie waren hier, um sich wie geschrumpfte Gummitierchen mit Selbstbewusstsein und Stolz aufblasen zu lassen.« Hitler »führte Hysterikern einen hysterischen Anfall vor, ins Rednerische versetzt«, urteilte Becker. »Ich verließ die Versammlung mit der vollen Überzeugung: Ein besonders gefährlicher Halbnarr.«

Zufällig lud man Becker zu einer Abendgesellschaft ein, bei der »als besondere Sensation« ebenfalls ein Auftritt Hitlers angekündigt war. »Der kleine Kreis bestand aus einigen Industriellen und zwei, drei undefinierbaren Männern mit verkniffenen Gesichtern.« Hitler »setzte sich hin und schwieg geistesabwesend. Die Diskussion ging um wirtschaftliche Fragen, Schwierigkeiten des Exports, währungstechnische Belange.«

Dann wandte sich einer der Industriellen an Hitler. Laut Becker spielte dieser sofort »wie von einer Grammophonplatte einen Teil seiner Versammlungsrede ab«. Alle schwiegen. Becker hörte kein Wort der Diskussion, auch kein Lachen. »Ich sah nur ein erfreutes Zustimmen, als von der Unfähigkeit verschiedener deutscher Politiker die Rede war.« Auf »gelernte Österreicher« wie ihn habe der Mann »ausgesprochen lächerlich« gewirkt, bekräftigte Becker. Das müsse auch Hitler bewusst gewesen sein: »Deshalb hasste er Österreich, war aus Österreich geflüchtet, wo er nur Clown in einem Circus hätte werden können.«

Zurück in Wien wurde Becker bewusst, wie sehr er sich an die individuelle Freiheit in der Neuen Welt gewöhnt hatte. Hier in Österreich schien ein Stacheldrahtverhau von Verboten alle eigenen Initiativen zu behindern. Nur wenige hätten die noch existierenden Freiräume genützt, während viele »mit dem Ausflicken, Verdichten und Erhöhen der Stacheldrahtzäune beschäftigt waren«.[5]

Becker selbst machte dort weiter, wo er Anfang der 1920er-Jahre aufgehört hatte: Er ging vielen Neigungen gleichzeitig nach und wurde zu einer frühen Version des unsteten Jobhoppers.

Am 18. November 1927 inskribierte er als außerordentlicher Hörer an der Technischen Universität, wo ihn besonders Neuerungen im Eisenbahnbau interessierten. Am 25. November trat er mit einem Vortrag über Paraguay in der renommierten »Österreichischen politischen Gesellschaft« auf. Am 26. November berichtete das Wiener »Neuigkeits-Weltblatt« ausführlich über den Paraguay-Abend, bei dem der »Maler und Eisenbahningenieur« Becker die Vor- und Nachteile des Landes für potenzielle Auswanderer und Farmer darlegte. Als positiv hob er die niedrigen Grundstückspreise und die Chancen auf hohe Ernteerträge bei Baumwolle, Tabak und Orangen hervor. Negativ seien die Abgeschiedenheit des Landes und die »primitiven Lebensverhältnisse«.[6]

Wenige Wochen danach festigte Becker mit einem Paraguay-Artikel im »Neuen Wiener Tagblatt« seinen Ruf als Kenner Südamerikas. Doch dann kam die nächste Krümmung des Karrierepfads. Becker bewarb sich bei der Wiener AG für Bauwesen um eine Anstellung. Ab März 1928 beschäftigte ihn die Firma für dreizehn Monate als »bauführenden technischen Beamten«. Eingesetzt wurde er unter anderem bei Vermessungsarbeiten für ein Donaukraftwerk, das damals bei Fischamend östlich von Wien projektiert wurde. »Wir hatten mehrfach Gelegenheit uns zu überzeugen, dass Herr Becker eine außerordentlich verlässliche, technisch und kaufmännisch gut versierte Kraft ist«, heißt es im abschließenden Dienstzeugnis. Becker hatte wieder einmal »über sein eigenes Ansuchen« ein Dienstverhältnis beendet.[7]

Offenbar hatte sein Ruf als Südamerikaexperte die Zentrale der tschechischen Schuhfirma Bata im ostmährischen Zlín erreicht. Von dort aus hatte Tomáš Baťa, Spross einer Schuhmacherdynastie, die frühe Version eines multinationalen Konzerns aufgebaut.

Die Firma Bata produzierte damals in Zlín mit 18.000 Beschäftigten täglich 90.000 Paar Schuhe und war zu Europas größtem Schuhexporteur geworden. Geschäfte und blecherne Reklameschilder mit dem schwungvollen Bata-Schriftzug prägten viele Städte. Schon damals betrieb Bata 30 Fabriken, expandierte nach Asien und Amerika.

Das Anforderungsprofil für den Job passte auf Becker wie ein gutsitzender Schuh. Tomáš Baťa schickte seine Ingenieure und Werksleiter von einer Weltgegend in die andere, wie dies nun bei multinationalen Konzernen üblich ist. Im März 1929 heuerte Becker bei Bata an. Laut einem Bericht, den seine Biografin Elisabeth Jauk einsehen konnte, sei ihm die Leitung des Südamerika-Exports angeboten worden.[8] Am 28. Mai beantragte Becker ein Visum für Argentinien, doch zu einer Abreise kam es dann aus unbekannten Gründen nicht.

Bekannt ist dagegen, womit sich Becker bei Bata in Zlín beschäftigte. Er habe am Ausbau und der Reorganisation des Filialnetzes mitgearbeitet, schrieb er später. Weitere Tätigkeitsfelder seien Werbung und Vertrieb sowie die »Aufgaben eines Innenarchitekten« bei der Gestaltung von Schuhgeschäften gewesen.

Nach neun Monaten war Beckers Praktikum schon wieder vorbei. Das in deutscher Sprache abgefasste und mit tschechischen Stempelmarken versehene Dienstzeugnis vom 2. November 1929 sticht aus Beckers Sammlung solcher Dokumente hervor. Auf Firmenbriefpapier und von einem Mitglied der Eigentümerfamilie unterschrieben heißt es da: »Es ist bestimmt nicht notwendig, Herrn Hans S. Becker ein Zeugnis auszustellen, da er auch ohne dieses Erfolg haben wird.« Und: »Wir tun es nur, um einem Brauch nachzukommen und bestätigen, dass Herr Becker in der Zeit von März 1929 bis November 1929 als Controllor des Rayons Südamerika tätig war und diese Tätigkeit auf eigenes Ersuchen aufgibt, um sich einen eigenen Wirkungskreis zu schaffen.«

Noch im November hielt Becker, wiederum in der »Politischen Gesellschaft«, den ersten von mehreren Vorträgen über das Bata-Imperium. Während einige Blätter wie die »Wiener Zeitung« Beckers Auftritt trocken vermeldeten, machte das Blatt »Freiheit!« ein Volksstück daraus. »Vor ungefähr 40 Jahren lebte in Zlín im Böhmerlande ein armer Schustergeselle«, so begann das »Märchen vom Aufstieg eines Mannes zum Industriekapitän«. Mit 18 Jahren habe er eine »Patschenfabrik« gegründet, sein Plan war es, Handarbeit durch Maschinen zu ersetzen und so die Ware zu verbilligen. Das Erfolgsgeheimnis Batas liege in dieser Rationalisierung, referierte der Berichterstatter, der offenbar nicht genau hingehört hatte. Der Vortragende war für ihn »ein langjähriger (!) Mitarbeiter« der Firma namens »Ing. Beker« (sic!).[9]

Der ironische Tonfall des Berichts passt zum Überlegenheitsgefühl mancher Österreicherinnen und Österreicher gegenüber den »Böhmen«. Deren Land war ein industrielles Zentrum der Monarchie gewesen. Nun konnten es die Österreicherinnen und Österreicher schwer verwinden, dass die Nachbarn in der technischen Entwicklung weiter davonzogen. Umgekehrt verfestigte sich unter Tschechinnen und Tschechen das bis zum aktuellen Streit um die Atomenergie gepflegte Vorurteil, Österreich werde von Bauern und Beamten bevölkert, die sich früher sogar vor schnell fahrenden Zügen gefürchtet hätten.

Ganz anders der Ton, in dem die »New York Times« Tomáš Baťa ausführlich porträtierte: als »europäischen Henry Ford«, der wie der amerikanische Autokönig einen Industriezweig durch die Umstellung auf Massenproduktion revolutioniert habe. Das Blatt erwähnte aber auch, dass der Eigentümer mehrerer Flugzeuge und »Leader der industriellen Amerikanisierung Europas« für manche als »Diktator« gelte, weil er seine Arbeiter zwar am Erfolg beteilige, ihnen den Beitritt zu Gewerkschaften aber verbiete. Baťa, der sich auch als Städtebauer und gesellschaftlicher Visionär sah, propagierte in dem

Artikel »Vereinigte Staaten von Europa«, die nur so dem internationalen Wettbewerb gewachsen wären.[10]

14 Monate später war Tomáš Baťa tot. Der 56-Jährige stürzte mit seinem Flugzeug vom Typ Junkers F13 im dichten Nebel ab, als er von Zlín zu seinem Schweizer Werk bei Basel fliegen wollte. Auch Baťas Privatpilot Jindřich Brouček kam bei dem Crash ums Leben. In der Firma übernahm der viel jüngere Halbbruder Jan Antonín Baťa das Kommando und baute sie mitten in der wirtschaftlichen Depression weiter aus. Als Hitlers Truppen 1939 in der Tschechoslowakei einmarschierten, verlagerte Baťa den Firmensitz zuerst nach Kanada und dann nach Brasilien. Dort gründete er im Bundesstaat Mato Grosso do Sul die Stadt Batayporã. Die tschechische Autorin Markéta Pilátová nahm dort vor einigen Jahren mit Nachkommen der Familie Kontakt auf. In ihrem Baťa-Roman lässt sie Jan Antonín sagen, er habe »Städte mit Schuh-, Gummi-, Gerb-, Textil-, Papier-, Chemie- und Holzverarbeitungsfabriken sowie Sägewerken und landwirtschaftlichen Betrieben« geplant, außerdem »die Besiedlung bislang unbewohnter, industriell und landwirtschaftlich noch nicht erschlossener Gebiete.«[11] Es ist nicht weit hergeholt, darin jene Form von Landnahme zu erkennen, wie sie Hans Becker ein Jahrzehnt davor im Gran Chaco erlebt hatte.

Das mährische Zlín hat seinen Ruf als »Detroit der Schuhe« auf Dauer verspielt. Die »Modellstadt der Moderne« verfiel.[12] 1945 wurde das Werk verstaatlicht und von der Welt abgeschnitten. Nach dem Ende der ČSSR 1989 lebte Bata im Gründungsland bloß als Vertriebsgesellschaft auf, die in Niedriglohnländern produzierte Schuhe in vielen Weltgegenden verkauft. Die Konzernzentrale liegt im Schweizer Lausanne.

Hans Becker, an sich bestens vorbereitet, in diesem Weltkonzern Erfolg zu haben, schnupperte 1929 im Grunde nur kurz hinein. Einen für seine nächsten Lebensjahre entscheidenden Impuls nahm er aber mit: Er erkannte die Bedeutung neuester Reklametechniken – und wandte sich der Werbebranche zu.

Becker nahm neuerlich ein Studium auf und schrieb sich ab dem Wintersemester 1929 als außerordentlicher Hörer an der Wiener Hochschule für Welthandel ein, dem Vorläufer der heutigen Wirtschaftsuniversität. Dort folgte man den Spuren des österreichischen Ökonomen Viktor Mataja (1857–1934), der mit dem Werk »Die Reklame« eine Pionierarbeit über das »Ankündigungswesen« und die »Werbetätigkeit« vorgelegt hatte. Becker hörte Vorlesungen über Reklamerecht und Absatzpolitik, zur Reklamepsychologie sowie zu Theorie und Technik des Werbewesens. Am 2. Juli 1930 legte Hans Becker die »Reklamefachprüfung« mit »sehr gutem Erfolge« ab.

Becker, der nun als Werbeberater auftrat, hatte sein zeichnerisches Talent schon seit den frühen 1920er-Jahren als Gestalter von Buchcovern und Plakaten genutzt. Nun reichte er Plakatentwürfe für die Internationale Bundesanleihe 1930 ein. Am 4. August schrieb ihm das »Publizistische Büro« des Bankenverbands, dass die Entwürfe leider »verspätet in unseren Besitz gelangten, sodass die Ausführung einer anderen Vorlage bereits beschlossen war«. Das der Einreichung Beckers vorgezogene Plakat zeigt den Bundesadler unter dem Bogen einer Stahlbrücke, ein Werk des Grafikers Joseph Binder (1898–1972), der auch den Meinl-Mohr geschaffen hatte. Beckers Entwürfe hätten aber »außerordentlich gefallen«, hieß es vom Bankenverband. Man werde sich später wieder an ihn wenden. Als Abstandshonorar erhielt er 150 Schilling, nach heutigem Wert immerhin 530 Euro.

In dieser Lebensphase, so fand Christian Feest heraus, lastete auf Becker kein so hoher Druck Geld zu verdienen wie zu anderen Zeiten. Seine Frau Annie und deren Schwester Helene hatten inzwischen die Erbschaft ihres 1927 verstorbenen Vaters Justus Lieser angetreten. Helene kaufte ein Mehrfamilienhaus mit Garten in der Zehenthofgasse im noblen Döbling. In diesem Haus, auf dessen mit Erkern und Balkonen geschmückten Fassade der Schriftzug »Villa Gottessegen« prangt, bezogen Annie und Hans Becker Ende 1929 die Wohnung im ersten Stock.

»Villa Gottessegen« im Nobelbezirk Döbling

Anfang 1930 feierte Beckers Ehefrau als Tänzerin Annie Lieser noch einmal einen Bühnenerfolg. Sie trat im Theater »Die Komödie«, dem späteren Metro-Kino, in der Wiener Innenstadt auf. »Die Spinne im Netz«, ein vom »Bambi«-Schöpfer Felix Salten ins Deutsche übertragener Broadway-Theaterkrimi, spielte in einem Varieté mit Jazzband und Magiern. Als Teil der Handlung trat »die entzückende Tänzerin Annie Lieser« auf, wie es im »Illustrierten Familienblatt« hieß.[13] Auch »Reichspost« und »Wiener Zeitung« würdigten die »Tanzkünstlerin«, während es in der sozialistischen »Arbeiter-Zeitung« zurückhaltend hieß: »Annie Lieser tanzt sehr nett.«[14]

»Meine Tante Annie war eine geistreiche, interessante Frau«, erinnerte sich ihr Neffe Alois fast 60 Jahre später in einem Interview.[15] Sie habe mit ihrem Mann in Döbling »ein sehr behagliches, anregendes Haus geführt.« Alois, der 1918 geborene Sohn von Hans Beckers ältestem Bruder Moritz, kam öfter auf Besuch. Ebenso Wilhemine, die 1914 geborene Tochter von Elsa, eine der älteren Schwestern Hans Beckers. Für Wilhemine war Annie ein »unerhörter Kontaktmensch, wahnsinnig nett zu uns Kindern«. Ihr habe sie sogar »ein Abendkleid geschenkt, mit allem Drum und Dran«. Und Onkel Hans war »für mich der Mann der Männer überhaupt«.[16] Zur Freude der Kinder habe er ein Zimmer »mit Fresken bemalt, mit lauter Palmen, Affen und Giraffen«. Alois beeindruckte es, wenn der Onkel zur Gitarre griff und südamerikanische »Gaucholieder« sang.

Abends habe es in den hohen Räumen in der Zehenthofgasse oft elegante Gesellschaften gegeben, mit Primarärzten und anderer Prominenz unter den Gästen. Die damaligen Kinder erinnern sich, dass Hans Becker von Kriegserlebnissen erzählte »wie jemand, der viel gesehen hat«. Ein in der Wohnung aufgestelltes Foto zeigte ihn als Pilot in einem der klapprigen Flugzeuge des Ersten Weltkriegs. Der Nichte und dem Neffen kam er wie ein »gebildeter Abenteurer« vor, der Menschen »im Sturm erobern« konnte. Weniger klar war den Heranwachsenden, die später erfolgreich ihren eigenen Weg gingen – er als Arzt und Psychotherapeut, sie als Inhaberin einer Steuerberatungskanzlei –, die politische Positionierung des Onkels. Hans Becker habe sicher nichts mit den Sozialisten am Hut gehabt, er sei aber auch kein »Klerikaler« gewesen. Am ehesten fällt ihnen das Wort »liberal« ein.

Alois Becker erinnert sich an ein damals neues Buch, das Onkel Hans gelesen und aus dem er gern zitiert habe: Die »Geschichte des Nationalsozialismus – die Karriere einer Idee« von Konrad Heiden (1901–1966). Für den deutschen Journalisten Heiden begann nach seiner scharfen Hitlerkritik übrigens bereits 1933 eine Emigrations-Odyssee, das Buch wurde auf reichsdeutschen Druck auch in Österreich verboten.

Dass ihrem Onkel Hans »die Abwehr der Nationalsozialisten« wichtig war, erkannte auch die nächste Generation der Familie Becker. Einen angehenden Politiker sah sie in ihm aber nicht. Dann eher schon einen Maler, denn das sei ein Metier gewesen, »in dem er ausgesprochen gut war«, sagte Nichte Wilhemine.

– 7 –
BECKER ALS MALER

Nach seinem Besuch der Wiener Kunstakademie in den frühen 1920er-Jahren hörte Hans Becker nie mit dem Malen und Zeichnen auf. Als Gebrauchsgrafiker produzierte er wie erwähnt Plakate für Kabarettabende und gestaltete Buchumschläge. In Südamerika hielt er seine Eindrücke von Menschen und Landschaften nicht nur auf Zeichnungen fest, er schuf auch Aquarelle und Ölbilder.

Nach seiner Rückkehr nach Wien im Jahr 1927 stellte er einiges davon zuerst im Künstlerhaus und dann beim »Hagenbund« aus. Er wurde sogar Mitglied im Bund, der damals eine der renommiertesten Künstlervereinigungen Österreichs war.

Gegründet wurde der Hagenbund 1900, drei Jahre nach der Secession. Beides waren Versuche jüngerer Künstler, der Dominanz der im Wiener Künstlerhaus etablierten Maler und Architekten zu entkommen. Der Name »Hagen« kam nicht, wie man meinen könnte, vom Nibelungen in Wagners »Götterdämmerung«, sondern von einem Bierwirt in der Gumpendorferstraße, bei dem sich junge Künstler trafen.

Der Lebenszweck solcher Vereinigungen war es, Ausstellungen zu organisieren, bei denen sich Mitglieder und eingeladene Künstler in Szene setzen und Bilder verkaufen konnten. Der Hagenbund schaffte es zwar, eine Mittelposition zwischen der Avantgarde der Secession und dem Mainstream des seit 1868 bestehenden Künstlerhauses zu halten.[1] Finanziell war die Genossenschaft aber ständig in Nöten. Etwas Abhilfe schafften reiche Sponsoren wie der Ziegelindustrielle Richard Drasche, der als Maler selbst Mitglied war. Ansonsten war man immer von der Obrigkeit in Land und Stadt abhängig – sei es in der Monarchie, sei es in der neuen Republik.

Für seine Ausstellungen durfte der Bund die Zedlitzhalle nutzen, eine frühere Fischmarkthalle in der Wiener City, die der Architekt und Theaterausstatter Joseph Urban 1902 mit industriellem Chic umgestaltete. Später verwickelte sich Urban, einer der Gründer des Hagenbundes, derart in finanzielle Probleme, dass er Österreich verließ und in die USA auswanderte.

Zeitweise gelang es dem Hagenbund, die Secession an Fortschrittlichkeit zu übertrumpfen und zur »Speerspitze der Wiener Moderne« zu werden.[2] Bilder von Oskar Kokoschka und anderen Malern der »Neukunstgruppe«, später die Vertreter der sozialkritischen »Neuen Sachlichkeit« und des Kubismus, erregten konservative Kritiker. Vor anderen Künstlervereinigungen nahm der Hagenbund auch Malerinnen (als »außerordentliche Mitglieder«) auf.

Unter dem Präsidenten Carry Hauser (1895–1985) wurden vom Bund auch Werke von Picasso und Chagall sowie Arbeiten russischer Avantgardisten in Wien gezeigt. In der Zedlitzhalle spürte man den »Atem der Gegenwart«, wie es in Zeitungsberichten hieß.[3] (Die Halle wurde 1965 abgerissen und machte einem Umspannwerk der »Wiener Netze« Platz.)

Joseph Urban, der Hagenbund-Architekt, machte in den USA Karriere. Er baute in Boston, wurde Ausstattungsdirektor der New Yorker Metropolitan Opera und gestaltete Tanzrevuen.[4] In Florida stattete er 1927 das weitläufige Luxusresort Mar-a-Lago aus (der spanische Name bedeutet »vom Meer bis zum See«). Die theatralische Exotik des Anwesens passt hervorragend zum Bling-Bling-Stil von Donald Trump, der es seit 1985 besitzt.

Hans Becker stellte erstmals 1928 beim Hagenbund aus. Dessen 57. Ausstellung zeigte zwei seiner »südamerikanischen Aquarelle«, betitelt »Palmenlandschaft« und »Im Chaco«. 1929 trat Becker dem »Zentralverband der Bildenden Künstler Österreichs« bei, was auf ernste Ambitionen als Maler schließen lässt.

Sein exotisches Œuvre zeigte er in Wien noch öfter, so bei einer Hagenbundausstellung 1930. »Becker sieht man gerne wieder«, schrieb der Kunstkritiker der »Reichspost«. »Seine südamerikanischen Aquarelle, in der Technik famos, sind Stimmungsbilder von erlesener

Eines der Südamerika-Bilder Hans Beckers

farbiger Feinheit.« Erst danach wird in der Rezension auf Carry Hauser und seine Madonnenbilder »von lyrischer Zartheit« eingegangen.[5]

1930 war Becker mit sieben Aquarellen in der Ausstellung vertreten. Bei der 62. Hagenbundausstellung im Jahr 1931 wurden zwei seiner Wiener Stadtansichten gezeigt. Die eine trug den Titel »Am Donaukanal«, die zweite verwies mit dem Titel »Hofzeile« auf eine auf das 18. Jahrhundert zurückgehende Häuserreihe in Wien-Döbling.[6] Damals soll auch die »Prozession« entstanden sein, das Ölbild einer Kreuzigungsszene, die heute als ein Hauptwerk Beckers bei

Ausstellungen zum Thema Hagenbund gezeigt wird. (Becker-Kenner Christian Feest vermutet dagegen, dass dieses Bild erst in den 1940er-Jahren gemalt wurde.)[7]

Im Jahr 1932 hatte der Bund Becker nach einem strengen Verfahren als ordentliches Mitglied aufgenommen. 1933 saß er bereits in der »Hängekommission«, jenem Gremium, das über Auswahl und Anordnung der auszustellenden Bilder befindet.[8] 1935 verlieren sich Beckers Spuren im Hagenbund, der 1938 von den Nazis aufgelöst wurde. Viele Mitglieder der Vereinigung mussten als »entartete Künstler« emigrieren oder wurden in Konzentrationslagern umgebracht.

Der Hagenbund war fast in Vergessenheit geraten, als der Wiener Kunstsammler Peter Chrastek ab 1970 mit systematischen Nachforschungen und Käufen begann. Er wurde auch zum Mitbegründer und (bis 2019) Präsident des Vereins der Hagenbundfreunde.[9] Es war Chrasteks Ziel, »von jedem Mitglied des Hagenbundes zumindest ein Objekt in seiner Sammlung zu haben«, heißt es in einem der dieser Gruppe gewidmeten Bücher.[10]

Zu Becker hat sich Chrastek schon vor drei Jahrzehnten geäußert. Er meinte in einem Interview, dass Becker sich mit seinen Wienbildern ganz im damaligen Trend der »sachlichen Stadtansichten« bewegte. Seine Ölbilder und Aquarelle seien »meist naturgetreue, oft idyllische Darstellungen«. Im Vergleich zu anderen Hagenbundmitgliedern sei er eher »konservativ« und »gemäßigt« gewesen.[11]

»Vom Künstlerischen her auf jeden Fall, er ist nicht aufgefallen durch extreme Modernität«, sagte Peter Chrastek auf meine Nachfrage im Mai 2022. Becker »war ein guter Maler, aber hat das dann eigentlich in seiner politischen Zeit nicht mehr ausgeübt.«

Chrastek habe selbst zwei bis drei Werke von Becker besessen, sie inzwischen aber wieder weggegeben, verriet der Pionier unter den Hagenbund-Enthusiasten. Nach 50 Jahren intensiver Sammlertätigkeit habe er seine bis zu 3.000 Werke umfassenden Bestände aus

Becker-Fresko in der Wiener Kirche am Lainzer Tiergarten

Altersgründen auf 800 bis 1.100 reduziert. Es sei jedenfalls richtig, auch vom Maler Becker zu erzählen, denn »er war wirklich recht gut«.[12]

Becker fertigte neben Gemälden auch Bleistiftzeichnungen an, vor allem Porträts. Nach Österreichs Ende, als Gefangener im Konzentrationslager Mauthausen, zeichnete er Szenen der Torturen im berüchtigten Steinbruch. In jenen Jahren des Zweiten Weltkriegs, in denen er nicht in Konzentrationslagern eingekerkert war, gelang es ihm, einige seiner älteren Bilder zu verkaufen. Um materiell überleben zu können, malte er im Auftrag der Erzdiözese Wien auch Wandbilder in mehreren Kirchen, die fromme Darstellungen von Heiligen zeigten. Entwürfe für die Illustration eines – nie realisierten – Buches mit afrikanischen Märchen sind ebenfalls erhalten. Auch nach dem Zweiten Weltkrieg malte er weiter, zuletzt wieder in Südamerika.

Sein künstlerisches Engagement für den Hagenbund lief Mitte der 1930er-Jahre allerdings aus. Da hatte sich Hans Becker beruflich wieder einmal umorientiert.

– 8 –
WERBUNG FÜR DOLLFUSS

Am 16. November 1932 heuerte Hans Becker bei einer neu gegründeten Zeitschrift an, bei der er erstmals seine künstlerischen und journalistischen Talente gleichermaßen einsetzen konnte. »Jedermann – die Sonntagszeitung für alle«, ein für die damaligen Verhältnisse aufwändig gestaltetes Wochenblatt, stellte ihn mit einem Anfangsgehalt von 583 Schilling (umgerechnet 2.170 Euro) als Redakteur an. Beckers Aufgabengebiet glich allerdings eher dem eines heutigen Art Directors und Grafikers. Dazu zählte »das gesamte künstlerische und typographische Arrangement und die Bildredaktion, ebenso die zur Vervielfältigung von Bildern nötigen Vorarbeiten«, wie es im Dienstvertrag hieß. Für »Zeichnungen und Illustrationen größeren Umfangs« sowie für eigene Textbeiträge werde er »speziell honoriert«. Unterschrieben wurde der Vertrag von Lisl Goldschmidt, die 1932 laut Christian Feest »wahrscheinlich die einzige Zeitungsverlegerin in Wien« war.[1]

Die damals 38-jährige Lisl Goldschmidt war die Tochter von Benno Karpeles, dessen Vater die Speditionsfirma Schenker gegründet hatte, während er selbst in London Wirtschaftswissenschaften studierte und sich früh in der österreichischen Sozialdemokratie engagierte. Benno Karpeles initiierte die Wiener Konsumgenossenschaft »Vorwärts« und leitete die Einkaufsorganisation der Konsumvereine (GöC). 1909 war er unter den Gründern der Hammerbrotwerke, die als »Großbäckerei der Wiener Arbeiterschaft« gegen die kapitalistische Ankerbrotfabrik in Stellung gebracht wurde, aber bald massive finanzielle Probleme hatte.

Unter anderem deswegen ging Karpeles nach dem Tod Viktor Adlers im Jahr 1918 auf Distanz zur sozialdemokratischen Partei. Er hatte schon seit seiner Londoner Studienzeit Beiträge für die »Arbeiter-Zeitung« geschrieben und wandte sich nun eigenen

Lisl Goldschmidt

publizistischen Projekten zu. 1918 brachte er das kurzlebige Wochenblatt »Der Friede« heraus, das sich »als Gegenspieler der ›Reichspost‹, dem Hauptblatt der Kriegshetzer« verstand, wie es im »Weblexikon der Wiener Sozialdemokratie« heißt.[2]

Literaturredakteur war der bekannte Feuilletonist Alfred Polgar (1873–1955), der renommierte Autoren wie Peter Altenberg, Paul Claudel, Egon Erwin Kisch, Anton Kuh, Thomas Mann, Robert Musil, Leo Perutz und Franz Werfel zur Mitarbeit gewann. 1919 unternahm Karpeles mit der Zeitung »Der Neue Tag« einen weiteren verlegerischen Anlauf, für die neben den illustren Autoren des »Friedens« auch der junge Joseph Roth schrieb. Nach wenigen Monaten sperrte aber auch diese Zeitung zu. Karpeles widmete sich die nächsten Jahre dem Speditionsgeschäft, bis er – dieses Mal im Hintergrund – das Projekt »Jedermann« seiner mit Max Goldschmidt verheirateten Tochter Lisl unterstützte. Die Blattlinie der weltoffenen Sonntagszeitung war »demokratisch, pazifistisch, linksliberal und patriotisch-österreichisch«, wie Christian Feest urteilt. Auf der Suche nach Gast-Autoren schaute man nun allerdings »weit ins bürgerliche Lager« hinein. Neben Veteranen früherer Karpeles-Projekte wie Alfred Polgar und dem prominenten Reiseschriftsteller Richard A. Bermann wurden auch Richard von Schaukal, Josef Weinheber und Karl-Heinrich Waggerl zum Mitmachen eingeladen, das Sport-Ressort betreute der populäre Radioreporter Willy Schmieger.

In jeder Ausgabe erschienen ausführliche Reiseberichte, darunter mehrere Beiträge von Hans Becker zu dessen Lieblingsthema, dem Gran Chaco in Paraguay. Nach 13 Nummern fand im März 1933 auch dieses publizistische Experiment der Familie Karpeles/Goldschmidt ein Ende und der »Jedermann« stellte sein Erscheinen ein.

Becker scheint der Überlebensfähigkeit des Projekts ohnehin nicht ganz getraut zu haben, denn schon bald nach dem Start des »Jedermann« bot er sich als Werbefachmann der österreichischen Regierung an. Diese wurde seit Mai 1932 vom 40-jährigen christlichsozialen Engelbert Dollfuß geführt, der zuvor Landwirtschaftsminister gewesen war. »Im Jänner 1933 erhielt ich von Bundeskanzler Dollfuß den Auftrag, einen Plan für staatliche Werbung auszuarbeiten«, schrieb Becker in einem nach dem Zweiten Weltkrieg verfassten Lebenslauf. Die Annahme dieses Angebots bedeutete für Becker, der bis dahin als parteifrei und irgendwie liberal galt, eine ideologische Festlegung, die für den Rest seines Lebens bestimmend war.

Die politische Mitte befand sich in Auflösung. Ab 1931 ist die Weltwirtschaftskrise voll in Österreich angekommen, ein Drittel der Erwerbsbevölkerung war ohne Job, viele davon ohne Berechtigung auf Arbeitslosengeld, die Verelendung nahm zu. Der Spruch von der mangelnden Lebensfähigkeit Österreichs, der 1918 zum verbreiteten Wunsch eines Anschlusses an Deutschland geführt hatte, machte wieder die Runde. Den »Anschluss« hatten die Siegermächte des Ersten Weltkriegs verboten. Doch stabile politische Verhältnisse blieben in der kleinen Republik ein anscheinend unerreichbares Ziel. Von 1918 bis 1932 gab es zwanzig Regierungen, die zumeist nur wenige Monate hielten. Zehn Regierungschefs standen ihnen nacheinander vor. Dabei stimmten bei Parlamentswahlen regelmäßig vier Fünftel der Wählerinnen und Wähler für die Christlichsozialen oder für die Sozialdemokraten, wie der US-Historiker Evan Burr Bukey analysierte.[3] Aber abgesehen vom Sozialdemokraten Karl Renner, der von Oktober 1918 bis Juli 1920 als »Staatskanzler« amtierte, kamen alle Regierungschefs aus dem bürgerlichen Lager.

Die Christlichsozialen nahmen als Mehrheitsbeschaffer kleinere Gruppierungen wie die Großdeutschen und den bäuerlichen Landbund in die Regierung. Das sozialistisch dominierte »Rote Wien« und die zumeist christlichsozial regierten Bundesländer drifteten ideologisch auseinander. Weltkriegsoffiziere, wie Becker einer war, machten »die Roten« für die Vergiftung des Klimas verantwortlich. Sie hätten schon 1918 Offiziere mit »Gemeinheiten« überschüttet, um sie alle für die wenigen »Schleifer und Bluthunde« in k.u.k. Uniform büßen zu lassen, schrieb einer von ihnen.[4] »Die letzten Tage der Menschheit«, das Monumentalwerk des Satirikers Karl Kraus, das auf unglaublichen, aber dennoch authentischen Zitaten beruht, lässt den menschenfeindlichen Umgang im kaiserlichen Heer dagegen als alltäglich erscheinen.

Hans Becker, der ja erst Ende 1927 aus Südamerika zurückgekommen war, spürte sofort die Verschärfung des politischen Klimas – und machte auch dafür Sozialdemokraten verantwortlich. »Die Spitzengruppe war geblieben, wie ich sie vor meiner Reise gekannt hatte«, schrieb Becker. Der »politische Jargon« habe sich jedoch verschärft: »Die Presse schimpfte und sparte nicht mit persönlichen Invektiven.« Auch die »Arbeiter-Zeitung«, für Becker »einst eines der bestredigierten Blätter«, hätte jenen »pikiert-offensiven Ton angenommen, der damals mein Staunen hervorrief, sich aber des Weiteren nur als leises Vorspiel der Tonart erwies, die vom kommunistischen und später vom nationalsozialistischen Lager mit greller Posaune geblasen wurde.«[5]

Die »bewaffneten Parteiarmeen«, die rechte Heimwehr und der Republikanische Schutzbund der Linken, habe er immer abgelehnt, versicherte Becker in mehreren Texten. In einem nach 1945 verfassten Essay mit dem Titel »Das Problem der Demokratie in Österreich« warf er dann aber den Sozialisten »undemokratisches« Verhalten vor. »Ihre Zielrichtung einer Diktatur des Proletariats, wie sie in ihrem Linzer Programm 1926 festgelegt wurde«, stehe mit der »Aufstellung einer bewaffneten Formation« in Zusammenhang.[6]

Im Linzer Programm war zunächst allerdings von der Eroberung der Staatsmacht durch reguläre Wahlsiege der Sozialdemokraten die Rede. Falls sich ihnen aber politische Gegner mit Gewalt entgegenstellten, wäre »der Widerstand der Bourgeoisie mit den Mitteln der Diktatur zu brechen«.[7] Der spätere Bundeskanzler Bruno Kreisky, damals ein junger Sozialist, bezeichnete diese Formulierung in seinen

Erinnerungen als »furchtbaren verbalen Fehler«, weil der »Satz von der ›Diktatur des Proletariats‹, der Partei wie ein Brandmal anhaftete.« Dabei stand sie nach Kreiskys Meinung »im Gegensatz zu allem, was im Programm zu lesen war.«[8]

Der Publizist Herbert Lackner, in den 1980er-Jahren selbst stellvertretender Chefredakteur der »Arbeiter-Zeitung«, zitiert Kreiskys Distanzierung in einem Buch über die Zwischenkriegszeit und schreibt: »Die verbale Radikalität der ›Austromarxisten‹ bei gleichzeitig äußerst gemäßigter Praxis wird schon wenige Monate später fatale Folgen haben, denn die Kraftmeierei entspricht nicht annähernd der militärischen Stärke des Schutzbundes oder der militärischen Erfahrung der sozialdemokratischen Führung.«[9]

Lackner spielt damit auf die politischen Gewaltausbrüche im Jahr 1927 an, die im Jänner im burgenländischen Schattendorf begannen. Rechte Aktivisten schossen in einen Aufmarsch von Schutzbündlern und töteten zwei Menschen. Am 14. Juli gestand ein Gericht den Tätern Notwehr zu und sprach sie frei. Der Empörung im linken Lager gab die »Arbeiter-Zeitung« ihre Stimme und verurteilte die »Klassenjustiz«. Am nächsten Tag strömte eine gewaltige Menschenmenge beim Wiener Rathaus und dem Parlament zum spontanen, von niemandem regulierten Protest gegen das »Schandurteil«. Als berittene Polizei auf die Masse losstürmte und erste Schüsse fielen, geriet die Situation vollends außer Kontrolle. Richtung Justizpalast abgedrängte Demonstranten steckten diesen in Brand, bei den Zusammenstößen mit der Polizei wurden 89 Menschen getötet.

»Die ›bürgerlichen‹ Parteien vertraten bis 1927 rein demokratische Tendenzen«, behauptet Becker in seinem Essay über die Entwicklung Österreichs. »Erst die von den Sozialdemokraten verursachten Unruhen, die zum Justizpalastbrand führten, brachten das Anwachsen der Heimwehrbewegung und damit den Einsatz undemokratischer Kampfmittel auf bürgerlicher Seite.«

Zur Infragestellung der Demokratie brauchte die Heimwehr allerdings keinen Anlass. Einer ihrer Anführer, der Fürstensohn Ernst Rüdiger Starhemberg, marschierte schon 1923 an der Seite Adolf Hitlers zur Münchner Feldherrnhalle, um mit einem – letztlich gescheiterten – Putsch die Demokratie hinwegzufegen. Später wandte sich Starhemberg von Hitler ab und dem 1925 in Italien an die Macht gekommenen faschistischen Diktator Benito Mussolini zu. Dessen Ideen propagierte die Heimwehr verstärkt nach 1927.

Es war am 18. Mai 1930, als vor 800 Mitgliedern der Heimwehrbewegung der »Korneuburger Eid« verlesen wurde, ein als Griff nach der Macht formuliertes Manifest, das auch nach Darstellung österreichischer Schulbücher »faschistische Elemente« enthält.[10] Im Wortlaut des Eides, den damals auch der Nachkriegs-Bundeskanzler Julius Raab schwor, hieß es: »Wir verwerfen den westlichen demokratischen Parlamentarismus und den Parteienstaat. Wir wollen an seine Stelle die Selbstverwaltung der Stände setzen und eine starke Staatsführung, die nicht aus Parteienvertretern, sondern aus den führenden Personen der großen Stände und aus den fähigsten und den bewährtesten Männern unserer Volksbewegung gebildet wird. Wir kämpfen gegen die Zersetzung unseres Volkes durch den marxistischen Klassenkampf und liberal-kapitalistische Wirtschaftsgestaltung.«*

Neben ihrem Hauptfeind, der organisierten Arbeiterschaft, ging die militante Rechte damals, und auch danach in den 1930er-Jahren, gegen den Liberalismus vor, der nicht nur die Weltanschauung der kapitalistischen Unternehmer war, sondern auch von einem großen Teil der Künstlerinnen und Künstler und Intellektuellen, die

* Lange galt mir der »Korneuburger Eid« als Nachklang einer fernen Zeit, bis ich dahinterkam, dass sein Verfasser der Nationalökonom Walter Heinrich war, ein enger Vertrauter des Ständestaat-Ideologen Othmar Spann. Als ich 1967 mein Studium an der Wiener Hochschule für Welthandel begann, hatte ich Vorlesungen von Professor Heinrich zu besuchen. (Emeritierung erst 1972.) Othmar Spanns »ganzheitliche« Wirtschaftstheorien gehörten zur Pflichtlektüre.

Österreichs hochstehende Kultur ausmachten. Zu diesem Aspekt der geistigen Verengung findet sich bei Becker, der selbst dem künstlerischen Milieu angehörte, freilich nichts.

Dafür befasste sich Becker, der gern ein »von« vor seinen Namen setzte, ausführlich mit dem Thema Monarchie. Wer diese wie er als junger »Untertan« erlebt und danach »verschiedene Sorten von Republiken und Diktaturen« hinter sich gebracht habe, werde »durchaus nicht eindeutig auf die Republik schwören«, schrieb Becker in seinem »Weltkrieg der Dummheit« genannten Text. »Wahre gewachsene Demokratien sind in Europa nur die Schweiz, England, Holland und die skandinavischen Staaten«, so Becker. Es sei kein Zufall, dass sich in all diesen Ländern, mit Ausnahme der Schweiz, »die monarchische Staatsform bewährt« habe. »Das Staatsoberhaupt schwebt über dem Parteiengetriebe, benötigt keine finanziellen Raff-Aktionen und ist für den ›Beruf‹ erzogen.« Und: »Österreich-Ungarn war trotz seiner ungeheuren Fehler der Hoffnungsanker für eine künftige Organisation der Europäer ohne nationalistische Mordtaten.« Es habe in der Monarchie keine Pogrome gegen Jüdinnen und Juden gegeben und – außerhalb des Machtbereichs der Ungarn mit ihren »Magyarisierungsbestrebungen« – keine »Behinderung« einzelner Menschen aufgrund ihrer Herkunft aus unterschiedlichen Sprachgruppen.[11]

Nach solchen Äußerungen ist es kein Wunder, dass Becker von befreundeten Leidensgenossen im Konzentrationslager wie dem späteren kommunistischen Kulturstadtrat von Wien, Viktor Matejka, als »Altmonarchist« bezeichnet wurde.[12] 1933, fünfzehn Jahre nach dem Ende des Ersten Weltkriegs, spielten die Monarchisten in Österreich durchaus noch eine innenpolitische Rolle. Für ihren harten Kern, die »Legitimisten«, war die Monarchie die einzige rechtmäßige Regierungsform. Sie forderten, den »für den Beruf erzogenen« Kaisersohn Otto Habsburg an die Staatsspitze zu setzen. Otto, damals 21 Jahre alt und im belgischen Exil, wäre dazu bereit gewesen. Von Hans Becker ist allerdings nicht bekannt, dass er einer

Habsburger-Restauration jemals das Wort geredet hätte. Was er mit vielen anderen Angehörigen seiner Schicht teilte, war ein demonstrativer Österreich-Patriotismus.

Für Deutschland hat der auf das Thema Adel und Nationalsozialismus spezialisierte Historiker Stephan Malinowski zwei Kategorien von Blaublütigen ausgemacht, die sich Hitler zuwandten: einerseits die wohlhabenden Gutsbesitzer und Fürstenhäuser, die ihr Eigentum bewahren wollten. Als der Krieg 1944 als verloren galt, gingen manche von ihnen todesmutig in den Widerstand, ohne deswegen aber Demokraten zu sein. Andererseits war da die Kategorie der Kleinadeligen, von denen viele Offiziere im Ersten Weltkrieg gewesen waren und die mit der Niederlage Beruf und gesellschaftliche Stellung verloren hatten.[13]

In Österreich scheint sich der Hochadel mehrheitlich loyal zu dem von Hitler gehassten Kaisersohn Otto verhalten zu haben, während es für kleinadelige Kriegsverlierer wie Hans Becker beträchtliche Handlungsspielräume gab: Seine Standesgenossen tauchten auf allen Fronten des schleichenden Bürgerkriegs auf.

Zu den Rechtsabbiegern gehörte beispielsweise Kurt von Barisiani. Der Wiener in Beckers Alter, der den Ersten Weltkrieg als hoch dekorierter Oberleutnant mitgemacht hatte, arbeitete nach 1918 als gelernter Drogist für eine österreichische Pharmafirma. Bereits 1923 engagierte er sich in der nationalsozialistischen Bewegung und trat in die SA-Kampftruppe der Nazis ein. In den Folgejahren stieg er zu Führungspositionen in dieser »Sturmabteilung« auf und organisierte Terroranschläge. Er soll im Dezember 1932 an einem Anschlag auf das bekannte Wiener Kaufhaus Gerngross beteiligt gewesen sein, bei dem SA-Leute mit Stinkbomben und Tränengas unter den Kunden eine Massenpanik erzeugten.[14]

Weil bei Barisiani zudem Sprengstoff gefunden wurde, geriet er in Untersuchungshaft, ohne dass es zu einer Anklage kam. Wieder in Freiheit, soll er sich 1933 an Sprengstoffanschlägen in Wien beteiligt haben. Nach dem Verbot der NSDAP im Juni 1933 flüchtete er nach Bayern und wurde Brigadeführer der dort aufgestellten »Österreichischen Legion«, die auf einen nationalsozialistischen Umsturz in ihrer Heimat hinarbeitete.*

1930, bei den letzten freien Nationalratswahlen in diesem Jahrzehnt, war die sogenannte »Hitlerbewegung« ja nur auf 111.627 Stimmen und damit bloß auf drei Prozent gekommen. Stärkste Partei waren die Sozialdemokraten mit mehr als 1,5 Millionen Stimmen (41,1 Prozent), gefolgt von den Christlichsozialen, die nach erheblichen Verlusten auf 1,3 Millionen Stimmen (35,7 Prozent) kamen. Zusammen mit kleineren rechten Gruppierungen (Heimatblock, Landbund) schafften es die Christlichsozialen, für ihre Regierung unter den 165 Abgeordneten des Parlaments eine Stimmenmehrheit zu halten. Die Kommunisten, von den Rechtsparteien gern als bolschewistische Gefahr heraufbeschworen, kamen lediglich auf knapp 21.000 Stimmen (0,6 Prozent) und waren im österreichischen Nationalrat nicht vertreten.

Doch dann griff im Jänner 1933 Adolf Hitler in Deutschland nach der Macht. Seine Botschaft von starker Führung und Wirtschaftsaufschwung kam – trotz oder wegen antisemitischer Hassparolen – auch in Österreich bei vielen gut an. Hatten die Nazis schon 1932 beachtliche Erfolge bei Regionalwahlen erreicht (16 Prozent in Wien und Niederösterreich) so kamen sie 1933 bei Gemeindewahlen in Innsbruck auf spektakuläre 41 Prozent. Polizeiberichte hätten damals von »erstaunlichen« Popularitätszuwächsen der Nazis auch in der Steiermark und in Kärnten gesprochen, schreibt der Historiker Evan Burr Bukey. Eine ähnliche Entwicklung wie in Deutschland schien kaum noch abwendbar zu sein.

---

* Nach dem »Anschluss« 1938 war Barisiani in der Führung des Nationalsozialistischen Kraftfahrerkorps (NSKK), später Hauptmann in der Wehrmacht und arbeitete vor Kriegsende im Rüstungsministerium in Berlin. Nach 1945 zog er nach Lofer bei Salzburg; er starb 1970 in München.

Knapp ein Fünftel der zusätzlichen Stimmen für die »Hitlerbewegung« kam laut Bukey aus dem christlichsozialen Lager. Die sich damals recht antikapitalistisch gebenden Nationalsozialisten versuchten mit ihrer Propaganda vor allem aber auch Arbeiter anzusprechen, was immer wieder zu Zusammenstößen mit militanten Sozialdemokraten führte. Auch auf deren Seite gab es ehemalige Standesgenossen Beckers, beispielsweise den Schutzbund-Stabschef Alexander Eifler, der im Ersten Weltkrieg als »Edler von Lobenstedt« im Majorsrang gedient hatte. Nach dem Krieg schloss sich Eifler der sozialdemokratischen Partei an, die ihn 1927 nach dem gewaltsamen Chaos des Justizpalastbrandes beauftragte, »den Schutzbund zu organisieren und zur Disziplin anzuhalten«, wie es in einer Dissertation zu diesem Thema heißt.[15]

Eifler entwickelte einen Plan, wonach bei Ausbruch eines Bürgerkriegs der Generalstreik ausgerufen und die Parteigänger bewaffnet werden sollten. Offiziere des Bundesheeres und der Polizei seien sofort zu verhaften. Eifler stieg zum Stabschef des gesamten österreichischen Schutzbunds auf, nur in Oberösterreich führte der Maschinenschlosser Richard Bernaschek das Kommando.

In Wien stieß der »Eifler-Plan« auf heftigen Widerstand eines weiteren Sozialdemokraten mit Wurzeln im Adel: Theodor Körner, »Edler von Siegringen«, im Ersten Weltkrieg Generalstabsoffizier, hatte von 1918 bis 1924 am Aufbau des Bundesheeres mitgewirkt und war danach in die Sozialdemokratische Partei eingetreten. In Briefen an die Parteiführung warnte er, dass Schutzbund und Partei einen Konflikt gegen Bundesheer, Polizei und Heimwehrverbände wegen deren zahlenmäßiger Übermacht nicht gewinnen könnten. Eiflers Plan wurde nie umgesetzt, er selbst kam schon am 3. Februar 1934 in Haft. Als »Hochverräter« 1935 zu 18 Jahren Kerker verurteilt, wurde er schon ein paar Monate später begnadigt. Nach dem Anschluss 1938 verschleppten ihn die Nazis nach Dachau, wo er auch mit Hans Becker zusammentraf. Er habe mit dem mitgefangenen »Major Eifler«

im Konzentrationslager unter anderem darüber diskutiert, ob einige Gemeindebauten des »Roten Wien« von vornherein als Trutzburgen in einem möglichen Bürgerkrieg geplant waren, erinnerte sich Becker später.[16] Alexander Eifler kam nach Dachau in das KZ Flossenbürg und später wieder zurück nach Dachau, wo er 1945 umkam.*

Beckers Einstieg in die Politik der 1930er-Jahre erfolgte mit einem für ihn typischen Schritt: Er nahm wieder einmal einen neuen Job an und trat Anfang März 1933 mit einem Anfangsgehalt von 450 Schilling (1.700 Euro) in die Redaktion der »Wiener Zeitung« ein. Oberster Chef dieser ältesten Tageszeitung der Welt war Eduard Ludwig, der langjährige Leiter des Bundespressedienstes, der Beckers Karriere schon mehrfach angeschoben hatte. Doch unmittelbar nach Beckers Eintritt in die Redaktion der »Wiener Zeitung« wurde das österreichische Parlament aufgelöst, die Regierung herrschte fortan mit diktatorischen Mitteln und das bis dahin trockene »Amtsblatt« wurde zu ihrem wichtigsten Sprachrohr.

Indirekt ausgelöst hatte die Staatskrise ein zweistündiger Warnstreik der Eisenbahner, die am 1. März dagegen protestierten, dass ihre Löhne als Sparmaßnahme in Raten ausgezahlt wurden. Die Bahndirektion begann mit der Ausforschung der Streikenden und kündigte harte Strafen an. Die Sozialdemokraten forderten daraufhin eine Sondersitzung des Nationalrats, die am Samstag, dem 4. März, um 15.15 Uhr begann. Die »Wiener Zeitung« brachte über die historische Sitzung in ihrer Sonntagsausgabe einen fünfseitigen Bericht. Der Artikel stieg mit einem Antrag des sozialdemokratischen Abgeordneten Berthold König ein, eines Eisenbahners, der von der Regierung verlangte, sie solle die Bahn zur vollen Auszahlung der Löhne bewegen und »keinerlei Maßregelung« der Streikenden dulden. Der Antrag wurde mit 91 zu 70 Stimmen abgelehnt.[17]

* 1950 benannte Theodor Körner, inzwischen Bürgermeister von Wien, einen bereits seit 1930 bestehenden Gemeindebau in der Hernalser Hauptstraße 221 ihm zu Ehren in »Eiflerhof« um.

Überraschenderweise angenommen wurde dagegen ein Antrag von Hans Schürff, einem großdeutschen Abgeordneten, der in den 1920er-Jahren Verkehrsminister gewesen war. Über dessen für die Eisenbahner günstigen Vorschlag berichtete die »Wiener Zeitung« erst in ihrer nächsten Ausgabe ausführlich. Schürffs Aufforderung an die Regierung, die am Streik beteiligten Eisenbahner sollten mit »Nachsicht behandelt« werden, wurde in einer namentlichen Abstimmung mit 81 zu 80 Stimmen angenommen. Weil über zusätzliche, aber ähnliche Anträge der Christlichsozialen nach Meinung des Ersten Nationalratspräsidenten Karl Renner nicht mehr abzustimmen war, kam es zum Streit und zu einer Sitzungsunterbrechung. Nach der Wiederaufnahme der Sitzung um 21.35 Uhr rügte der Sozialdemokrat Renner laut dem Bericht der »Wiener Zeitung« die Abgeordneten, dass es bei beiden Abstimmungen Unregelmäßigkeiten gegeben habe. Beim Antrag König seien 162 Stimmen abgegeben worden, obwohl nur 161 Abgeordnete anwesend waren. Beim Antrag Schürff hätten zwei Stimmen auf den Namen eines sozialdemokratischen Abgeordneten gelautet, während jener seines Sitznachbars fehlte.

Als sich Renner mit seiner Auffassung nicht durchsetzte, es habe sich um unabsichtliche Missgeschicke gehandelt, die am Ausgang der Abstimmungen nichts geändert hätten, trat er als Erster Nationalratspräsident zurück. Der Streit ging weiter und auch der Zweite Präsident, der Christlichsoziale Rudolf Ramek, sowie der Dritte, der Großdeutsche Sepp Straffner, folgten Renners Beispiel und legten ihre Funktionen zurück. Um 21.55 gingen die Abgeordneten ohne formelle Beendigung der Sitzung auseinander. Mit dem Parlamentarismus in Österreich war es damit für mehr als zwölf Jahre vorbei.

Denn Bundeskanzler Dollfuß bezeichnete das Geschehen als unvorhersehbare »Selbstausschaltung des Parlaments«. Es sei ihm praktisch nichts übriggeblieben, als ab sofort ohne Nationalrat mit Verordnungen auf Basis eines kriegswirtschaftlichen

Ermächtigungsgesetzes aus dem Jahr 1917 zu regieren. Dieser »bewusst implantierte Mythos geisterte noch in den 1970er- und 1980er-Jahren in den Köpfen der Menschen herum und fand sich auch in den Schulbüchern wieder«, sagte der Historiker Oliver Rathkolb anlässlich einer Gedenkveranstaltung zur »Selbstausschaltung« am 4. März 2008 im Parlament.[18]

Hans Becker, der seinen Arbeitskollegen gern von den Erfahrungen in Südamerika erzählte, hätte sie wohl darauf aufmerksam machen können, dass die Ausschaltung des Parlaments durch einen vom baldigen Machtverlust bedrohten Regierungschef dort so häufig vorkommt, dass es dafür einen eigenen Begriff gibt: »Autogolpe«, zu Deutsch »Selbstputsch«.

So löste am 31. März 1933 in Uruguay der gewählte Präsident Gabriel Terra Leivas das Parlament auf und setzte die Verfassung außer Kraft. Seine bis 1938 dauernde Herrschaft heißt in Uruguay die »Terra-Diktatur«. Seither gab es weltweit, auch in Thailand und auf den Philippinen, hunderte »Autogolpes«. Den in jüngerer Zeit bekanntesten »Selbstputsch« zog am 5. April 1992 der damalige Präsident von Peru, Alberto Fujimori, durch. Lang nach seinem Abgang im Jahr 2000 wurde der Politiker wegen Korruption und zahlreichen Menschenrechtsverletzungen zu einer langen Haftstrafe verurteilt. Dennoch gilt er etlichen Peruanern bis heute als nationaler Retter in einer durch Terroranschläge verursachten Notlage.

Im Jänner 2021 berichtete die »Washington Post«, dass Donald Trump nach Ansicht einiger Politikwissenschafter in Richtung »Autogolpe« unterwegs gewesen sei, als ein von ihm ermunterter Mob den US-Kongress stürmte.[19] Wäre es den Eindringlingen gelungen, die parlamentarische Bestätigung Joe Bidens als rechtmäßig gewählten Präsidenten zu verhindern, so hätte Trump dem Rat manch enger Berater folgen können, unter Berufung auf die Handlungsunfähigkeit des Kongresses das Kriegsrecht auszurufen und ohne Parlament weiter zu regieren. Im Frühsommer 2022 war im

Untersuchungsausschuss des Repräsentantenhauses zum Sturm auf das Capitol dauernd davon die Rede, dass Trump selbst einen Putsch versucht habe.

Im österreichischen Parlament versuchte 1933 der deutschnationale Abgeordnete Sepp Straffner einige Tage nach dem an sich gar nicht gravierenden Geschäftsordnungskonflikt seinen Rücktritt als Dritter Nationalratspräsident zu widerrufen und die unterbrochene Sitzung wiederaufzunehmen. Es waren auch etliche andere Abgeordnete gekommen, die beabsichtigte Weiterarbeit der Parlamentarier wurde jedoch auf Befehl von Dollfuß von der Polizei verhindert.

Dann ging es Schlag auf Schlag: Bundeskanzler Dollfuß erließ nun »Einschränkungen für die Presse, löste den Verfassungsgerichtshof auf und kündigte die Schaffung eines christlichen Ständestaates an – eine improvisierte Diktatur, die von der Armee, der Beamtenschaft, der katholischen Kirche und Mussolinis Italien unterstützt wurde«, so Bukey.[20]

Hans Becker, der neue Mann bei der »Wiener Zeitung«, stürzte sich mit einem Kopfsprung ins politische Geschehen. Als Dollfuß am 13. März in einer aus seinem Kanzlerbüro direkt übertragenen Radiorede erstmals seine Pläne darlegte, soll Becker bereits am Entwurf mitgearbeitet haben.[21] An die »Selbstausschaltung des Parlaments« anknüpfend, sagte Dollfuß dabei: »Aus den überaus zahlreichen Kundgebungen, die mir sofort darauf aus allen Kreisen der Bevölkerung zugingen, ist mir klar geworden, dass die österreichische Volksvertretung in ihrer gegenwärtigen Form […] das Vertrauen und Verständnis der österreichischen Bevölkerung für ihre Wirksamkeit verloren hat.« Es müsse eine Form gefunden werden, die »in der jetzt so schweren und harten Zeit eine stärkere Führung« ermögliche.[22]

Bereits eine Woche darauf, am 21. Mai, erschien in der »Wiener Zeitung« unter dem Titel »Hinein in die Vaterländische Front!« der erste Aufruf zur Gründung einer patriotischen Bewegung. Dollfuß selbst habe sich an die Spitze dieser Front gestellt: »Er ist ihr

Führer und Feldherr.« Und: »Ihr alle, die Ihr hinter Bundeskanzler Dr. Dollfuß steht (...) fügt Euch ein in die Vaterländische Front.«

»Alle Gruppen, alle Parteiformationen, alle Verbände und Vereine, die dem Vaterland dienen wollen«, sollen sich vereinen zu »einer großen, schlagkräftigen Armee, gebunden nur durch das eine große, gemeinsame Ziel: Österreich und sein Lebensrecht...« Unterzeichnet war der Aufruf mit der Grußformel: »Heil Österreich, Heil Dollfuß, dem Führer.«

Offensichtlich sollten hier die bei Mussolini und Hitler zur Mobilisierung von Menschmassen erfolgreichen Formeln von harter, kompromissloser Führung und geschlossener und organisierter Gefolgschaft nachempfunden werden, in einer Art »Imitationsfaschischmus«, wie ihn der Historiker Ernst Hanisch später nannte. Rasch und zunächst noch improvisiert wurden die Strukturen der »Vaterländischen Front« errichtet. Am Schluss gab es einen Funktionärsapparat mit mehreren »Dienstgruppen«, bei denen nach dem politischen und dem organisatorischen Dienst als dritter der »Werbedienst« folgte, den Hans Becker leitete.[23]

Wie passt dies mit der Einschätzung von Weggefährten Beckers zusammen, die ihn noch ein halbes Jahrhundert später in Gesprächen mit der Biografin Elisabeth Jauk als »überzeugten Demokraten« bezeichneten? Selbst dieser Autorin, sonst mit Bewertungen extrem zurückhaltend, erscheint es »hinterfragbar«, einen Mann als Demokraten zu bezeichnen, »der dem Ständestaat nicht nur gedient, sondern auch für ihn geworben hat.«[24]

Becker selbst erklärte in einem undatierten Manuskript, dass er »auf die politische Bühne Österreichs im Jahr 1933 aus dem einfachen Grund geriet, weil ich mich in klarer Erkenntnis der nazistischen Gefahr der Regierung Österreichs, die gegen den Nazismus kämpfte, zur Verfügung gestellt habe.«[25]

Als »Werbechef« der »Vaterländischen Front« – oder auch als deren »Propagandaleiter«, wie ihn spätere Weggefährten wie Otto

Hans Becker als Redner der »Vaterländischen Front«

Molden[26] nannten – unterstanden ihm eigene Abteilungen für Schulungen und für Veranstaltungen. Die Handvoll Mitarbeiter kam aus der Konsularakademie und aus der Redaktion der »Reichpost«, der Parteizeitung der Christlichsozialen mit antisemitischer Schlagseite.[27] Sein engster Mitarbeiter wurde der 22-jährige Jusstudent Fritz Bock, Sohn eines höheren Wiener Postbeamten. Bock, nach 1945 Mitbegründer der ÖVP und langjähriges Regierungsmitglied, leitete damals die »allgemeine Abteilung«, deren Aufgabengebiet er später als »antinationalsozialistische Propaganda« bezeichnete.[28]

Dollfuß hatte der Propagandaabteilung die Aufgabe zugeteilt, »in der Bevölkerung das Verständnis für das Vorgehen der Regierung zu wecken und um deren Zustimmung für ihre Handlungen zu werben.«[29] Auf dieser Basis legte Becker in »Schulungsblättern« den Mitarbeitern ihre Arbeit dar. Es gebe zwei Arten der politischen Werbung: eine nach außen und eine nach innen gerichtete. Bei der Außenwerbung gehe es hauptsächlich darum, neue Mitglieder zu gewinnen. »Dann erst müsse die Innenwerbung aus einem mehr oder weniger überzeugten Mitglied einen begeisterten Mitkämpfer machen«, wird Beckers Programm in einer umfassenden Forschungsarbeit zitiert.[30] Die Rolle der Funktionäre sah Becker als eine »Art politisches Apostolat«. Dazu wurden Rhetorikkurse angeboten und »Rednerbehelfe« zu Sachthemen verfasst. Ein wöchentlich gedruckter Informationsdienst war nur Insidern vorbehalten. Es gab auch Pläne, die Steuerung der Nachrichten im Sinne einer heutigen »Message Control« zu intensivieren. So sollte in den landesweit rund hundert Redaktionen von Zeitungen und Zeitschriften ein Netz von »Vertrauensmännern« geknüpft werden. In der zentralen Pressestelle sollte ein redaktioneller Präsenzdienst von früh bis spät für Anfragen zu Verfügung stehen.[31]

Einige der hochfliegenden Pläne scheiterten an Geldmangel. In seiner »Österreichs Freiheitskampf« betitelten Rechtfertigungsschrift rechnete Becker nach dem Zweiten Weltkrieg vor, dass Deutschland Österreich damals mit NS-Propaganda im Wert von umgerechnet 4,3 Millionen Euro im Monat bombardierte, während für die Gegenpropaganda maximal 400.000 Euro zur Verfügung standen.[32]

So behalfen sich VF-Werber damit, persönlich in den wichtigsten Redaktionen vorzusprechen und darauf zu hoffen, dass die VF-Führung potenzielle Geldgeber wie den Bankenverband, die Handelskammer und die Industrie überreden werde, Subventionen zu geben. Heute würde man es Sponsoring nennen. All das, so ein weiterer durchaus modern wirkender Punkt aus Beckers Programm, sollte mit einer ständigen Kontrolle der Resultate einhergehen, etwa der Zunahme von Mitgliederzahlen der »Vaterländischen Front«.

Neben den üblichen Broschüren, Plakaten und Flugblättern setzten die VF-Werber auch die neueste Technik ein: Wichtige Politikerreden ließen sie »live« auf wachsüberzogene Schallplatten gravieren, von denen dann einige Kopien gezogen und an die Massenmedien verteilt wurden. Manche Propagandamethoden kopierten sie von den Nationalsozialisten, wie Fritz Bock freimütig erzählte. Dazu gehörten mit simplen Aussagen massenhaft unter die Leute gebrachte »Streuzettel« im halben Postkartenformat oder auch hunderttausende Wandzeitungen, die Bock erstmals als Berichterstatter bei einem Nazi-Parteitag in Deutschland gesehen und dann für die »vaterländische Propaganda« adaptiert haben will.

Gleichzeitig mit dem Aufbau der Propaganda wurde die in Österreich bis dahin existierende Pressefreiheit immer stärker eingeengt und letztlich zerstört. Regierungskritische Blätter wie die sozialistische »Arbeiter-Zeitung« mussten zwei Stunden vor Verbreitung »Pflichtstücke« bei den Behörden abliefern, um mögliche Beschlagnahmen zu erleichtern. Der Schutzbund der Sozialdemokraten war schon Ende März für illegal erklärt worden, die österreichische NSDAP im Juni. Auch der Vertrieb des deutschen NS-Organs »Völkischer Beobachter« wurde untersagt.

Hitlers Propagandachef Joseph Goebbels habe getobt, schrieb der Journalist Siegfried Kogelfranz 1988 in einer »Spiegel«-Serie.[33] Österreichs Fremdenverkehrswirtschaft wurde im Gegenzug mit der »Tausend-Mark-Sperre« bestraft. Deutsche – damals wie heute die größte Gruppe der Österreich-Urlauberinnen und Urlauber – mussten beim Grenzübertritt 1.000 Reichsmark (nach heutiger Kaufkraft etwa 4.300 Euro) Gebühr zahlen. Doch der Konflikt ging weiter. Kogelfranz: »Das Entfernen von Hakenkreuzfahnen durch die Exekutive in Österreich oder Verkaufsbeschränkungen für Hitlers ›Mein Kampf‹ führten zu rüden Wortschlachten der Diplomaten und immer wilderen Drohungen des ›Führers‹.«

Becker und Bock, laut dem Kommunikationsforscher Gerhard Urbanek die »Masterminds« der »vaterländischen« Propaganda, reagierten auf das verschärfte Klima mit strengeren Regeln für Versammlungen, zu denen nun auch ein verstärkter Saalschutz gehörte. In seinen »Fingerzeigen für den Versammlungsleiter« gab Becker auch mehr oder weniger hilfreiche Tipps, wie auf provokante Wortmeldungen zu reagieren sei. Fangfragen könnte man beispielweise »mit dem Hinweis, die Zeitungen besser zu lesen, begegnen« (Urbanek).

Die Ausschaltung der parlamentarischen Demokratie trugen die Werber offenbar voll mit. Bock erklärte sie auch noch Jahre später wegen des Zulaufs zur NSDAP zur »unerlässlichen Maßnahme«. Dieser »Abwehrkampf gegen die Nationalsozialisten« wäre wichtiger gewesen als die »Wiederherstellung von parlamentarischen Verhältnissen«, wird Bock bei Urbanek zitiert. Doch was sich in der VF-Zentrale Am Hof 4 in der Wiener City so dargestellt haben mag, sah im internationalen Kontext ganz anders aus.

Benito Mussolini war der wichtigste Unterstützer des Dollfuß-Regimes. Um selbst dem Druck des immer mächtiger werdenden Hitler zu entgehen, war der italienische Diktator an einem unabhängigen Österreich als geografisch dazwischen liegender Riegel interessiert. Dollfuß pilgerte mehrmals zum Duce, um militärischen Schutz und wirtschaftlichen Beistand gegen Hitler zu erbitten, der unverhohlen den Alleinvertretungsanspruch auf alle deutschsprachigen Gebiete stellte. Für den Autor Ludwig Reichhold, 1933 selbst ein führender »vaterländischer« Journalist, steht fest, »dass Mussolini seine Hilfe für Österreich mit dem wiederholten Drängen auf eine ›Tabula-rasa-Politik‹ gegenüber den österreichischen Sozialdemokraten koppelte«. Erst nach deren Ausschaltung könne sich die österreichische Regierung mit voller Kraft gegen den Nationalsozialismus wenden. Angesichts von Österreichs außenpolitischer Isolierung sei Dollfuß laut Reichhold nichts übriggeblieben, als diese »italienische Karte zu spielen«.[34]

Eine »Bella Figura« gab Dollfuß dabei allerdings nicht ab. Als er im August 1933 zu Mussolini in dessen Urlaubsort Riccione bei Rimini pilgerte, empfing ihn der Duce barfuß und in Badehose. Als herkulische Gestalt mit nacktem Oberkörper drängte er den schmächtigen Gast fast aus dem Bild, der neben ihm in Anzughose, langärmligem Hemd und Krawatte über den Sandstrand lief.

Auch noch aus solchen Begebenheiten brauchbare Propagandabilder zu liefern, war die Aufgabe der »Kinowochenschau«, die von der Filmfirma »Selenophon« im staatlichen Auftrag produziert wurde. Treffen hochrangiger Politiker zählten neben Paraden, Beiträgen über das Brauchtum oder über Baufortschritte bei der zur Arbeitsbeschaffung errichteten Großglockner-Hochalpenstraße zum Kern der »Österreich in Bild und Ton« (ÖBUT) genannten Filmpropaganda. Eine Verordnung vom Juni 1933 machte es »sämtlichen 680 österreichischen Tonfilmkinos zur Pflicht, sie vor dem Hauptfilm vorzuführen.«[35]

Für Beckers Geschmack war vieles an der »Wochenschau«, wie die Musik, zu getragen und pathetisch, er besaß aber kein Durchgriffrecht. Untermalt waren die Beiträge stets »mit Melodien wie ›Ich hatt' einen Kameraden‹, ›Oh du mein Österreich‹ oder dem Haydn-Thema der ehemaligen Kaiserhymne«, berichtet Urbanek. Als Becker konkrete Veränderungen verlangte, habe er sich »eine Abfuhr geholt«.[36]

Herausragendes Symbol der »vaterländischen« Bildberichte war das Kruckenkreuz, ein Kreuz mit Querbalken an den vier Enden, das zu einem Element der rot-weiß-roten Staatsflagge wurde. Die Propaganda stellte es als »christlich-österreichisches« Symbol dar, das schon seit den Kreuzzügen existiere und das Gegenstück zum heidnischen Hakenkreuz der Nazis sei. Der Maler Carry Hauser, einige Jahre zuvor noch Präsident des progressiven Hagenbundes und dann einer der Designer des VF-Symbols, hat eine banalere Erklärung zu dessen Entstehung. Es sei eine spontane Reaktion auf die überall auf Haus- und Felswände geschmierten Hakenkreuze gewesen. »Wir verlängerten in nächtlichen Aktionen die Halbbalken des allenthalben sichtbaren Hakenkreuzes und erzeugten so das Kruckenkreuz«, schrieb Hauser kurz vor seinem Tod 1985 an den Publizisten und Medienexperten Peter Diem.[37]

Mit Pomp und Trara der Öffentlichkeit präsentiert wurde die neue Symbolik am 11. September 1933 bei einem Massenmeeting auf dem Trabrennplatz in der Wiener Krieau, von der »Wiener Zeitung« eine »Heerschau der Vaterländischen Front« genannt.[38] Engelbert Dollfuß wollte dort eine Art Regierungserklärung abgeben. Zum Klang von Musikkapellen zogen Marschblöcke ein, die laut dem Zeitungsbericht »ein Mosaik von Uniformen« bildeten: Heimwehrleute in graugrünen Windjacken, ehemalige Frontkämpfer in braungelb, der »dunkle Fleck« der Postler und Eisenbahner, Tiroler Schützen »in ihrer Alpentracht« und Studenten in schwarzen Stulpenstiefeln, engen weißen Hosen und bunten Wämsern. »Da wehen Fahnen und Wimpel, auf mächtigen Standarten prangt das Kruckenkreuz.«

Mehr als 40.000 Menschen hatten sich versammelt, als die »großangelegte Rede« begann. Vom Gedenken an die Türkenbelagerung vor 250 Jahren, die von den Wienerinnen und Wienern unter der Führung ihres Verteidigers Ernst Rüdiger von Starhemberg tapfer ertragen worden sei, wechselte Dollfuß rasch in die Gegenwart, um als erstes dessen Nachkommen, den Heimwehrführer Ernst Rüdiger Starhemberg, zu begrüßen, der nun »zu den Erneuerern Österreichs« gehöre.

Für das alte Österreich stand laut Dollfuß der Parlamentarismus, der »an seiner eigenen Demagogie und Formalistik zugrunde gegangen« sei. Das Parlament »wird und darf nie wiederkommen«. Mitten im »Kampf gegen den Marxismus« sei der Regierung »unter der Fahne des Nationalsozialismus eine Bewegung in den Rücken gefallen«, sodass sie gezwungen war, »in einem Zweifrontenkrieg die Führung des Staates fest in die Hand zu nehmen«. Die Zeit »materialistischer Volksverführung« sei vorüber, aber auch jene »der kapitalistisch-liberalistischen Wirtschaftsordnung«.

Dann deutete Dollfuß an, wohin die Reise gehen sollte: in eine glorifizierte Vergangenheit. »Wir werden zurückgreifen müssen auf ältere Formen«, gemäß der »ständischen Auffassung« wonach »die Wirtschaft« eine Art Agrarunternehmen ist: »Im Bauernhause, wo der Bauer mit seinen Knechten nach gemeinsamer Arbeit abends am

AUSTRO-FASCHISMUS

gleichen Tisch, aus der gleichen Schüssel seine Suppe isst, da ist ständische Zusammengehörigkeit. Und verschönert wird das Verhältnis noch, wenn sie nach Feierabend zum Rosenkranz sich niederknien.«

Es ist schwer nachvollziehbar, wie diese katholisch verbrämte Idylle damals auf aufgeklärte Städterinnen und Städter gewirkt haben muss. Längst war bekannt, wie hart das Leben für Knechte und vor allem Mägde unter patriarchalisch über Familie und Gesinde herrschenden Großbauern war. Dass den Dienstboten das Heiraten verboten war, dass ihre unehelich geborenen Kinder wie die Fliegen starben …

Jahrelang hatte Karl Kraus, der große Satiriker, seiner Leserschaft unter dem Rubrum »Sittlichkeit und Kriminalität« über die herrschende Doppelmoral die Augen geöffnet. Wie speziell Frauen unter den »traditionellen« Familientyrannen in Stadt und Land zu leiden hatten. Und doch setzte sich dieser Karl Kraus, der 1919 noch eine Art Wahlaufruf für die Sozialdemokraten abgegeben hatte, nun für Engelbert Dollfuß ein. Was viele Anhängerinnen und Anhänger von Kraus damals vor den Kopf stieß, hat der Germanist Jens Malte Fischer in seiner großen Kraus-Biografie präzise zu erklären versucht.[39]

Im Gegensatz zu manchen Kraus-Lesern, denen vor allem das Zitat »zu Hitler fällt mir nichts ein« präsent ist, zeigt Fischer, dass Kraus schon früh die Bedrohung durch Hitler durchschaut hatte. Von vorgeblichen Gegenkräften wie den österreichischen Christlichsozialen hielt Kraus wenig (wie am Ende auch von den Sozialdemokraten). Aber Dollfuß, der sich Hitler frontal entgegenstellte, dem nahm er diese Rolle ab. Kraus habe Dollfuß auch nicht als »das kleinere Übel« angesehen, »sondern als Segen«. Fischer: »Nicht alles, was im fragilen System Dollfuß geschah, fand den Beifall von Kraus. Er hat ihn nicht als Faschisten verstanden, und sich selbst fühlte er vor allen Verlockungen des Faschismus geschützt.« Fischer weiter: »Dass er damit die manifest undemokratischen und zum Teil auch brutalen Züge des Regimes auf eine eher leichte Schulter nahm, hat er billigend in Kauf genommen.«

International war Österreichs politischer Kurs alles anders als klar. Der Korrespondent der »New York Times« meldete aus Wien, dass es jedenfalls weiter Richtung Diktatur gehe. Es zeichne sich so etwas wie ein Kompromiss zwischen der Heimwehr ab, die einen »faschistischen Staat nach italienischem Modell« anstrebe, und den Moderaten in der »Fatherland Front«, die eine »Allparteienkoalition im Interesse Österreichs« vorzögen.[40]

Werbefachmann Becker sah von Anfang an, dass die »vaterländische« Regierung ihre politische Basis dringend verbreitern musste. Er empfahl, von ihrer Partei enttäuschte Sozialdemokraten anzusprechen. Die Teilnahme von ehemals »roten« Eisenbahnern bei Aufmärschen wie dem am Trabrennplatz schien ihm ein Signal zu sein. Diese Eisenbahner und andere Arbeiter hätten begriffen, dass ihre Partei nicht mehr die Macht hatte, sie »vor einer Entlassung zu schützen«.

»Hätte die sozialdemokratische Partei sofort nach der Auflösung des Parlaments die Arbeiterschaft zu aktivem Handeln aufgerufen, so wäre sicherlich keine Regierung imstande gewesen, sich gegen den Willen der Arbeiterschaft auch nur einen Tag lang zu halten«, schrieb Becker später in einer Analyse. Becker nahm an – ergebnislosen – Gesprächen mit rechten Sozialdemokraten teil, mit denen Dollfuß gern ein Zweckbündnis geschlossen hätte.[41] Für die Hauptströmung der Sozialdemokraten war das bloß ein »regimekonformes Sammelbecken für Überläufer«.[42]

Man könnte annehmen, dass die Propagandaarbeit Becker – der nominell noch Redakteur der »Wiener Zeitung« war – voll ausgelastet haben muss. Trotzdem widmete er sich zwischendurch wieder seinem Lieblingsthema. Am 18. Dezember 1933 schrieb ihm die österreichische Radioverkehrs A.G. (Ravag), dass sein Vortrag mit dem Titel »Bilder aus dem Gran Chaco« am 4. Jänner 1934 gesendet werde. Unterzeichnet war das Schreiben von Rudolf Henz, dem »wissenschaftlichen Leiter« der Ravag, der bald der Verbindungsmann der »Vaterländischen Front« zum wichtigsten Propagandamedium dieser Tage werden sollte.

Henz, ein 1897 geborener Lehrersohn aus dem Waldviertel, studierte Germanistik und arbeitete dann in der katholischen Volksbildung. So kam er 1931 zu seinem Job in der seit der Gründung 1924 nach striktem Parteienproporz geführten Ravag. Deren selbst verordneter Neutralismus ging so weit, dass über den Justizpalastbrand 1927 überhaupt nicht aktuell berichtet wurde. Henz führte den »Schulfunk« ein und war für alle aktuellen Vorträge verantwortlich, für die er auch bekannte Journalisten heranzog. So kommentierte Ernst Molden, Außenpolitik-Redakteur der »Neuen Freien Presse«, ab 1931 jahrelang im Abendprogramm »Einen Monat Weltgeschehen«.

Dass solche Vorträge zu den beliebtesten Programmen gehörten, wusste Henz aus der seines Wissens weltweit »ersten Hörerbefragung«, die er 1932 beim Sozialforscher Paul Lazarsfeld in Auftrag gab. Die Gesamthörerzahl wurde auf eine halbe Million geschätzt, es gab 150.000 Gebührenzahlerinnen und -zahler. Von diesen füllte ein Viertel den vierseitigen Fragebogen aus. Henz schreibt dazu: »An der Spitze der beliebten Programme befand sich das Hörspiel, vor dem Reisevortrag und dem Operettenkonzert.« Es sei aber klar gewesen, dass unter den bei der Umfrage »stumm gebliebenen« die »wilden Unterhaltungsfanatiker« dominierten.[43] Der Sozialdemokrat Lazarsfeld, hierzulande vor allem durch die Studie »Die Arbeitslosen von Marienthal« bekannt, emigrierte 1933 in die USA, wo er u. a. an der Universität Princeton für das »Office of Radio Research« Hörerbefragungen durchführte und insgesamt als Soziologe Erfolg hatte.

Gleich nach der Auflösung des österreichischen Parlaments im März 1933 war es mit dem »Neutralismus« der Ravag vorbei. Das Radio müsse »der Regierung restlos zur Verfügung stehen«, dekretierte Kanzler Dollfuß im Ministerrat. Rasch und noch vor der Zerschlagung der sozialdemokratischen Partei- und Kulturorganisationen »begann Henz mit dem Umbau des von ihm geführten

Programmbereichs«, schreibt der Medienwissenschafter Theodor Venus.[44] In der Sendereihe »Zeitfunk«, in der aktuelle Fragen angesprochen wurden, seien nun »ausschließlich Mitglieder oder Beauftragte der Bundesregierung« zu Wort gekommen.

Im Sommer 1933 hob der Wiener Kardinal und Erzbischof Theodor Innitzer einen neuen Programmtyp aus der Taufe: die »Geistliche Stunde«. Er wolle, so sagte es der Kardinal, »das gesamte öffentliche Leben mit dem katholischen Geist durchdringen«.[45]

Hans Becker wusste, dass die Ravag gegenüber dem Propaganda-Orkan, den Joseph Goebbels über die deutschen Radiosender auch nach Österreich blies, stark unterlegen war. Nach deutschem Vorbild trat er dafür ein, Einrichtungen zum gemeinsamen Hören des eigenen Senders, zum Beispiel »Hörstuben« in örtlichen Gendarmerieposten, anzuregen. Henz beklagte seinerseits, dass die Nazi-Sender ungehemmt dem Publikumsgeschmack folgten und »uns politischen Rundfunk« vorspielten: Da gab es, anders als bei der Ravag, nonstop Märsche, Volkslieder, Operettenmelodien und Schlager, mit dazwischen eingebetteten politischen Messages.

Der Einschätzung von Henz stimmt auch der kritische Medienwissenschafter Venus zu. Abgesehen von der Personalauswahl habe es in Österreich kein durchgehendes »politisches Eingriffsrecht« der »Vaterländischen Front« in den Rundfunk gegeben. Überhaupt, so Theo Venus: »Eine direkte monopolistische Agentur, analog dem Goebbelschen Propagandaministerium, existierte in Österreich zu keinem Zeitpunkt.«

Vielen Ravag-Hörern reichte es aber auch so: »Die Überzahl der ›vaterländischen Sendungen‹ führte zu Boykottaufrufen, denen vorübergehend 66.000 Radio-Haushalte mit ihrer Abmeldung folgten«, schrieb der Medienexperte Fritz Csoklich.[46]

Die Spannungen zwischen den politischen Lagern nahmen immer stärker zu, bis sie sich 1934 in einem doppelten Bürgerkrieg entluden.

– 9 –

IN DER KANZLERDIKTATUR

Im politischen und kulturellen Wien verlief in diesen Tagen eine scharfe Grenze zwischen Parteigängern und Gegnern der betont christlichen Regierung. Nur bei der notorischen Grenzüberschreiterin Alma Mahler-Werfel ging es anders zu. Waren in ihrer Villa auf der Hohen Warte gerade noch führende Sozialdemokraten wie Karl Renner ein- und ausgegangen, so empfing sie nun katholische Würdenträger, während Franz Werfel oben unter dem Dach an seinen Romanen schrieb. Kurt Schuschnigg, 36-jähriger Minister für Justiz und Kultur in der Dollfuß-Regierung, war ebenso zu Gast wie die Riege der renommierten Wiener Literaten und neue Talente wie der knapp 30-jährige, eher links orientierte Elias Canetti, der seinen großen Roman »Die Blendung« zwar schon geschrieben, aber noch nicht veröffentlicht hatte.[1]

Canetti hatte kaum einen freundlichen Blick für die üppig gewordene Alma, dafür umso mehr für deren Tochter Anna Mahler, die damals noch mit dem Werfel-Verleger Paul Zsolnay verheiratet war. Die Bildhauerin Anna feierte als Schülerin Fritz Wotrubas künstlerische Erfolge. Viele Besucher bewunderten aber »das Schönste an ihr«, ihre Augen »die niemand vergaß, der je von ihr erblickt worden war«, wie Canetti schrieb. »Ich war Anna verfallen«, gestand Canetti. So sehr, dass er den dritten Band seiner Autobiografie in Erinnerung an Anna Mahler »Das Augenspiel« nannte.[2] Hans Becker kannte die Bildhauerin, von Alma wenig schmeichelhaft »Gucki« gerufen, über seine Frau Annie, die ihr schon in der Kindheit nah war. Laut Beckers Neffen Alois pflegte man auch in dieser Zeit zu den Mahler-Werfels Kontakt.

Canetti machte die politisch ebenfalls als links eingestufte Anna Mahler mit einem Freund bekannt: Mit Ernst Fischer, damals ein Kulturredakteur der »Arbeiter-Zeitung« vom radikalen Flügel der

Sozialdemokratie. »Wollen Sie heute zu mir ins Atelier kommen?«, so fragte Anna eines Tages Ernst Fischer. »Ich habe den Schuschnigg modelliert. Die Büste wird heute feierlich besichtigt«, so erinnert sich Fischer in seinen Memoiren an Annas Einladung.[3] Fischer ging tatsächlich zu dem Empfang und gab sich, als er von einem Begleiter Schuschniggs angesprochen wurde, als nazifeindlicher »sudetendeutscher Katholik« aus. Was Fischer nicht wusste: Schuschnigg hatte sich in Anna Mahler verliebt.

Das berichtete Jahre später Elias Canetti – zwar nicht in seinen Memoiren, aber in einem Interview mit dem Werfel-Biografen Peter Stephan Jungk.[4] Er habe jedoch nie in Erfahrung bringen können, ob diese »Liebelei rein platonischer Natur geblieben sei«. Anna habe jedenfalls die von Schuschnigg erhaltenen Liebesbriefe nach dem Ende der Affäre einer Freundin, der Schriftstellerin Venetiana Taubner-Calderon, zur Verwahrung übergeben. Venetiana, genannt Veza, war jene Frau, die Canetti im Jahr 1934 heiratete. In ihrer Wohnung in der Ferdinandstraße im zweiten Wiener Bezirk fand Ernst Fischer Zuflucht, als er nach dem Februaraufstand untertauchen musste. Erst sechzig Jahre später verriet Elias Canetti im Gespräch mit Jungk, dass unter dem Bett, »worauf Ernst Fischer so friedlich geschlafen« hatte, Schuschniggs Liebesbriefe an Anna Mahler versteckt waren.

Ernst Fischer, in der Sozialdemokratischen Partei schon seit einiger Zeit ein Wortführer der linken Opposition gegen die zögerliche Parteiführung, sah am 12. Februar seine schlimmsten Befürchtungen Wahrheit werden: Wiens Bürgermeister und Parteichef Karl Seitz samt Stadtrat verhaftet, die Partei verboten, das Standrecht eingeführt; Genossinnen und Genossen, die in Wien und einigen anderen Städten ohne Aussicht auf Erfolg gegen Polizei, Bundesheer und Heimwehr kämpften. »Der Rundfunk sendete pausenlos österreichische Gemütlichkeit, unterbrochen von Meldungen, dass nirgends gestreikt, nur an wenigen Punkten gekämpft werde, die ›Rädelsführer‹ geflüchtet seien, andere führende Sozialdemokraten

12.–14. Feb. 1934
Bürgerkrieg

und Schutzbündler sich der Polizei gestellt hätten, dass im ganzen Wiener-Neustädter Industriegebiet vollkommene Ruhe herrsche«, schrieb Fischer in seinen Erinnerungen.

Die Niederlage zeichnete sich nach wenigen Stunden ab. Begonnen hatte die Eskalation zwei Wochen zuvor, als die Polizei, unterstützt von der Heimwehr, bei Hausdurchsuchungen die Entwaffnung der Sozialdemokraten vorantrieb. Zahlreiche Verstecke flogen auf. Am 3. Februar wurden der Schutzbundkommandant Alexander Eifler und mehrere Bezirksführer verhaftet.

Der oberösterreichische Schutzbundführer Richard Bernaschek meldete am 11. Februar an die Parteileitung in Wien, falls in seinem Gebiet Waffen gesucht oder Parteileute verhaftet werden, dann »wird gewaltsamer Widerstand geleistet«.[5]

Als Polizisten am 12. Februar die Zentrale der Sozialdemokraten im Linzer Hotel Schiff betraten, war es soweit. Die Schießereien weiteten sich von Linz auf die Industriegebiete, vor allem in Oberösterreich und der Steiermark, sowie auf die Wiener Arbeiterbezirke aus. Ein Generalstreik blieb jedoch aus.

Die Regierung setzte das Bundesheer ein, das in Linz das Hotel Schiff und in Wien Gemeindebauten »eroberte«. Der damalige Justizminister Kurt Schuschnigg begründete das harte Durchgreifen später mit der »Befürchtung«, dass »der bewaffnete Radikalismus von rechts und links ein Zweckbündnis eingehen könnte«, also Sozialisten und Nazis gemeinsam gegen die Regierung kämpfen könnten.[6]

In Wien bezog eine Artillerieeinheit des Bundesheers auf der Hohen Warte Stellung und beschoss Schutzbündler und Zivilisten im lang gestreckten Karl-Marx-Hof. Durch dessen Durchgänge strömten sonst an Sonntagen Fußballfans vom Heiligenstädter Bahnhof zum Stadion Hohe Warte. Dort war Alma Mahler, die auf der Seite der Regierung stand, in ihrer Villa vom Geschehen fasziniert. »Das scharfe Schießen, wir waren in der Gefahrenzone, regte mich furchtbar und fast freudig auf«, schrieb sie in ihr Tagebuch.[7]

Nach drei Tagen war der Aufstand niedergeschlagen. An die 300 Menschen starben, 800 waren verletzt, 1.200 inhaftiert. Neun Todesurteile wurden vollstreckt, von denen eines besonders skandalös war. Es traf den 43-jährigen Karl Münichreiter, einen gelernten Schuster. Am 12. Februar war er mit einer Gruppe von Schutzbündlern dabei, in einem Schrebergarten versteckte Waffen ins Heim der Kinderfreunde Hietzing zu schaffen, als es zum Schusswechsel mit der Polizei kam. Schwer verletzt wurde Münichreiter zunächst ins Krankenhaus gebracht, dann aber standrechtlich zum Tod verurteilt. Ein Gnadengesuch wies Justizminister Schuschnigg zurück, weil er »ein abschreckendes Beispiel« für notwendig hielt. Am 14. Februar wurde Münichreiter im Wiener Landesgericht auf der Bahre zum Galgen getragen und gehenkt.

Dieser Zivilisationsbruch schockierte selbst regimetreue Familien. »Das hat sehr böses Blut gegen die Regierung gemacht, dass man einen Verwundeten aufgehängt hat«, erinnerte sich Beckers Neffe Alois in einem Interview.[8] Schuschnigg gab in seinen nach dem Zweiten Weltkrieg veröffentlichten Aufzeichnungen kein Fehlverhalten zu. Er gestand aber ein, dass es keinen Sieger gegeben habe, »weil die auch ihm geschlagenen Wunden nie mehr zur Gänze vernarbten.«[9] Die Allianz der Sozialdemokraten mit den Nazis, die Schuschnigg befürchtete und von der manche Hitleranhängerinnen und -anhänger träumten, blieb eine Chimäre.

Von Hans Becker sind zu den »Februarereignissen« nur wenige Äußerungen erhalten. In seiner nach dem Zweiten Weltkrieg verfassten Rechtfertigungsschrift über »Österreichs Freiheitskampf« führt ihn sein Staatspatriotismus allerdings zu einem gewagten Gedankenspiel: »Hätte im Februar 1934 der Schutzbund gesiegt, so wäre eine sozialdemokratische Führung vor dieselbe Aufgabe gestellt gewesen und jeder gute Österreicher hätte sich einem roten Kanzler, der den Staat gegen die deutsche Aggression verteidigte, ebenso zur

Verfügung gestellt, wie er sich Dollfuß und Schuschnigg gegenüber zum Kampf bereit erklärte.«

Sympathisantinnen und Sympathisanten der Linken fragten sich eher, wie es zur Niederlage kommen konnte. Der untergetauchte Ernst Fischer, der ja von Elias Canetti versteckt wurde, sei von diesem gelöchert worden: »›Warum habt ihr nicht den Rundfunk besetzt?‹ – Warum sind wir nicht zur Inneren Stadt vorgestoßen? Ich weiß es nicht. Offenkundig wurde der unentschlossene Parteivorstand durch die Ereignisse überrumpelt. Die Polizei war besser informiert als der Schutzbund.«[10] In der nun in Brünn gedruckten und heimlich nach Österreich geschmuggelten »Arbeiter-Zeitung« hieß es: »Hätte Niederösterreich gekämpft – der geschlossene Widerstand von Wien bis Graz und Leoben wäre nicht niederzuringen gewesen.«[11]

Für die Propagandisten der »Vaterländischen Front« war die im Exil erscheinende »Arbeiter-Zeitung« das »erklärte Feindbild«, ihre Autoren galten als »emigrierte Professionshetzer«.[12] VF-Publikationen wie der interne »Informationsdienst« wurden nun ausgerechnet auf den Maschinen der zuvor roten »Vorwärts«-Druckerei hergestellt.

Ernst Fischer flüchtete nach Prag, trat dort der KPÖ bei und saß bald im Zug nach Moskau, wo er bis 1945 blieb. An die 2.500 Schutzbündler flohen damals ins Ausland, etliche kämpften auf republikanischer Seite im spanischen Bürgerkrieg. Von den im Februar 1934 Verhafteten sperrte die Dollfuß-Regierung mehr als 800 auf dem Gelände einer aufgelassenen Munitionsfabrik im niederösterreichischen Wöllersdorf ein. Auch 300 illegale Nazis wurden dort festgehalten. Die anfängliche Leitung des Lagers sei der Heimwehr zu lasch gewesen, schrieb später der Historiker und ehemalige Chefredakteur der »Arbeiter-Zeitung«, Manfred Scheuch. »Daraufhin festigte der Gendarmerie-Generalmajor Emanuel Baron von Stillfried mit einem militärisch-straffen Regiment die Disziplin und ließ dabei gelegentlich auch die Gummiknüppel sprechen.«[13] Vier Jahre später wurde

Stillfried, wie auch Hans Becker, ins KZ Dachau verschleppt und dort gequält.

Historikerinnen und Historiker betonen, dass das Anhaltelager Wöllersdorf nicht mit Hitlers Konzentrationslagern zu vergleichen sei. Für manche Insassen war es schlimm genug. Etwa für Otto Glöckel, den international bekannten Schulreformer. Nach Protesten aus dem Ausland kam er zu Weihnachten 1934 frei. »Gezeichnet von der mannigfachen Pein erlag er im Juli 1935, gerade einmal 61 Jahre alt, seinen Leiden«, heißt es auf der Website des österreichischen Parlaments. Seinem Begräbnis »folgten tausende Trauergäste, die damit gegen die Diktatur demonstrierten«.[14]

Um die Macht zu legitimieren, ließ die Regierung Dollfuß währenddessen einen rechtlichen Rahmen ausarbeiten. Per 1. Mai 1934 wurde eine neue Verfassung verkündet, die mit folgender Präambel begann: »Im Namen Gottes, des Allmächtigen, von dem alles Recht ausgeht, erhält das österreichische Volk für seinen christlichen, deutschen Bundesstaat auf ständischer Grundlage diese Verfassung.« Das Gesetzeswerk hatte zwei gravierende Mängel: Es wurde ohne die vorgeschriebene Volksabstimmung von einem »Rumpfparlament« beschlossen – ohne Sozialdemokraten, deren Partei nun verboten war, und ohne einige Abgeordnete der »Großdeutschen«, die die Sitzung boykottierten. Außerdem blieb das »ständische« System bis 1938 eine Baustelle.

Kein Wunder, dass der Rechtswissenschafter Manfried Welan in der ständischen »Maiverfassung« im heutigen Licht nur einen »Schein der Legalität« sieht.[15] Überraschend ist hingegen, was ein damaliger Untergebener Beckers 1949 in der Vereinszeitung der »ÖVP-Kameradschaft politisch Verfolgter« schrieb: »Für den Ständestaat hatte Ing. Becker nicht viel übrig«, es sei »viel zu wenig Platz für den Arbeiter«, erinnerte sich der Rechtsanwalt Franz Pessler, 1934 Innsbrucker Werbeleiter und »Landesredner der Vaterländischen Front«.[16] Becker kam öfter nach Tirol und durch die Zusammenarbeit

»waren wir schon binnen kurzem die besten Freunde und mit dem Du-Wort verbunden«, so Pessler.

Aus dieser bescheidenen Formulierung geht nicht hervor, dass der gebürtige Linzer Franz Pessler (1893–1979) damals eine bekannte Persönlichkeit war. 1929 hatte der Anwalt in Innsbruck in einem sensationellen Mordprozess den Angeklagten Philipp Halsmann (1906–1979) verteidigt. Die jüdische Familie Halsmann aus Lettland war 1928 im Zillertal auf Urlaub, als Philipps Vater Morduch Max Halsmann bei einer gemeinsamen Bergtour abstürzte und zu Tode kam. Kriminalbeamte vermuteten, dass ihn der Sohn erschlagen hätte. Philipp wurde in einem ersten Prozess als Vatermörder zu zehn Jahren Gefängnis verurteilt. Die schwache Beweislage und lauter Antisemitismus veranlassten Prominente von Albert Einstein über Siegmund Freud bis zu Thomas Mann zugunsten Halsmanns zu intervenieren. Auch vom Paneuropäer Richard Coudenhove-Kalergi kam Zuspruch. In einem zweiten Prozess verwahrte sich Verteidiger Pessler vehement gegen judenfeindliche Äußerungen mancher Zeugen. Halsmann, für den Pessler in dieser Zeit so etwas wie der einzige Freund war, erhielt diesmal vier Jahre Haft wegen Totschlags. Auf Betreiben Pesslers wurde er 1930 begnadigt und konnte Österreich verlassen.*

Die Jüdische Gemeinde habe sich »angesichts der aufgeheizten Stimmung sehr defensiv« verhalten, schreibt der Innsbrucker Historiker Niko Hofinger in einer Untersuchung des Falles.[17] In der Wiener Tageszeitung »Der Morgen« vom 2. Dezember 1929 betonte der damals bekannte Zionist Heinrich York-Steiner ähnlich zurückhaltend, dass es rund um den Prozess zwar

* In den USA wurde er unter dem leicht abgeänderten Namen Philippe Halsman zum weltbekannten Pressefotografen, der u. a. mehr als hundert Titelbilder des Magazins »Life« gestaltete. Seinen Fall hat besonders eindringlich der Autor Martin Pollack in dem Buch »Anklage Vatermord« (Wien, 2002) beschrieben.

Judenfeindlichkeit gegeben habe, dass aber Pessler und ein zweiter Verteidiger »Christen höchster Gesinnung« waren. Antisemitische »Rohheiten« hätten allerdings dazu geführt, »dass die Kanzleien der pflichtbewussten Verteidiger boykottiert werden, was den Ruin ihrer Existenz bedeutet.«[18]

So kam es, dass Franz Pessler hauptberuflich Funktionär der »Vaterländischen Front« und von Hans Becker mit den Grundlagen der politischen Propaganda vertraut gemacht wurde: »Als Werbeleiter vertrat er die Ansicht, dass für uns nie die eigene Meinung maßgebend sein dürfe. Nur der Zuhörer könne entscheiden, ob der Redner überzeugt hat.« Mehr als einen Zettel mit Stichwörtern dürfe der Redner nicht mitnehmen, erklärte er Pessler.*

Hans Becker selbst tauchte im Sommer 1934 noch tiefer in die staatlichen Strukturen ein. Parallel zur Werbeabteilung der »Vaterländischen Front«, die sich binnen kurzem zur Einheitspartei entwickelte, richtete auch das Kanzleramt im Rahmen des Bundespressedienstes eine Propagandastelle ein: den »Heimatdienst«, dessen »Bundeskommissar« Walter Adam wurde, zuvor ein maßgeblicher Journalist der christlichsozialen »Reichspost«. Adam heuerte Becker für 200 Schilling im Monat als Mitarbeiter an.[19]

Zusammen mit der Anstellung in der »Vaterländischen Front« kam er auf rund 650 Schilling (circa 2.500 Euro) monatlich. Am 16. Juli schritten Hans Becker und seine Annie zur »Trauung nach katholischem Ritus« vor den Altar, wie die Biografin Elisabeth Jauk recherchierte. Ohne die kirchliche Absegnung ihrer Beziehung wäre eine Karriere im betont katholischen Umfeld damals unmöglich gewesen.[20]

---

* Franz Pessler, den die jüdische Zeitschrift »The Forward« im April 2011 eine »den Bürgerrechten tief verpflichtete« Persönlichkeit nannte, kam 1938 für ein Jahr ins KZ Dachau, wo er Becker wieder traf. Nach seiner Freilassung wurde er Gärtner in Eggenburg bei Horn. Pessler starb im selben Jahr wie Philipp Halsmann, 1979.

Becker und sein Vize Fritz Bock meldeten großen Zulauf zur »Vaterländischen Front«, so Jauk. Zählte man Anfang 1934 noch 500.000 Mitglieder, so wuchs diese Zahl in den Jahren darauf auf zwei Millionen an. Doch die Erfolgsmeldungen waren trügerisch: Ganze Berufsorganisationen kamen kollektiv dazu. Beamte mussten der »Front« beitreten, politische Gegner wurden gefeuert. Unter jenen, die aus Opportunismus beitraten, waren auch Bekannte Beckers, wie sich seine Nichte Wilhelmine erinnerte.[21] Er habe ihnen dann geholfen, einen Posten zu bekommen.

Zur gleichen Zeit wuchs auch die Zahl der illegalen, aber an weißen Kniestrümpfen und angesteckten Kornblumen deutlich erkennbaren Nazis. Im Sommer 1934 lag sie bei 90.000.[22] Im ganzen Land ließen sie Bomben hochgehen, eine davon Ende Juni im Hörspielstudio der Ravag in der Wiener Johannesgasse. »Krachendes Österreich«, titelte eine illegale NS-Zeitung die Terrorwelle. Am 25. Juli drangen – wohl auf Befehl Hitlers – 154 SS-Leute, die als Soldaten des Bundesheers verkleidet waren, ins Kanzleramt ein. Engelbert Dollfuß wurde erschossen. Zur gleichen Zeit stürmte ein Trupp Putschisten das Ravag-Gebäude. Für Rudolf Henz war das »eine Weltpremiere«: »Seither gehört die Besetzung der Funkhäuser zum Ritual jeder Revolution«, schrieb der Ravag-Funktionär, der sich – wie auch Elias Canetti – im Februar 1934 noch gewundert hatte, warum die Schutzbündler das Radiogebäude nicht besetzten.

Beim Juliputsch erzwangen die Nazis im Radio die Verkündung der »Fake News«, dass die Regierung zurückgetreten sei. »Dies sollte das Zeichen für den Aufstand der Nationalsozialisten in ganz Österreich sein, der in einigen Teilen Oberösterreichs, der Steiermark und Kärnten zu mehrtägigen Kämpfen führte«, heißt es in einem Bericht.[23] Doch der Aufstand war bald niedergeschlagen. 13 Putschisten wurden hingerichtet, an die 4.000 kamen nach Wöllersdorf und in andere Anhaltelager. 140 braune Aufständische starben bei den Kämpfen, unter den Verteidigern gab es 107 Tote.

Hans Becker sah in der Niederschlagung des Juliputsches den Beweis, auf der richtigen Seite der Geschichte zu sein, weil »wir Österreicher als erste auf der ganzen Welt bereits gegen die Hitlerhorden mit der Waffe in der Hand kämpften« während andere »noch Freundschaftsverträge mit Hitler und seinen Spießgesellen abschlossen.«[24]

Tatsächlich trat Hitler gegenüber Österreich dann vorübergehend etwas leiser. Vor allem deshalb, weil Mussolini in einer dramatischen Machtdemonstration Soldaten an die Brennergrenze verlegt hatte. In Wien griff Kurt Schuschnigg nach der ganzen Macht. Im Radio sagte er zum Ableben von Dollfuß, »dass der Bundeskanzler, unser Führer, feiger Mörderhand zum Opfer fiel.«[25]

Bei der Bewertung von Dollfuß sind die politischen Lager bis in die Gegenwart zerstritten. Der ÖVP-Altpolitiker Andreas Khol bezeichnete ihn auch noch im 21. Jahrhundert als »Märtyrer«, der Sozialdemokrat und Industrielle Hannes Androsch als »Arbeitermörder«. Für den Historiker Peter Huemer ist er die »umstrittenste Persönlichkeit« in der österreichischen Geschichte des 20. Jahrhunderts.[26]

Den von Linken geprägten Begriff »Austrofaschismus« lehnen die Konservativen noch immer ab. Übereinstimmung herrscht inzwischen darüber, dass Dollfuß und Schuschnigg die Demokratie abschafften. Als neutrale Bezeichnung bot der bürgerliche Historiker Helmut Wohnout dafür den Begriff »Kanzlerdiktatur« an.[27]

1934 habe Schuschnigg in seiner von Mussolini gestützten Machtposition kaum Grund gesehen, seine schmale politische Basis zu vergrößern, vermutet der US-Historiker Evan Burr Bukey. Doch unter den Beratern des neuen Kanzlers, darunter wohl auch Hans Becker, war bereits kurz nach dem Dollfuß Attentat die »Idee einer Volksbefragung« über die Unabhängigkeit des Landes aufgetaucht, schrieb der VF-Funktionär Guido Zernatto in seinen Erinnerungen.[28] Schuschnigg habe erwidert, dass noch zu wenig Zeit vergangen sei, um die Sozialdemokraten zum Mitmachen zu gewinnen.

Er stemmte sich aber auch später gegen solche Initiativen, um die »Deutschen nicht zu reizen«, schrieb Zernatto. So wurden die Unterstützer Schuschniggs »niemals eine Massenbewegung«, wie der Historiker Gerhard Jagschitz feststellte. »Sie beschränkte sich auf eine eng umgrenzte Schicht von Großkapital, Groß- und Mittelbauern sowie Klein- und Mittelbürgern, und es gelang ihr niemals, wie dem Faschismus in Italien und dem Nationalsozialismus im Deutschen Reich, der Einbruch in die Arbeiterschaft«.[29]

Statt politische Konzessionen zu machen, wurde die Propaganda für den »Ständestaat« verstärkt. In einer Zwischenbilanz von 1935 werden für dieses Jahr 6.000 Versammlungen genannt. Beckers Werbedienst und der regierungsamtliche Heimatdienst hätten Werbemittel in einer Auflage von zwölf Millionen Stück produziert, vor allem Plakate und Wandzeitungen. Dazu kamen Rundfunkreden von Politikern und die »Kino-Wochenschau«, ein neu aufgebauter Fotodienst, Flugblätter und Broschüren.[30] Für Funktionäre gab es 100.000 Stück »Instruktionsbehelfe«, die auch Anleitungen zur Flüsterpropaganda enthielten. Diese war preisgünstiger als die klassischen Werbemittel, bei denen die auf Österreich ausgerichtete »reichsdeutsche« Propaganda die einheimische weiterhin übertrumpfte. So tauchten deutsche Flugzeuge über österreichischen Städten auf und warfen massenhaft Flugblätter ab.

Die österreichischen Propagandisten stießen aber nicht nur finanziell, sondern auch bei der Suche nach geeigneten Mitarbeitern an ihre Grenzen. »Wir haben die nationalsozialistische, die deutschnationale, die rote Intelligenz ausgeschaltet und haben Interesse, dass wir die jüdische Intelligenz nicht so aufkommen lassen«, sagte Heimatdienst-Chef Walter Adam im Ministerrat.[31] Und: »Es ist schwer in Wien einen geschickten Journalisten zu finden, der nicht Jude ist.«

Antisemitismus im Ministerrat? Als früherer Journalist der christlichsozialen »Reichspost« stand Walter Adam in der üblen antisemitischen Tradition, die auf Karl Lueger, den Wiener Bürgermeister von

1897 bis 1910, zurückgeht. Im Ersten Weltkrieg und danach waren Zehntausende weitere Jüdinnen und Juden aus Galizien (heute Südpolen und West-Ukraine) und der südöstlich davon gelegenen Bukowina (Hauptort: Czernowitz) nach Österreich geflüchtet, fast ausschließlich nach Wien und da wiederum vor allem in den Zweiten Bezirk, die Leopoldstadt. »1923 zählte die jüdische Gemeinde Wiens mit über 201.000 Personen oder 10,8 Prozent den jemals erreichten höchsten Anteil an der Wiener Gesamtbevölkerung«, heißt es in einer Forschungsarbeit von Pablo Rudich.[32] Wegen zunehmender antisemitischer Hetze »deutschnationaler und christlichsozialer Gesinnung« begann sich aber bald danach »eine Abwanderung abzuzeichnen«.

Bereits 1920 hatte der Christlichsoziale Leopold Kunschak im Parlament eine antisemitische Hassrede gegen die »Ostjuden« gehalten, die er als »Eiterbeule am Körper unseres Volkslebens« bezeichnete. Sie seien wie ein »Heuschreck«, der das Land »kahlfressen« wolle.[33] Kein Wunder, dass viele jüdische Flüchtlinge nach Nord- und Südamerika sowie auch nach Palästina weiterzogen.

Der in Wien verbliebene Teil integrierte sich »rasch in die allgemeine jüdische Gemeinde oder assimilierte sich bereits an die österreichische Gesellschaft und Kultur« schreibt Rudich. Wien wurde zu einer »Assimilationsmaschine«. Viele Jüdinnen und Juden widmeten sich ihrer Religion nur noch an hohen Feiertagen, gingen Mischehen ein oder ließen sich taufen. Gleichzeitig kamen viele Assimilierte zur Ansicht, dass »strenggläubige Ostjuden den allgemein wachsenden Antisemitismus in der Stadt verstärken« würden.

So scheint es auch in der Familie Becker gewesen zu sein. Neffe Alois erinnert sich an einen Ausspruch seiner Tante Annie: »Die Juden, die aus dem Osten kommen, die machen in Wien den ganzen Antisemitismus aus.«[34]

Harte Antisemitinnen und Antisemiten rührten solche Abgrenzungsversuche nicht. Ernst Rüdiger Starhemberg entwarf als

Heimwehrführer 1930 das »Endziel« seiner Bewegung: Den »freien Volksstaat«, in dem »jeder Volksgenosse das Recht auf Arbeit und Brot hat«. Und: »Mit dem Volk meine ich nicht jene fremden, plattfüßigen Parasiten aus dem Osten, die uns ausbeuten.«[35] Nach Dollfuß' Tod im Juli 1934 wurde Starhemberg zum »Führer« der »Vaterländischen Front« und damit Hans Beckers oberster Vorgesetzter.

Trotz solcher Tiraden betonen selbst scharfe Kritiker des Austrofaschismus wie der Politologe Emmerich Tálos den großen Unterschied zum Antisemitismus der Nazis: »Die Judenfeindschaft im Austrofaschismus unterscheidet sich wesentlich von der offen deklarierten, rassistisch begründeten Politik der radikalen Ausgrenzung« und der offenen Gewalt »gegen Juden und deren Vernichtung im Nationalsozialismus.« Die Mai-Verfassung von 1934 räumte Jüdinnen und Juden gleiche Rechte ein, schreibt Tálos. Es wurden auch keine Gesetze erlassen, die »direkt gegen Juden gerichtet waren«.

Dass Engelbert Dollfuß zumindest in seiner Jugend ein scharfer Antisemit war, steht außer Frage. Als Studentenfunktionär stellte er 1920 auf einer gesamtdeutschen Versammlung katholischer Verbindungen den Antrag, wonach »die ›deutsch-arische Abstammung, nachweisbar bis auf die Großeltern‹ als Aufnahmebedingung in den Cartellverband gelten solle.« Dies schreibt der Historiker Helmut Wohnout, der auch von Auftritten Dollfuß' als »Redner im Rahmen des Antisemitenbundes« berichtet.[36]

Allerdings sei von ihm während seiner Zeit als Bundeskanzler »keine Aktivität oder Äußerung bekannt, die als antisemitisch interpretiert werden könnte«, so Wohnout. Dollfuß habe die Linie der Monarchie fortsetzen wollen, in der es volle staatsbürgerliche Rechte für Jüdinnen und Juden gab. »Doch wusste er, genauso wie nach ihm Schuschnigg, um die starken antijüdischen Ressentiments gerade innerhalb des Politischen Katholizismus«, schreibt Wohnout. Beide Kanzler hätten versucht, die »jüdische Frage« aus der Tagespolitik herauszuhalten. Für das Schweigen zum Antisemitismus sieht

Wohnout vier Gründe: »Man erhoffte sich dadurch, erstens den Nationalsozialisten den Wind aus den Segeln zu nehmen, zweitens die eigene katholische Klientel nicht vor den Kopf zu stoßen, drittens die jüdische Bevölkerung, die sich angesichts der nationalsozialistischen Bedrohung hinter die Regierung stellte, weiter bei der Stange zu halten. Zudem hatte man, last but not least, auch international keine Schwierigkeiten zu befürchten.«

Bei der Sorge um den Ruf im Ausland ging es auch um den immer wichtigen Fremdenverkehr. Österreich habe »ein lebhaftes Interesse, ein zahlungskräftiges Reisepublikum ins Land zu bekommen« und könne schon deswegen den »reichsdeutschen Antisemitismus nicht nachahmen«, erklärte ein Vertreter des Handelsministeriums in einer internen Regierungssitzung.[37] Außerdem hätten die Regierung, der Heimatschutz und die »Vaterländische Front« »Zuwendungen von Juden erhalten«.

Viele Jüdinnen und Juden sahen den »Ständestaat« eher positiv, »da man erwartete, sich mit dem geringeren Übel arrangieren zu können und sich Schutz vor dem Nationalsozialismus versprach«, wie es in einer Forschungsarbeit von Daniel Mähr heißt.[38] Skeptischer zeigte sich Sigmund Freud in einem 1934 verfassten Brief: »Die Zukunft ist ungewiss, entweder ein österreichischer Fascismus oder das Hakenkreuz. Im letzteren Falle müssen wir weg; vom heimischen Fascismus wollen wir uns allerlei gefallen lassen, da er uns kaum so schlecht behandeln wird wie sein deutscher Vetter.«[39]

Zu den Dingen, die man sich vom »heimischen Fascismus« gefallen lassen musste, gehörte offen oder versteckt antisemitische Propaganda untergeordneter Stellen. In einem Flugblatt mit dem Titel »Arbeiter! Volksgenossen! Landsleute!« heißt es: »In den weitesten Kreisen der Arbeiterschaft zeigte sich erfreuliche Bereitwilligkeit, dem Appell des Bundeskanzlers« zur Mitarbeit im »Ständestaat« zu folgen. »Aber da erschienen auch schon wieder die alten Arbeiterverführer und verblendeten Fanatiker« und trieben die Arbeiter in einen

»ganz aussichtslosen Kampf«, während die »Haupthetzer ihre eigene Haut durch schleunige Flucht in Sicherheit« gebracht hätten.[40]

Die Vorstellung von den an sich gutwilligen Arbeiterinnen und Arbeiter, die von »Verführern« aufgehetzt worden seien, vertrat auch Hans Becker in seinen eigenen Texten. Doch die unbekannten Autoren des Flugblatts betonen zudem, dass diese Verführer »volksfremd« seien. »Sagt euch los von den internationalen Hetzern und Wühlern«, heißt es dort.

In den 1930er-Jahren waren die Jüdinnen und Juden in Österreich gleichzeitig dem offenen Judenhass ausgesetzt, den die illegale Nazi-Propaganda, aber auch hohe Vertreter der katholischen Kirche verbreiteten. Berüchtigt ist ein Hirtenbrief des Linzer Bischofs Johannes Maria Gföllner, in dem er – kurz vor Hitlers »Machtergreifung« – dem »radikalen Rasseantisemitismus« der Nationalsozialisten zunächst eine klare Absage erteilt. »Das jüdische Volk nur wegen seiner Abstammung verachten, hassen und verfolgen, ist unmenschlich und antichristlich; solche Pogrome hat die Kirche stets verurteilt und das jüdische Volk gegen ungerechten Hass in Schutz genommen.«[41]

Es folgt ein großes Aber: »Verschieden allerdings vom jüdischen Volkstum und der jüdischen Religion ist der jüdische internationale Weltgeist. Zweifellos üben viele gottentfremdete Juden einen überaus schädlichen Einfluss auf fast allen Gebieten des modernen Kulturlebens aus. Wirtschaft und Handel, Geschäft und Konkurrenz, Advokatur und Heilpraxis, soziale und politische Umwälzung sind vielfach durchsetzt und zersetzt von materialistischen und liberalen Grundsätzen, die vorwiegend vom Judentum stammen.« Und weiter: »Das entartete Judentum im Bunde mit der Weltfreimaurerei ist auch vorwiegend Träger des mammonistischen Kapitalismus und der vorwiegende Begründer und Apostel des Sozialismus und Kommunismus, der Vorboten und Schrittmacher des Bolschewismus.«

Für den Historiker Helmut Wohnout ist dieser Hirtenbrief ein Extremfall. Ein weiteres bischöfliches Rundschreiben vom Dezember 1933, das auch der Wiener Kardinal Theodor Innitzer unterzeichnete, rief zu Unterstützung des »Ständestaats« auf und verurteilte gleichzeitig den »nationalsozialistischen Rassenwahn«.

»Antisemitismus als solcher war aber für weite Teile des Politischen Katholizismus eine Selbstverständlichkeit. Die Zahl katholischer Geistlicher oder Laien, die Antisemitismus grundsätzlich verurteilten und öffentlich dagegen auftraten, blieb klein«, so Wohnout. Das Fazit des Historikers: »Der katholische Antisemitismus trug in den Jahren vor 1938 dazu bei, die Hemmschwelle für die Akzeptanz antisemitischer Maßnahmen zu senken.« Eine Differenzierung zwischen religiösem, wirtschaftlichem oder rassischem Antisemitismus »wurde von den meisten Menschen nicht wahrgenommen.«[42]

Als Beispiel für die fließenden Übergänge zitiert Wohnout den damals führenden Christlichsozialen Emmerich Czermak, ein Vorgänger Schuschniggs als Unterrichtsminister. Religiöse Menschen müssten »die Annahme der Taufe als ›Entréebillet‹, für Juden mit größter Entschiedenheit ablehnen.«[43] Czermak verlangte die Errichtung konfessioneller Schulen. Jüdischen Kindern sollte nur noch der Besuch jüdischer Schulen gestattet sein.

Solche Vorstellungen näherten sich 1934, als in Österreichs Schulen der verpflichtende Religionsunterricht eingeführt wurde, ansatzweise der Verwirklichung. »Als ich im September 1934 an das Wasa-Gymnasium im 9. Bezirk kam, musste ich auf Anordnung Schuschniggs eine ›Judenklasse‹ besuchen.« Das erzählte mir bei einer meiner Reisen nach Israel 1982 der damalige Chefredakteur der »Jerusalem Post«, Ari Rath (1925–2017). Die Trennung von den christlichen Schülern habe er eindeutig als Zurücksetzung empfunden, sagte der in Wien geborenen Rath, der 1938 als Kind vor den Nazis ins damalige Palästina flüchten konnte.[44]

Nach Protesten jüdischer Eltern und kritischen Presseberichten zu den »Schulghettos« wurden nur wenige weitere »Judenklassen« eingerichtet. Die von etlichen Historikerinnen und Historikern vertretene Überzeugung, es habe 1934 bis 1938 in Österreich keine Maßnahmen gegeben, die »direkt gegen Juden gerichtet waren« kommt damit allerdings ins Wanken. Völlig zerstört wird dieser Mythos, wenn es um die Personalpolitik an den Universitäten geht.

Erst vor wenigen Jahren hat der Wissenschaftspublizist Klaus Taschwer aufgedeckt, wie an der Wiener Universität Karrieren jüdischer oder als »links« eingestufter Wissenschafterinnen und Wissenschafter seit den 1920er-Jahren systematisch torpediert wurden. Zum einen arbeitete eine Gruppe von rechten Professoren daran, Habilitationen und Bestellungen solcher Kolleginnen und Kollegen zu verhindern.[45] Eine weitere einflussreiche Geheimgruppe war die von katholischen und deutschnationalen Studentenverbindungen gegründete »Deutsche Gemeinschaft«, der neben dem jungen Dollfuß auch der »Nationale« Arthur Seyß-Inquart angehörte, der 1938 auf Druck Hitlers kurze Zeit österreichischer Bundeskanzler war. Schriftführer dieser »antisemitischen Mafia« war der Bildungspolitiker Emmerich Czermak.[46]

Noch vor der »Ausschaltung des Parlaments« brach dieses rechtsrechte Bündnis auseinander. Bei den Studentenwahlen 1931, so schreibt Taschwer, »hatten die Hitler-Anhänger erstmals die katholischen Gruppen überflügelt.« Aggressive Rechtsradikale, die Jüdinnen und Juden sowie Linke an der Uni seit Jahren drangsalierten, gingen nun auch auf katholische Studierende los. Ab 1933 versuchte Dollfuß, die Schlägereien, bei denen es Dutzende Verletzte gab, durch Polizeieinsätze zu stoppen. Auch in die Besetzung von Posten und die Zwangspensionierung missliebiger Professorinnen und Professoren mischte sich der Staat ein.

Fünfzig Professorenstellen wurden laut Taschwer gestrichen. Es traf vor allem »nationalsozialistische Lehrende«, aber auch Menschen jüdischer Herkunft und Linke. Viele emigrierten. Dazu gehörten neben dem in die USA ausgewanderten Soziologen Paul Lazarsfeld die Sozialpsychologin Marie Jahoda und der Ökonom Otto Neurath, die beide nach England flüchteten. Der Philosoph Karl Popper, der später mit seinem Werk »Die offene Gesellschaft und ihre Feinde« weltberühmt wurde, ging zunächst nach Neuseeland.

Ins Ausland vertrieben wurde 1933 auch der international renommierte Anatom Julius Tandler.[47] Er wirkte bis zu seinem Tod 1936 im Rahmen des Völkerbunds als Berater, unter anderem für China und die Sowjetunion. Vor Tandlers Emigration war sein Wiener Institut Schauplatz besonders heftiger Gewaltausbrüche gewesen. »Am 17. März 1933 stürmten vierzig nationalsozialistische Studenten, die mit Stahlruten, Gummiknüppeln, Sesselbeinen und Lederriemen ausgerüstet waren, das Institut und verletzten neben etlichen Studierenden auch zwei Assistenten Tandlers sowie einen Laboranten.«[48]

Ein »grandioses literarisches Zeugnis« zur willkürlichen Besetzungspolitik an den Unis entdeckte Taschwer in Franz Werfels Novelle »Eine blassblaue Frauenschrift«, die 1941 im Exil veröffentlicht wurde, aber im Wien der 1930er-Jahre spielt. In einer Nebenhandlung ist der hohe Beamte Leonidas Tachezy im Unterrichtsministerium an der Berufung eines neuen Ordinarius für Innere Medizin beteiligt. Seine Kollegen ziehen einen unbekannten Provinzler vor, obwohl sich auch ein fiktiver Medizin-Nobelpreisträger, achtfacher Ehrendoktor und sogar vom Londoner Buckingham-Palast um Rat gebetener Herzspezialist beworben hat: Der bereits 67-jährige Alexander Bloch, der ja »eigentlich«, wie es in der Berufskommission sofort heißt, den jüdischen Vornamen Abraham trägt. Leonidas Tachezy kann sich eine gallige Bemerkung nicht verkneifen: »Jawohl, meine Herren! Früher war er zu jung für ein Ordinariat. Jetzt ist er zu alt. Und zwischendurch hatte er das Pech, Abraham Bloch zu heißen.«[49]

Zu dieser Geschichte habe Werfel das Geschehen rund um Tandlers Abgang inspiriert, schreibt Klaus Taschwer. Der Anatom sei zudem mit Alma Mahler-Werfel »gut befreundet« gewesen. Hier ergibt sich ein Berührungspunkt mit Hans Becker, der mit seiner Frau Annie ja auch Almas Salon frequentierte. Vor wenigen Jahren kam eine weitere, überraschende Gemeinsamkeit ans Licht: Wie der Sozialdemokrat Tandler so gehörte auch der vaterländische Propagandist Becker den Freimaurern an.

– 10 –
VATERLÄNDISCHER FREIMAURER

Bereits im September 1928 hatte Hans Becker ein »Ansuchen« um Aufnahme in die Wiener »Loge Zukunft« abgeschickt, in dem er sich als Bauingenieur mit Erfahrungen in Südamerika vorstellte. »Außerdem betätige ich mich seit Jahren als Kunstmaler, sowie schriftstellerisch«, heißt es in dem Schreiben.[1]

Beckers Begründung: »Es ist seit Langem mein Wunsch, in den Reihen der Brüderschaft, deren Principien (sic!) und Ideale mir bekannt sind, Aufnahme zu finden, besonders da die wenigen Menschen, deren mir wertvolle Freundschaft ich auf Grund geistiger und seelischer Übereinstimmung fand, fast ausnahmslos Brüder waren. In den Jahren meines Aufenthalts in Südamerika war mir ein Ersuchen um Aufnahme dadurch unmöglich gemacht, dass mein Beruf mich bis auf die Urlaubszeiten hunderte von Meilen außerhalb jeglicher Kulturgemeinschaft ständig festhielt. Gerade in dieser Umgebung lernte ich erkennen, was Güte, gepaart mit Vernunft und Energie, auszurichten vermag und wie notwendig es ist, mit guten Intentionen nicht allein umherzulaufen, sondern sich einer Gemeinschaft anzuschließen, deren ethisches Ziel dem eigenen entspricht.«

Als einen der »wertvollen Freunde«, die selbst Freimaurer waren, hat Christian Feest Beckers Kriegskameraden Hermann Schefter identifiziert, der bereits seit 1926 Mitglied der »Zukunft« war. Er könnte seinen Freund in die Loge »eingeführt haben«.[2] Freimaurer werden ihm aber auch in den Städten Südamerikas begegnet sein, wo viele liberale Künstler und Intellektuelle zur »Masonería« tendierten.

Am 24. März 1929 wurde Hans Becker tatsächlich in die Wiener Loge »Zukunft« aufgenommen. Als persönlicher Bürge, der nach den Regeln der Freimaurer für die Eignung eines Bewerbers einsteht, trat der Vorsitzende der Loge selbst auf: Viktor Hammerschlag, Universitätsprofessor für Ohrenheilkunde und sozialdemokratischer Gemeinderat.[3]

Hammerschlag, 1870 in Wien geboren, war schon 1913 als aufstrebender HNO-Arzt den Freimaurern beigetreten. Ab den 1920er-Jahren agierte er als »Meister vom Stuhl« seiner Loge – ein an das englische Wort »Chairman« angelehnter Freimaurer-Begriff. Wie Julius Tandler, sein Professorenkollege an der Medizinischen Fakultät der Uni Wien, verkörperte Hammerschlag das Wesen der Freimaurerei in Österreich.

Der Aufklärung und Esoterik verbindende Männerbund, der auf die mittelalterlichen Dombauhütten zurückgeht, organisierte sich im frühen 18. Jahrhundert nach englischem Vorbild europaweit in Logen. Die katholische Kirche verurteilte die Freimaurer, nach deren Vorstellung der Schöpfergott sich nicht in die von den Menschen gestaltete Welt einmischt, als gefährliche Häretiker. Den Herrscherhäusern galten sie als Aufrührer, die man dann auch für die Französische Revolution verantwortlich machte. Tatsächlich vertraten die Freimaurer wie die Revolutionäre die Ideale Freiheit, Gleichheit und Brüderlichkeit, betonten aber im Gegensatz zu diesen die Toleranz.

Das waren die »Principien«, die Becker in den 1920er-Jahren beeindruckten. In der ausgehenden Monarchie bot die nach innen egalitäre Freimaurerei Bildungsbürgern und Geschäftsleuten, auch jüdischen, die Möglichkeit, abseits des hohen Adels eine neue gesellschaftliche Elite zu bilden. Nach 1918 war die Wiener Großloge, ein Dachverband, zu dem auch die »Zukunft« gehörte, »pazifistisch und sozialreformerisch geprägt«, schreibt der Historiker Marcus Patka.[4]

Radikale Sozialisten blieben den Freimaurern eher fern, zu bürgerlich-liberal ging es ihnen dort zu. Der Großteil der Mitglieder »rekrutierte sich aus Vertretern des Wirtschaftslebens, der Ärzteschaft, der Jurisprudenz und Künstlern«, schreibt Patka. Unter den Künstlern waren der Schriftsteller Felix Salten, der Kabarettist Fritz Grünbaum und der Opernsänger Leo Slezak. Dazu kamen zahlreiche Journalisten und einige Wissenschafter, wie etwa der Biologe Paul Kammerer, der auch ein glühender Verehrer Alma Mahlers war.

Starke Sympathien hatten die Logenbrüder für den aus der Freimaurerei kommenden Denker Richard Coudenhove-Kalergi, der Europa dauerhaft und friedlich vereinen wollte. Der schroffe Gegensatz zum vorherrschenden Nationalismus machte den internationalen Männerbund, der seine Mitglieder geheim zu halten versuchte, für viele zum Feindbild.

Schon im Ersten Weltkrieg wurden die Freimaurer Österreich-Ungarns »als Landesverräter« attackiert. Die »Speerspitze der katholischen Angriffe« habe die Tageszeitung »Reichspost« gebildet. »Es wurde sogar das Gerücht verbreitet, die Ermordung des österreichischen Thronfolgers Franz Ferdinand 1914 in Sarajevo wäre das Werk serbischer und französischer Freimaurer«.[5] Noch in den 1930er-Jahren mussten sich Freimaurer gegen diese Verleumdung wehren.

Heftiger wurden die Angriffe mit dem Aufkommen des Nationalsozialismus. Für ihn »gerieten verschiedene Gruppierungen, wie Juden, Jesuiten, Kommunisten, Sozialisten und Freimaurer in die Schusslinie, weil sie weltweit Vernetzungen aufgebaut hatten und als überstaatliche Mächte angesehen wurden«, wie der Historiker Helmut Reinalter schreibt.[6] Ein früher Austro-Nazi bezeichnete die Freimaurerei schon in den 1920er-Jahren als »Todfeind des nationalen Gedankens.«[7]

In Hitlerdeutschland wurden die Logen 1934 verboten. Ihre Auflösung war »von Plünderungen, Verhöhnungen, Deportationen, Folterungen und sogar vereinzelt von Morden begleitet«.[8] In Österreich wurde die Freimaurerei unter Engelbert Dollfuß zwar nicht gänzlich untersagt, aber eingeschränkt und die Mitglieder drangsaliert.

Justizminister Kurt Schuschnigg wetterte bereits 1933 in einer Versammlung »katholischer Jungmänner« gegen »die volkstumsfeindlichen und daher kulturzerstörenden Tendenzen, die unter der Flagge internationaler Humanität und Zivilisation das Netz der Freimaurerei gesponnen haben, unter dem alle Kanäle fließen, die letzten Endes in der Gottesleugnung münden.«[9]

Auf Versammlungen der Logenbrüder tauchten nun Polizisten auf und verlangten »Präsenzlisten«. Die Angst vor Bloßstellung und Verfolgung brachte etliche Mitglieder dazu, ihre Loge um »Deckung« zu ersuchen, was die Zustimmung zum Austritt bedeutete. Beamten des Ständestaats war die Mitgliedschaft in einer Loge ausdrücklich verboten. Das betraf auch Beckers Bürgen, den besonders aktiven Logenmeister Viktor Hammerschlag, als Universitätsprofessor ein Beamter, der bis dahin sogar öffentliche Vorträge über die »Pflichten des Freimaurers« gehalten hatte. Er trat 1934 aus.*

Die Großloge von Wien verlor damals etwa ein Drittel ihrer 2.000 Brüder. Den Austritt vollzog im Gegensatz zu Becker auch dessen Arbeitskollege Alfred Hortwig, der den Informationsdienst der »Vaterländischen Front« leitete und jüdisch war. Das Faktum, dass – anders als in Deutschland – die Mitglieder der österreichischen Logen zu drei Viertel aus jüdischen Familien kamen, ließ die Nazi-Propagandisten aus allen Rohren schießen. 1934 brachte die illegale Wiener Ausgabe des Naziblatts »Der Stürmer« eine »Reihe von antimasonischen Artikeln« um »Druck auf den Ständestaat auszuüben«, die Freimaurerei wie in Deutschland ganz zu verbieten, so Patka. Dass es dazu nicht kam, rechnet der Historiker vor allem »dem Auftreten des in der Wiener Gesellschaft weithin angesehenen Großmeisters Richard Schlesinger« an, der überzeugend darlegte, dass »die Freimaurerei eine wohltätige und nützliche Einrichtung sei«.

Tatsächlich unterstützten die Logenbrüder mit ihren Spenden etliche wohltätige Vereine von der Blindenhilfe über die Lebensmüdenberatung bis zur Rettungsgesellschaft der Barmherzigen Brüder.

---

* Mit seinem Pensionsantritt 1936 kehrte Hammerschlag allerdings in die Loge zurück. 1942 wurden er und seine Frau Hedwig ins KZ Theresienstadt deportiert und im Jahr darauf ermordet. Ein Sohn konnte nach Argentinien flüchten. Der zweite, der Kabarettist Peter Hammerschlag (»Ungarische Schöpfungsgeschichte«), kam mit 40 Jahren 1942 in Auschwitz um. (Quellen: gedenkbuch.univie.ac.at; austria-forum.org)

Gefördert wurden auch die Liga für Menschenrechte, die Völkerbundliga und Coudenhove-Kalergis Paneuropa-Bewegung.

Es ist zwar kaum zu verstehen, was am Eintreten für ein gemeinsames und friedliches Europa so gefährlich sein soll, aber rechtsradikalen Verschwörungstheoretikern galten – und gelten bis heute – die Paneuropäer als besondere Feinde. Neonazis faseln seit einigen Jahren von einem »Kalergi-Plan«, dem EU-Politiker nach wie vor folgen würden, um die »Umvolkung« Europas voranzutreiben.

Richard Coudenhove-Kalergi, in Tokio als Sohn einer japanischen Kaufmannstochter und eines österreichischen Diplomaten geboren, ging davon aus, dass bei einem friedlichen Zusammenleben der Völker Multikulturalität und Mischehen normal sein werden. »Der Mensch der fernen Zukunft wird Mischling sein«, schrieb er 1922.[10] Verschwörungstheoretiker drehten seine Worte um und dichteten ihm den heimtückischen Plan an, er wolle die »weiße Rasse« durch Zuwanderung gezielt auslöschen.

In Zeiten des Internets geistert diese Wahnvorstellung noch überall herum. In dem 2018 erschienenen Buch »Middle England« des britischen Autors Jonathan Coe, der das Abdriften der Briten in einen von Verschwörungstheorien getriebenen Rechtspopulismus anschaulich macht, diskutieren seine Romanfiguren den »Kalergi-Plan« als Begründung für den »Brexit«, den Austritt aus der Europäischen Union.

In Nazideutschland war die Paneuropa-Bewegung strikt verboten. Richard Coudenhove-Kalergi überstand den Zweiten Weltkrieg erst in der Schweiz, dann in den USA und arbeitete dort mit Otto Habsburg zusammen. Otto wurde sein Nachfolger als Präsident der Paneuropaunion, deren Vorsitz auch nach seinem Tod 2011 in der Habsburger-Familie blieb. Von den Freimaurern hat man sich inzwischen längst distanziert.

In den 1930er-Jahren engagierten sich Wiener Freimaurer noch einmal für ein öffentlichkeitswirksames Projekt und übernahmen den Großteil der Kosten. Weil ihnen der deutsche Dichter Gotthold

Ephraim Lessing (1729–1781) speziell mit der »Ringparabel« in seinem Drama »Nathan der Weise« als herausragender Repräsentant des Toleranzgedankens galt, gaben sie ein Denkmal in Auftrag. Der Bildhauer und Freimaurer Siegfried Charoux, der als Karikaturist auch für die »Arbeiter-Zeitung« tätig war, gewann die Ausschreibung. 1932 war das Bronzedenkmal fertig. Aber erst 1935, mitten im »Ständestaat«, wurde die Lessing-Statue auf dem Wiener Judenplatz aufgestellt. Bei der Enthüllung am 15. Juni trat die Großloge von Wien »letztmalig in der Öffentlichkeit auf«.*

Zwischen den Toleranz-Ideen der Freimaurer und der Ideologie der Kanzler-Diktatur bestand jedenfalls ein schroffer Gegensatz. Für den Chronisten Norbert Kittler ist klar, dass ein Eintreten eines Logenbruders für den harten »Heimwehrfaschismus« sein »Gelöbnis verletzt« hätte. Aber auch der gemäßigtere Hans Becker »bereitete zunächst Enttäuschung«, als er vaterländischer »Werbeleiter« wurde.[11]

Auf die Frage, warum Becker – zwar kein Beamter, aber ein Angestellter des »Ständestaats« – bis zum Schluss in seiner Loge blieb, sieht Knittler zwei Möglichkeiten: Entweder »die Loge wollte ›einen Draht zur Regierung‹ haben« oder »die Regierung wollte ›einen Draht zu den Freimaurern‹ haben«. Das sei natürlich »reine Spekulation«. Gesichert sei, dass Becker »kein fanatischer Apparatschik des Austrofaschismus war« und ein »umfassendes Engagement gegen den Nationalsozialismus« nachweisen konnte. Später, durch sein Engagement im Widerstand, wurde Becker für den Freimaurer-Chronisten Knittler überhaupt »zu einer singulären Gestalt«.

---

* 1939 zerstörten die Nazis das Lessing-Denkmal und schmolzen es ein. Sein Schöpfer Siegfried Charoux emigrierte nach England und wurde später britischer Staatsbürger. In London schuf er für Wien einen neuen Bronze-Lessing, der 1968 – ein Jahr nach dem Tod des Bildhauers – unterhalb der Ruprechtskirche am Franz-Josefs-Kai aufgestellt wurde. Erst seit 1981 steht das Denkmal wieder auf dem Judenplatz. (Quellen: Kodek: »Zwischen erlaubt und verboten« und dasrotewien.at/Charoux)

– 11 –
WURZELN DES WIDERSTANDS

Im Sog des Weltgeschehens geriet Österreichs fragile Position Mitte der 1930er-Jahre immer mehr ins Wanken. Adolf Hitler versuchte mit Druck und Tricks weiterhin, das Alpenland »heim ins Reich« zu holen. Von der internationalen Gemeinschaft war kaum noch Unterstützung zu erwarten. Hans Becker, der Werbeleiter der »Vaterländischen Front«, verzweifelte fast an seiner Aufgabe und begann – noch mitten im »Ständestaat« – damit, Untergrundstrukturen gegen die Nazis aufzubauen.

Die »Hauptschuld« an der fatalen Entwicklung gab Becker in einem späteren Rückblick dem »Italien Mussolinis«. Seine imperiale Eroberungspolitik in Afrika habe dem Duce die Gegnerschaft Großbritanniens eingebracht. Dieser Konflikt, so Becker, »drängte Italien zum Paktieren mit Hitler und zum Verschachern Österreichs an das Dritte Reich«.[1]

Tatsächlich ordneten sich 1936 die Allianzen neu. Die Frontstellungen des drei Jahre später beginnenden Zweiten Weltkriegs zeichneten sich ab. Doch dass Österreich als Staat unter die Räder kam, lag auch an der eigenen Politik. Abgestützt hatte die Unabhängigkeit bis dahin der Völkerbund, ein Vorläufer der UNO, der Österreich mit hohen Krediten zu sehr harten Konditionen aus der Hyperinflation gerettet hatte.

Den zweiten Stützpfeiler hoffte Österreichs Regime in den Westmächten Großbritannien und Frankreich zu besitzen. Die dritte und wichtigste Stütze bildete das Italien Mussolinis, auf dessen auch militärische Hilfe schon Dollfuß gesetzt hatte. In den »Römer Protokollen« unterzeichnete er zusammen mit Ungarn ein Abkommen, das auch eine gemeinsam abgestimmte Außenpolitik vorsah.

Mit Reisediplomatie versuchte Kurt Schuschnigg bald nach seinem Amtsantritt 1934 diese Verbindungen zu erneuern, obwohl

Österreichs Demokratie nun in Trümmern lag. Im September sprach er in Genf vor dem Völkerbund und gewann den Eindruck, dass die österreichische Unabhängigkeit dort weiter unterstützt werde. Nächstes Ziel war Rom. Und Ende Februar 1935 reiste Schuschnigg nach Paris und London.

Begleitet wurde der Kanzler jeweils von Außenminister Egon Berger (Freiherr von) Waldenegg, nach eigenen Angaben ein »Monarchist und Legitimist«. Berger-Waldenegg war auch Heimwehrführer, dem »eine möglichst enge Anlehnung an das faschistische Italien besonders wichtig« war, wie es in einer Forschungsarbeit zu dem Thema heißt.[2] Kanzler Schuschnigg wollte zudem die Beziehungen zu Paris und London verbessern.

Doch in Paris gab es Proteste gegen Schuschnigg, der in der Linken als »Arbeitermörder« galt. In London schrieb der »Daily Herald«, eine der Labour Party nahestehende Zeitung, dass Schuschniggs Regierung Demokratie und Bürgerrechte unterdrücke. Solch ein Mann könne dem Volk kein willkommener Gast sein. Die schwachen Regierungen der besuchten Länder empfingen Schuschnigg, aber sie blieben unverbindlich.

Die österreichischen Zeitungen feierten die Reise pflichtgemäß als Erfolg. Außenminister Berger-Waldenegg gab in seinen Memoiren zu, dass die Aktion gegen Hitlers Annexionspläne nur »geringen Wert« hatte.[3] Wenige Monate später war auch dieser Goodwill verspielt.

Im Oktober 1935 ließ Mussolini seine Truppen im afrikanischen Kaiserreich Abessinien (dem heutigen Äthiopien) einmarschieren. Schon lang hatte Italien das mit Reichtümern wie Gold, Platin und Kaffee lockende Land im Nordosten Afrikas erobern wollen, um zur Kolonialmacht zu werden. Der Feldzug wurde zu einem »Experimentierfeld der Gewalt«, wie ihn eine Studie nennt. Die italienische Armee setzte Giftgas ein und attackierte die Zivilbevölkerung. Die »flächendeckenden Luftwaffeneinsätze, die im Zweiten

Weltkrieg zum Standard werden sollten, wurden hier zum ersten Mal durchgeführt«[4].

Die Briten verlegten zur Warnung Italiens ihre Flotte ins Mittelmeer. Der Völkerbund, aus dem Deutschland schon 1933 ausgetreten war, verurteilte den Einmarsch der Italiener als »Aggression« und verhängte – nicht sehr harte – Wirtschaftssanktionen. Nur drei Länder machten zum Ärger der Westmächte nicht mit: Albanien, Ungarn und Österreich. Dieses Verhalten »trug zur internationalen Isolation« Österreichs bei, heißt es dazu bei Emmerich Tálos.[5]

Die »Wiener Zeitung« verteidigte am 5. Oktober dagegen den italienischen Angriff: Mussolini wolle in Afrika lediglich alte Rechnungen begleichen. Für Sanktionen eintretende »Scharfmacher« dürften nicht rechtbehalten, denn »der europäische Friede ist und bleibt wertvoller als ein schwarzer Kriegerhaufen.« In ähnlich respektlosem Tonfall reagierte der Informationsdienst der »Vaterländischen Front«, als die Exil-»Arbeiter-Zeitung« die Haltung der Regierung zu Abessinien mit Aufträgen an die »österreichische Kriegsindustrie« in Zusammenhang brachte: Die Souveränität »primitiver Stämme« zu achten, hieße, »den Pazifismus zu weit zu treiben«. Und: »Aus purem Humanitätsdusel« den österreichischen Arbeitern Beschäftigungsmöglichkeiten zu nehmen, sei »Selbstmord«.[6]

Als sich Italien am 9. Mai 1936 zum Sieger über Abessinien erklärte, gehörte Österreich zu den ersten, die diese Annexion offiziell anerkannten. Doch in Wahrheit hatten die italienischen Truppen gar nicht gesiegt, sondern nur einen Teil des Landes unter ihre Kontrolle gebracht. Sie wurden in einen zermürbenden Guerillakonflikt gezogen. Waffen an die Aufständischen schickte – heimlich, aber doch so, dass es Mussolini merkte – ausgerechnet Adolf Hitler. Der Duce, der bis dahin eine Unterordnung unter Nazideutschland verweigert hatte, zog daraus seine Lehren und unternahm einen radikalen Schwenk. Als Hitler 1936 völkerrechtswidrig im entmilitarisierten Rheinland einmarschierte, nahm Mussolini bereits für Deutschland

Partei. Und Österreich könne nun ruhig ein deutscher »Satellit« werden, ließ er Hitlers Diplomaten wissen.[7]

Die Umsetzung dieser Idee begann sofort. Franz von Papen, eben noch Hitlers Steigbügelhalter in Berlin, bot als persönlicher Botschafter des »Führers« Schuschnigg Gespräche zur »Normalisierung« der Beziehungen an, die in Wahrheit auf einen schleichenden Anschluss Österreichs an das Deutsche Reich hinausliefen.

In Wien rutschte der Mussolini-Verehrer Ernst Rüdiger Starhemberg – unter Dollfuß noch die Nummer zwei des Regimes – politisch ins Abseits. Neben dem außenpolitischen Schwenk kosteten ihn Verwicklungen in einen gigantischen Finanzskandal die Macht.* Zu Schuschniggs engstem Berater stieg der Diplomat Guido Schmidt auf, einst sein Mitschüler im elitären Jesuitenkolleg »Stella Matutina« im Vorarlberger Feldkirch.

Der Kärntner Dichter Guido Zernatto rückte als neuer Generalsekretär der »Vaterländischen Front« und damit als Beckers Vorgesetzter ins Zentrum der politischen Bühne. In einem Hochverratsprozess, in dem 1947 ein Verantwortlicher für Österreichs Ausverkauf gesucht wurde, sagte Becker als Zeuge, Zernatto habe ihm bereits »im Juni 1936 eröffnet«, dass »Verhandlungen mit Deutschland vorgesehen seien«. »Der treibende und führende Faktor« dieser Gespräche sei Guido Schmidt gewesen, sagte Becker. Später keimte der Verdacht auf, dass Schmidt »unter Täuschung Schuschniggs« und »in Verfolgung persönlicher politischer Ziele« insgeheim den Nazis in die Hände gearbeitet habe.[8]

Im Sommer 1936 verliefen die Beratungen unter größter Geheimhaltung. »Nicht einmal die Mitglieder der Regierung waren in den Verlauf der Gespräche eingeweiht worden«, berichtet Ludwig

* Im März 1936 legte die europaweit aktive Phönix-Versicherung eine Milliardenpleite hin. Sie hatte ihre rasante Expansion mit unzureichender Kapitaldeckung betrieben und viele Mächtige geschmiert. »Fürst Starhemberg wurde vermutlich unter anderem mit Hilfe der Phönix saniert«, seine Heimwehr »wahrscheinlich durch Jahre mit hohen Summen unterstützt«, schreibt der Historiker Kurt Bauer in der »Presse«, 6. Mai 2006.

ld, ein weiterer Zeitzeuge. Am 11. Juli erfolgte die Unterzeichnung des Abkommens, das Schuschnigg in einer Radiorede »euphorisch als Beitrag zur Sicherung des europäischen Friedens bezeichnete«.[9] Deutschland garantiere nun, Österreich nicht zu annektieren. Beide Länder versprachen einander »Nichteinmischung« in die inneren Angelegenheiten. Dubios klang der dritte Punkt, in dem Schuschnigg versicherte, er werde in seiner Politik berücksichtigen, »dass Österreich sich als Deutscher Staat bekennt«.

Trotzdem wurde das Papier »als Befriedungsabkommen bejubelt«.[10] Aufkommende Gerüchte, es gäbe ein zusätzliches Geheimabkommen, nannte die vaterländische Propaganda »böswillige Märchen«. Es gab aber tatsächlich ein sechs Seiten langes und geheimes Begleitschreiben auf dem Briefpapier des deutschen Gesandten, das den Titel »Gentleman-Agreement« trug. Solch eine Vereinbarung (in korrektem Englisch wird es »Gentlemen's Agreement« geschrieben) ist zwar nicht rechtlich bindend. Wird sie nicht eingehalten, dann wäre aber auch das offizielle Abkommen samt Anerkennung der österreichischen Souveränität hinfällig.

Im Geheimpapier sagte Schuschnigg eine Amnestie für tausende inhaftierte Nazis zu wie auch die Aufnahme von österreichischen Nazifreunden in seine Regierung. Die Unterzeichner versprachen einander überdies, die Presse ihrer Länder so zu beeinflussen, dass die Berichterstattung für die andere Seite »nicht verletzend« wirkt.[11]

Die Umsetzung der Vereinbarung, die es offiziell gar nicht gab, begann sofort. Guido Schmidt wurde Staatssekretär, ebenso der Militärhistoriker Edmund Glaise Horstenau, der kurz davor Österreichs Lebensfähigkeit noch öffentlich angezweifelt hatte.*

* Edmund Glaise Horstenau erlebte nach dem »Anschluss« 1938 in Nazideutschland eine holprige Karriere. 1946 beging er Selbstmord. Guido Schmidt wurde 1945 verhaftet und des Hochverrats angeklagt. Hauptindiz war, dass ihn die Nazis mit einem Direktionsposten bei den Linzer Hermann-Göring-Werken belohnt hatten.

Hans Becker bekam den neuen Wind augenblicklich zu spüren. Noch am 11. Juli wurde er von der »Vaterländischen Front« aufgefordert, »die gesamten Pläne der Werbung aufgrund des nunmehrigen Vertrags umzustellen«, wie Becker später vor Gericht aussagte.[12]

Als »besonders verhängnisvoll« empfand es Becker, dass er kaum noch kritische Berichte über Hitlerdeutschland bringen konnte. Schon wegen jedes einzelnen »antinazistischen Flugblatts« gab es unter Berufung auf das Juliabkommen Proteste der deutschen Botschaft. Er habe sich damit beholfen, Publikationen in »illegaler Aufmachung«, also ohne Impressum und bekannten Titel, herzustellen. Heikle Informationen – »insbesondere Berichte über die KZ und die Wirtschaftslage in Deutschland« – wurden in geschlossenen Versammlungen »von Mund zu Mund« weitergegeben. Gleichzeitig hätten aber die Deutschen ihre Propaganda weiterhin mit 20-fachem Aufwand nach Österreich geblasen, sagte Becker 1947 vor Gericht.

In seinem schon 1946 erschienenen persönlichen Rechtfertigungsbericht schrieb Becker, dass er von Anfang an gegen das Juliabkommen gewesen sei, weil klar war, »dass bei der bekannten Hinterhältigkeit der Braunen dem kleinen Partner Österreich die Hände gebunden sein würden.« Und: »Die Abwehr musste damals bereits sozusagen illegal erfolgen.«[13]

Becker habe schon 1936 erwartet, dass Österreich bald von Deutschland besetzt werde, hörte von ihm auch Franz Pessler, sein Freund und Mitarbeiter in Tirol. »Wir müssen, so war seine Meinung, den Anschluss so lange als möglich hinausschieben.« Denn »nach dem Zusammenbruch Deutschlands, den Becker mit apodiktischer Sicherheit voraussah, werden wir umso besser abschneiden, je mehr wir uns gewehrt haben.«[14]

Laut Pessler hatte Becker eines der Hauptmotive für den Widerstand gegen den Nationalsozialismus also schon lang vor dem »Anschluss« formuliert. Im Tagesgeschäft der Propaganda musste er damals allerdings noch die angeblichen Erfolge österreichischen

Verhandlungsgeschicks feiern und Kritik an Nazideutschland diplomatisch verpacken.

Dabei ging ihm auch noch der Förderer verloren, der bis dahin seine schützende Hand über ihn gehalten hatte. Eduard Ludwig, seit den 1920er-Jahren Leiter des Bundespressedienstes, war als bekannter Hitlergegner in dieser exponierten Position nicht mehr tragbar. Ihm folgte der Heimatdienstchef Walter Adam nach, der nun den gesamten vaterländischen Medienapparat dirigierte. Ludwig wurde in den »Staatsrat« weggelobt (der bloß Empfehlungen für Schuschnigg formulierte), war Präsident der »Pressekammer« zur Disziplinierung von Journalisten und baute die wissenschaftliche »Zeitungskunde« auf.*

In der Zentrale der »Vaterländischen Front« blieb Fritz Bock – wie Becker ein Kritiker des Juliabkommens – sein engster Mitarbeiter. Bock hatte inzwischen sein Jusstudium mit einem Doktorat abgeschlossen, Becker studierte nebenher Völkerkunde, wenn auch noch ohne Abschluss. Als Bock Vater wurde, fungierte Becker als Taufpate für dessen Sohn Fritz. Beckers Ehefrau Annie war bald ebenfalls schwanger. Nach der Erinnerung ihres Neffen machte sie sich Sorgen, ob das Kind »jüdisch aussehen« würde.[15]

Im September 1936 wurde Sohn Johann Nikolaus geboren. Bei seiner Taufe in der Döblinger Pfarrkirche erschienen als Paten Hans Beckers Vorgesetzter, der »Frontführer« Guido Zernatto, sowie Fanny Starhemberg, die »Frauenführerin« der »Vaterländischen Front« und Mutter des früheren Heimwehrchefs Ernst Rüdiger. Mit ihrer

* Eduard Ludwig kam von 1938 bis 1942 ins KZ Dachau und in weitere Lager. Nach 1945 wurde er ÖVP-Abgeordneter und war bis 1958 Leiter des Instituts für Zeitungswissenschaft an der Universität Wien. Der Historiker Oliver Rathkolb schreibt in einem Nachruf auf Hugo Portisch in der Zeitschrift Falter 14/2021, dass der Jahrhundertjournalist Portisch als Publizistikstudent in den frühen 1950er-Jahren »schwer irritiert war«, als Professor Ludwig seinen Hörern einschärfte, wichtigste Aufgabe von Journalisten sei es, »stets die Staatsräson zu vertreten«.

Teilnehme betonten die hochrangigen Funktionäre »Beckers Stellung in der Hierarchie des Ständestaats«, wie Christian Feest schreibt.[16]

Unabhängig von solchen Ehrungen scheint Beckers Ehefrau Annie allerdings nicht rundum glücklich gewesen zu sein. Wenige Monate später schrieb die früher berühmte Tänzerin an die Freundin Luzi Korngold: »Ich bin hier bereits ganz ranzig geworden. Es geht uns soweit ganz gut. Hans hat viel Ärger, viel Arbeit, wenig Geld. Das ewig alte Lied. Ich bin dick und fett, dementsprechend grantig und vom Kinderhüten bereits nervös und unausstehlich.«[17] Im Falle Annie Beckers dürfte es sich nicht nur um einen Baby Blues gehandelt haben. Vielleicht zeichnete sich hier schon das bevorstehende Scheitern der Ehe ab.

– 12 –
REFERENDUM FÜR ÖSTERREICH

Das Ehepaar Becker lebte in einer Umgebung, in der sich kaum vereinbare Elemente wild miteinander vermischten. Auf der einen Seite waren da das liberale Großbürgertum und die Welt der modernen Kunst, in der sie sich bewegten. Auf der anderen die erzkatholische und bodenständige Volkskultur, das ganze faschistoide Konstrukt des »Ständestaats« mit seinen Aufmärschen Uniformierter und dem Fahnengeschwenke. Dabei hatte Hans Becker bei den Freimaurern Menschen völlig anderer Weltanschauung, auch Sozialdemokraten, näher kennen und wohl auch menschlich schätzen gelernt.

Als Propagandaleiter der »Vaterländischen Front« vertrat Becker dagegen ein System, in dem führende Beamte einen antimodernen und antisemitischen Kulturkampf anstachelten. Nach dem Aufstieg Guido Schmidts kam im Jänner 1937 etwa auch dessen Vorarlberger Jugendfreund Wilhelm Wolf (1897–1939) ins Kanzleramt und in den Bundespressedienst. Als Kulturpolitiker machte Wolf, zu dessen Kreis auch der Nachkriegs-Bundeskanzler Josef Klaus gehörte, »die Moderne« für den Verfall der Ordnung verantwortlich. Ausgelebt habe sich diese Moderne schon bei »Schnitzler, dem Volljuden«, aber auch bei anderen literarischen Größen der Zeit von Peter Altenberg über Felix Salten bis zu Stefan Zweig, schrieb Wolf in einer Abrechnung mit dem Zeitgeist. Sie stellten »unter Beweis, wie ein fremder Geist sich zu dieser formalen, im Kern aber kranken, müden, ja faulen Kunst gezogen fühlte«. Und: »Schnitzler hat diesen ›Reigen‹ angeführt, Schnitzler, in seinem Pansexualismus in nichts hinter Sigmund Freud, dem Sexualfanatiker, zurückstehend.«[1]

Von Becker sind zur Kulturpolitik, die schon damals auch Rundfunkpolitik war, keine Äußerungen erhalten. Wohl aber gibt es eine schriftliche Forderung, wonach »der Rundfunk in größerem Maße als bisher zu propagandistischen Zwecken herangezogen« werden soll.[2] Vor allem drängte er darauf, im Radio häufiger Vorträge und Übertragungen der »Vaterländischen Front« zu bringen.

In seiner eigenen Werbeabteilung verstärkte er die Schulungsarbeit und hielt weitere Rednerkurse für Funktionäre ab. Dabei war Becker selbst »kein zündender Redner«, wie sein Freund Fritz Bock einmal einräumte: »Er hat halt wie ein Intelligenzler gesprochen – immer auch ein bisschen dozierend.«[3]

Gemäß Beckers Doktrin, die Propaganda nach innen von jener nach außen zu trennen, führte seine Abteilung 1937 in Österreichs Bezirken hunderte »Wunschversammlungen« durch, deren Teilnehmerinnen und Teilnehmer als Ersatz für echte politische Partizipation dort ihre Anliegen vorbringen konnten. Neben allzeit beliebten Forderungen wie der nach Steuersenkungen kam in den Wunschversammlungen »der verbreitete Antisemitismus zum Ausdruck«. Speziell bei Tiroler Treffen sei »die Säuberung der Ravag von jüdischen Elementen« sowie die »Entfernung der jüdischen Schriftleiter« aus Zeitungen gefordert worden, hieß es in einer Zwischenbilanz der Versammlungen.[4]

Unmut herrschte dort auch über die Lage in Südtirol, das 1920 von Italien annektiert worden war. Für seinen mörderischen Angriffskrieg in Abessinien hatte Mussolini auch mehr als tausend Soldaten in Südtirol ausgehoben. Nazis keilten daraufhin unter den Südtirolern mit Verweis auf die Untätigkeit der Regierung in Wien neue Mitglieder.

Die »Wunschversammlungen« scheint Schuschnigg eher als Ventil für den Volkszorn betrachtet zu haben, in seinen programmatischen Reden herrschten in diesen Tagen ganz andere Themen vor. »Österreich kann leben, wenn es nur will«, das war das Hauptmotiv seiner Ansprachen, die er bei großen Treffen der »Vaterländischen Front« am 14. Februar in Wien und am 14. April in Eisenstadt hielt. Nach dem Kampf gegen die noch immer virulente Wirtschaftskrise kam er auf zwei akute Bedrohungen der Eigenstaatlichkeit

Österreichs zu sprechen. Zum einen durch die Legitimisten, die nun wieder verstärkt die Restauration der Habsburger forderten. Beobachtern war aber klar, dass eine Machtübergabe an Otto den sofortigen Einmarsch Hitlers nach sich ziehen würde. So sah dies auch Viktor Matejka, damals ein unbotmäßiger Volksbildner.[5] Schuschnigg fertigte die Legitimisten kurz ab: »Die monarchistische Propaganda hat sich in den innen- und außenpolitischen Rahmen des heutigen Österreichs einzufügen.«[6]

Schwieriger zu beherrschen waren die von Hitler aufgestachelten österreichischen Nazis, die weiterhin »heim ins Reich« wollten. Laufende Verfahren gegen fast 20.000 »Illegale« hatte Schuschnigg im Zuge der Amnestie bereits eingestellt. Jetzt verlangten sie das Recht auf politische Betätigung. Da die »Vaterländische Front« die einzige zugelassene politische Organisation war, musste sie in diesem Rahmen geschehen. Schuschnigg schien zu glauben, dass man die deutschnationale Elite – gebildete und einflussreiche Katholiken, die als Edelnazis einen Sonderplatz Österreichs in Großdeutschland anstrebten – politisch einbinden könnte. In diesem Sinn kündigte Schuschnigg im April in Eisenstadt die Einrichtung »volkspolitischer Referate« für die bisher »Abseitsstehenden« an und drohte braunen Rowdys gleichzeitig mit der Exekutive.[7]

In der »Wiener Zeitung« wechselten sich in diesen Wochen innenpolitische Aufmacher mit Schlagzeilen über »erbitterte Kämpfe um Madrid« im spanischen Bürgerkrieg ab. Was als Rebellion rechter Franco-Nationalisten gegen die gewählte Linksregierung der Republikaner begonnen hatte, wuchs sich zum blutigen Probelauf für die Kriegsmaschinerien Deutschlands und Sowjet-Russlands aus. An die 60.000 Antifaschisten aus vielen Ländern, darunter rund 1.500 aus Österreich, kämpften in den »Internationalen Brigaden« freiwillig aufseiten der Republik.

Österreich erlebte währenddessen die Vorphase eines weiteren eigenen Bürgerkriegs. Neben der Konfrontation auf der Straße gab es noch subtileren politischen Druck auf Schuschnigg, die Beziehungen zu Deutschland zu intensivieren, eine Wirtschafts- und Währungsunion aufzubauen und eine aggressiv judenfeindliche Kulturpolitik durchzusetzen. Als teilweises Entgegenkommen machte Schuschnigg im Juni den Nazi-Freund Arthur Seyß-Inquart zum Mitglied des Staatsrats. Gleichzeitig wurde die Schaffung der »volkspolitischen Referate« konkretisiert, in denen »Nationale« (gemeint natürlich: Deutschnationale) an der Politik mitwirken sollten. Für den Autor Ludwig Reichhold waren diese Abteilungen das »Trojanische Pferd«, mit dem Nazis den österreichischen Machtapparat von innen erobern konnten.

Propagandaleiter Hans Becker interpretierte dies auf seine Weise. Er habe 1937 »mit der Schaffung eines Operationsbüros« innerhalb seiner Werbestelle »eine Plattform für die Koordinierung des nach 1938 beginnenden Kampfes gegen den Nationalsozialismus vorbereitet«, schreibt der Historiker Radomír Luža.[8] Im Herbst 1937 zog das »Volkspolitische Referat« der heimischen Nazifreunde in eigene Büros ein. Sie nahmen an Treffen »österreichischer Illegaler mit Reichsdeutschen« teil, die zur Vorbereitung des »Anschlusses« in der Teinfaltstraße hinter dem Burgtheater stattfanden. Man traf einander auch im »Stadtkrug«, einem Gasthaus in der Weihburggasse. »Einige meiner Mitarbeiter horchten die dortigen Sitzungen ab«, sagte Becker 1947 als Zeuge vor Gericht.[9]

Am 10. Oktober habe er Schuschnigg einen ausführlichen Bericht übergeben und die Verhaftung aller Teilnehmer an diesen Treffen empfohlen. Doch der Kanzler lehnte ab. Dass er den Bericht »nicht im vollen Gewicht der daraus zu ziehenden Konsequenzen« bewertete, zeige, dass Schuschnigg »einem derartigen Berg politischer Niedertracht verständnislos gegenüberstand«, kritisierte Becker später. Insgeheim, so Becker weiter, »mussten daher Vorbereitungen für eine künftige unterirdische Tätigkeit getroffen werden«. Sie bestanden etwa darin, Informationskanäle ins Ausland so zu legen,

»dass sie der nationalsozialistischen Spionage unsichtbar blieben«. Nur »unzureichend« sei es gelungen, Gelddepots für die künftige Untergrundarbeit anzulegen. Er habe auch mit Sozialdemokraten Gespräche begonnen und versucht, »in den westlichen Ländern die Gefährlichkeit der Situation« klarzustellen.[10]

Von außen betrachtet spielte Becker seine Rolle als braver Parteigänger des Kanzlers weiter. Als »einsatzbereiter und tüchtiger Kämpfer für die vaterländische Idee« wurde Becker am 23. Dezember 1937 sogar von Bundespräsident Wilhelm Miklas mit dem Ritterkreuz erster Klasse ausgezeichnet.[11]

Noch Anfang 1938 engagierte sich Hans Becker abseits der Staatspropaganda für ein ganz anders geartetes Ehrenamt. Er ließ sich für drei Jahre in den Vorstand eines Vereins wählen, der mit vollem Namen »Österreichische Liga für den Völkerbund und die Völkerverständigung« hieß. Präsident war der damals schon 82-jährige Konstantin Dumba, im Ersten Weltkrieg Österreich-Ungarns letzter Botschafter in den USA, der die pazifistische Liga 1919 gegründet hatte. In den 1930er-Jahren trat die Liga offen gegen den Nationalsozialismus auf und wurde dabei unter anderem »von den Freimaurern und der Paneuropabewegung unterstützt«.[12] Wenige Monate später war die Völkerbundliga verboten. Erst 1945 erstand sie unter dem Ehrenschutz von Karl Renner als »Österreichische Liga für die Vereinten Nationen« neu, Becker war wieder dabei.

In den Wintertagen des Jahres 1938 geriet Österreichs diktatorische Führung auf einen vereisten Abhang und raste mit wachsender Geschwindigkeit auf das Ende zu. Zu Jahresbeginn war noch Optimismus aufgekeimt. Die Propaganda konnte erstmals seit langem bessere Wirtschaftszahlen verbreiten. Österreichs Exporte waren 1937 um 270 Millionen Schilling (nach heutigem Wert eine Milliarde Euro) gestiegen und der Tourismus verzeichnete gegenüber 1936 einen Zuwachs von zehn Prozent. Laut Protokoll des Ministerrats war »das Handelsbilanzdefizit das niedrigste seit 1918«, schreibt

Gerhard Urbanek, dessen Arbeit über die »vaterländische Kommunikationspolitik« ich hier weitgehend folge.[13]

Damals platzte die Veröffentlichung eines lang davor gegebenen Schuschnigg-Interviews im britischen »Daily Telegraph« wie ein eingefrorener und plötzlich aufgetauter Posthornton ins Geschehen. Ein politischer Abgrund trenne Österreich vom Nazismus, hatte Schuschnigg im Interview erklärt. Deshalb könnten auch keine Nazis in die Regierung aufgenommen werden.

Hitler, der genau das wollte, soll getobt haben. Beschwichtigungen von Schuschniggs Propagandisten, die darauf hinwiesen, dass der Text aus dem Jahr 1936 stammte, bewirkten nichts. Auch deshalb, weil Fritz Bock und Hans Becker noch 1938 dieselbe Message verbreiteten.

Als in Wien Gerüchte die Runde machten, wonach die Aufnahme von Nazis in die Regierung dennoch unmittelbar bevorstünde, rückte Bock am 7. Februar zu einem Dementi aus. Das seien »Märchen« sagte er via Ravag. Verbreitet würden sie von »Staatsfeinden«, denen man auf österreichische Art über »den ungewaschenen Mund fahren« sollte.

Zu diesem Zeitpunkt wussten nur wenige von einer »Einladung« Hitlers: Schuschnigg solle auf seinen Berghof Obersalzberg nach Berchtesgaden kommen, um Hindernisse wegzuräumen, die es bei der Umsetzung des »Friedensabkommens« vom Juli 1936 gebe. In der Hoffnung auf eine neuerliche Bestätigung der Unabhängigkeit Österreichs sagte Schuschnigg zu und reiste mit seinem Vertrauten Guido Schmidt nach Berchtesgaden. Der 12. Februar 1938 wurde dann »der schrecklichste Tag meines Lebens«, wie Schuschnigg später gegenüber dem US-Konsul John Wiley gestand. Er stand im Berghof neben deutschen Generälen, die offen Aufmarschpläne gegen Österreich unter dem Namen »Sonderfall Otto« erörterten, es gab endlos langes Warten in Vorzimmern und dann das Herumgebrülle Hitlers.

Fast zwei Stunden habe Hitler gewütet: Panzereinheiten stünden schon bereit, niemand werde Österreich helfen. »Ich brauche nur einen Befehl zu geben, und über Nacht ist der ganze lächerliche Spuk an der Grenze zerstoben«, wird Hitler von Gerhard Jelinek zitiert, der diese Tage penibel nachgezeichnet hat.[14]

Hitlers ultimativ vorgetragene Forderungen: Sein Vertrauensmann Arthur Seyß-Inquart müsse umgehend zum Innenminister mit absoluter Polizeigewalt ernannt und alle noch inhaftierten Nationalsozialisten müssten entlassen werden, Österreichs Außenpolitik habe die des Deutschen Reichs zu unterstützen. Schuschnigg gab nach und verwies auch noch lang nach Berchtesgaden auf zwei angebliche »Positiva« des Abkommens: vage Zusagen zur Eigenstaatlichkeit Österreichs sowie das Zugeständnis, dass er keine nationalsozialistische Partei zulassen müsse.

»Seit Berchtesgaden war Österreich praktisch kein souveräner Staat mehr«, schrieb der Zeitzeuge Ludwig Reichhold. Das Schuschnigg-Regime habe aber versucht, dies vor der österreichischen Öffentlichkeit zu verschleiern.[15] Eine Maßnahme bestand darin, den austriakischen Monarchisten Walter Adam als Chef des Bundespressedienstes durch Wilhelm Wolf zu ersetzen. Der den Nazis genehmere rechtskatholische Kulturpolitiker Wolf wurde damit Beckers neuer Chef.

Die offizielle Sprachregelung zu Berchtesgaden »offenbarte eklatante Fehleinschätzungen, gepaart mit beharrlicher Realitätsverweigerung, aber auch bewusster Falschinformation«, resümiert Gerhard Urbanek.

In einem Aktenvermerk über »Die VF nach dem 12. Feber« fand Urbanek allerdings auch Pläne für einen radikalen Kurswechsel, als deren Autor er Hans Becker vermutet.[16] Mit ähnlichen Argumenten, mit denen Becker die Schaffung des geheimen »Operationsbüros« innerhalb seiner Werbeabteilung begründete, wird da gewarnt: »Österreich ist augenblicklich nicht imstande, einen unabhängigen politischen Willen zu bilden.« Die Funktionäre der VF würden daran zweifeln, dass es ihr mit der »Wahrung der österreichischen

Idee« noch ernst sei. Als Gegenstrategie schlägt der Autor die Schaffung einer »österreichischen Garde« innerhalb der VF vor, für die bezahlte und effiziente Mitarbeiter anstelle der bisherigen »ehrenamtlichen Ehrgeizlinge« gewonnen werden müssten. Zusätzlich solle der Nachrichtendienst ausgebaut werden. Dieser Geheimdienst solle im Untergrund agierende Gruppen gründen und sich dabei an den Methoden illegaler Parteien orientieren. Als konkretes Vorbild für diese Truppe nennt das VF-Papier die »kommunistischen Fünferzellen.« Keiner und keine dürfe mehr als vier andere kennen, um einen größeren Verrat auch unter Folter zu verhindern.[17]

Wie immer die Aussichten standen, dass diese Ideen je im Rahmen der VF realisiert werden konnten – sie kamen zu spät. Am 15. Februar bildete Schuschnigg sein Kabinett um. Arthur Seyß-Inquart wurde zum mächtigen Sicherheitsminister. Für die Exil-»Arbeiter-Zeitung« war er kein »verschämter« sondern ein »unverschämter Nationalsozialist«.[18] Schuschniggs Vertrauter Guido Schmidt, den Becker und andere im Verdacht hatten, Sympathien für die andere Seite zu hegen, stieg zum Außenminister auf.

In einem kurzen Ministerrat beschloss die neue Regierung eine Amnestie für alle politischen Delikte, und zwar nicht nur von illegalen Nationalsozialisten, wie dies Hitler in Berchtesgaden verlangt hatte. Insgesamt wurden knapp 1.000 Nazis und mehr als 250 Linken die Strafen erlassen. Das Anhaltelager Wöllersdorf öffnete die Tore und 45 Nazis, 58 Kommunisten und 11 Sozialdemokraten, die dort zuletzt noch gefangen waren, kamen frei.

Die deutsche Propaganda legte eine neue Walze auf: In Österreich bahne sich eine »Volksfront« des Schuschnigg-Regimes mit gefährlichen Marxisten an. Gleichzeitig wurden die Hitler-Anhänger in Österreich immer frecher, sangen verbotene Lieder und zeigten öffentlich den »deutschen Gruß«.

In dieser aufgeheizten Atmosphäre meldete sich Otto von Habsburg aus seinem belgischen Exil und forderte Schuschnigg auf, ihm das Kanzleramt zu übergeben. Doch obwohl es im Ständestaat vom Kanzler abwärts zahlreiche k.u.k-Nostalgiker gab und andere, die wie Becker zur Monarchie ein zumindest ambivalentes Verhältnis hatten, erhielt der Thronfolger eine glatte Abfuhr. Alles andere, soviel war klar, wäre eine Einladung an Hitler zum sofortigen Einmarsch gewesen.

Den eigenen Untergang vor Augen, klammerte sich Schuschnigg an den letzten Strohhalm der Hoffnung, der deutsche Reichskanzler werde seine Zusagen einhalten und Österreichs Unabhängigkeit respektieren. Gespannt wartete man auf die groß angekündigte »Reichstagsrede« Hitlers, die erstmals auch in österreichischen Rundfunk übertragen wurde.

Mehr als drei Stunden redete Hitler am 20. Februar in der Berliner Krolloper nahe dem Brandenburger Tor, dem Sitz des Scheinparlaments nach dem Reichstagsbrand von 1933. Schuschnigg dankte er zunächst für dessen »warmherzige Bereitwilligkeit« zum Dialog.

Doch dann tobte Hitler über den »Versailler Wahnsinnsakt«, den Friedensvertrag nach dem Ersten Weltkrieg, durch den »über zehn Millionen Menschen« in der Nachbarschaft (sieben Millionen Österreicherinnen und Österreichern und drei Millionen Sudetendeutschen in der Tschechoslowakei) »fortgesetzt schweres Leid zugefügt« werde. Das sei, so drohte Hitler, »auf die Dauer für eine Weltmacht von Selbstbewusstsein unerträglich«.[19]

In mehreren österreichischen Städten marschierten an diesem Sonntagabend begeisterte Nazis auf, in Graz flatterte schon am Vorabend der Hitlerrede eine Hakenkreuzfahne am Rathaus. Am Montagmorgen versammelten sich hunderte Nazi-Studenten vor der Wiener Universität und sangen das verbotene Horst-Wessel-Lied.

Die Bestellung Seyß-Inquarts zum Polizeiminister entsprach dem Bild vom »Bock als Gärtner« ideal. Er ließ Naziaufmärsche zu und verbot solche der »Vaterländischen«. Sogar der Hitlergruß wurde toleriert.[20]

Entsprechend der Diktatoren-Logik kündigte Schuschnigg als Reaktion auf Hitler eine eigene große Rede vor seinem eigenen Scheinparlament an, bei der am 25. Februar alle Drohungen zurückgewiesen und die patriotischen Kräfte mobilisiert werden sollten.

Dazu zog die »vaterländische« Propaganda noch einmal alle ihr zur Verfügung stehenden Register. Schuschniggs Grundsatzrede werde »von der ganzen Welt mit Spannung erwartet«, hieß es. Um möglichst viele Menschen zu erreichen, wurde die Übertragung der Ansprache in Kinos und Theater vorbereitet. Gemeinsamen Radioempfang gab es auch in Gaststätten und speziellen »Hörstuben« der »Vaterländischen Front«. Auf öffentlichen Plätzen sollten die Massen via Lautsprecher mit Schuschniggs Worten beschallt werden. Die Propagandaabteilung sorgte zudem dafür, dass Tonfilmaufnahmen der Rede per Flugzeug sofort an die Kino-Wochenschauen in Berlin und Paris, aber auch an die »Hearst Metrotone News« in New York verschickt wurden.

Zur Inszenierung gehörte, dass Schuschnigg an diesem 25. Februar 1938 »unter leidenschaftlichen Ovationen« seiner Anhängerinnen und Anhängern in das – nun weitgehend funktionslose – Parlamentsgebäude einzog. Die »Wiener Zeitung« berichtete am nächsten Tag auf insgesamt acht Seiten über die Rede vor dem »Bundestag«, in der er den »Bruderkampf« für beendet erklärte. »Und nun soll Friede sein«, lautete die beschwörende Schlagzeile auf Seite eins.[21] Neben Slogans wie »Österreich muss Österreich bleiben« lieferte Schuschnigg in der Ansprache auch eine wirtschaftliche Erfolgsbilanz. Er verwies auf sinkende Arbeitslosenzahlen und skizzierte als Signal an die Arbeiterschaft weitere Arbeitsbeschaffungsprogramme. Gegen Schluss war dann wieder viel vom »Herrgott« die Rede, der Österreich nicht verlassen werde, um dann im Ruf zu kulminieren: »Bis in den Tod Rot-Weiß-Rot«.[22]

Am Tag darauf berichtete nicht nur die inländische Presse groß und pflichtgemäß. Für internationale Medien hatte die »Amtliche

Nachrichtenstelle« eigene Info-Pakete zusammengestellt, wie Gerhard Urbanek schreibt. »L'Autriche doit rester l'Autriche!« hieß es in der französischen Ausgabe, »Austria must remain Austria!« in der englischen.[23]

Die »vaterländischen« Propagandisten waren mit dem Ergebnis laut Urbanek nicht ganz zufrieden. Zwar hatten tausende Menschen der Übertragung jubelnd zugehört und waren dann zur Begleitung patriotischer Märsche (»O Du mein Österreich«) über die Plätze marschiert. Störungen von Nazis waren an diesem Abend weitgehend ausgeblieben. Die inländischen Medien hätten mit ihren begeisterten Berichten eine gewisse Aufbruchstimmung geschaffen und auch internationale, zum Beispiel britische Blätter, lobten die »maßvollen« Worte Schuschniggs. Doch die Berliner Zeitungen brachten nur lustlos den Text der offiziellen Nachrichtenagentur. Und »Hitler betrachtete Schuschniggs Rede als Kampfansage«, wie es Gerhard Jelinek formuliert.[24]

Nun schien auch Schuschnigg zu erkennen, dass er direkt auf die österreichische Arbeiterschaft zugehen musste, um in der Bevölkerung stärkeren Rückhalt zu bekommen. Becker und andere hatten sich schon seit Jahren dafür ausgesprochen, dabei aber eher an eine Stärkung der christlichen Arbeiterbewegung und an kooperationswillige Renegaten aus der Sozialdemokratie gedacht. Tief saß das Vorurteil gegen Funktionäre der nun illegalen Parteien und Gewerkschaften. Doch Schuschnigg überwand sich und empfing am 3. März eine Delegation von 20 illegalen Belegschaftsvertretern aus 14 Wiener Betrieben. An der Spitze stand Friedrich Hillegeist, ein ehemaliger Siemens-Angestellter und wie Becker 1895 geboren. »Ich sagte Schuschnigg, wir kämen nicht als Bewunderer und Freunde, sondern als politische Gegner, die ihrer alten Gesinnung treu geblieben sind«, schrieb der Sozialdemokrat Hillegeist in seinen Erinnerungen.[25]

Sie seien aber bereit, »neben ihm die bedrohte Freiheit unseres Landes zu verteidigen und Österreich als selbstständigen Staat zu erhalten«. Als Hauptforderungen verlangten sie »Bekenntnisfreiheit«

für Sozialisten und Gewerkschafter, Zulassung einer freien Gewerkschaftspresse und Rücknahme der Maßnahmen, mit denen »das vaterländische Regime« nach 1934 die Lage der Arbeiterinnen, Arbeiter und Angestellten verschlechtert habe.

Schuschnigg habe sich grundsätzlich verhandlungsbereit gezeigt, berichtete Hillegeist. Zur Information weiterer Vertrauensleute wurde den Gewerkschaftern die Abhaltung einer »halblegalen« Versammlung zugestanden. Am 7. März kamen im Arbeiterheim Floridsdorf sozialdemokratische und kommunistische Funktionäre zusammen, um über drei Möglichkeiten zu beraten. Erstens: Vorbehaltlose Unterstützung der Regierung im Kampf gegen die Nazis. Zweitens: »Abseitsstehen der Arbeiterschaft«, weil sie der Konflikt »zwischen zwei mehr oder minder faschistischen Regimen« nichts angehe. Drittens: Kooperation bei weiterem Drängen auf gewerkschaftliche Mitbestimmung, »weil wir nur mit Arbeitern, die sich selbst frei fühlen«, imstande wären, die Freiheit Österreichs zu verteidigen.

Die anwesenden Kommunisten traten für die erste Variante ein, weil für alles andere keine Zeit mehr wäre, berichtet Hillegeist. Für die Variante des »Abseitsstehens« habe sich niemand offen ausgesprochen, obwohl viele insgeheim der Meinung waren, »dass den Schwarzen eigentlich recht geschehe«. Die meisten Redner, darunter auch Revolutionäre Sozialisten, plädierten laut Hillegeist für die bedingte Unterstützung Schuschniggs, weil dieser »allein zu schwach« sei. Andere Teilnehmer waren speziell von der Atmosphäre der Versammlung beindruckt, die sie als ein »Aufleuchten« eines früheren Österreichs empfanden, wo die Funktionäre einander mit »Genossin« und »Genosse« ansprachen, wo sie gemeinsam das »Lied der Arbeit« sangen. Auch Hillegeists Bericht zum 7. März endet emotional: »Die Konferenz ging in Hochstimmung auseinander.«

Zu diesem Zeitpunkt war der Konflikt zwischen Österreich und Hitlerdeutschland allerdings noch heißer geworden. Angesichts immer offener agierender Nationalsozialisten, die den Staat von

Plebiszit: Volksbeschluss, Volksabstimmung, Volksbefragung

innen erodierten, hatte Schuschnigg zu Märzbeginn 1938 im kleinen Kreis die Idee ventiliert, Österreichs Unabhängigkeit zum Thema eines Plebiszits zu machen. Schuschnigg beschloss, alles auf eine Karte zu setzen und das Volk zu befragen, ob es unter seiner Führung weiter in einem selbstständigen Österreich leben wolle. Zu solch einer Befragung war ihm in der »Vaterländischen Front«, auch von Becker, schon längere Zeit geraten worden. Schuschnigg hatte früher abgelehnt, weil er keine Unterstützung durch die Arbeiterschaft sah und weil er Hitler nicht noch mehr reizen wollte.

Doch nun schob der Kanzler die Bedenken zur Seite. Er brauchte einen Befreiungsschlag. Zunächst wurde nur ein kleiner Kreis von Mitarbeitern, darunter Becker und Bock, in den Plan eingeweiht. Schuschnigg hatte vor, am Mittwoch, den 9. März in »seinem« Tirol zur Abstimmung aufzurufen, die bereits am 13., den Sonntag darauf, abgehalten werden sollte.

Die knappe Vorbereitungszeit, die alle Beteiligten vor immense Herausforderungen stellte, war zur Überrumpelung der Deutschen gedacht. Goebbels sollte keine Chance erhalten, seine mächtige Propagandamaschine hochzufahren. Die eigenen Kräfte, Beckers Werbeabteilung voran, starteten dagegen sofort eine »logistische Gewaltaktion«, wie sie Gerhard Urbanek in seiner detaillierten Analyse der Blitzkampagne nennt. Schuschniggs Werber entwarfen Plakate und Flugzettel, ließen sie drucken und gleich nach der Innsbrucker Rede von Propagandakolonnen im ganzen Land verteilen.

»Der Werbedruck, dem Österreich in den wenigen Tagen ausgesetzt war und der mit allen Werbemedien ausgeübt wurde, war enorm. Zur Verbreitung der Parolen wurde ein breiter ›Medienmix‹ eingesetzt: Millionen von Flugzetteln wurden gestreut und aus Flugzeugen abgeworfen, Lautsprecherwagen fuhren durch die Stadt, Flugzeuge kreisten mit Leuchtreklamen über Wien, diverse Aufrufe wurden in den Tageszeitungen platziert«, so Urbanek. Der kurze Tonfilm »Mit Schuschnigg für ein freies Österreich!« sollte ab Donnerstag bei allen

Kinovorstellungen gezeigt werden. Die Ravag sendete fast ununterbrochen Reden wichtiger Repräsentanten des »Ständestaats«.[26]

Inhaltlich richteten sich die Plakate voll Pathos an das »Volk von Österreich«: »Zum ersten Mal in der Geschichte unseres Vaterlandes verlangt die Führung des Staates ein offenes Bekenntnis zur Heimat«. Die Welt »soll unseren Lebenswillen sehen«, hieß es weiter. »Darum, Volk von Österreich, stehe auf wie ein Mann und stimme mit ja!«[27]

Kleine Streuzettel mit der Kurzbotschaft »Stimmt mit Ja« wurden massenhaft verteilt. Freiwillige liefen mit Kübeln weißer Farbe und breiten Pinseln durch die Straßen, bemalten Gehsteige und Fahrbahnen mit Abstimmungsparolen und schmückten Wände mit Schablonenporträts von Schuschnigg. Mancherorts kam es zu Zusammenstößen mit Nazis.

Becker war in diesen Tagen »rund um die Uhr« im Einsatz, wie seine Biografin Elisabeth Jauk schreibt. Er entwarf Werbemittel, koordinierte die Kampagne und hielt selbst Reden. Um Zeit zu sparen, fuhr er abends nicht nach Hause nach Döbling, sondern schlief ein paar Stunden im Hotel Wandl am Petersplatz, auf halbem Weg zwischen der VF-Zentrale Am Hof und dem Funkhaus in der Johannesgasse, wo er die Rednerliste organisierte. Im Wiener Ravag-Studio verfolgte Becker am Mittwochabend dann auch Schuschniggs Innsbrucker Ansprache.

Schuschniggs Reise in den Westen Österreichs war als Triumphzug inszeniert worden. Bei Stopps in Linz und Salzburg begrüßten ihn Anhängerinnen, Anhänger und örtliche Funktionäre. Um 17 Uhr kam der Zug in Innsbruck an. Vom Bahnhof ging es durch ein Spalier von Musikkapellen, Tiroler Schützen und Bundesheersoldaten. Vom Balkon der Innsbrucker Hofburg aus hielt Schuschnigg seine Ansprache, die direkt auf Schallplatte aufgenommen wurde. Die Wiedergabe im Rundfunk erfolgte um 21 Uhr.

Vor Schuschnigg sollte laut Sendeplan noch VF-Generalsekretär Guido Zernatto eine Radiorede halten. Doch weil der Kanzler die

Neuigkeit des Tages selbst verkünden wollte, zog Zernatto zurück. Bock erhielt »die schreckliche Aufgabe«, zwanzig Minuten Sendezeit mit irgendwelchen »Verlautbarungen« zu füllen, wie der damalige Ravag-Funktionär Rudolf Henz in seinen Erinnerungen schreibt.[28]

Henz saß damals mit einer kleinen Zuhörergruppe, darunter Außenminister Guido Schmidt, im Wiener Hörspielstudio und wartete auf die Ansprache aus Innsbruck. »Propagandaleiter Becker« hielt sich »für die nötigen organisatorischen Verlautbarungen nach der Rede« bereit.

Die Gruppe bekam dann in Schuschniggs Worten zu hören, dass »unser Volk am Sonntag über sein Schicksal entscheiden wird«. Die »Wiener Zeitung« schilderte in seiner fünf Seiten umfassenden Berichterstattung zur Schuschnigg-Rede tags darauf die auf alle Wählersegmente abgestimmte Schlüsselstelle so:

»Wir wollen ein freies und deutsches Österreich« (Stürmischer Beifall)

»Wir wollen ein unabhängiges und soziales Österreich« (Begeisterte Zustimmung)

»Wir wollen ein christliches und einiges Österreich« (Bravorufe)

»Wir wollen Brot und Frieden im Lande und wollen die Gleichberechtigung aller, die zu Volk und Heimat stehen.« (Lang anhaltender Beifall)[29]

Im Wiener Rundfunkstudio spielte sich zu diesen Worten eine gespenstische Szene ab, schreibt Henz. Außenminister Schmidt, dem Becker nicht recht traute, hatte einen Hörspielsäbel aufgestöbert. Henz fand es »unheimlich«, wie Schmidt während der Rede mit dem Säbel auf und ab ging und Schuschniggs Kernsätze mit »Lufthieben« zerteilte. Für Henz war das eine merkwürdige Symbolik, aber nicht klar zu deuten. (Hans Becker hat diesen Vorfall 1945 als Zeuge im Hochverratsprozess gegen Guido Schmidt bestätigt. Der Angeklagte Schmidt sagte dagegen: »Ich kann mich nicht erinnern, bei Rundfunkreden dabei gewesen zu sein.«)[30]

Das ganze Plebiszit schillerte vor Merkwürdigkeiten. Eine »Volksabstimmung« dieser Art sah die ständestaatliche Verfassung nicht vor. Schuschnigg sprach deshalb von einer nicht bindenden »Volksbefragung«, die er aus eigener Machtvollkommenheit anordnete. Es gab allerdings kein Wählerverzeichnis und auch auf Wahlzellen zur Wahrung des Wahlgeheimnisses wurde weitgehend verzichtet. Vorbereitete Stimmzettel gab es nur für die »Ja«-Option, wer sich für das »Nein« entscheiden wollte, musste dies selbst auf einen leeren Zettel schreiben. Unter normalen Umständen wäre das alles andere als regulär gewesen. Und tatsächlich sprachen manche Sozialdemokraten zunächst von einer »Karikatur-Abstimmung nach rumänischem Muster«.

Innerhalb der »Vaterländischen Front« stand die »mangelnde Legalität der Befragung nicht zur Debatte«, schreibt Gerhard Urbanek. Fritz Bock wird mit den Worten zitiert, sie wäre »uns wurscht« gewesen. Es ging ausschließlich um einen möglichst hohen, nicht wegzudiskutierenden Prozentsatz von Ja-Stimmen, um vor aller Welt den Unabhängigkeitswillen der Österreicherinnen und Österreicher zu beweisen. Und tatsächlich baute sich in wenigen Stunden ein politisches Momentum auf, das schlussendlich alle, Befürworterinnen und Befürworter wie auch Gegnerinnen und Gegner, mit einem Triumph des »Ja« rechnen ließ.

Alma Mahler ließ sich davon nicht mitreißen. Für sie klang Schuschniggs Mischung von Staatszielen »verängstigt und unfrei«. Nach ihrer Beobachtung hätte »niemand« die massenhaft herumliegenden Flugblätter für das »Ja« aufgehoben. Sie notierte aber auch, dass ihre politisch links eingestellte Tochter Anna in diesen Tagen für Schuschnigg eintrat. Anna tat dies gemeinsam mit Leuten, die Alma abfällig als »ein Klüngel kommunistischer Burschen« bezeichnete, zu denen aber in Wahrheit herausragende, zumeist jüdische Intellektuelle wie Leo Perutz und Anton Kuh gehörten. Sie hatten klar vor Augen, welche Gefahren ein »Anschluss« bringen würde.[31]

Anders sahen das viele apolitische Wiener Jüdinnen und Juden, die noch darauf hofften, dass ihnen als voll integrierte Bürgerinnen und Bürger, darunter mit Orden ausgezeichnete ehemalige Kriegsteilnehmer, nichts geschehen werde. Informierten Zeitgenossen war dagegen klar, dass die Nazis in Deutschland seit Erlassung der Nürnberger Gesetze 1935 »zum Schutze des deutschen Blutes« keinen Unterschied zwischen mehr oder weniger assimilierten Jüdinnen und Juden machten. Selbst Menschen, die sich ihrer jüdischen Herkunft nicht bewusst waren, drohte Diskriminierung, auch Ausbürgerung und Deportation.

Als umso wichtiger wurde es empfunden, dass Schuschnigg in seiner Innsbrucker Rede die »Gleichberechtigung aller Bürger« Österreichs betont hatte. Im Leopoldstädter Tempel sprach Oberrabbiner Israel Taglicht dafür »dem Bundeskanzler den Dank der Juden aus«, wie Gerhard Jelinek schreibt.

Die israelitische Kultusgemeinde unterstützte die Abstimmung mit einer großzügigen Spende. Prominente Freimaurer, von den »Vaterländischen« stets missachtet, boten in dieser Zwangslage nun ebenfalls Hilfe an. Am 10. März trafen in der VF-Zentrale am Hof überhaupt »laufend Wahlspenden in beträchtlicher Höhe« ein. Zum Schutz des Gebäudes vor Angriffen wurden Soldaten mit Maschinengewehren postiert. Drinnen erwarteten Schuschniggs Werbeexperten bei der Abstimmung »eine solide Mehrheit für die Unabhängigkeit Österreichs«, schreibt Gerhard Urbanek. Der von den illegalen Nazis angeführten Nein-Fraktion gaben sie offiziell nur 25 bis 30 Prozent. In internen Dokumenten hieß es allerdings, dass in vier Bundesländern (Nieder- und Oberösterreich, Salzburg und Steiermark) die Nazis noch Chancen auf einen Sieg hätten. Deshalb wurden die Propagandaanstrengungen weiter gesteigert.

Von den politischen Gruppierungen hatte sich neben den Schuschnigg-Fans, unter ihnen Austrofaschisten, Rechtskonservative und Monarchisten, überraschenderweise auch die linksradikale

KPÖ für das »Ja« ausgesprochen. Die Kommunisten, zu denen es nach 1934 einen beträchtlichen Zulauf von enttäuschten Sozialdemokraten gab, sprachen als erste im Lande von einer eigenständigen österreichischen Nation. Entwickelt hatte diesen Gedanken der 1904 in Wien geborene Staatsrechtler Alfred Klahr. Anders als die Christ- und Sozialdemokraten, für die Österreich damals noch eindeutig zur deutschen Nation gehörte, schrieb Klahr schon 1937: »Eine einheitliche deutsche Nation, die auch den deutschen Stamm in Österreich miteingeschlossen hat« habe es »bisher in der Geschichte nie gegeben«. Das österreichische Volk habe unter anderen wirtschaftlichen und politischen Bedingungen gelebt und eine andere nationale Entwicklung genommen.*

Klahrs Idee passte bestens zur neuen Strategie der vom sowjetischen Diktator Josef Stalin dominierten »Kommunistischen Internationale«, die 1935 aufgehört hatte, Sozialdemokraten als »Sozialfaschisten« zu denunzieren. Nun wollte man mit ihnen eine Volksfront bilden und »dem Widerstand gegen den Faschismus einen nationalen Charakter geben«, wie der Autor Georg Friesenbichler schreibt. In Österreich musste es »dazu aber eine Nation geben«.[32]

Die Distanz vieler Sozialdemokraten zur KP blieb bestehen, doch in der Frage der Abstimmung vom 13. März kamen sie samt ihrem radikalen Flügel, den »Revolutionären Sozialisten«, zum gleichen Ergebnis. In einem Aufruf der Sozialisten, der am 11. März in großer Auflage in Wien verteilt wurde, hieß es: »Ein Sieg Hitlers bedeutet nicht nur die blutige Unterdrückung und grenzenlose Ausbeutung der österreichischen Arbeiter«, er bringe auch »die Stärkung

* Alfred Klahr: Zur österreichischen Nation, Wien 1994. Im Web: http://www.antifa.co.at/antifa/KLAHR.PDF
Klahr wurde 1944 in Warschau von einer SS-Patrouille erschossen. 1979 erhielt er posthum das »Ehrenzeichen für Verdienste um die Befreiung der Republik Österreich von der nationalsozialistischen Gewaltherrschaft«. 1993 wurde in Wien die »Alfred Klahr Gesellschaft zur Erforschung der Geschichte der Arbeiterbewegung« gegründet.

der unmenschlichen Diktatur, die der deutsche Nationalsozialismus gegen die deutschen Arbeiter ausübt«. Deshalb könnten die österreichischen Arbeiter nicht mit »Nein« antworten. »Der kommende Sonntag ist nicht der Tag, an dem wir mit dem österreichischen Faschismus abrechnen und dem autoritären Regime alle Verbrechen, die seit dem Februar 1934 an der österreichischen Arbeiterschaft begangen worden sind, heimzahlen.« Kurz zusammengefasst: Österreichs Arbeiterschaft solle mit »Ja« stimmen und dann »weiter für politische und gewerkschaftliche Freiheit kämpfen«. Eine erste Rundfunkansprache eines Sozialdemokraten seit 1934, die der Journalist Karl Hans Sailer halten sollte, wurde zwar überlegt, kam aber nicht mehr zustande.[33]

Im Studio der Ravag hielt am Morgen des 11. März, einem Freitag, Hans Becker eine letzte Rede, in der er nochmals eindringlich vor dem Nationalsozialismus warnte. Es war der Tag, an dem Österreich zusammenbrach. Zunächst lief das Radioprogramm wie geplant. Führende Funktionäre der »Vaterländischen Front« forderten in kurzen Ansprachen nacheinander auf, am Sonntag mit »Ja« zu stimmen. Um 10 Uhr, so berichtet Gerhard Jelinek, verlautbarte der Sender die Einberufung von Reservisten des Bundesheeres, offiziell »um am Tag der Volksbefragung die volle Ruhe und Ordnung zu gewährleisten«. Das Rundfunkgebäude erhielt eine verstärkte Bewachung.

Die Staatsspitze war allerdings schon in der Nacht über Truppenbewegungen an der deutschen Grenze informiert worden, doch darüber berichtete die Ravag nicht. Radiomann Rudolf Henz erhielt jedoch aus den Bundesländern per Telefon dramatische Nachrichten. In Linz und Graz rotteten sich neuerlich Nazis zusammen. »Eisenstadt soll von SA- und SS-Männern zerniert sein«, weshalb der burgenländische Landeshauptmann es nicht ins Rundfunkstudio schaffte.

Im Bundeskanzleramt wurde Kurt Schuschnigg mit Nachrichten und Drohungen aus der Umgebung des aufs äußerste empörten

Reichskanzlers Adolf Hitler bombardiert. Die Abstimmung müsse verschoben werden, hieß es zunächst. Dann lag das Ultimatum auf dem Tisch: Absage der Abstimmung, Übergabe der Regierung an Sicherheitsminister Seyß-Inquart. Sonst drohe der Einmarsch der Deutschen und ein Aufstand der Nazis im Land.

Deutsche Medien berichteten über blutige Zusammenstöße in Österreich, die angeblich von Volksfront-Marxisten ausgelöst worden seien. Offenbar wurde eine militärische Intervention Deutschlands propagandistisch vorbereitet, indem man sie zur Rettungsaktion erklärte.

Schuschnigg ließ seine Diplomaten in Paris und London vorfühlen, wie dort die Reaktion auf einen gewaltsamen »Anschluss« Österreichs ausfallen würde. Mit Hilfe war nicht zu rechnen, so lautete das Ergebnis. Und Mussolini, den Schuschnigg selbst anzurufen versuchte, ging nicht einmal ans Telefon.

Zwischendurch erschien der höchste Offizier des Bundesheers bei Schuschnigg und warnte, dass militärischer Widerstand gegen die Deutschen sinnlos wäre. In den Jahrzehnten seither sind etliche Historikerinnen und Historiker zur Ansicht gekommen, dass die 60.000 Bundesheer-Soldaten gegen die – wie man nun weiß – schlecht vorbereitete deutsche Invasionsarmee nicht ohne Chance gewesen wären, hinhaltenden Widerstand zu leisten. Sie hätten der Welt zumindest zeigen können, dass Österreich seine Unabhängigkeit verteidigt.

Dieser Meinung sei auch Hans Becker gewesen, sagte Jahre später dessen Neffe Alois, damals selbst Rekrut beim Bundesheer, in einem Interview.[34] Auch in den Augen von Beckers Stellvertreter Bock war Schuschniggs Verzicht auf militärischen Widerstand politisch »gewiss falsch«. Hätte sich Österreich gewehrt, wäre es im Zweiten Weltkrieg »sicherlich nicht zu der Erklärung der Moskauer Konferenz 1943 gekommen, dass Österreich seine ›Teilnahme am Kriege‹ zu verantworten habe.«[35]

Die militärische Kapitulation im März 1938 – die Bundesheersoldaten wurden schon wenige Tage später auf Adolf Hitler vereidigt – war nach 1945 dann einer der Gründe, warum es bis zur Wiedererlangung der österreichischen Souveränität so lange dauerte.

Am Nachmittag des 11. März 1938 erkannte Schuschnigg, der dieses Mal kein »Blutvergießen« verantworten wollte, dass er ohne weitere Optionen war. Kurz vor drei Uhr rief er Seyß-Inquart an und erklärte die Abstimmung für abgesagt. Dann ging er in die Räume des im selben Gebäude amtierenden Bundespräsidenten Miklas und bot seinen Rücktritt an. Miklas akzeptierte, suchte aber einen zu Österreich stehenden Nachfolger und weigerte sich noch stundenlang, den Nazi Seyß-Inquart zum Bundeskanzler zu ernennen.

In der »Bundeswerbeleitung« wussten Becker und seine Leute von diesem historischen Umbruch am Nachmittag noch nichts. Sie »formulierten noch unter Hochdruck einen Text für einen Flugzettel, der am Sonntag von Flugzeugen über ganz Österreich abgeworfen werden sollte«, wie Gerhard Urbanek schreibt. Kurz nach 18 Uhr war damit und mit der gesamten VF-Propaganda Schluss. »Abstimmung abgesagt«, hieß die kurze Sensationsmeldung im Radio, näheres werde der Bundeskanzler erläutern. Geschockt machten sich die VF-Mitarbeiter daran, Akten wegzuschaffen und zu vernichten.

Um 19.47 Uhr begann Schuschnigg im Bundeskanzleramt mit seiner letzten Radioansprache. Er berichtete vom deutschen Ultimatum und der Einmarschdrohung. Dann bäumte er sich noch einmal auf: »Ich stelle fest vor der Welt, dass die Nachrichten, die in Österreich verbreitet wurden, dass Arbeiterunruhen gewesen seien, dass Ströme von Blut geflossen seien, dass die Regierung nicht Herrin der Lage gewesen wäre und aus eigenem nicht hätte Ordnung machen können, von A bis Z erfunden sind.« Schuschnigg erklärte, dass Bundespräsident Miklas und er nicht bereit seien, »deutsches Blut zu vergießen« und »wir der Gewalt weichen«. Es folgt der Satz, der seither in allen einschlägigen TV-Dokus und Schulbüchern vorkommt: »So verabschiede ich mich in dieser Stunde von dem österreichischen Volke mit einem deutschen Wort und einem Herzenswunsch: Gott schütze Österreich.«[36]

Nach drei Minuten war alles vorbei. Aus den Radios erklang als Musikbrücke Joseph Haydns »Kaiserquartett« mit dem Thema der alten österreichischen und nunmehrigen deutschen Hymne. Dann trat Seyß-Inquart ans Mikrofon und erklärte, dass er als Innenminister noch im Amt sei und die Kontrolle übernommen habe. Erst kurz vor Mitternacht ernannte ihn Miklas zum Bundeskanzler, doch schon gleich nach seiner Rede um acht Uhr liefen im Radio das »Horst-Wessel-Lied« und andere bis dahin verbotene Nazi-Hits. Bezeichnend für den Zustand Österreichs war es, dass an diesem Abend eine in der Ravag seit langem existierende Nazi-Zelle lautlos und ohne Widerstand den Radiosender übernahm.

Im ganzen Land traten bisher versteckt agierende Nazis ans Licht. Auch vor der Wiener VF-Zentrale Am Hof tauchten viele von ihnen auf, schrien und zertrümmerten Schaukästen. Das große Kruckenkreuz über dem Eingang holten sie herunter und schlugen es in Stücke. Etliche VF-Funktionäre und Mitarbeiter, darunter angeblich auch Generalsekretär Zernatto, hatten das Gebäude bereits verlassen und waren zur tschechoslowakischen oder zur ungarischen Grenze aufgebrochen. »Der letzte maßgebliche VF-Mitarbeiter«, der das Haus verließ, sei Fritz Bock gewesen, heißt es bei Ludwig Reichhold. Nach einem Rundgang durch die leeren Räume habe er die noch anwesenden Wachleute beauftragt, »das Gebäude dem zu übergeben, der zuerst komme, der Polizei oder der SA.«

In Wien gab es in dieser Nacht zwischen beiden Formationen wenig Unterschied. Es waren jedenfalls Männer im Auftrag der NSDAP, die bald kamen, VF-Vermögen und Akten beschlagnahmten und nach Deutschland schafften. (Nach der deutschen Niederlage 1945 verfrachteten die Sowjets die »Beuteakten« in ein Moskauer Sonderarchiv, »von ihrer Existenz erfuhr man erst 1989«, schreibt

Gerhard Urbanek, der später den die Propaganda betreffenden Teil durchforstete.)

Was Hans Becker in diesen für sein Leben so entscheidenden Stunden unternahm, ist erstaunlich unklar. Er selbst gab 1945 gegenüber seinen amerikanischen Befreiern aus dem Konzentrationslager an, dass er bereits um Mitternacht auf dem Wiener Ostbahnhof verhaftet worden sei. Aber: War er allein? Waren seine Frau und sein Sohn bei ihm? Wir wissen es nicht.*

Während Becker ins Gefängnis kam, tobte draußen der antisemitische Mob. Schon in der Nacht der letzten Schuschnigg-Rede und in den Tagen danach drangen SA-Männer und Zivilisten mit Hakenkreuz-Armbinden in jüdische Geschäfte und Wohnungen ein, raubten Wertgegenstände und quälten die Bewohnerinnen und Bewohner. Sie trieben Jüdinnen und Juden jeden Alters auf die Straßen und zwangen sie zu erniedrigenden Turnübungen. Andere mussten mit bloßen Händen Toiletten reinigen. Die berüchtigten »Reibpartien« wurden organisiert, bei denen Jüdinnen und Juden von der johlenden Menge gezwungen wurden, auf den Gehsteigen und Fahrbahnen die dort aufgemalten Parolen für die Volksabstimmung mit Zahnbürsten und scharfer Lauge zu entfernen. Auch den Oberrabbiner Israel Taglicht zwangen enthemmte Antisemiten mit Schlägen dazu. Dann hängten sie ihm ein Schild mit der Aufschrift »Ich bin Jude« um.

Diese noch vor dem Eintreffen der deutschen Truppen beginnenden Exzesse rechnet der Militärhistoriker Erwin A. Schmidl »zu den beschämendsten Vorfällen der österreichischen Geschichte überhaupt«. Die Invasoren kamen erst am Morgen über die Grenze, die Militärkolonnen wurden von den am Straßenrand wartenden Menschenmassen frenetisch bejubelt. Von Protesten war nichts zu hören und nichts zu sehen.

* Elisabeth Jauk zieht sogar das Verhaftungsdatum in Zweifel. Laut anderen Quellen sei Becker erst am 14. März von der Gestapo verhaftet worden, »als er im Begriff war, nach Budapest zu emigrieren«.

Kurt Schuschnigg beharrte später in seinen Erinnerungen darauf, dass es in Österreich nicht mehr als 150.000 illegale Nazis gegeben habe, dass das Land also »das erste Opfer« landräuberischer Invasionstruppen gewesen sei. Auch Hans Becker schätzte als Zeuge vor Gericht die »treibenden Kräfte der Nazis« auf 150.000. Das Lager der Befürworter Österreichs sei viel größer gewesen, doch »freilich wusste eine große Anzahl Ängstlicher nicht, was sie machen sollten.«[37]

Die im 21. Jahrhundert Lebenden müssten sich zum besseren Verständnis in die Zeitumstände hineindenken, meint der Militärhistoriker Schmidl. »Denn anders als in funktionierenden demokratischen Gesellschaften mit ihren geheimen Wahlen war in den 1930er-Jahren nicht so sehr entscheidend, wie viele (oder wenige) für etwas waren. Vielmehr war entscheidend, wie viele (oder wenige) bereit waren, gegen eine andere politische Anschauung einzutreten – oder eben bereit waren, sich damit abzufinden.«[38]

Es ist zwar seit Langem bekannt, dass in der Nacht des Anschlusses viele Polizisten und andere Beamte ihre Parteiabzeichen und Hakenkreuzbinden hervorholten, um sich nun offen zu den heimlich schon länger vertretenen Naziideen zu bekennen. Aber erst vor wenigen Jahren wurde klar, wie sehr Österreichs tonangebende Eliten von »Austro-Nazis« unterwandert waren. So werden die Mitglieder eines Wiener Männerbundes bezeichnet, der sich ab den 1920er-Jahren als »Deutscher Klub« konstituierte. Schon in den frühen 1930er-Jahren näherte sich der deutschnationale, auch als Jobvermittlung dienende Verein stark der NS-Ideologie an, obwohl sich die Mitglieder, anders als die deutschen NS-Kämpfer, sehr bürgerlich und betont katholisch gaben. Unter ihren 1.000 Mitgliedern, darunter hundert ehemalige Adelige, waren »Spitzenbeamte, Industrielle, Rechtsanwälte, Universitätsprofessoren, Ärzte sowie ehemalige Offiziere«, die »auf einen Anschluss an das nationalsozialistische Deutschland«

hinarbeiteten, wie es in einem enthüllenden Buch über den »Deutschen Klub« heißt.[39]

Um ihre beruflichen Positionen zu behalten waren die meisten von ihnen keine Mitglieder der verbotenen Hitlerpartei geworden. Doch am Nachmittag des 11. März trafen viele von ihnen in Hörweite Schuschniggs zu einem lauten Jubeltreffen zusammen: Ihr Klub residierte gegenüber dem Kanzleramt in der Wiener Hofburg. Noch am Abend wechselten einige Mitglieder auf die andere Seite des Ballhausplatzes, wo eine Menschenmenge auf den Machtwechsel wartete. Von den neun Ministern, die Seyß-Inquart in sein »Anschlusskabinett« berief, gehörten fünf zum Deutschen Klub. Kein Klubmitglied, aber ideologisch nicht weit entfernt, war Beckers Vorgesetzter Wilhelm Wolf, der nun für wenige Tage Außenminister wurde.

Am Samstagnachmittag überquerte Adolf Hitler die Grenze zu Österreich, ließ sich im offenen Mercedes in seiner Geburtsstadt Braunau und anderen Orten auf der Strecke von der Menschenmenge huldigen. In Linz machte er das Hotel Weinzinger für mehrere Tage zu seinem Hauptquartier, wo er Seyß-Inquart und andere Abgesandte empfing. Er machte ihnen klar, dass es mit Österreich vorbei war. (Die Herren vom »Deutschen Klub«, die auf einen österreichischen Sonderstatus im Deutschen Reich gehofft hatten, wurden mit guten Posten in der gleichgeschalteten »Ostmark« abgespeist.)

Am Sonntag, dem geplanten Abstimmungstag, erließ die Anschlussregierung in Wien ein Gesetzesdekret über die »Wiedervereinigung Österreichs mit dem Deutschen Reich« und degradierte sich dann selbst zu einer Regionalvertretung, der österreichischen Landesregierung im Deutschen Reich, deren »Reichsstatthalter« Seyß-Inquart wurde. Kurzzeit-Außenminister Wolf soll noch insgeheim VF-Generalsekretär Zernatto und andere mit Ausreisepapieren versorgt haben. Offiziell hatte er nichts anderes mehr zu tun, als im

Sinne der Nazis geeignete österreichische Diplomaten nach Berlin weiterzuempfehlen.*

Die Machtübernahme von Hitlers Klüngel war total. Auf dem Flughafen Aspern kamen in diesen Märztagen mehrere Maschinen mit bewaffneten SS-Männern aus Berlin an. Sie besetzten alle Schlüsselstellen der Republik, beendeten die »wilden Arisierungen« der »Anschlusspogrome« und starteten selbst einen beispiellosen Raubzug. Besonders verlockend waren die Gold- und Devisenreserven der österreichischen Nationalbank, die damals besser dastand als die Deutsche Reichsbank. Geschätzte zehn Milliarden Euro an österreichischem Volksvermögen rissen sich die Reichsdeutschen unter den Nagel. Anhand der Listen von Nazigegnern, die ihnen Sicherheitsminister Seyß-Inquart zugespielt hatte, wurden mehr als 70.000 Menschen verhaftet. Die Aktion »erfasste alle Personen des politischen und staatlichen Lebens, ausgenommen die geheimen Kollaboranten und einige sozialdemokratische Führer um der Arbeiterpropaganda willen«, schrieb Becker im Jahr 1946.[40] Verhaftet wurden auch 120 Sozialisten und Gewerkschafter, darunter Friedrich Hillegeist. Viele von ihnen kamen in ein Konzentrationslager.

»Sie erfasste die Angehörigen der früheren Wehrverbände zusamt den prominenten Führern des Schutzbundes, die im politischen und öffentlichen Leben tätigen Juden, die des Kommunismus Verdächtigen und die Monarchisten, Priester und Freimaurer, selbst die Leiter der Pfadfinder und der österreichischen Jugendorganisationen.« Außerdem wurden Hunderte Menschen erschlagen, schrieb Becker, und es gab viele »mysteriöse Selbstmorde«.

Noch in der Nacht des 12. März drangen Polizisten und SS-Männer in das Haus Dorotheergasse 12 in der Wiener Innenstadt ein, den

* Am 27. Juli 1939 starb Wolf bei einem Autounfall in der Nähe von St. Pölten. Er erhielt ein Staatsbegräbnis.

Sitz der Freimaurer. Den kränklichen, 77-jährigen Juristen Richard Schlesinger, seit 1919 Großmeister der Wiener Großloge, nahmen sie bald darauf für einige Wochen in Haft. Er überstand das Martyrium nicht und starb wenige Monate später. Das Vermögen der Loge in der Höhe von rund einer Million Euro nahm die SS mit. Alle Unterlagen wurden beschlagnahmt, »von den Nationalsozialisten nach Berlin gebracht und von der Roten Armee nach der Einnahme Berlins nach Moskau transportiert«, heißt es in einer Chronik dieser Ereignisse.[41]

Hans Becker, der bis zum Schluss als Freimaurer aktiv geblieben war, saß zu diesem Zeitpunkt mit anderen Verhafteten im Polizeigefangenenhaus. »Liesl« wurde dieses Gefängnis nach dem alten Straßennamen »Kaiserin-Elisabeth-Promenade« auch genannt. »Am 13. März hörten wir in unseren Zellen auf der Elisabethpromenade einen Lautsprecher, der uns das Empfangsgeschrei für Hitler zutrug«, schrieb Becker. »Es war die dunkelste Stunde meines Lebens.« Er habe für die Schreier aber auch ein gewisses Verständnis empfunden: »Was sollten sie anderes machen, als sich den plötzlich über sie gekommenen Verhältnissen anzupassen, nachdem sie von der ganzen Welt verlassen worden waren. Es gibt Opportunisten in jedem Land!«

Am 15. März verkündete Hitler auf dem Wiener Heldenplatz dann unter dem frenetischen Jubel von einer Viertelmillion Menschen »den Eintritt meiner Heimat in das Deutsche Reich«. Heutige österreichische Patrioten betonen, dass eine viel größere Zahl von Wienerinnen und Wienern damals nicht zur Begrüßung Hitlers kam. Diese blieben aber stumm. Umso schmerzvoller trifft die künstlerische Botschaft Thomas Bernhards in seinem Stück »Heldenplatz«, wonach das Geschrei der damals Anwesenden bis heute in den Ohren gellt.

Ohne sichtbaren und hörbaren Protest rollte damals nach Hitlers Auftritt eine Nazi-Propagandawalze wochenlang über Österreich hinweg. In einer permanenten Volksfeststimmung mit Gratisverköstigung aus deutschen Gulaschkanonen – wohl zum Ausgleich für die geraubten Nationalbank-Milliarden – taumelte Österreich in die Vereinigung mit Deutschland. Am 10. April stimmten offiziell 99,7 Prozent der Teilnehmerinnen und Teilnehmer an einer weder freien noch geheimen Volksabstimmung für »die Wiedervereinigung Österreichs mit dem Deutschen Reich« und damit zugleich »für die Liste unseres Führers Adolf Hitler«. Anders als die revolutionären Sozialisten, die vor der geplanten Abstimmung Schuschniggs ein Votum für Österreich befürworteten, sagte dieses Mal der Sozialdemokrat Karl Renner als »deutschösterreichischer Staatsmann«, er »stimme mit Ja«.[42] Auch der katholische Kardinal Theodor Innitzer entschied sich für den Anschluss und unterzeichnete sein Empfehlungsschreiben mit »Heil Hitler«.

Den österreichischen Nazigegnern aller politischen Richtungen, die 1938 rechtzeitig vor der Verhaftung ins Ausland flüchten konnten, unterlief ein schwerer taktischer Fehler. Trotz der kurzzeitigen Annäherung vor der von den Nazis abgewürgten Volksbefragung Schuschniggs fehlte die Vertrauensgrundlage für ein gemeinsames Vorgehen. Rechte und linke Hitlergegner agierten in den Aufnahmeländern getrennt weiter. Österreich hatte keine Exilregierung, wie sie fast ein Dutzend der von den Nazis besetzten Länder – von Frankreich und den Benelux-Staaten über Tschechien und Polen bis zu Griechenland – im Lauf des Zweiten Weltkriegs und überwiegend mit Sitz in London einrichteten. Wie der Verzicht auf eine militärische Verteidigung beim Einmarsch der Deutschen und das Fehlen sichtbarer Proteste gegen die Anschlusspogrome und Hitlers triumphalen Einzug war auch der Verzicht auf eine Exilregierung (möglichst mit eigenen Streitkräften) ein weiterer dunkler Punkt, der an einem starken Selbstbehauptungswillen eines demokratischen und humanen Österreichs zweifeln ließ.

Im Österreich des Jahres 1938 versuchten Zehntausende Jüdinnen und Juden panisch, das Land zu verlassen, was die neuen Behörden zunehmend erschwerten. Die Nazis legten rasch jeder Person ein

Formular namens »Verzeichnis über das Vermögen von Juden« vor, setzten Enteignungen und »Arisierungen« in Gang. Die Ausgabe von Reisepässen wurde massiv erschwert, die konfiskatorische »Reichsfluchtsteuer« auch in Österreich eingeführt.

Beckers jüdische Ehefrau Annie und der gemeinsame Sohn Johann Nikolaus blieben, wie auch Annie Beckers Schwester Helene und ihre Mutter Lilly, noch für einige Zeit in Wien. Über ihre Bemühungen, aus Österreich wegzukommen, haben sie keine Notizen hinterlassen. Diese gibt es aber vom Schriftsteller Felix Salten, der mit Annie ein Bühnenstück erarbeitet hatte und der wie Hans Becker bei den Freimaurern war.

Nach Hitlers Auftritt am Heldenplatz blieb der gebürtige Budapester Salten noch »exakt 353 Tage in Wien«, der Stadt, deren Ehrenbürger er seit 1930 war.[43] In seinem Tagebuch beschrieb er die zermürbenden Bemühungen, eine Ausreise in die Schweiz zu erreichen.

Salten musste 1938 auch noch die Novemberpogrome miterleben, als Synagogen zerstört, Geschäfte und Wohnungen ausgeraubt wurden. »Ich habe die Wiener mein Leben lang weit überschätzt und es gibt jetzt überhaupt keine Menschensorte, die ich so verachte, die ich so verdamme, wie die Wiener und die Österreicher überhaupt«, schrieb er danach erschüttert an den in die USA geflüchteten Kollegen Ernst Lothar (Verfasser des Österreich-Romans »Der Engel mit der Posaune«).

Aber der »Bambi«-Autor Salten war sich sicher: »Eines Tages wird diese Welt von der Verbrecherbande erlöst sein, eines Tages wird man wieder als ein freier Mensch in einer befreiten Welt atmen können. Wenn ich diesen Tag erlebe, will ich überall hin reisen nur nicht nach Österreich.«[44] Die »Verbrecherbande« kam zu Fall, aber Salten reiste von seinem Exilort Zürich nirgendwo mehr hin. Er ist dort im Oktober 1945 mit 76 Lebensjahren verstorben.

– 13 –
AUFBÄUMEN IM KZ

Ende März 1938 saß Hans Becker seit Tagen in Haft. Gemeinsam mit prominenten Politikern und Beamten der »Vaterländischen Front« sowie anderen Hitlergegnern, darunter Sozialisten und Kommunisten, Journalisten und Polizisten, war er im Wiener Polizeigefangenenhaus eingesperrt. Auch bekannte jüdische Geschäftsleute wie der Gewürzhändler Johann Kotányi und Ludwig Klausner, der Inhaber der Schuhfirma Delka, wurden von den neuen Machthabern in der »Liesl« festgehalten.

Am 1. April kam Bewegung in den Gefängnisalltag. »Am Vormittag wurden wir der Reihe nach auf den Gang zum Friseur geholt«, berichtete Viktor Matejka, damals ein 37 Jahre alter und politisch links eingestellter Bildungsfunktionär der »vaterländisch« umgekrempelten Arbeiterkammer, den Kontakte zu Nazigegnern im Ausland ins Visier der Gestapo gebracht hatten.[1]

Von Haarschnitt und Rasur zurückgekehrt, wurden die Gefangenen nach dem Alphabet auf die Zellen aufgeteilt. Als Mittagessen gab es Tomatensuppe, »die nicht nur wie Ziegelstaub aussah, sondern auch so schmeckte«, erinnerte sich Matejka. Trotzdem war die Stimmung zuversichtlich. Optimisten sahen Anzeichen für eine baldige Freilassung. Diese verstärkten sich noch, als den Gefangenen am Nachmittag ihre Uhren, Geldbörsen und andere Privatsachen ausgehändigt wurden.

Gegen 20 Uhr mussten rund 150 Häftlinge – noch immer alphabetisch geordnet – im Hof antreten und dann neun bereitstehende Arrestantenwagen besteigen.[2] Auf der Fahrt über die Ringstraße hielt sich noch das Gerücht, es ginge in die Freiheit. Doch dann schlug die Euphorie in Entsetzen um: die Polizeiautos bogen in die Mariahilfer Straße ein und fuhren Richtung Westbahnhof. »Da plötzlich schreit einer mit Wahnsinnsstimme: ›Nach Dachau!

Ins Konzentrationslager!‹« So beschrieb es Maximilian Reich, ein bekannter jüdischer Sportjournalist, der diese Schreckensnacht als erster für die Nachwelt festgehalten hat.[3]

Hans Becker war wegen seiner bekannt hitlerfeindlichen Einstellung schon seit der Verhaftung klar, dass ihm eine besondere »Behandlung« in einem der Konzentrationslager drohte, »deren Methoden speziell meinem Büro durch dutzende offizielle Dokumente im Detail bekannt waren«.[4] Es war dann aber doch schockierend, mit welcher Brutalität sich die extra angereiste Dachauer Wachmannschaft – eine »SS-Meute mit dem Totenkopfabzeichen« – im Frachtbereich des Wiener Westbahnhofs auf sie stürzte.[5]

»Von den Autos zu den Waggons mussten wir einen Spießrutenlauf durch ein doppeltes Spalier von SS-Männern absolvieren«, erzählte Becker Jahre später seinen Befreiern. »Wir erhielten Fußtritte und Knüppelschläge«. Und weiter: »Man trieb uns in die Passagierwaggons, je acht pro Abteil. Wir wurden gezwungen, von Wien bis Dachau stocksteif dazusitzen, die Hände auf den Knien, ständig ins Deckenlicht starrend. Die Wache am Eingang amüsierte sich damit, uns Ohrfeigen zu geben, Stockhiebe und Tritte auszuteilen. Von Zeit zu Zeit mussten wir einander schlagen oder auf Kommando aufstehen und uns niedersetzen. Vielen von uns wurde es nicht erlaubt, ihren Platz zu verlassen, sodass sie schließlich in ihre Hosen urinierten; andere, die am Gang auf- und ablaufen mussten, wurden unterwegs blutig geschlagen. Die Fahrt dauerte ungefähr 14 Stunden.«[6]

Beckers engster Mitarbeiter Fritz Bock saß ihm während dieser erniedrigenden Reise gegenüber. Einige Abteile weiter erlitt Viktor Matejka, eingepfercht zwischen Gefangenen, deren Namen mit L und M begannen, dieselbe Tortur: »Sie bestand aus einer Unzahl von Ohrfeigen, stundenlangem Ins-Licht-Starren, Kniebeugen, Fußtritte, Gebrüll, blutige Gesichter, Gewehrkolben in die Zähne. Um 10 Uhr nachts setzte sich der Zug in Bewegung.«

Als dem SS-Posten in Matejkas Abteil langweilig wurde, fing er mit dem Ausfragen einzelner Gefangener an. Er begann mit Eduard Ludwig, dem einstigen Chef des Bundespressedienstes und Förderer Beckers. »Was warst Du?«, schrie ihn der SS-Mann an. »Angestellter« habe Ludwig »kleinlaut« geantwortet. Erst nach wildem Gebrüll (»Wo, du gefüllte Sau?«) habe der Wächter herausbekommen, »dass er hier einen der höchsten Beamten des Bundeskanzleramts vor sich hatte«, erinnert sich Matejka. »Bis Ludwig sich zum vollen Bekenntnis herbeiließ, musste er viele Ohrfeigen und Beleidigungen hinnehmen.«

Nach der Ankunft im 30 Kilometer nordwestlich von München gelegenen KZ Dachau ging es in derselben Tonart weiter. »Am Bahnhof trieb uns das Wachpersonal von den Waggons zu Lastwagen, die uns auf das Lagergelände brachten«, berichtete Becker nüchtern. Andere Überlebende des ersten Massentransports nach Dachau ergänzten, dass sie »ins Lager geschleift, geprügelt und in öffentlichen Verhören verhöhnt« wurden.[7]

Der Weg ins Lager führte durch das große Tor des »Jourhauses« mit dem Tagesdienst des SS-Wachbataillons. Über dem Eingang prangte die zynische Aufschrift »Arbeit macht frei«.

»Wir gingen durch ein mehrere Stunden dauerndes Aufnahmeverfahren«, sagte Becker. Die Gefangenen wurden erfasst und fotografiert, die Haare wurden ihnen geschoren, persönliche Gegenstände und Bekleidung abgenommen. Stattdessen gab es die für Konzentrationslager typische »Zebra-Kleidung«, in Dachau 1937 eingeführt. »Danach«, so Becker, »wurden wir zu einem ›Block‹ geführt – eine der Gefängnisbaracken, die aus zwei oder vier Schlafsälen, einem Wohnraum und einem Waschraum bestanden, die aber noch nicht mit der vorgesehenen Einrichtung ausgestattet waren.«

Das KZ befand sich im April 1938 mitten im Ausbau, bestand aber schon seit fünf Jahren. Am 20. März 1933 hatte Münchens damaliger Polizeipräsident Heinrich Himmler ganz offiziell in einer

Pressekonferenz angekündigt, dass auf dem Gelände einer alten Dachauer Munitionsfabrik ein wörtlich so bezeichnetes »Konzentrationslager« mit einem »Fassungsvermögen von 5.000 Menschen« errichtet werde. »Hier werden die gesamten kommunistischen und marxistischen Funktionäre zusammengezogen, die die Sicherheit des Staates gefährden«, berichteten tags darauf die »Münchner Neuesten Nachrichten«. Es sei unmöglich, die Justizgefängnisse mit diesen Personen auf Dauer zu belasten. Andererseits könne man sie nicht in Freiheit entlassen, da sie dann »weiter hetzen und sich zu organisieren versuchen.«[8]

Die Ankündigung kam nur sieben Tage nach dem Brand des Reichstags in Berlin, den der eben an die Regierung gekommene Adolf Hitler zur Ausschaltung der Demokratie nutzte. Zwar hatte sich der Niederländer Marinus van der Lubbe, Mitglied einer kommunistischen Splittergruppe, als alleiniger Brandstifter bekannt, Historiker schließen aber nicht aus, dass die Nazis selbst dahintersteckten. Hitlers Propaganda sprach jedenfalls von einer angeblichen »großen Terrorkampagne« der gesamten Linken, die man »gnadenlos« bekämpfen werde.[9]

Als Verschärfung der schon seit der Kaiserzeit existierenden Form der »Schutzhaft« setzte die »Reichstagsbrandverordnung« alle Grund- und Freiheitsrechte außer Kraft. Politische Gegner und andere Verdächtige konnten vorbeugend und – nach Lesart der Nazis – »zum Schutz der Bevölkerung« auf unbestimmte Zeit weggesperrt werden. Der Reichstagsbrand und seine Folgen zeigten, »wie rasch eine moderne Republik in ein autoritäres System verwandelt werden kann«, warnt der US-Historiker Timothy Snyder.

Die für politische Kriminalität zuständige Geheime Staatspolizei (»Gestapo«) füllte die Gefängnisse mit »Schutzhäftlingen« und, als diese übervoll waren, andere zunächst improvisierte Haftorte, die rasch »Konzentrationslager« genannt wurden. Dachau war nicht das erste dieser neuen, von den Nazis zumeist mit dem Kürzel KL

DACHAU

bezeichneten Lager, aber das einzige, das während ihrer gesamten Herrschaft existierte. »Ohne Konzentrationslager hätte sich die Gestapo niemals zu der mächtigsten Terrororganisation entwickeln können, deren bloße Erwähnung schon Entsetzen hervorrief«, versichert Stanislav Zámečník, tschechischer Historiker und selbst Dachau-Überlebender.[10]

»Totenkopfverbände« der SS übernahmen die Verwaltung der Lager, Dachau wurde ihr Modell. »Die SS-Männer, die einige Jahre später den millionenfachen Mord mit Giftgas durchführten, lernten zuerst im Konzentrationslager Dachau, andersdenkende Menschen als minderwertig zu betrachten und sie kaltblütig zu ermorden«, heißt es im Katalog der KZ-Gedenkstätte.

Zunächst füllten Kommunisten und Mitglieder des sozialdemokratisch geführten Kampfverbands »Reichsbanner« die Lager. Dann ließ Heinrich Himmler, Reichsführer der SS und bald Chef aller Polizeikräfte, Angehörige verschiedener Gruppen in die KZ verschleppen, die den Nazis als »Volksschädlinge« galten: Sinti und Roma, Homosexuelle, »Bibelforscher« genannte Zeugen Jehovas, professionelle Tänzer und auch »Artisten aus Nachtklubs« (Zámečník).

Um mehr Arbeitskräfte für den weiteren Ausbau der Lager in ihre Gewalt zu bekommen, »ordnete Himmler 1937 an, rund 2.000 Kriminelle und allgemein als gefährlich angesehene Sittlichkeitsverbrecher in polizeiliche Vorbeugehaft zu nehmen«, schreibt Zámečník. Hunderte dieser sogenannten »Gewohnheitsverbrecher« kamen auch nach Dachau, wo sie nach den Plänen der SS die von den politischen Gefangenen gebildeten heimlichen Selbsthilfe-Strukturen zerstören sollten. »Aus den schlimmsten Totschlägern wurden Kapos und Angehörige des Lagerpersonals«.

In diesem Zustand war Dachau, als Hans Becker und seine österreichischen Mitgefangenen am 2. April zu ihrem ersten Arbeitseinsatz ausrückten. »Wir wurden dazu eingeteilt, ein Ziegelgebäude abzureißen«, erzählte Becker 1945 seinen Befreiern. »Die Wachen stellten sich jetzt als regelrechte Sadisten heraus. Jedes Nachlassen des Arbeitseifers wurde bemerkt und mit Tritten und Stockschlägen beantwortet. Der Arbeitstag, der 12 Stunden dauerte und nur von einer einstündigen Mittagspause unterbrochen wurde, zog jedem von uns den letzten Tropfen Energie aus dem Körper. Nach dem ersten Tag waren meine Handflächen offene Wunden – und so ging es auch jenen, die an Schwerarbeit gewöhnt waren. Nach ein paar Tagen führte diese Überanstrengung meiner Hände zu einer Sehnenscheidenentzündung, deren Nachwirkungen ich noch immer spüre. Jahrelang hatte ich in der Früh steife Hände, wogegen nur Massagen Linderung boten. Da ich an sich physisch fit und robust bin, waren die Spätfolgen bei meinen Mithäftlingen zumeist noch schlimmer.«

Becker »fand bald heraus, dass es unter solchen Bedingungen die einzig erfolgreiche Taktik war, keinen Anstoß zu erregen und sich möglichst unsichtbar zu machen«. Bei der schweren Arbeit mit Spitzhacke und Schaufel einem Bewacher aufzufallen, war extrem gefährlich. »Augengläser, ein dicker Bauch oder eine auffallende Nase konnten der Grund dafür sein, dass eines dieser Bürschchen in Uniform eigenmächtig die Todesstrafe verhängte«, so Becker. Ein »SS-Mann machte sich dann das Vergnügen, den betreffenden Häftling auf die eine oder die andere Weise zu ›erledigen‹. Zum Beispiel konnte er seinem Todeskandidaten befehlen, einen besonders großen Schubkarren mit Gesteinsbrocken zu füllen und damit im Laufschritt auf schlechten Wegen hin- und herzufahren. Nach einiger Zeit ließ die Kraft nach, aber wenn einem der Schubkarren entglitt oder wenn man langsamer wurde, dann gab es heftige Prügel. Nur wenige hielten so eine Tortur länger als zwei oder drei Stunden aus. Herz und Lunge versagten dann plötzlich, der Häftling brach zusammen.«

Becker habe später selbst diese Folter ertragen müssen, aber »glücklicherweise an einem Sonntag, weil da damals die Arbeitszeit etwas kürzer war, sonst hätte ich dieses Experimentieren mit der Kraft von Herz und Lunge wohl nicht überstanden. Ich wurde nach Arbeitsschluss in einem Schubkarren liegend zurück ins Lager gebracht. Während dieser ›Arbeit‹ hat mir ein Mitgefangener wesentlich geholfen, indem er den ›Kommandoführer‹ unter irgendeinem Vorwand weglockte, als ich am Rand des Zusammenbruchs war. Das verschaffte mir für einige Momente Erholung.«

Im Juni 1938 kostete solch eine »Behandlung« den Gefangenen Johann Lang das Leben, der zuvor der »Henker von Wien« gewesen war. Lang hatte 1933 den Posten des Scharfrichters übernommen. In der Regierungszeit von Dollfuß und Schuschnigg wurden mehr als 40 Menschen, vor allem Sozialisten und Nazis, aber auch als gewöhnliche Kriminelle verurteilte Mörder aufgehängt. Lang kam 1938 mit einem der ersten Transporte nach Dachau, wo er am 22. Juni starb. Becker erinnert sich: »Als man das Hemd von Langs Leichnam riss, blieben Fleischstücke am Stoff hängen – so schwer war er geprügelt worden.«

Lang war nicht das einzige Opfer, in dem die Mitfangenen auch einen Täter sahen. Das galt auch für den Gendarmerie-Offizier Emanuel (von) Stillfried, der wenige Jahre davor als Kommandant des »vaterländischen« Anhaltelagers Wöllersdorf Linke und Nazis diszipliniert hatte. Die Dachauer SS hatte die Anordnung, »Rache für Wöllersdorf« zu nehmen, schrieb Maximilian Reich über das »Martyrium« Stillfrieds: »Eine Zeitlang habe ich Schulter an Schulter mit ihm im Laufschritt aufs schwerste beladene Lastkarren schleppen müssen. So war ich Zeuge vieler Misshandlungen, denen er ausgesetzt war.«[11]

Wegen der alphabetischen Nähe ihrer Namen erlebte auch Ludwig Soswinski, ein junger Jurist, ehemaliger Sozialist und nun Kommunist, diese Quälereien von Anfang an mit. Lang nach dem Krieg berichtete Soswinski in einem Interview, wie der Neuankömmling Stillfried reagierte, als ihn ein SS-Mann fragte, wer er sei. »Wenn er gesagt hätte: ›Ich war ein Gendarmerie-Oberleutnant‹ oder irgendetwas, wäre nichts passiert. Er sagte jedoch: ›Ich war Kommandant in Wöllersdorf.‹«

Darauf wandte sich der Wächter an Stillfrieds Nebenmann Soswinksi und gab diesem einen Stoß: »Schmier' ihm eine! Der hat euch ja auch eingesperrt in Wöllersdorf!«. Nein zu sagen sei zu gefährlich gewesen, berichtete Soswinski: »Ich habe nie zu den Selbstmördern gehört, und das wäre an die Grenze des Selbstmords gegangen, das war Befehlsverweigerung. Es hätte nicht Selbstmord sein müssen, Strafkompanie hätte genügt. Ich hätte ihm eine leichte Ohrfeige geben können. Das habe ich schon alles gekannt: ›Das soll eine Watschn sein?‹, da hast einmal zwei, drei von dem SS-Mann gekriegt, dass dir die Zähne rausgefallen sind. Ich habe alles nachher erlebt. Dann hast du ihn erst recht schlagen müssen. Ich sage, überlegt: ›Melde gehorsamst, ich war nie in Wöllersdorf!‹«. Der SS-Mann ging weiter. »Das war über seinem Intellekt, das war keine Befehlsverweigerung.«[12]

Der Jurist Soswinski will auch auf die im KZ gefährliche Frage »Was bist Du?« eine raffinierte Antwort gefunden haben. »Deutscher« sei für ihn nicht infrage gekommen, mit »Österreicher« zu antworten galt als selbstmörderisch. Deshalb habe er einfach »Weana« (Wiener) gesagt.

Solche individuellen Ausweichmanöver halfen aber nichts, wenn man zum Opfer von Kollektivstrafen wurde. Über eine derartige Quälerei berichtete Soswinski am 16. Mai 1945 der wenige Wochen davor erstmals herausgekommenen Tageszeitung »Neues Österreich«, die eben befreite KZ-Häftlinge interviewte. »Sos«, wie ihn seine Freunde nannten, berichtete, dass die Dachau-Gefangenen ihre Wohnräume peinlichst sauber halten mussten, sonst drohten »die furchtbarsten Strafen«. Einmal habe sich ein SS-Mann in ihrer Stube zum Test auf den Boden gelegt. Weil auf seiner schwarzen Uniform dann »einige Staubkörnchen« klebten, verurteilte er die fünf Mann des Reinigungsdienstes zu je »einer Stunde Baum«. Soswinski: »Die Handgelenke werden rückwärts mit einer Kette fest zusammengezogen. Das andere Ende wird auf einem 1,90 Meter über dem Boden befindlichen Haken eingehängt und darauf wird man von einer Treppe, auf der man bisher gestanden hatte, hinuntergeworfen. Man hängt also mit gefesselten Händen rückwärts, Handgelenke ungefähr in Kopfhöhe, mit den Fußspitzen 10 bis 15 Zentimeter über dem Fußboden.«

Diese Prozedur wurde im Freien ausgeführt, auch im Winter bei Minusgraden. War einer der vorbeigehenden SS-Bosse »schlecht aufgelegt«, dann brachte er den baumelnden Gefangenen zum Schaukeln. »War er böse, so ließ er den im Arresthof befindlichen Fleischerhund auf die Hängenden los, der dann nach ihren Füßen und Geschlechtsteilen schnappte«, schilderte Soswinski dem »Neuen Österreich«.[13]

Von weiteren Foltermethoden, zum Beispiel dem Auspeitschen Gefangener mit Brennnesseln, berichtete Hans Becker 1945 seinen Befreiern. In Dachau seien junge SS-Männer, auch zum Einsatz in anderen Lagern, »zu hochgradigen Sadisten« geformt worden. Becker: »Das Ergebnis der Ausbildung dieser zumeist extrem unintelligenten jungen Leute war so, dass man einige dieser SS-Männer tatsächlich als Teufel beschreiben muss. Für sie galt es als Sport, einen ›Abschuss‹ zu erreichen – einen Gefangenen ›auf der Flucht‹ abzuknallen, ihn dabei aber absichtlich nicht sofort zu töten.«[14]

»Das KZ Dachau war bei unserer Ankunft fast komplett von Reichsdeutschen gefüllt«, setzte Becker seine Aussage fort. Die Mehrheit der Gefangenen seien »politische« gewesen, darunter viele »Kommunisten«. Es stellte sich aber bald heraus, dass es mit dieser Zuordnung nicht weit her war: »Sie waren Opfer anonymer Anzeigen, weil sie Radio Moskau gehört hatten, oder weil sie sich beschwert hatten.« Dazu kamen Gefangene der Kategorien »Berufsverbrecher, Asoziale, Emigranten, Homosexuelle und Angehörige der Sekte Bibelforscher (Zeugen Jehovas)«.

Die Lage der deutschen Gefangenen gab »uns Österreichern Stoff zum Nachdenken«, sagte Becker. »Uns fiel besonders der Mangel an

Kameradschaft auf. Jeden Tag gab es Selbstmorde«, sie »machten einander das Leben noch schwieriger.« Von den neu aus Wien Eingetroffenen wurde als Erster der Gewürzfabrikant Hans Kotányi von der Verzweiflung gepackt. Er schnitt sich am 28. April 1938 die Pulsadern auf.

Der ersten Österreichergruppe, der Becker wie auch Kotányi angehörten, folgten etliche weitere nach. 1938 wurden insgesamt 8.000 Österreicher nach Dachau verschleppt. Ab Juni steckten die Nazis die ersten österreichischen Sinti und Roma in das KZ Dachau und andere Lager. Den größten Teil der Neuankömmlinge machten aber Juden aus. In dieser Phase »stand zumeist noch die Erpressung zur Auswanderung und zur Auslieferung des verbliebenen Hab und Gutes im Vordergrund«, heißt es in einer Studie.[15]

Nur, wer auf sein Vermögen schriftlich verzichtete und seine Besitztümer überschrieb, konnte auf eine Entlassung mit anschließender Pflicht zur Auswanderung hoffen. Manche wurden sogar »zur Abwicklung ihrer Geschäfte von Dachau nach Wien überstellt und danach wieder zurück in das Konzentrationslager gebracht«.[16]

Nach dem 10. November 1938 wurden massenhaft Juden nach Dachau deportiert. In der Nacht davor hatten im »Deutschen Reich« Nazitrupps Synagogen niedergebrannt, jüdische Geschäfte geplündert und deren Besitzer verprügelt. Das alles wurde als spontaner Protest inszeniert, nachdem in Paris der jüdische Pole Herschel Grynszpan den deutschen Diplomaten Ernst vom Rath angeschossen und tödlich verletzt hatte. Der Attentäter wollte damit »die brutale Deportation von polnischen Juden aus dem Reich rächen«.[17]

Der Nazipropaganda galt die Tat als Fanal, den noch im Land befindlichen Juden ihr Schicksal in aller Brutalität vor Augen zu führen. 30.000 jüdische Männer wurden verhaftet und in Konzentrationslager wie Dachau deportiert, dieses Mal nicht mehr in Schnellzugwaggons. KZ-Häftling Becker war Zeuge ihrer Ankunft: »In den Frachtzügen lagen die Leichen jener, die unterwegs getötet worden waren.«

Jüdische Gefangene wurden von der SS besonders brutal behandelt, wenn auch die spätere industrielle Massenvernichtung noch nicht begonnen hatte. Becker beobachtete einen »besonderen Fall«: »Der Lagerkommandant zog einen älteren Mann an einem Bein über den Appellplatz, legt ihn persönlich auf den ›Bock‹ und schlug ihn, bis er tot herunterfiel. Das machte einen starken Eindruck auf mich.«*

Zu dieser Zeit, im Herbst 1938, waren die Umbauten am KZ Dachau abgeschlossen. Das Lager war nun fast 600 Meter lang und knapp 300 Meter breit. Die Fläche von 22 Fußballfeldern wurde »von einer hohen Mauer umgeben, die oben mit vierfach gespanntem und elektrisch geladenem Stacheldraht versehen war.«[18] Innen an der Mauer gab es weitere Stacheldrahtverhaue, elektrische Zäune und einen zwei Meter tiefen Wassergraben. Wer sich diesem Graben näherte, wurde von den Wachen ohne Warnung mit Maschinengewehren unter Feuer genommen, die auf sieben Wachtürmen postiert waren.

Neben dem Eingang, dem »Jourhaus«, befand sich der Appellplatz. Gegenüber standen in zwei Reihen die 34 Baracken des Lagers, dazwischen lag die breite Lagerstraße. Die ersten beiden Baracken waren für das Krankenrevier, die Schreibstube und die Kantine reserviert. In den übrigen, »Blöcke« genannten Baracken befanden sich die Wohneinheiten der Gefangenen, deren Zahl Ende 1938 auf 6.000 angewachsen war.

Aus Wien waren im Lauf des Jahres populäre Künstler und Kabarettisten nach Dachau verschleppt worden, darunter Fritz Löhner-Beda, der Librettist von Franz Lehár, sowie Fritz Grünbaum und Hermann Leopoldi. Maximilian Reich erinnerte sich an die illegalen

* Der »Bock« ist eine hohe Bank aus Holz mit schräger Auflagefläche zum Vollzug der Prügelstrafe. Er ist viel älter als der Nationalsozialismus, wird auch mit Kolonialismus und Sklaverei assoziiert, gehörte in Hitlers Kerkern allerdings zu den häufigsten Bestrafungsformen.

Veranstaltungen an Sonntagnachmittagen, an denen »die berühmtesten Kabarettisten Österreichs« von Baracke zu Baracke zogen.[19] Im Juni 1938 war der 26-jährige Jura Soyfer nach Dachau gebracht worden, damals »eines der größten Talente der österreichischen Literatur« (Neugebauer). Eines Sonntagnachmittags las er das Dachau-Lied vor, das er in aller Stille gedichtet hatte und das so begann:

Stacheldraht, mit Tod geladen,
Ist um unsre Welt gespannt.
Drauf ein Himmel ohne Gnaden
Sendet Frost und Sonnenbrand.[20]

Die Mitgefangenen waren stark beeindruckt, der Komponist und Dirigent Herbert Zipper vertonte den Text sofort. Soyfer wurde bereits im Herbst 1938 ins KZ Buchenwald verlegt, wo er im Februar 1939 an Typhus starb. Auch von den anderen Künstlern haben nur wenige die KZ-Haft überlebt.*

Die Überlebenden hörten nicht auf, ihre Peiniger zu verlachen und gründeten sogar eine Theatergruppe. Sie bot ein »Ritterspiel« mit dem Titel »Die Blutnacht auf dem Schreckenstein«, das Viktor Matejka mit Berufsschauspielern inszenierte und in dem es eine versteckte Hitler-Parodie gegeben haben soll.

Matejka erwähnt in seinen Erinnerungen auch die Besuche in der Kantine, die es in der damaligen Phase noch gab. Jeder Häftling konnte sich laut Matejka monatlich »bis zu 60 Mark auf das Lagerkonto schicken lassen«, nach heutiger Kaufkraft 260 Euro. Dafür gab es Zigaretten und stinkende österreichische »Virginia«-Zigarren, die keiner der Deutschen wollte, sowie dünnen Kaffee, Kekse und

* Fritz Löhner-Beda wurde 1942 in Auschwitz erschlagen, Fritz Grünbaum starb 1941 in Dachau. Hermann Leopoldi kam nach Buchenwald, konnte im Februar 1939 von seiner Familie »freigekauft« werden und schaffte es in die USA. Die Zahlung von Lösegeld befreite auch den Komponisten Herbert Zipper aus dem KZ.

»Bienenstich«, ein Hefegebäck mit Honig. Dieser Rückzugsort war auch eine Gerüchtebörse, verrät Matejka: »In der Kantine wurde bei Kaffee und Kuchen viel politisiert.«[21]

Nicht nur in der Kantine, auch auf der Lagerstraße und in den Baracken wurden Gerüchte weitergegeben und »Nachrichten ausgetauscht, die von außen ins Lager sickerten«, so Matejka.

Hans Becker beschrieb gleich nach Kriegsende seine Sicht auf ein Phänomen, das als »Geist der Lagerstraße« bekannt wurde: »Da hier die Politiker aller österreichischen Richtungen zusammengesperrt wurden, entwickelte sich ein von den Nazis nicht beabsichtigter Prozess: eine überparteiliche Gemeinschaft der Österreicher bildete sich, deren eisernes Zusammenhalten umso stärker wurde, als nicht nur die SS-Knechte, sondern auch die reichsdeutschen Mithäftlinge den Österreichern allerlei Beweise sadistischer Bosheit und Missgunst lieferten.«[22]

Jenen Österreichern, die einen Hang zu »autoritären Staatsformen« hatten, verhalf die Erfahrung einer »konsequenten Despotie« im KZ laut Becker zu »einem unbedingten und restlosen Bekenntnis zur Demokratie«. Konkret verlief die Entwicklung so: »In Dachau bildete sich im Jahr 1938 eine Diskussionsgruppe von Österreichern aller Parteirichtungen, die den Möglichkeiten der Wiedererrichtung Österreichs mit all den zusammenhängenden Fragen der Gesellschaftsordnung, der kulturellen, wirtschaftlichen, soziologischen und außenpolitischen Probleme die karge Freizeit widmete.«

Obwohl keiner von ihnen wusste, »ob er den nächsten Tag überlebt«, hätten die gefangenen Politiker »nie die Hoffnung und den Glauben daran nie aufgegeben, dass es wieder ein Österreich geben wird«, bestätigte auch Fritz Bock.[23]

Konservative und Linke, die einander wenige Jahre zuvor im Bürgerkrieg bekämpft hatten, fanden in Dachau und anderen Lagern zu einem neuen und gemeinsamen österreichischen Nationalbewusstsein, konstatierte auch der Forscher Wolfgang Neugebauer, der aber vor einer Überbewertung des »Geistes der Lagerstraße« warnte: Die Diskussionen hätten ausschließlich unter den politischen Häftlingen stattgefunden und die erzielte Gemeinsamkeit sei nicht von Dauer gewesen.[24]

Der Historiker Oliver Rathkolb sieht im »Geist der Lagerstraße« überhaupt einen nach 1945 betonten »Mythos«, der ähnlich wie die »Opferdoktrin« vom 1938 »überfallenen« Österreich davon ablenken sollte, dass viele Österreicherinnen und Österreicher mit »der nationalsozialistischen Vernichtungs- und Expansionsmaschinerie« kollaborierten.[25]

Tatsächlich seien in Dachau zwar viele »vaterländische« Politiker eingesperrt gewesen, aber nur wenige führende Sozialdemokraten, weil diese vor dem Anschluss emigriert waren oder – wie Karl Renner und Adolf Schärf – von der KZ-Haft verschont blieben.[*]

Zwei wichtige Sozialdemokraten, die nach Dachau kamen, haben die KZ-Torturen nicht überlebt: Robert Danneberg, früherer Nationalratsabgeordneter und als Stadtpolitiker einer der Baumeister des »Roten Wien«, kam 1942 in Auschwitz um. Alexander Eifler, ehemaliger Stabschef des Republikanischen Schutzbundes und im Lager ein Gesprächspartner Beckers, starb im Jänner 1945 in Dachau.

Von den konservativen Dachau-Gefangenen prägten dagegen etliche nach 1945 die österreichische Politik, drei sogar als Bundes- und Vizekanzler: Der Niederösterreicher Leopold Figl (ÖVP-Kanzler von 1945 bis 1953, anschließend Außenminister, vor 1938 »Ständestaat«-Funktionär), der ehemalige steirische VF-Leiter Alfons Gorbach (ÖVP-Kanzler 1961 bis 1964) und Beckers Adlatus Fritz

* Kurt Schuschnigg wurde am 12. März 1938 zunächst unter Hausarrest gestellt, kam in Gestapo-Haft und war dann, als Gefangener mit Sonderstellung, in mehreren Konzentrationslagern. 1945 von US-Soldaten befreit, emigrierte er in die Vereinigten Staaten. Erst die letzten Jahre vor seinem Tod 1970 verbrachte er wieder in Österreich. Wilhelm Miklas war keiner härteren Verfolgung ausgesetzt. Er starb 1956.

Bock (ebenfalls ein Mitbegründer der ÖVP, von 1956 bis 1968 Handelsminister, von 1966 bis 1968 zusätzlich Vizekanzler).

Unter den überlebenden Sozialdemokraten spielten einige, wie der Nationalökonom Benedikt Kautsky weiter eine wichtige Rolle.* Aber nur ein Sozialdemokrat, der in Dachau interniert war, machte nach 1945 in Österreich eine große politische Karriere: der gelernte Klavierbauer Franz Olah, von US-Truppen 1945 aus dem KZ Buchenwald befreit. Nach dem Krieg stieg Olah zum mächtigen Gewerkschaftsfunktionär mit besten Beziehungen zum US-Geheimdienst CIA auf, wurde zum kontroversen Geburtshelfer des Massenblatts »Kronen-Zeitung« und 1963 zum skandalumwobenen Innenminister, wonach die Partei jahrelang auf Distanz zu ihm ging. Er ist ähnlich umstritten wie Engelbert Dollfuß, der von vielen ebenfalls als Retter gesehen wurde. Olah wird diese Rolle für das Jahr 1950 zugeschrieben, als er seine Bau- und Holzarbeiter mit Prügeln die Streiks kommunistischer Arbeiter niederschlagen ließ, die damals – wohl übertrieben – als »Putschversuch« gewertet wurden.

Olahs Aufstieg nach 1945 passt zu dem damals von den politischen Eliten Österreichs gebildeten antikommunistischen Konsens. Angesichts der »Salamitaktik«, mit der Kommunisten die Länder im Osten Europas scheibchenweise eroberten und dort den inneren Widerstand unterdrückten, war die Angst vor einer Sowjetisierung Österreichs nicht unbegründet. Im beginnenden Kalten Krieg führte sie aber auch dazu, dass den meisten Nazis ihre Vergangenheit von der Gesellschaft atemberaubend schnell nachgesehen wurde, um

---

* Benedikt Kautsky, Sohn des bedeutenden marxistischen Denkers Karl Kautsky, verbrachte sieben Jahre in Konzentrationslagern, davon drei Monate in Dachau. In Buchenwald erarbeitete er gemeinsam mit christlichen und kommunistischen Gefangenen ein »Manifest für Frieden, Freiheit und Sozialismus«. In den 1950er-Jahren war der demokratische, zum Kommunismus auf Distanz gegangene Marxist einer der Autoren des SPÖ-Programms 1958 und des wegweisenden »Godesberger Programms« der deutschen Sozialdemokraten (1959).

gemeinsam mit ihnen den Kampf des Westens gegen den Osten zu führen. Für den Zeithistoriker Oliver Rathkolb besitzt der »Antikommunismus« deshalb nach 1945 »eine wesentlich wichtigere verbindende Funktion als der Mythos der Lagerstraße«.[26]

In einem Vorgriff auf die weitere Entwicklung lässt sich an dieser Stelle auch eine Begründung dafür finden, warum Hans Becker in der Nachkriegszeit als Politiker völlig erfolglos blieb, obwohl er geradezu die Personifizierung des »Geistes der Lagerstraße« war. Er war nie ein »Linker«, aber er war ein unbeugsamer Nazigegner. In seiner Vorstellung hatten alle anderen politischen Kräfte für den gemeinsamen Staat zu arbeiten: Monarchisten und republikanische Konservative, Liberale, Sozialisten und auch Kommunisten. Nach einer kurzen Übergangszeit, in der es in Österreich auch kommunistische Minister gab, waren jedoch spätestens ab 1947 Beckers integrative Ideen nicht mehr gefragt.

Acht Jahre davor war Becker in Dachau noch vor allem damit beschäftigt, den nächsten Tag zu überleben. Vor allem galt es zu vermeiden, in einem der »Strafblocks« zu landen, die »innerhalb des Lagers isoliert waren«, wie Becker schrieb. »Die Insassen dieser Blocks waren zu noch härterer Arbeit gezwungen, erhielten weniger zu essen und es war ihnen nicht gestattet, in der Kantine einzukaufen. Ihnen wurde es nur einmal alle vier Monate erlaubt, einen Brief an ihre Familien zu schreiben. In diesen Isolationsblöcken konnte man schon 1939 die Bilder des Elends sehen, wie sie später in allen Lagern üblich wurden.«

Nach der Fertigstellung des Lagerumbaus erfanden die SS-Wächter neue Mühsal für die wachsende Zahl der Häftlinge, darunter die Anlage eines riesigen Versuchs- und Kräutergartens, der »Plantage«. Es wurden aber auch »völlig sinnlose und besonders anstrengende Tätigkeiten entwickelt, Sachen wie Steine im Laufschritt herumtragen, Erdhaufen von einer Stelle zu anderen zu schaufeln und ähnliches«, erinnerte sich Becker.

Besondere Kollektivstrafen gab es für die Gefangenen, wenn jemand einen Fluchtversucht unternommen hatte. Becker: »Am 23. oder 24. Jänner 1939 mussten alle Gefangenen zum ersten Mal ohne Mützen und Handschuhe auf dem Appellplatz ›Habtacht‹ stehen, von sechs Uhr abends die ganze Nacht und den nächsten Tag, insgesamt ungefähr 30 Stunden. Soweit ich mich erinnern kann, blieben auf dem Platz an die zwanzig Leichen zurück.« Die neue Methode gefiel den Folterern und wurde von anderen Lagern übernommen. »Im weiteren Lauf meines Lebens in Konzentrationslagern musste ich mehrmals länger als 24 Stunden Habtacht stehen«, so Becker.

Die von KZ-Neulingen angewandte Taktik, »sich möglichst unsichtbar zu machen«, reichte auf Dauer nicht aus. Jeder, der die ersten Monate überlebt hatte, schaffte es irgendwann, »einen besseren Platz« zu bekommen, sagte Becker bei Kriegsende seinen Befreiern.

Becker selbst habe zunächst erreicht, zu »leichteren Arbeiten wie Fassadenstreichen und Fliesenlegen innerhalb des Lagers« eingeteilt zu werden, wie seine Biografin Elisabeth Jauk aus Gesprächen mit überlebenden Mithäftlingen erfuhr. Doch dann gelang es ihm, sich dem mörderischen Arbeitsalltag im Lager ganz zu entziehen.

Maßgebliche SS-Leute scheint es beeindruckt zu haben, dass Becker bildender Künstler war und völkerkundliche Studien betrieben hatte. Sie kommandierten ihn zum Aufbau eines Museums ab, das neben der Kantine eingerichtet wurde. Dort zimmerte Becker erst ein Modell des Konzentrationslagers aus Holz. Seine Hauptaufgabe hatte mit einem Kernelement der nationalsozialistischen Rassentheorie zu tun: der Vorstellung, dass man die Zugehörigkeit eines Menschen zu einer bestimmten Rasse an der Kopfform und anderen körperlichen Merkmalen ablesen könne.*

---

* Die Nazis vertraten die wissenschaftlich längst widerlegte Lehre, wonach verschiedene Menschenrassen (»nordisch«, »ostisch« = slawisch, jüdisch) von Geburt an durch Aussehen (Nasen, Lippen, Augen, Kopf- und Körperform) unterscheidbar und stereotyp auf bestimmte Verhaltensweisen festgelegt

In den Räumen, die Dachau-Experte Zámečník später als das »anthropologische Museum« bezeichnete, vermaßen Becker und seine Mitarbeiter die »Köpfe jener Gefangener, die durch körperliche Gebrechen oder besonders charakteristisches Aussehen auffielen«, nahmen Gesichtsmasken ab und formten danach Köpfe aus Gips, wie die Becker-Biografin Elisabeth Jauk schreibt.

Der Autorin ist klar, dass diese »Tätigkeit, die Existenz des Museums überhaupt, die Menschenwürde noch weiter untergrub«. Im Gesamtzusammenhang der Mordmaschine Konzentrationslager sei das Museum aber ein Ort gewesen, wo sich Modell sitzende Gefangene von den Qualen des Arbeitseinsatzes ein paar Stunden erholen konnten. Dann zitiert Jauk aus einem Text Beckers, in dem er das Museum gar als »Rekreationsraum für Österreicher« bezeichnet, »in dem ebenso heimliche Gottesdienste wie Zusammenkünfte der Kommunisten stattfanden«. Der ewige Optimist Becker habe versucht, jeder Lebenslage, so auch dieser, positive Aspekte abzugewinnen.

So sah es, nach einigem Zögern, auch Viktor Matejka, nach 1945 kommunistischer Kulturstadtrat von Wien. Das rassistische Konzept des Museums, das seiner Beobachtung nach darin bestand, sogenannte »Moulagen«, lebensgroße Abgüsse von Körperteilen, von vor allem jüdischen Gefangenen zu nehmen, war ihm natürlich zutiefst zuwider. Becker und seine Mitarbeiter betrachtete er dagegen als »Glückspilze«. Sie »blieben im Lager, während die anderen ausrücken mussten, in die Kiesgrube, den Steinbruch oder zum Abtragen einer Ruine«.[27]

Becker sei als »wiffer« Kerl, also als schlauer Mensch, in diesem Museum der Anführer gewesen, sagte Matejka. Und: »Ich habe den

---

wären. Für Hitler ließ sich »die gesamte Menschheitsgeschichte als fortwährender Rassenkampf erklären«. Juden wurde von der NS-Propaganda unterstellt, kriegstreiberische Verschwörer zu sein. (Quelle: Holocaust-Enzyklopädie des United States Holocaust Memorial Museums, Washington D.C. 2019)

Becker sehr gern gehabt. Wir hatten ganz entgegengesetzte politische Auffassungen, aber als Menschen waren wir einander durchaus sympathisch.«

Manches kam dem Linksdenker Matejka dennoch seltsam vor. So habe sein Freund gewünscht, als »von Becker« angesprochen zu werden, obwohl ihm dies im Lager zusätzliche Unannehmlichkeiten schaffen konnte. Überhaupt seien Becker und seine beiden engsten Museumsmitarbeiter Hans Pernter und Emil Oswald »eingeschworene Monarchisten« gewesen, die Österreichs Rettung darin gesehen hätten, dass »man den Otto von Habsburg wieder holt«.

Von Becker wissen wir, dass er die Monarchie als Staatsform schätzte. Offizielle Forderungen nach einer Restauration der Habsburger sind von ihm aber nicht bekannt. Ähnlich liegt der Fall bei Hans Pernter. Der 1887 geborene Sohn eines Meteorologen und Erdbebenforschers studierte Geografie und Physik, wurde dann aber Ministerialbeamter im Kulturbereich. In dem mit der Monarchie liebäugelnden »Ständestaat« gehörte er als »Antiliberaler« zur Leitung der »Vaterländischen Front« und war von 1936 bis 1938 Schuschniggs Unterrichtsminister, was ihn zu einem der höchstrangigen politischen Gefangenen in Dachau machte. Er überlebte, gehörte 1945 zu den Gründern der konservativen Volkspartei ÖVP und war dann Parlamentsabgeordneter.

Als Erz-Monarchist begann dagegen der Dritte im Bunde. Emil Oswald, 1897 im heute burgenländischen Pinkafeld geboren, war sogar Vizepräsident im legitimistischen »Reichsbund der Österreicher«. Er spielte 1921 auch bei dem verunglückten Versuch des 1918 abgesetzten Kaisers Karl eine Rolle, in Ungarn die Königskrone zurückzuerobern. Karl hatte 1916 nach dem Tod seines 68 Jahre lang herrschenden Großonkels Franz Joseph den Kaiser- und Königsthron Österreichs und Ungarns geerbt. Nach der Niederlage 1918 hatte er auf eine Teilnahme an den Staatsgeschäften verzichtet, aber nicht formell abgedankt.

Im Schweizer Exil redeten ihm Ratgeber ein, dass sich »das ungarische Volk bei seinem Erscheinen spontan auf seine Seite schlagen werde«, wie es in einer Spurensuche zu dieser »Randnotiz der Weltgeschichte« heißt.[28]

Karl unternahm zunächst im März 1921 in Budapest einen »Putschbesuch« beim Reichsverweser Horthy, der ihn aber kalt abwies. Im Oktober flog er von einem Flughafen bei Zürich nach Ödenburg (heute Sopron) südlich des Neusiedler Sees. Von dort fuhr er in den 70 Kilometer entfernten Ort Kenyeri, wo ihn am Abend nahe »einem Wald bei einer Brücke« der Generalmajor Anton »Lehár und dessen Adjutant Hauptmann Oswald« erwarteten, wie es in einer Tagebucheintragung Karls heißt.[29]

Anton Lehár, ein Bruder des Operettenkomponisten Franz Léhar, kommandierte ein königstreues Infanterieregiment, das mit Karl auf das 200 Kilometer entfernte Budapest losmarschierte. »Bei den später erfolgten Gefechten waren über 19 Tote zu beklagen – sonst könnte unbeschwert von einem Operettenputsch die Rede sein: Zahlreiche Gottesdienste, Treueschwüre und kleine Defilees hatten den Marsch auf Budapest erheblich verzögert, das Überraschungsmoment war schnell verspielt, der Restaurationsversuch nach wenigen Tagen gescheitert, Karl am Ende – und in ganz Europa schüttelte man den Kopf«, heißt es im Bericht der »Neuen Zürcher Zeitung«. Bei dem versuchten Staatsstreich in Ungarn, bei dem auch der Pinkafelder Emil Oswald eine Rolle spielte, habe sich der Ex-Kaiser »wie ein Trottel« benommen, wird in den Worten von Karl Kraus ergänzt.[30]

Es gibt aber auch ein ganz anderes, viel später entstandenes Bild von Emil Oswald. Beschrieben hat es der Politikwissenschafter Christian Reder, dessen nazi-affiner Vater dem konsequenten Nazigegner Oswald nach dessen KZ-Haft einen Arbeitsplatz in seinem Holzhandel bot. »Für mich war er ein Onkel«, schreibt Reder. In seiner Erinnerung war Oswald ein »gebildeter, mit seiner lebensbejahenden

Ironie Gespräche prägender Grandseigneur mit weitläufigen internationalen Kontakten.«[31]

Reder kann sich nicht vorstellen, »dass er auf Dauer Monarchist blieb«. Für ihn war Oswald in den Nachkriegsjahren ein »dezidiert in der Gegenwart lebender, tendenziell gutgelaunter Zivilist, dessen weltoffenes Selbstverständnis ihn zum Relikt entschieden liberaler Bürgerlichkeit machte«. Über Oswalds Zeit im Konzentrationslager fand Reder eine Zeugenaussage, die nicht auf adelsnahe Arroganz hindeutet. Koloman Kovács, wegen einer Schlägerei mit Nazis nach Dachau verschleppter Arbeiter aus dem burgenländischen Oberpullendorf, erzählte, dass Emil Oswald, »in vorbildlicher Weise bestrebt gewesen sei, im Lager den Geist der Kameradschaft und des Lebensmutes aufrechtzuerhalten und sich der Schwachen und Angefochtenen anzunehmen.«[32]

Viktor Matejka erinnerte sich viele Jahre nach Krieg und Lager dunkel, dass bei dem Trio Becker-Pernter-Oswald im Lagermuseum öfters ein vierter Mann zu sehen war, dessen Namen er aber vergessen habe. Becker-Biografin Elisabeth Jauk forschte ihn aus. Es handelte sich höchstwahrscheinlich um Raoul Bumballa, der es mit der ihm eigenen Überzeugungskraft geschafft hatte, im Lager größere Bewegungsfreiheit als andere zu haben.

Wie ihm das gelang, ist nicht ganz klar. Es ist davon die Rede, dass er sich der SS als journalistischer Star-Interviewer und Mitarbeiter der Londoner »Times« präsentierte. Falls er zu Schaden komme, werde das für das Deutsche Reich negative propagandistische Auswirkungen haben. Wenn das stimmt, so passt es durchaus zur Unverfrorenheit, mit der sich Bumballa sonst durchs Leben laviert hatte.

Raoul Bumballa wurde wie Hans Becker im September 1895 geboren. Er stammt aus der schlesischen Stadt Troppau (heute das tschechische Opava), wo seine Eltern ein Bestattungsunternehmen besaßen. Zunächst besuchte er eine Handelsakademie und meldete sich dann, ebenfalls wie Becker, 1914 als »Einjährig-Freiwilliger« zum

Dienst bei der Armee. Doch dann kam der erste Bruch im Gleichklang: Bumballa fiel bei der Prüfung zum Reserveoffizier durch und blieb bis zum Kriegsende im niedrigen Rang eines Zugsführers.

1915 erlitt er bei einer Granatenexplosion Verletzungen an Kopf und Gehör. Er wurde vom Fronteinsatz abgezogen. 1918 studierte er in Wien Jus, wiederum parallel mit Becker, der ihn offenbar schon damals kennenlernte. Aber: »Das Doktorat, welches er seit Anfang 1921 nachweislich führte, hatte er nie erworben«, schrieb der Historiker Oliver Rathkolb in einer ausführlichen Arbeit über den »Nonkonformisten« Bumballa.[33]

Bei anderen Gelegenheiten bezeichnete sich Bumballa auch als »Weltkriegsoffizier, als solcher durch Kopfschuss schwer verwundet«. Für Rathkolb wird darin sein Bestreben deutlich, »von der Elite akzeptiert zu werden«.

Nach einem kurzen Zwischenspiel als Gesellschafter einer Bank in Innsbruck 1921/22 verliert sich seine Spur. Das nächste Dokument, das Rathkolb zu Bumballa fand, stammt aus dem Jahr 1928. Darin bestätigt ihm das Kreisgericht in Mährisch-Ostrau, »dass seine Vorstrafe vom Dezember 1922 wegen Betrugs« – drei Monate Haft bedingt – inzwischen getilgt sei.

Jahre später erklärte Bumballa, dass er viel gereist sei, von London bis Tokio, dass er Hitler und andere Größen interviewt und dann anti-nationalsozialistische Artikel publiziert habe. An Nachweisen zu finden war davon nichts, auch nicht von der behaupteten Zusammenarbeit mit der Londoner »Times«. Erst für 1938 war es Rathkolb möglich, »konkrete Informationen über Bumballa anzubieten: Er muss in irgendeiner Form als Journalist mit der Vaterländischen Front und dem Bundespressedienst kooperiert haben.«

Diese Nähe zur »vaterländischen« Propaganda und damit zu Hans Becker war es auch, die zu seiner Deportation ins KZ Dachau führten. 1938 hatte Bumballa eine Brieftasche als gestohlen gemeldet. Ein Polizist erhielt die Brieftasche – ohne Geld – zugestellt; er retournierte sie samt dem darin enthaltenen Telefonverzeichnis an Bumballa. Was dieser nicht wusste: Der Polizist war ein illegaler Nazi, der Bumballa und seine verdächtigen Kontakte nach dem Anschluss der Gestapo meldete. Diese unmittelbare Vorgeschichte macht verständlich, warum Bumballa im KZ das Vertrauen Beckers genoss.

Hans Becker und seine Freunde dachten in der Lagerhaft nicht nur über die Zukunft Österreichs nach. Trotz der permanenten Lebensgefahr schmiedeten sie Pläne, um die Naziherrschaft zu beenden. Es musste ihnen bewusst sein, dass aufgeflogenen Verschwörern die schlimmsten Qualen drohten. Trotzdem wurden bei ihren Gesprächen »Fragen der unterirdischen Kampftaktik erörtert«, wie Becker später schrieb.[34]

Da unter den Gefangenen Kommunisten waren, die Erfahrung im Untergrundkampf hatten, aber auch Polizisten, die auf der Gegenseite gestanden waren, hätten die gemeinsamen Besprechungen »ein sich ergänzendes ausgezeichnetes Schulungsmaterial« ergeben. Es wurde an ausgesuchte Häftlinge weitergegeben, die es nach einer Entlassung anwenden sollten. Beckers Ziel: »Jeder Entlassene musste zum Kern einer Widerstandszelle werden, müsste innerhalb seines Wirkungsbereiches alle Möglichkeiten, gegen den Nazismus zu wirken, ausnützen.«

Da immer wieder neue Häftlinge ins Lager kamen und Informationen von draußen mitbrachten, konnten die Verschwörer ihre »Technik des Widerstands« laufend anpassen. Ehe die wichtigsten Teilnehmer an diesen Treffen in andere Lager verschleppt wurden, legten sie ihre »Hauptpunkte« fest:

1. Zersetzung der deutschen Militär- und Zivilstellen, des deutschen Sieg- und Widerstandswillens.

2. Herstellung von Verbindungen mit dem Ausland.

3. Ausbau der eigenen Widerstandskräfte unter der Voraussetzung, die eigenen Leute nicht zwecklos dem engmaschigen Überwachungsnetz des Dritten Reiches zu opfern.[35]

In Dachau fand ihre Untergrundarbeit wenige Wochen nach dem Beginn des Zweiten Weltkriegs am 1. September 1939 zunächst ein Ende. Das Lager wurde für einige Monate von den politischen Häftlingen geräumt. Auf dem Gelände wurde eine SS-Division militärisch ausgebildet.

Die Häftlinge wurden auf andere Konzentrationslager aufgeteilt, mehr als 2.000 kamen nach Buchenwald bei Weimar, knapp tausend nach Flossenbürg östlich von Nürnberg und 1.600 nach Mauthausen östlich von Linz. Die Todesrate war in all diesen Lagern höher als in Dachau.

Im Lager Buchenwald stand eine angeblich schon von Goethe geschätzte Eiche. Von Goethes Humanismus hatten sich allerdings nicht einmal Spurenelemente erhalten. Rasch erkannte dies der schon im Herbst 1938 nach Buchenwald überstellte frühere Sportreporter Maximilian Reich, jener Mann, der den »Prominententransport« von Wien nach Dachau am 1. April 1938 so eindringlich geschildert hatte. Im Vergleich zu Buchenwald »war Dachau fast eine Sommerfrische«, schrieb Reich wenige Monate später. In Buchenwald wurde selbst auf die »formale Andeutung eines Verfahrens verzichtet«. Reich erhielt noch vor Kriegsbeginn die Chance, aus dem KZ entlassen zu werden, wenn er sich zur Emigration verpflichtete. Er kam nach England, wo er mit seiner Ehefrau und den beiden Töchtern zusammentraf. Als einer der ersten KZ-Überlebenden schrieb er im Sommer 1939 seine Erfahrungen mit der »Mörderschule Konzentrationslager« nieder. Er fand für seinen als Weckruf gedachten Bericht jedoch in der chaotischen Phase um den Beginn des Zweiten Weltkriegs keinen Verleger.[36]

Reichs Tochter Gertraude heiratete nach dem Krieg Hugo Portisch, der Österreichs renommiertester Journalist wurde. 1992 übergab Portisch das Original der KZ-Erinnerungen seines Schwiegervaters Maximilian Reich an das Dokumentationsarchiv des österreichischen Widerstands in Wien.

Hans Becker gehörte Ende September 1939 zu den hundert politischen Häftlingen aus Österreich, die zusammen mit 1.500 anderen Gefangenen von Dachau nach Mauthausen geschafft wurden. Dieses Mal fuhren sie in übervollen Viehwaggons. Für die 300 Kilometer brauchte der immer wieder anhaltende Zug 24 Stunden. »Der Durst quälte uns, denn Trinkwasser hatte die SS für uns Untermenschen nicht vorgesehen«, beklagte sich einer von Beckers Leidensgenossen. »Dafür froren wir in der Nacht umso hartnäckiger, denn die animalische Wärme reichte bei den schlecht ernährten Körpern nicht aus.«[37]

Familie auf der Flucht

Nahe und entferntere Angehörige hatten vom Leid der KZ-Häftlinge nur eine vage Vorstellung. Oft war nicht einmal klar, ob jemandem, der nach dem »Anschluss« im März 1938 plötzlich verschwand, die Flucht ins Ausland geglückt, ober er verhaftet oder verstorben war. Beckers Neffe Alois, der als österreichischer Bundesheersoldat von der Deutschen Wehrmacht übernommen worden war, saß im Frühjahr 1938 in der Breitenseer Kaserne im Westen Wiens. Eines Tages rief ihm ein Kamerad zu: »Deinen Onkel haben sie erwischt!« Dann zog er ein Exemplar der Zeitschrift »Das Schwarze Korps« hervor, in dem ein Foto Hans Beckers, garniert mit »sehr gefährlichen Beschuldigungen« zu sehen war, wie sich Alois Becker ein halbes Jahrhundert später erinnerte.[38]

Tatsächlich war am 21. April 1938 im »Schwarzen Korps«, der Zeitung der SS, unter dem Titel »… doch sie leben alle noch« ein vor Hohn triefender, ganzseitiger Bericht über verhaftete Funktionäre des »Ständestaats« erschienen. Unter acht vom »Lichtbildner« der Zeitung eigens angefertigten Porträts verängstigt dreinsehender, zum Teil unrasierter Männer, standen kurze Schmähtexte. Über Beckers Mentor Eduard Ludwig hieß es, er »wurde mitten in den Vorbereitungen zu Schuschniggs Wahlbetrug überrascht. Der Kummer über

Am Pranger des »Schwarzen Korps« der SS: Richard Alexander, Hans Becker, Alfons Gorbach, Karl Maria Stepan (von rechts oben nach links unten)

diese Störung ist ihm noch anzusehen. So furchtbar wie sein Bart war auch seine Lügenproduktion über Deutschland. Er log mit am besten, deshalb wurde er auch Bundespressechef.«

Im Haupttext stellten sich die Nazis als äußerst großmütig da. »Wollten wir der Auslandsjournaille Glauben schenken, so müssten die Stützen des Schuschnigg-Systems allesamt mehr oder weniger freiwillig das Zeitliche gesegnet haben. Diese Galerie schöner Männerköpfe beweist das Gegenteil. Die Herren sehen zwar wenig hoffnungsfroh in die Zukunft … doch sie leben alle noch.«

Ihre Verhaftung diene dem eigenen Schutz vor Selbstmord und vor den Angriffen ihrer Opfer, hieß es da im Einklang mit der offiziellen, aber verlogenen Definition von Schutzhaft: »Sie leben nicht zuletzt deshalb, weil man ihnen die Hosenträger, die Krawatten und die Rasiermesser weggenommen hat und alle sonstigen Utensilien, die ein Feigling gebrauchen kann, wenn er sich vor seinen irdischen Richtern seitwärts in die Büsche schlagen will.«

Dann stellt das Leibblatt der SS die früher in Österreich illegal agierenden Nazis als arme Opfer und die abgebildeten »Ständestaatler« als Verbrecher dar, die »ein ganzes Volk knechteten und schändeten«. Sie würden »den Nationalsozialisten noch einmal dankbar sein für die Fürsorge, mit der man sie am Leben erhält.« Denn: »Es sitzt sich gut hinter Gitterfenstern, wenn man draußen stündlich einem Mann begegnen kann, dessen Bruder oder Sohn man ermorden ließ, den man selbst in den Kerker warf, den man aus Arbeit und Brot jagte, dessen Familie man an den Bettelstab brachte oder der heute noch die Spuren von Peitschenhieben und die Brandmale von Folterwerkzeugen an seinem Körper trägt. Das Wort von der Schutzhaft ist ja wahrlich angebracht.«

Über Hans Becker, rechts unten auf der Zeitungsseite im Profil abgebildet, steht zu lesen, der »Referent der Vaterländischen Front hat jetzt reichlich Gelegenheit darüber nachzudenken, dass es doch keinen Sinn hatte, als er sich nach dem Abkommen des Führers mit Schuschnigg unter den Augen der Regierung in aller Öffentlichkeit auf schärfste gegen dieses Abkommen, den Führer und die Bewegung wandte. Selbst im Rundfunk konnte er seine Brandreden halten, ohne dass ihm Herr Schuschnigg das Wort entzog, was er hätte tun müssen, wenn er das getroffene Abkommen ehrlich hätte einhalten wollen.«

Oberhalb des Porträts von Becker prangt ein Foto von Richard Alexander, Kommandant des »Sturmkorps«, einer von Schuschnigg aufgestellten paramilitärischen Organisation, die sich in der äußerlichen Erscheinung ausgerechnet die SS zum Vorbild genommen hatte. Im SS-Blatt hieß es über das »vaterländische Sturmkorps«, dass dessen »Mitglieder zu den brutalsten Schlägern gehörten, die sich jede Brutalität gegen Nationalsozialisten erlauben durften.« Und:

»Der Traum ist aus und Alexander macht ein Gesicht, als sänne er darüber nach, wie man als Minderheit von 0,25 von Hundert eine Mehrheit von 99,75 von Hundert erwürgen könnte. Er weiß ebenso wenig wie seine Freunde, dass ihn die Auslandsjournaille schon totgesagt hat.«

Nach der Behauptung einer Totalunterstützung für Hitler in Österreich und dem weiteren Verweis auf die Auslandspresse, für die der »Lebensbeweis« der politischen Häftlinge wohl auch gedacht war, rühmt das Nazi-Blatt unüberbietbar zynisch noch einmal die »großmütige« Behandlung der Feinde.[39]

Für die Angehörigen der Inhaftierten wird diese Mischung aus Entwarnung und Verhöhnung alles andere als beruhigend gewesen sein. Die Zeitung verschwieg, wo diese Österreicher allesamt festgehalten wurden – in Dachau. Aber auch Familienmitgliedern, die vom Ausmaß des Martyriums im KZ noch keine Ahnung hatten, musste aufgrund des täglichen Geschehens auf der Straße inzwischen klar sein, dass die angebliche Großmut der Nazis rasch in mörderische Brutalität umschlagen konnte.

KZ-Insassen wurde es in dieser Phase ermöglicht, in streng zensurierten Briefen oder Postkarten mit lapidaren Texten (»Ich bin gesund, es geht mir gut«) Kontakt zu den nächsten Angehörigen aufzunehmen. Auf diese Weise dürfte auch Annie Becker über den Verbleib ihres Mannes informiert worden sein. Nichte Wilhelmine berichtet jedenfalls, dass Annie sich »sehr bemüht« habe, »ihn aus Dachau heraus zu kriegen«.[40]

Wilhelmine rückte in diesen Tagen Annie und deren älterer Schwester Helene näher. Diese waren von den Nazis als Jüdinnen eingestuft wurden, auch wenn sie der jüdischen Religionsgemeinschaft längst nicht mehr angehörten. Die Nichte zog dann auch in deren Haus in der Zehenthofgasse 31 in Wien-Döbling ein und verbrachte die Kriegsjahre dort – wohl auch, um eine »Arisierung« durch Familienfremde zu vermeiden.

Helene Lieser, die einen gut dotierten Job beim österreichischen Bankenverband hatte, wurde entlassen. Ihre Schwester Annie saß ohne den verhafteten Ehemann mit dem zweijährigen Sohn, den sie »Klausie« rief, verzweifelt in der Döblinger Wohnung. Die Schwestern hatten, wie alle Jüdinnen und Juden, Vermögenserklärungen abzugeben. Helene musste dabei auch ihren breit gestreuten Aktienbesitz der Deutschen Reichsbank zum Verkauf anbieten.[41]

Den Schwestern wurde klar, dass sie die Emigration vorbereiten mussten. Treibende Kraft und Unterstützerin Annies scheint Helene gewesen zu sein, »eine sehr gescheite Frau, die auch viele Verbindungen hatte«, wie sich Wilhelmine Zallmann erinnerte.

Von ihrer 63-jährigen Mutter Henriette Amalie Lieser, einst die engste Freundin Alma Mahlers, sind keine Auswanderungsbemühungen bekannt. Die Nazis setzten aber natürlich auch diese als Lilly Lieser bekannte Kunstmäzenin unter Druck. Ihre Vermögensaufstellung weist Immobilienbesitz auf, darunter am Semmering und in der Wiener Argentinierstraße. Dazu kamen teure Bilder, etwa vom französischen Postimpressionisten Maurice Utrillo, und wertvolle Musikinstrumente. Sie besaß Patente (»zum Haltbarmachen von Fruchtmaischen oder Obstsätzen«) und Aktien (z. B. von der Creditanstalt-Bankverein, IG Farben und Humanic). Ihre Häuser musste sie verkaufen.[42]

Für das Haus in der Argentinierstraße 20, ihren Hauptwohnsitz, fand sich Ende 1939 ein Käufer: Egmond Rüdiger Prinz zur Lippe-Weißenfeld. Der deutsche Wehrmachtsoffizier und Kampfpilot gestattete es Lilly wenigstens, im Haus wohnen zu bleiben.*

Während die Mutter trotz einer ungewissen und bedrohlichen Zukunft in Wien ausharrte, unternahmen ihre Töchter weitere Schritte Richtung Ausreise. Annie nahm zu Verwandten in Paris

* Lippe-Weißenfeld kam im März 1944 ums Leben, als seine zweimotorige Messerschmitt Bf 110 bei einem Nachtflug über Belgien abstürzte.

Kontakt auf, Helene wollte nach Genf, wo ihr einstiger Lehrer, der Nationalökonom Ludwig von Mises, seit 1934 ein Forschungsinstitut leitete. Die bis dahin unverheiratete Helene meldete im November 1938 den Behörden ihre Eheschließung mit einem gewissen Karl Berger, der einen jugoslawischen Pass besaß. Ab diesem Zeitpunkt nannte sie sich Helene Berger-Lieser. Von ihrem Mann ist wenig bekannt, außer der Staatsbürgerschaft, die damals automatisch auf die Ehefrau überging und angesichts der Judenverfolgung einen gewissen Schutz bot.[43]

In der Lebensgeschichte Ludwig von Mises', die dessen Ehefrau Margit niederschrieb, wird Helenes Fall offen erörtert und eingeordnet: »Als Hitler in Wien einrückte und sie Schwierigkeiten hatte auszuwandern, heiratete sie einen ihr fast unbekannten Mann. Es gab viele solcher Ehen, die faktisch nur Scheinehen waren und nie vollzogen wurden. Ein Mann, der eine Frau unter diesen Bedingungen heiratete, verlangte eine große Summe Geldes für seinen Namen und seine Dienste und fühlte sich obendrein noch als Wohltäter, weil er es der Frau auf diese Weise ermöglichte, Österreich zu verlassen. Sobald seine ›Frau‹ im Ausland war, reichte er die Scheidung ein. Öfters hatten diese Scheinehen unangenehme Erpressungen zur Folge.«[44]

»1938 war die Ausreise für Juden und Jüdinnen aus Wien bereits schwierig, Ehefrauen von Ausländern hatten es da einfacher«, schreibt auch die Politologin Irene Messinger, die zum Thema »Scheinehe« geforscht hat.[45] Damals seien speziell von selbstständigen Frauen solche Ehen »zu Hunderten« geschlossen worden.

In Genf fand Helene im Umfeld ihres früheren Lehrers Ludwig von Mises Arbeit und privaten Kontakt. Als eine der begabtesten Teilnehmerinnen an dessen Wiener Privatseminar brauchte »Lene«, wie sie dort genannt wurde, »niemals auf eine Einladung zu warten, sie kam und ging nach Belieben«, hielt Margit von Mises fest.[46]

Helene, die ihr »von den Zeitumständen deutlich mitgenommen« zu sein schien, blieb bis Kriegsende in der Schweiz. Margit und Ludwig von Mises emigrierten dagegen 1940 weiter in die USA, obwohl der marktradikale Nationalökonom in New York zunächst einen schweren Stand hatte.

Diese US-Metropole hatten im Dezember 1939 auch Annie und ihr kleiner Sohn Klaus erreicht. Sie waren über Frankreich nach England weitergereist, im britischen Southampton an Bord des Ozeandampfers »Pennland« gegangen. Vor der New Yorker Freiheitsstatue traf das Schiff am 23. Dezember 1939 ein. Annie und ihr Sohn reisten weiter nach Los Angeles, wo ihre enge Freundin Luzi Korngold schon 1934 eingetroffen war. Deren Ehemann Erich Wolfgang Korngold, in Wien ein gefeierter Tonsetzer der Moderne, war es geglückt, auch als Filmkomponist in Hollywood Erfolge zu feiern. Gute Kontakte erlaubten es ihm, seinen Eltern die Ausreise in die USA zu ermöglichen. In welcher Weise die Korngolds dabei auch Annie Becker unterstützten, ist nicht bekannt.

Annie fand jedenfalls eine Bleibe in der Rosewood Avenue 8749 in West Hollywood. Trotz des glamourösen Namens des Stadtteils liegt diese mit Palmen und Eukalyptusbäumen gesäumte Straße wenig spektakulär in einem gemischten Wohn- und Gewerbegebiet. An Annies Adresse steht heute, hinter einer akkurat gestutzten Hecke halb verborgen, ein flacher Bungalow, den Bananenstauden überragen.

1940 trafen zwei weitere alte Bekannte in Los Angeles ein: Alma Mahler und Franz Werfel. Diese hatten, wie viele Künstlerinnen und Künstler sowie Intellektuelle, zunächst in Südfrankreich Schutz vor den Nazis gesucht. Doch als die Wehrmacht in Frankreich einmarschierte und Paris besetzte, bemühten sie sich um Visa für die USA und machten sich auf die beschwerliche und abenteuerliche Reise. Im mühsamen Fußmarsch überquerten sie die Pyrenäen, fuhren weiter nach Madrid und Lissabon, wo sie ein Schiff nach New York nahmen.

In Los Angeles bezogen die Werfels zunächst ein Haus in einem Villenviertel der Hollywood Heights, acht Kilometer von Annie entfernt. Als sie später eine stattliche Residenz am North Bedford Drive in Beverly Hills bezogen, halbierte sich die Distanz auf vier Kilometer. In Los Angeles, dieser schon damals riesigen Stadt, lebten sie nur wenige Autominuten voneinander entfernt. Alma belebte bald wieder ihren Salon, sie traf aber nicht nur Prominente. »Mit Annerl, diesem mutigen, fabelhaften Menschen, bin ich viel zusammen«, sagte sie später über Annie Becker. Allerdings müsse sich die wenige Jahre zuvor in Europa noch gefeierte Tänzerin »sehr plagen«, um in den USA durchzukommen. Gegenüber den Behörden gab Annie als ihren Beruf nun »Dressmaker« an, also Schneiderin. Der Aufenthaltsort ihres Mannes Hans sei »unknown«, unbekannt.

Unter Arbeitssklaven

Hans Becker verbrachte das gesamte Jahr 1940 im Konzentrationslager Mauthausen östlich von Linz, in das er Ende 1939 aus Dachau verlegt worden war. »Als wir in der Dunkelheit am Bahnhof von Mauthausen eintrafen, wurden wir von der SS in der gewohnt brutalen Art aus den Waggons geprügelt«, berichtete Becker 1945 seinen amerikanischen Befreiern über die Ankunft im Lager.[47]

Durstig und ausgehungert wankten die Gefangenen durch die hügelige Landschaft, die Dunkelheit wurde von den Scheinwerfern der Begleitfahrzeuge ihrer SS-Prügelgarde nur unzureichend erhellt. Wer stürzte und leblos liegen blieb, wurde am Ende des Zuges aufgelesen und auf die Ladefläche eines LKWs geworfen.

Der fünf Kilometer lange Weg mündete in den Steinbruch »Wiener Graben«, den Mittelpunkt des KZ. Zum ersten Mal erklommen die Neuankömmlinge die »Todesstiege« hinauf zum eigentlichen Lager, berichtete Becker. In einer geschwungenen Kurve führten 186 verschieden hohe, kräfteraubende und zum Stolpern verführende Stufen 30 Meter nach oben. Rechts gähnte ein fünfzig Meter tiefer Abgrund, den die SS höhnisch als »Fallschirmspringerwand«

KZ Mauthausen bei der Befreiung im Mai 1945

bezeichnete. Verzweifelte Gefangene sprangen hier in den Tod, andere wurden von der SS hinuntergestoßen.[48]

Die aus Dachau Eingetroffenen marschierten weiter ins ummauerte, mit elektrisch geladenem Stacheldraht gesicherte Lager vorbei an Baracken bis zum Appellplatz. Dort nahmen sie zwei Sadisten in Empfang: Franz Ziereis, der Kommandant der gesamten Anlage, und sein »Schutzhaftlagerführer« Georg Bachmayer. Im Vergleich zu Dachau waren die Bestrafungen in Mauthausen »weniger zeremoniell, aber dafür intensiver«, berichtete Becker. Manche Gefangene, denen irgendwelche Verfehlungen vorgeworfen wurden, erhielten mehr als hundert Schläge mit Peitschen aus Drahtseilen, die mit Leder überzogen waren. Die wenigsten überlebten diese Tortur. »Bachmayer hatte besondere Freude daran, am Prügeln selbst teilzunehmen«, erinnerte sich Becker. Zusätzlich hetzte der »Lagerführer« auch noch einen scharfen Hund auf die Gefangenen.

Becker und seine Leidensgenossen sahen sich in ihrer Ansicht bestätigt, einer Truppe hirnloser Sadisten ausgeliefert zu sein. Doch das Konstrukt Mauthausen war alles andere als primitiv. Das KZ samt seinen Nebenlagern im Süden und Osten Österreichs, deren Anzahl im Lauf der Jahre auf fast 50 stieg, existierte als Teil eines ausgetüftelten und millionenschweren Wirtschaftsunternehmens auf dem Rücken von Arbeitssklaven.

Begonnen habe alles »mit der Gründung einer GmbH«, schreibt der Wiener Mauthausen-Überlebende Hans Maršálek (1914–2011) in seinem Buch über die Geschichte des Lagers. 1938 errichtete eine Gruppe in der Führung von Wirtschaftsunternehmen bewanderter SS-Männer in Berlin die »Deutsche Erd- und Steinwerke GmbH« (DEST), die große Ziegeleien und Granitsteinbrüche erwarb, um Hitlers wachsenden Bedarf an Baumaterial zu stillen.[49]

Sein Leibarchitekt Albert Speer hatte den Auftrag, in Berlin und anderen Städten des Deutschen Reichs monumentale Protzbauten zu errichten. Mit faschistischer Architektur herausgeputzt sollte auch die »Führerstadt« Linz werden, in der Hitler seine Jugend verbracht hatte.

Hauptsächlich deswegen erwarb die SS-Firma DEST den »Wiener Graben« und einen zweiten Granitsteinbruch nahe Mauthausen, die zuvor der Stadt Wien gehörten. Weitere Steinbrüche wurden im nahen Gusen gepachtet.

Bereits im Mai 1938 begann in Mauthausen der Granitabbau, zuerst mit zivilen Arbeitskräften. Im August kamen die ersten Gefangenen aus Dachau, denen weitere Transporte folgten. Zunächst wurden einige hundert sogenannte »Asoziale« überstellt, darunter »Berufskriminelle« sowie Roma aus dem Burgenland, denen die ersten »Politischen« folgten. Zusammen errichteten sie noch 1938 die ersten vier Baracken des Lagers, im Jahr darauf kamen 16 weitere dazu.[50]

Finanziert wurde die Expansion mit hohen Krediten aus dem Budget Albert Speers, mit dem die DEST umfangreiche Lieferungen von Baumaterial für eine Laufzeit von zehn Jahren vereinbart hatte: »Millionen von Quadern, Gehsteigkanten, Grundbausteinen, Treppenstufen, Granitsockeln, Rand- und Bordsteinen«, sowie »Tausende Waggonladungen von Pflastersteinen und Granitwürfeln«, so Maršálek.

Als der Krieg dann doch nicht nach den Wünschen der Nazis verlief, hatten sie es mit der Errichtung von Prachtbauten nicht mehr eilig. Stattdessen zogen sie an vielen Orten des »Reichs« Außenstellen zum Teil privater Rüstungsfirmen hoch. Um die »Einberufungen zur Wehrmacht wettzumachen« beschloss Hitler, die immer größer werdende Menge von neu ankommenden Häftlingen für die Kriegsindustrie zu nutzen, wie Maršálek schreibt.

Logistisch war dieses Herumgeschiebe zigtausender Gefangener natürlich nicht mit Block und Bleistift in den aus vielen Erzählungen und Filmen bekannten »Schreibstuben« der Konzentrationslager zu bewältigen. Die Nazis setzten zur Erfassung und Verarbeitung der Häftlingsdaten vielmehr auch in Mauthausen die damals modernste Technologie ein: die nach dem amerikanischen Erfinder und IBM-Gründer Herman Hollerith benannten Lochkarten. Die deutsche IBM-Tochter Dehomag lieferte Lochkartenstanzer, »Tabelliermaschinen« genannte Rechner und Drucker auch an die »Hollerith-Abteilungen« von Konzentrationslagern und wartete sie dort.[51] Ohne diese IBM-Geräte wären die KZ-Verwalter nicht in der Lage gewesen, Zu- und Abgänge sowie Arbeitseinsätze einer derart großen Zahl von Gefangenen administrativ zu bewältigen, schrieb der investigative US-Reporter Edwin Black, der diese Zusammenhänge 2001 im vollen Umfang aufgedeckt hat.*

* Im United States Holocaust Memorial Museum in Washington habe ich eine derartige Tabelliermaschine der Firma Dehomag schon in den 1990er-Jahren ausgestellt gesehen. IBM bestritt die Verwendung des Hollerith-Systems durch die Nazis nicht, erklärte zu den Vorwürfen aber, dass die IBM-Tochter Dehomag wie viele anderen Firmen in der Kriegszeit unter deutscher Kontrolle gestanden sei.

Die »Vermietung« von Häftlingen an die SS-Firma DEST, an staatliche oder private Rüstungsbetriebe wurde ebenfalls genau abgerechnet, berichtet Hans Maršálek in seinem Standardwerk über Mauthausen. Die Höhe des Entgelts betrug für SS-Betriebe zunächst 0,30 Reichsmark (1,74 Euro) pro Gefangenen und Tag. Damit sollten die Kosten des Konzentrationslagers gedeckt werden. Im Verlauf des Kriegs wurden die Beträge erhöht.

Das ging sich klarerweise nicht aus, entsprach aber der geheimen Absicht des Naziregimes, zu Feinden erklärte Menschen durch Hunger, extrem anstrengende Arbeit, mangelnde Hygiene und Krankenbetreuung sowie durch drakonische Strafen physisch zu vernichten.

All das bekamen Hans Becker und seine Mithäftlinge sofort zu spüren. »Als erstes stellten wir fest, dass die Lebensmittelrationen im Vergleich zu Dachau drastisch limitiert waren«, berichtete Becker nach Kriegsende. Gleichzeitig beobachteten sie, dass es unter den Häftlingen neben extrem abgemagerten auch »gut genährte Individuen« gab. Beckers Schlussfolgerung: »Es musste zügellose Korruption unter den Gefangenen geben.«

Die offiziellen Rationen sahen so aus: Nach dem Wecken um 4.45 Uhr (im Winter eine Stunde später) gab es einen halben Liter dünnen Kaffee, zu Mittag Gemüsesuppe mit Kohl oder Rüben, in Wirklichkeit bloß »einen halben Liter eines trüben Wassers mit ein paar Stückchen Gemüse« und »nicht oft Kartoffeln«, berichtete Becker. Am Abend, nach dem manchmal stundenlangen Zählappell, gab es »circa 100 Gramm Wurst oder Käse«, dazu ein Achtel oder nur ein Zehntel eines Brotlaibs pro Mann.

In der Früh rückten die Arbeitskommandos gleich nach dem Zählappell aus. Facharbeiter hatten im Steinbruch große Granitquader aus der Wand gesprengt. Von Stockschlägen und Fußtritten der SS-Männer und den unter den Kriminellen rekrutierten Kapos angetrieben, zerkleinerten die Gefangenen die Blöcke mit

Presslufthämmern oder zerschlugen sie händisch mit Hammer und Meißel zu Pflastersteinen. Nur von kurzen Pausen unterbrochen, ging das so den ganzen Tag.[52]

Vor der Rückkehr ins Lager am Abend musste jeder Häftling einen schweren Brocken des grauen Granits aufheben, um ihn über die Todesstiege als Baumaterial ins Lager zu schleppen. Dabei konnten die Bewacher ihren Sadismus noch einmal voll ausleben. Sie trieben die geschwächten und stolpernden Gefangenen brutal an, nicht wenige stürzten in den Tod.

»Als erfahrener Gefangener sah ich, dass unter solchen Bedingungen die physische Energie in sehr kurzer Zeit verbraucht war«, berichtete Hans Becker. Aber Davonlaufen schied als Option aus. Stattdessen, so schilderte Becker später, habe er »die Korruptheit professioneller Krimineller ausgenützt«. Mit nicht näher beschriebenen Versprechen gelang es ihm, mit einem weiteren Häftling ins Baubüro versetzt zu werden. »Dort konnten wir sitzen, in einem geheizten Raum arbeiten und waren nicht länger den Wetterumschwüngen ausgesetzt.«

Auf Papierblättern hielt Becker mit kraftvoll hingeworfenen Strichen die erlebten Torturen im Steinbruch fest. Einige dieser Zeichnungen sind erhalten und werden vom Dokumentationsarchiv des österreichischen Widerstands immer wieder ausgestellt. Auch zu kurzen Gedichten, etwa über den Zählappell, ließ sich Becker inspirieren: »Im Taumel starren Schauens geht um der Herr des Grauens, vom Irrsinn uns geschickt. Wir warten reglos, stillgestanden, verdrückt, zerknickt. Vertierte Dummheit macht sich Späße und stößt den Absatz hart auf unsere Zehen …«[53]

Arbeit gab es im Konstruktionsbüro genug: Bis ins Frühjahr 1940 wurden die 20 Baracken des Stammlagers fertig gebaut. Gleichzeitig begannen Häftlinge mit der Errichtung eines weiteren Lagers im fünf Kilometer entfernten Gusen, wo ab April 1940 die ersten Gefangenen untergebracht wurden.[54]

Zu planen waren neben Baracken, in die man bis zu 300 Häftlinge stopfte, auch Wirtschaftsgebäude und ein Krematorium. Dazu kamen noch Unterkünfte für die SS. Für den Wachtrupp in Gusen waren 600 Mann vorgesehen, auf je zehn Häftlinge ein Bewacher.

Im Baubüro war Becker zu Jahresbeginn 1940 vor den Folterern vorerst sicher, wenn man auch nie wissen konnte, ob einen nicht ein wütender SS-Mann wegen einer Kleinigkeit zurück in den Steinbruch jagen würde. Draußen sanken die Temperaturen auf minus 25 Grad. »Unter unseren Kameraden, die nicht das Glück hatten, Architekten zu sein und die unter den Knüppeln der SS-Wachen im Steinbruch zu arbeiten hatten, unterernährt und schlecht bekleidet, während des härtesten Winters seit vielen Jahren, begann der Tod einen hohen Tribut zu fordern«, erinnerte sich Becker.

Jeden Tag wurden Menschen »halb oder ganz erfroren« vom Arbeitseinsatz in die Baracken zurückgeschleppt, berichtete Becker. Auch beim Strammstehen auf dem Appellplatz fielen Häftlinge um und starben. »In der Nacht hörte man im Bett nebenan jemanden stöhnen und am nächsten Tag lag dort eine Leiche«, so Becker.[55]

Die ausgehungerten Arbeitssklaven brachten eine bakterielle Durchfallerkrankung in die Wohnquartiere mit, eine Art Ruhr, mit der sie »fast jeden zweiten Gefangenen« infizierten, sagte Becker. Er selbst habe durch eine strikte Nulldiät zweimal diese fiebrige Diarrhö überstanden. »Sobald einer nicht mehr gehen konnte, wurde er ins Seuchenrevier gebracht, wo die Leute auf dünnen, schmutzigen Strohsäcken lagen und kaum medizinische Versorgung erhielten.« Nur wenige überlebten.

Ab April 1940 ließ der Druck auf die politischen Häftlinge in Mauthausen etwas nach, ihre Essensrationen erhöhten sich. Der Grund: Es trafen nun vermehrt Transporte mit Gefangenen anderer Nationalitäten ein, die noch schlechter behandelt wurden als sie selbst. »Zu dieser Zeit begann der große Zustrom der Polen«, berichtete Becker. »Wir Österreicher zogen uns in den Hintergrund zurück, während der schreckliche Todeskampf der Polen begann.«

Mehr als 8.000 polnische Deportierte, Juden und Nichtjuden, kamen 1940 an, die überwiegende Mehrheit wurde nach Gusen überstellt. »Das Zweiglager Gusen war somit von Anfang an ein Lager mit polnischer Häftlingsmehrheit«, heißt es in einer Forschungsarbeit.[56]

Im Sommer 1940 beobachteten Hans Becker und die anderen Bewohner des »Archipels Mauthausen« den Zustrom einer neuen Kategorie von Häftlingen, die von den Nazis »Rotspanier« genannt wurden. Bereits im Frühjahr 1939 waren in der Republik Spanien die linksgerichteten Verteidiger der gewählten Regierung nach drei Jahren Bürgerkrieg von den Nationalisten Francos besiegt worden. Eine halbe Million dieser Republikaner, darunter auch Frauen und Kinder, flüchtete nach Frankreich, wo sie interniert wurden. Tausende von ihnen wurden zum Ausbau der französischen Grenzbefestigungen eingesetzt. Als diese im Mai 1940 von der einmarschierenden Wehrmacht überrollt wurden, gerieten die Spanier in deutsche Gefangenschaft.

Aus Gefälligkeit gegenüber Spaniens Franco schickte Hitler die männlichen »Roten« nicht nach Hause – wo sie eine potenzielle Gefahr für das faschistische System gewesen wären – sondern ins KZ. Frauen und Kinder unter 13 wurden zurück nach Spanien gebracht, wo sie noch jahrelang als Volksfeinde behandelt wurden.

Im August 1940 trafen im ersten Transport knapp 1.000 Männer und junge Burschen in Mauthausen ein. Sie hatten vom KZ keine Ahnung; als sie Menschen in längsgestreifter Kleidung sahen, glaubten manche von ihnen noch, in einer Art Krankenanstalt zu sein.[57]

Im Schnellverfahren durchliefen die Neuen den üblichen »Prozess der Entmenschlichung«, wie es einer der Spanier ausdrückte. Sie wurden grob und schmerzhaft am ganzen Körper rasiert, desinfiziert und in die Häftlingskleidung gesteckt. Manches Mal spielte für

Neuankömmling die Lagerkapelle auf. Als »makabre Ironie« erklang etwa aus Puccinis Oper »Tosca« jene Arie, die der männliche Protagonist vor seiner Hinrichtung singt: »E lucevan le stelle«, »Und es leuchteten die Sterne«, in der spanischen Version als »Abschied vom Leben« (»Adiós a la vida«) bekannt. Dann begann der Alltag mit Schwerstarbeit und schlechter Ernährung.[58]

Von den 927 Männern des ersten Transports überlebten nur 73. Insgesamt kamen rund 7.000 »Rotspanier« nach Mauthausen und Gusen, von denen an die 5.000 ermordet wurden.[59]

Für die SS war der Rassenwahn nicht bloß eine Theorie. Im KZ setzten sie ihn Tag für Tag praktisch um. Und die Spanier standen lang auf der untersten Stufe der Hierarchie. »Erst mit dem Eintreffen weiterer Häftlingsgruppen wie etwa sowjetischer Kriegsgefangener und Zivilarbeiter oder jüdischer Häftlinge verbesserte sich die Stellung der Spanier«, heißt es in einer Studie.[60]

Umgekehrt bedeutete es, dass die politischen Häftlinge aus Österreich – soweit sie keine Juden waren – in der Hierarchie aufstiegen. In den Augen der Nazis waren sie ideologisch irregeleitet, aber immerhin »deutsche Volksgenossen«.

Eine mobile Stellungskommission der Wehrmacht kam nach Mauthausen, um unter den geschwächten Gefangenen gerade noch wehrfähige zu suchen. Der Häftling Erwin Gostner erinnerte sich: »Eines Abends, nach dem Zählappell, werden etwa 200 Namen verlesen. Es sind in erster Linie politische Häftlinge, Bibelforscher und wenige Asoziale« bis zum Geburtsjahrgang 1896, die sich nackt zur Musterung präsentieren mussten. Der bereits 45-jährige Hans Becker war dafür um ein Jahr zu alt. Die zum Kriegsdienst auserwählten wurden fotografiert und erhielten einen »Wehrpass« ausgestellt. Dann hörten sie von der Wehrmacht längere Zeit nichts mehr und der Lageralltag ging für sie vorerst weiter.[61]

Dem einen oder anderen Österreicher kam die frühere politische Prominenz zugute. Sie wurden aus dem KZ entlassen. Für

Hans Becker, nach wie vor im Baubüro des Lagers beschäftigt, war es zu Jahresende 1940 so weit. Doch in seinem Fall lagen die Dinge wieder einmal anders. Seine KZ-Haft ging zwar zu Ende, aber »auf Anordnung der Lagerkommandantur musste er als Zivilarbeiter bis zu Beendigung der Pläne für verschiedene Bauvorhaben im Baubüro weiterarbeiten«, wie die Becker-Biografin Elisabeth Jauk herausfand.[62]

Diese Anordnung erschien Jauk so ungewöhnlich, dass sie im Zuge ihrer Recherchen 1989 zwei damals noch lebende Leidensgenossen Beckers nach den Hintergründen befragte: den Kommunisten Hans Maršálek und den Katholiken Hermann Lein.

Maršálek war nach dem Krieg Polizeibeamter, der unter anderem Kriegsverbrecher ausforschte, außerdem führender Organisator der Gedenkstätte und der Lagergemeinschaft Mauthausen.* Der Mauthausen-Chronist erinnerte sich noch an den einstigen Mithäftling Becker. Dass er als technischer Zeichner Arbeit im Baubüro bekam, sei keine unter anderen Österreichern herausragende Behandlung gewesen. Viele dieser Gefangenen hätten sich gemeldet, um als Elektriker oder Schweißer am Ausbau des Lagers mitzuarbeiten, auch wenn sie gar keine Fachausbildung hatten, sagte Maršálek.[63]

Einer von ihnen war Hermann Lein, später Kunst-Sektionschef im Unterrichtsministerium. Der letzte überlebende der fünf ins KZ gesperrten »Innitzer-Gardisten« erinnerte sich nicht mehr an Becker, wohl aber an seine eigenen Versuche, der Arbeit im Steinbruch zu entkommen. Einmal habe er sich als Tischler beworben, sei aber sofort zurückgeschickt worden, weil er nicht einmal den Hobel richtig halten konnte. Dann bewarb er sich als Elektriker, wovon er auch keine Ahnung hatte. Sein Vorarbeiter, selbst ein Häftling, war

* Jan Marsalek, der frühere Vorstand des seit 2020 in einen Riesenskandal verwickelten deutschen Finanzdienstleisters »Wirecard«, ist übrigens ein Enkel von ihm. Jan Marsaleks Großvater »war ein hochgeachteter Held des Widerstands gegen die Nazis und ein beeindruckender Mensch«, heißt es im Buch von Georg Meck und Bettina Weiguny: »Wirecard – Das Psychogramm eines Jahrhundertskandals«, München 2021.

allerdings von den Zeugen Jehovas, »der hat das toleriert und hat mir einfache Hilfsarbeiten zugewiesen«, erzählte Lein.[64]

Zur Erweiterung des Stammlagers und der Nebenlager von Mauthausen, aber auch der Errichtung von Unterkünften für die SS, habe man die Facharbeiter so dringend gebraucht, dass sie nicht einmal nach Dachau zurückgeschickt wurden, als dort das KZ wieder aufmachte.[65]

Hans Becker rettete das wohl das Leben, urteilt seine Biografin Elisabeth Jauk. Von den 1.600 Gefangenen, die ab September 1939 nach Mauthausen kamen, schickte man 410 nach Dachau zurück, einige wurden in andere Lager verlegt. Mehr als tausend wurden umgebracht oder kamen auf andere Weise zu Tode. Von den »Politischen« aus Österreich waren in Mauthausen 1940 nur noch rund fünfzig am Leben.

Einzelne Freilassungen kamen immer wieder vor, berichtete Maršálek. Und sie betrafen nicht nur »Deutsche«. So habe man einige Slowenen und Polen, aber auch 35 französische Kriegsgefangene entlassen, die »irrtümlich als republikanische Spanier eingeliefert worden waren«.[66]

Kleine Gruppen von Österreichern kamen »aus politischen und propagandistischen Gründen frei«, so der Mauthausen-Chronist. Das konnte nach dem Besuch eines Gauleiters geschehen, oder weil »Angehörige Gnadengesuche eingereicht haben«.

Begnadigte »mussten bei der Entlassung unterschreiben, dass man über die Erlebnisse nicht sprechen werde«, berichtete Lein. Sonst drohte die Rückkehr ins KZ. Mit dem Entlassungsschein konnte man in seinen Wohnort heimkehren, manche wurden auch zum Umzug in einen anderen »Gau« verpflichtet. So gut wie alle mussten sich regelmäßig bei der Polizei melden.

Bei Hans Becker war das anders. Als »Zivilarbeiter« konnte er das Lager abends verlassen. Er bezog Anfang 1940 ein Zimmer im Gasthof Ludwig Arras am Heindlkai in der Ortschaft Mauthausen.

Während neue Transporte mit hunderten »Rotspaniern« und anderen Gefangenen eintrafen, ging Becker täglich ins Baubüro des KZ. Eine derartige Regelung »ist mir eigentlich nur von ihm bekannt«, sagte Hans Maršálek im Interview.

– 14 –
DIE »AFRIKAFORSCHERIN«

Außerhalb der Arbeitszeit im Baubüro des KZ konnte Becker im Ort Mauthausen und im Gasthaus Arras plötzlich wieder eine begrenzte Art von Freiheit genießen, zumindest die lang erträumte Rückkehr in die Zivilisation: genießbares Essen, hygienische Sanitäranlagen, zivile Kleidung und ein sauberes Bett. Zu seiner Ehefrau Annie und seinem Sohn Klaus, die der Verfolgung durch die Nazis in die USA entkommen waren, hatte er noch keinen Kontakt. Er schrieb und empfing aber etliche Briefe, unter denen eine Korrespondentin heraussticht: Etta Donner, eine Studienkollegin der Ethnologie in Wien und bereits in jungen Jahren weitgereiste, aus zahlreichen Radiosendungen und Zeitungsberichten bekannte »Afrikaforscherin«.

Einige dieser Briefe sind erhalten. Im ersten spricht die Absenderin Doktor E. Donner aus der Apollogasse 8 in Wien-Neubau den Adressaten freundschaftlich als »Lieber Hans« an und schwenkt im Lauf des Briefwechsels zur vertraulicheren Anrede »Liebes Hansel« um. In ihren Briefen bietet sie Becker – zuerst beiläufig, dann immer nachdrücklicher – die Möglichkeit an, bei ihr in Wien zu wohnen. Als Studienkollegen scheinen sie einander lang vor dem »Anschluss« näher gekommen zu sein, als Beckers Ehe mit seiner Frau Annie zu zerbrechen begann.

Doch wer war diese Etta? Geboren wurde sie als Violetta Jelinek-Donner 1911 in Wien. Sowohl ihre Mutter Elisabeth wie auch ihr Vater Gustav kamen aus Familien höherer Eisenbahnbeamter. Gustav hieß mit vollem Familiennamen Jelinek-Donner, war das uneheliche Kind einer Johanna Jelinek und wurde von deren späterem Ehemann Gustav Donner adoptiert. Gustav juniors leiblicher Vater soll ein mysteriöser »rumänischer Fürst« gewesen sein, ein Umstand, der Etta später noch einigen bürokratischen Ärger verschaffte.[1]

1925, als ihre »Etta« gerufene Tochter eine 14-jährige Schülerin des Realgymnasiums in Wien-Hietzing war, scheiterte die Ehe der Eltern. Eine Scheidung gab es für Katholiken im Österreich der Zwischenkriegszeit aber nicht. Möglich war nur eine »Trennung von Tisch und Bett«, die zudem nicht auf Dauer, sondern nur bis zu der von der Kirche erwünschten Versöhnung vorgesehen war. Eine Wiederverheiratung gab es nicht.

Ettas Eltern zeigten ihre Trennung dem Bezirksgericht Neubau am 25. Mai 1925 an. Der Vater blieb in Wien. Die Tochter übersiedelte mit ihrer Mutter nach Bad Goisern ins Salzkammergut, wo diese eine Fremdenpension betrieb. Etta bereitete sich mit Privatunterricht auf eine Externistenmatura vor, zu der es aber nie kam. Stattdessen ging sie 1928 zurück nach Wien, um als außerordentliche Hörerin an der philosophischen Fakultät der Universität zu inskribieren. »Sie studierte neun Semester Ethnologie, Afrikanistik, Orientalistik und Vergleichende slawische Sprachwissenschaft, wobei sie sich zunehmend auf Afrika konzentrierte«, heißt es in einer Biografie über sie.[2] Fotos aus der damaligen Zeit zeigen die 18-Jährige als durchaus erwachsen wirkende junge Frau mit selbstbewusstem Blick, dunkler Kurzhaarfrisur, modischem Topfhut und Pelzkragen.

Nach einigen Semestern fand Etta Donner, dass es Zeit wäre, Afrika auf afrikanischem Boden zu studieren. Sie plante eine Reise nach Liberia an der westafrikanischen Atlantikküste, ein schon seit 1847 unabhängiger Staat, der für und von befreiten Sklaven in den USA gegründet worden war. Im Landesinneren hoffte die Forscherin, noch ursprüngliche Lebensverhältnisse zu finden. Für die Finanzierung der kostspieligen Reise kam ihr Vater auf. Dieser »hatte unerwartet viel Verständnis für meinen Wunsch, ebenso wie Zutrauen zu dem dicken Schädel und der Ausdauer seiner Tochter«, sagte Etta Donner später.[3]

Im Jänner 1934 fuhr die damals erst 22-Jährige los. Für die Öffentlichkeit war die Expedition der jungen Wienerin eine Sensation. Nach ihrer Rückkehr im Juni 1935 rissen sich die Zeitungen um Erlebnisberichte der »Frau im Urwald«. Nach damaliger Unsitte verwendeten sie abwertende Bezeichnungen für Menschen mit dunkler Hautfarbe, schrieben von »Eingeborenen« und ihrer »primitiven« Kunst. »Ganz allein, nur von einigen schwarzen Trägern begleitet, wagte sie sich in kaum noch erforschte Gebiete des dunkelsten Afrikas vor«, hieß es.[4]

Die eineinhalb Jahre dauernde Expedition führte sie zunächst zum indigenen Volk der Gola im westlichen Liberia und danach in den Nordosten des Landes, wo die Mano und weitere Volksgruppen lebten. Sie betrieb sprachwissenschaftliche Studien und sammelte Masken und andere Artefakte, die sie nach Wien mitnahm.

Daheim wurde die mutige »Afrikaforscherin« nun auch von den Illustrierten gefeiert, sie hielt erste Lichtbild-Vorträge an Volkshochschulen und trat im besonders an Reiseberichten interessierten neuen Massenmedium Radio auf. Auch im Ausland wurde man auf sie aufmerksam. So erschien 1936 eine Reportage in der renommierten Zeitschrift »Atlantis« in Berlin, einem Vorläufer heutiger Reisemagazine.

Etta Donner war mit dem Ergebnis ihrer Liberia-Reise nicht recht zufrieden. Sie konnte ihre Erwerbungen 1935 zwar am Institut für Ägyptologie und Afrikanistik ausstellen, doch zum Ankauf ihrer Sammlung war in Wien niemand bereit. Um zu Geld zu kommen, verkaufte Etta sie an das Staatliche Museum für Völkerkunde in Berlin.

Gleichzeitig fasste sie den Entschluss, eine weitere Forschungsreise nach Westafrika zu unternehmen. Das Völkerkundemuseum zahlte dafür 2.000 Schilling (nach heutigem Wert 7.700 Euro). Zur vollen Finanzierung wurde ein Sponsor gefunden: Friedrich Wolff-Knize, Inhaber des berühmten Herrenausstatters »Knižc & Comp.«, der außer der Zentrale schräg gegenüber des Wiener Stephansdoms Filialen in Berlin, Prag und Karlsbad unterhielt. Der Kaufmann galt als großer Kunstfreund. Er sammelte Werke von Schiele und Kokoschka, aber eben auch afrikanische Kunst.

Acht Monate später, nachdem Etta Donner mit einem Schiff der »Deutschen Afrika-Linie« von Monrovia nach Hamburg zurückgereist und von dort per Bahn heim nach Österreich gefahren war, rissen sich die Gazetten um ihre Erlebnisberichte.

Dieses Mal sei der Verbleib der »Ausbeute« in Wien gesichert, schrieb die »Kleine Volkszeitung«, und zwar dank der Freigiebigkeit ihres Gönners, den das Blatt den »Konsul von Knize« nannte.[5] »Von« war Friedrich Wolff-Knize zwar keiner, wohl aber Honorarkonsul von Rumänien, geachtetes Mitglied der Gesellschaft und Geschäftsmann auf Expansionskurs. 1937 machte seine Modekette im Kurort Bad Gastein eine weitere Filiale auf. Im Jahr darauf brach diese Welt zusammen. Als Jude musste Wolff-Knize nach New York flüchten, wo er mit einem Herrenmodengeschäft neu anfing.*

Etta Donner stellte die aus Liberia mitgebrachten Schätze ab Oktober 1937 ein Jahr lang im Wiener Museum für Völkerkunde in der Hofburg (dem heutigen Weltmuseum) aus, das aus der Anthropologisch-Ethnographischen Abteilung des Naturhistorischen Museums hervorgegangen war. Die Eroberung der Museumswelt gelang ihr als erster Frau in diesem Bereich. Sie hielt Vorträge und gestaltete zahlreiche Radiosendungen, die teils populärwissenschaftlich (»Hypnose und Suggestion im afrikanischen Busch«), teils unterhaltend (»Hausfrau im Urwald«, »Im Land des Elefantenhäuptlings«) und manchmal auch »als Plauderei mit Schallplatten« daherkamen.

Sie schrieb auch für illustrierte Zeitschriften wie das »Interessante Blatt«, das damalige »Flaggschiff der österreichischen Bilderpresse«, das aber auch mit »voyeuristischen« Berichten Auflage

* Friedrich Wolff-Knize starb 1949 in den USA. Seine Erben hatten erhebliche Schwierigkeiten, Glanzstücke seiner Kunstsammlung wie Egon Schieles »Liegende Frau« zurückzubekommen. Diese unterlagen dem Exportverbot von Kulturgütern. Einige Stücke der von Knize gesammelten und dem Völkerkundemuseum überlassenen afrikanischen Kunst sind nun Bestand des Weltmuseums.

Etta Donner, Mitglied im »Schlangenbund«

machte.[6] Gern nutzte man die Gelegenheit, in extrem prüden Zeiten schwarze Frauen barbusig abbilden zu können. Und so waren im Bericht »Dunkles Liberia« neben aufständischen Häuptlingen und stolzen »Signaltrommlern« mehrere von ihnen zu sehen.[7]

Die Autorin bekam zugleich die Möglichkeit, konkret zu beschreiben, wie ihr Alltag als Forscherin aussah: »Runde Lehmhütten aus Flechtwerk, mit Lehm beworfen und mit Palmstroh gedeckt, bilden meine Behausung.«

Und weiter: »Ich besorge meine Einkäufe wie die eingeborenen Frauen am Markt, der wöchentlich einmal in größeren Dörfern gehalten wird. Nur brauche ich dazu meist kein Geld mitzunehmen, sondern bloß eine Schüssel voll Salz und ein paar Tabakblätter.« Damit tauschte sie Reis und Bananen ein, Maniok-Wurzeln und Okra-Gemüse.

Im Dorf hatten etliche Buben Geschwülste und offene Wunden. Etta Donner behandelte die Kinder. Weil sie als Heilerin Erfolg hatte, kam es zum Höhepunkt ihres Aufenthalts, von dem sie später immer wieder erzählte: Sie wurde in den »Schlangenbund« aufgenommen, dessen angstfreie Mitglieder über geheimnisvolle Mittel gegen Schlangenbisse verfügen. In einer ihrer Hütten rieb man ihr die Hände mit einer geheimnisvollen Paste ein, die angeblich Schlangen beruhigte. »Sodann reichte man mir feierlich eine mittelgroße Schlange, die als giftig galt. Ganz geheuer war mir nicht. Wer weiß, am Ende gefiel ihr meine helle Haut nicht. Sie war glatt und kühl und schien nichts an mir auszusetzen zu haben. Einen Augenblick hielt ich sie in den ausgestreckten Händen und legte sie mir dann kurzentschlossen um den Nacken.« Zu Trommelbegleitung wurde das Ritual mit anderen Schlangen wiederholt. Zum Schluss erhielt sie, als Zeichen der Anerkennung, ein Schlangenamulett aus rotem Leder.[8]

Donners Gabe, über ihre Erlebnisse populär zu erzählen, erwies sich als zweischneidig. »Alle Hörer kennen sie«, hieß es in einer Ankündigung von Radio Wien im Oktober 1939. Einerseits galt sie als »heroische Pionierin«, die sich zuerst im Urwald »und später in der männlich dominierten Wissenschafts- und Museumswelt durchsetzte«, wie es in der Ankündigung einer Etta-Donner-Ausstellung heißt.[9] »Auf der anderen Seite warf dieses Image der Abenteurerin einen Schatten auf ihre wissenschaftlichen und musealen Errungenschaften.« Im universitären Elfenbeinturm war Volkstümlichkeit eher verpönt. Dabei schrieb sie auch für wissenschaftliche Publikationen, etwa für die in Berlin erscheinende »Zeitschrift für Ethnologie«.

1939 hatte sie als Schriftstellerin ein besonderes Erfolgserlebnis: Ihre Texte wurden unter dem Titel »Hinterland Liberia« von einem britischen Verlag herausgebracht. Auch Donners Glanzstück, »my full membership of the Snake Society«, kommt darin vor.

Dass dieses Buch in Großbritannien erschien, ist auch ein Hinweis dafür, wie sich Etta Donner den Versuchen der Nationalsozialisten entzog, die Völkerkunde für ihre deutsche »Herrenrassen«-Ideologie zu vereinnahmen. Von ihrer politischen Einstellung ist bekannt, dass sie im Juli 1937, »also kurz nach der Rückkehr von ihrer zweiten Forschungsreise nach Liberia, der »Vaterländischen Front« beigetreten war«. Das schreibt ihre Biografin Barbara Plankensteiner, für die offen bleibt, ob dies schon damals unter dem Einfluss von Hans Becker geschah.[10]

Für eine Anstellung im staatlichen Völkerkundemuseum, auf die Etta Donner hoffte, war die Mitgliedschaft in Schuschniggs Einheitspartei jedenfalls erforderlich. Ihre Distanz zu den Nazis zeigt eine Tagebucheintragung, die sie am 13. März 1938, dem Tag des deutschen Einmarsches, verfasste: »Es tut mir leid um das alte Österreich, unsere alte Kultur, unsere Unabhängigkeit«, heißt es da. Und: »Jene, die jetzt in den Straßen schreien, wissen nicht, was kommen wird, sie denken nicht viel an die Zukunft, weigern sich die Realität zu sehen und hängen einem unsinnigen und gefälligen Traum nach. Ich frage mich, was sie in einem Jahr sagen werden.« Nachsatz: »Hitler kommt am Dienstag – er ist jetzt unser Führer.«[11]

Etta Donner hatte 1938 mit Österreichs neuen Herrschern zunächst keine offensichtlichen Schwierigkeiten. Im November erhielt sie als erste Frau eine Anstellung als wissenschaftliche Hilfskraft im Museum für Völkerkunde. Als nächstes regelte Etta Donner ihre Wohnverhältnisse neu. Sie wurde Hauptmieterin der Vierzimmerwohnung in der Wiener Apollogasse, in der schon der Vater ihrer Mutter gelebt hatte.

Sie wollte nun ihr Studium abschließen, stand aber gleich vor mehreren Hindernissen. Eines war das Fehlen der Matura. Der Ägyptologe Professor Wilhelm Czermak, vor dem »Anschluss« ein Mitglied des nazifreundlichen »Deutschen Klubs«, setzte sich aufgrund ihrer herausragenden wissenschaftlichen Leistungen für eine Dispens ein. Noch größere Probleme gab es dabei, den erforderlichen »Ariernachweis« zu erbringen. Dazu musste eine nichtjüdische Abstammung aller Großeltern nachgewiesen werden. Etta und ihr Vater Gustav korrespondierten monatelang mit dem deutschen Konsulat in Rumänien und mit dortigen Kreisbehörden, um Taufscheinen der Fürstenfamilie Ghica nachzujagen. Deren Spross Prinz Nicolae war Gustavs leiblicher Vater.[12] Wie der erhalten gebliebene »Kleine Abstammungsnachweis« zeigt, blieb die Suche lückenhaft. Beim väterlichen Großvater Fürst Gheorghe Ghica war mit den Dokumenten-Nachweisen Schluss.

Zur Promotion zugelassen wurde Etta Donner trotzdem. Im Juli 1940 erwarb sie mit ihrer Dissertation zum Thema »Die Sprache der Mano« das Doktorat der Philosophie. Ihre Arbeit wurde als »ausgezeichnet« bewertet.[13] Bei Donner fehlten Bezüge zu den rassistischen Nazi-Ideen von einer gesetzmäßigen Ausbreitung der Kulturen ebenso wie zu der verwandten und in Wien gepflegten »Kulturkreislehre«, einer Art Hitparade der Zivilisationen. Sie stützte sich bei ihrer Forschung auf etwas, das nur die wenigsten Kreisdenker vorzuweisen hatten: die intensive eigene Feldarbeit. Der Nordosten Liberias war für sie das, was der »Gran Chaco« von Paraguay für die wissenschaftliche Arbeit von Hans Becker bedeutete.

1940 hatte es Becker aus Mauthausen gerade in das Baubüro des Konzentrationslagers geschafft, wo ein Überleben eher möglich war. Von Kontakten zur Außenwelt ist nichts bekannt.

Gegen Jahresende 1940 scheint es Etta Donner gelungen zu sein, Verbindung zu Hans Becker aufzunehmen. Aus den darauffolgenden Wochen sind mehrere handschriftliche Briefe Etta Donners erhalten, in denen sich ihre gemeinsame Zukunft abzeichnet. Im ersten dieser Briefe an »Ingenieur Hans von Becker, Mauthausen, Gasthof Arras«, den sie am Mittwoch, den 15. Jänner 1941 schrieb, hoffte sie auf einen Besuch ihres Briefpartners am darauffolgenden Wochenende. Sie selbst leide an einer Bronchitis, fühle sich »hundsmies« und sei »zum Doktor gekrochen«.

Sie liege im Bett und werde ihn wohl nicht vom nahen Westbahnhof abholen können. Falls er am späteren Freitagabend ankomme, »ruf auf jeden Fall unten telefonisch an, ich werfe dir dann den Schlüssel hinunter«, schrieb die im zweiten Stock wohnende Etta.*

Der Schlussabsatz: »Bitte komm, sobald du kannst und lass womöglich noch vorher etwas von dir hören. Deine sonst ganz gut aufgelegte Etta.«

In einem ihrer nächsten Briefe nach Mauthausen, der am 12. Februar 1941 abgeschickt wurde, kündigt die Eisenbahnertochter gleich mehrere Weichenstellungen für das künftig gemeinsame Leben an. Auf vier eng beschriebenen Seiten beklagt sie zunächst, dass Briefe von Becker ausgeblieben seien, was ihr Sorgen bereite.

Dann berichtet sie von einem Besuch ihres Vaters am Abend davor. Dieser habe ein Exemplar des neuen Ehegesetzes mitgebracht und erzählt, dass er sich nun von Ettas Mutter richtig scheiden lassen könne.** Der Vater habe »das Büchel« dagelassen, an dem sie »aus begreiflichen Gründen ein anderer Teil bei weitem mehr interessiert« hätte. Sie spielte darauf an, dass Hans Becker noch anderwärtig verheiratet war. Das neue Gesetz sah nun die normale Ehescheidung vor, die in seinem Fall laut Etta »endlose Rennereien« bedeuten würde. Um dem entlassenen KZ-Häftling solche Mühen zu ersparen, könnte man aber noch nach anderen Möglichkeiten suchen, die die neue Rechtslage bot.

---

* Bevor überall in Wohnhäusern Gegensprechanlagen eingebaut wurden, war es üblich, dass sich Besucher von einer nahen Telefonzelle aus ankündigten. Den Haustorschlüssel hat man aus dem Fenster geworfen, eingewickelt in ein Stück Stoff, damit er nicht beim Aufprall auf dem Gehsteig zerbrach.

** Das nationalsozialistische Ehegesetz, das die Scheidung für alle Konfessionen ermöglichte, trat »in Österreich und im übrigen Reichsgebiet« im Juli 1938 in Kraft. Das heute geltende Eherecht beruht darauf.

Nach einem kurzen Gesundheitsreport (Schwindelgefühl, erhöhte Temperatur), geht die Briefschreiberin plötzlich in einen kollegial-sachlichen Ton über: »Reden wir einmal wieder von deiner Diss.« Sie habe die Einleitung »und sonstige Entwürfe« von Beckers handschriftlicher Dissertation über die Ethnien der Lengua und Kaiotugui im südamerikanischen Chaco Boreal durchgelesen. »Die Aufstellung ist ja neu schon besser«, konstatiert sie nüchtern.

Dann fragt sie: »Sollen die nächsten eineinhalb Seiten über die Kaiotugui nur ein Entwurf sein – ein Festhalten von Ideen – oder soll es schon so bleiben? Wenn Letzteres der Fall ist, so musst du noch ein paar Gedankensprünge überbrücken. Es sind oft keine Übergänge da.« Das trockene Ende dieser Passage: »Die ganze Beschreibung kann so bleiben und sonst ist ja leider noch nicht viel da.«

Im weiteren Verlauf des Briefes kann Etta noch mit einer Sensation aufwarten. Weil er im KZ klarerweise keine Möglichkeit hatte, mit der Universität zu kommunizieren, hätte man Beckers Studienberechtigung wegen »unentschuldigten Fernbleibens« streichen können. Obwohl Etta selbst krank zuhause lag, konnte sie einen Kollegen mit entsprechenden Beziehungen dazu bewegen, für Becker zu intervenieren.

Bereits im nächsten Brief vom 13. Februar 1941 kam die Erfolgsmeldung: Dem Abschluss von Beckers Ethnologie-Studium stand nichts mehr im Weg.

Ettas Gesundheitszustand hatte sich dagegen verschlechtert. Ihr Arzt hatte die Vermutung, dass ihre Lungenbeschwerden Richtung Tuberkulose gingen, was sich aber zu ihrem Glück nicht bewahrheitete. Abschließend erneuerte sie die Einladung an Becker, zu ihr zu ziehen.

Sechs Wochen später war es so weit: Hans Becker konnte Mauthausen auf Dauer verlassen. Zwischenzeitlich hatte er geklärt, dass er keinen Kriegsdienst leisten musste. Für eine Rekrutenausbildung war er mit 45 Jahren zu alt. Und seine Verwendung als Offizier der

Wehrmacht wurde abgelehnt, weil er »während der Verbotszeit den Nationalsozialismus mit allen Mitteln bekämpft« habe.[14]

Man kann sich kaum vorstellen, in welchem Zustand sich Becker nach mehr als 20 Monaten Schinderei im KZ befand. Wohl aber, dass die Rückkehr nach Wien zu einem vertrauten, ihn freudig erwartenden Menschen eine ungeheure Erleichterung gewesen sein muss.

Es herrschte Krieg. Aber Wien war weit weg von der Front. Es gab zwar schon die Rationierung von Lebensmitteln und einigen anderen Waren, die Versorgung funktionierte aber noch. Der Wahnsinn an den Fronten kam vor allem als martialisches Propagandageschrei ins Haus. Nazideutschland hatte seit dem September 1939 im Osten blitzartig Polen und Tschechien besetzt, im Westen die Niederlande, Belgien und Luxemburg. Teile Frankreichs und Nordeuropas wurden erobert. Der Luftkrieg um England hatte begonnen. In diesem März 1941 traf General Erwin Rommel mit dem »Deutschen Afrika-Korps« in Libyen ein, um Italien dort im Kampf gegen die Briten zu unterstützen. Auch in Griechenland waren die dort angreifenden Italiener schwer unter Druck geraten. Anfang 1941 sahen sich die Nazis noch überall auf der Siegerstraße. Doch bald danach, mit Deutschlands Balkanfeldzug, dem Überfall auf die Sowjetunion und dem Kriegseintritt der USA, war es mit ihrer Euphorie vorbei.

Nicht nur der Krieg verhinderte, dass sich Becker und Donner in eine private Idylle in der Wiener Apollogasse zurückziehen konnten. Beckers Naturell schien ihn zu zwingen, seinen Lebensweg, wie bereits zehn Jahre davor, auf mehreren Spuren gleichzeitig und in hohem Tempo zu gehen.

Schon im Mai 1941 begann Becker nach eigenem Bekenntnis mit der gefährlichsten seiner Aktivitäten: Er reaktivierte das »Operationsbüro«. So hatte er jene geheime Nachrichtenzentrale genannt, die er in den späten 1930er-Jahren innerhalb der »Vaterländischen Front« einrichtete. Die Organisation von geheimen »Kleingruppen in Parallelschaltung«, die zunächst vor allem unzensierte Nachrichten austauschten, stand auch jetzt im Zentrum dieser Arbeit, nur dass der Teilnehmerkreis weit über die Dollfuß- und Schuschnigg-Anhänger hinausgehen sollte. Angesprochen wurden freigelassene KZ-Häftlinge aller politischen Richtungen, die im Lager geschworen hatten, dem Regime entschlossen, aber nicht selbstmörderisch den Kampf anzusagen. »Sehr bald konnten Vermittlungsstellen in Linz, Wels, Innsbruck, Graz und Klagenfurt geschaffen werden«, schrieb Becker in seiner Rechtfertigungsschrift 1946. Verbindungen mit Salzburg und Vorarlberg folgten später.[15]

Für ehemalige KZ-Häftlinge, die unter Polizeibeobachtung standen, muss jede konspirative Kontaktaufnahme eine heikle und zeitraubende Angelegenheit gewesen sein. Dabei brauchte Becker in diesem Frühjahr 1941 viel Energie für ein ganz persönliches Ziel: Er wollte endlich eines seiner angefangenen Universitätsstudien beenden.

Nachdem Etta seine neuerliche Zulassung zum Studium der Völkerkunde ermöglicht hatte, half sie ihm auch mit weiterer konstruktiver Kritik bei der Fertigstellung der Dissertation. Zusätzlich musste er sich in wenigen Wochen auf die mündlichen Abschlussprüfungen im Hauptfach »Völkerkunde und Urgeschichte« und in den Nebenfächern Kunstgeschichte und Philosophie vorbereiten.

Die Doktorarbeit gab Becker bereits im Juni ab. Im beigefügten Lebenslauf erwähnte er seine Tätigkeit für die »Vaterländische Front« ebenso wenig wie die Haft in Konzentrationslagern. Dass er damit durchkam, ist für den Becker-Biografen Christian Feest »erstaunlich«. Ebenso ungewöhnlich erscheint, dass Beckers akademische Arbeit mit der vorherrschenden »Kulturkreislehre nichts zu tun hatte«, wie auch seinen Begutachtern auffiel.[16]

Es scheint gereicht zu haben, dass er dem erwünschten Bild eines »deutschen Forschers in Übersee« entsprach. Völkerkunde-Professor Baumann fand zwar gewisse Mängel, was die Darstellung der »geistigen und sozialen Kultur« betraf, bewertete Beckers Arbeit aber dennoch mit »sehr gut«. Da Baumann Becker nie zuvor begegnet war, liegt für Feest »die Vermutung nahe, dass er zu seiner kulanten Regelung des Problemfalls durch Etta Donner bewegt wurde«. Seiner Arbeit fehlten »auch nur formelle Höflichkeitsbezeugungen« gegenüber der Nazi-Ideologie. Trotzdem wurde Becker zu ihrer Veröffentlichung in einer wissenschaftlichen Publikation ermuntert, was in den folgenden Jahren in der Berliner »Zeitschrift für Ethnologie« auch geschah.*

Zum Doktortitel fehlte Becker nur noch die Absolvierung der »Rigorosen« – drei mehrstündige mündliche Prüfungen in seinen Haupt- und Nebenfächern, zu denen er am 4. Juli antrat. »Die Rigorosen waren eigentlich ein großer Spaß«, schrieb Becker an einen Freund. Er habe mit seinen Prüfern, die teilweise jünger waren als er, »diskutiert«, worauf ihn der Philosoph aufforderte, »eine neue Ästhetik zu schreiben« während sich der Kunsthistoriker »mit mir über den Ursprung des Naturalismus in der Kunst beratschlagte«.[17] Noch am selben Tag hatte »Johann Viktor Sydonius Ritter von Becker aus Pola in Italien« sein Prüfungszeugnis mit der Note »Ausgezeichnet« in der Hand. Die Promotion fand am 14. Juli 1941 statt.

Schon Monate zuvor begannen Beckers Bemühungen, seinen Zivilstand zu regeln: Er wollte sich von seiner vor den Nazis geflüchteten jüdischen Ehefrau Annie scheiden lassen. Offenbar versuchte er, eine reguläre Scheidung mit dem Argument zu erreichen, dass Annie »nach Amerika ausgewandert ist« und »die Absicht geäußert hat, nicht mehr zurückzukehren«. Es stellte sich bald heraus, dass die Beschaffung dafür notwendiger Dokumente zu den »endlosen Rennereien« führte, vor denen ihn Etta schon im Februar brieflich gewarnt hatte.

---

* Eine inhaltliche Beschreibung von Beckers Forschungsarbeit über die »Lengua und Kaiotugui im Chaco Boreal« findet sich in Kapitel fünf über seinen Aufenthalt in Paraguay.

Aus »pragmatischen Gründen«, wie Beckers Biografen versichern, unternahm er einen Schritt, der einen Teil seiner Verwandtschaft schwer schockierte: Er nutzte die von den Nazis geschaffene Möglichkeit, die »Aufhebung« der Ehe zu beantragen, weil Annie keine »Arierin« war. Der von Becker betraute Rechtsanwalt Wilhelm Fürer-Haimendorf formulierte in einer Eingabe im NS-Jargon, dass Becker »erst nach der Entlassung aus dem Konzentrationslager (...) über die Schädlichkeit einer Ehe mit einer nicht arischen Frau aufgeklärt werden (konnte). Er befand sich somit bei Abschluss der Ehe in einem Irrtum über die Person des anderen Ehegatten betreffende Umstände und es muss angenommen werden, dass er andernfalls die Ehe nicht geschlossen hätte.«[18]

Am 29. Juli 1941 wurde Beckers Ehe mit Annie Lieser gerichtlich aufgehoben.[19] Sowohl Christian Feest wie auch Etta Donners Biografin Barbara Plankensteiner betonen, dass Becker keineswegs ein Antisemit gewesen sei. Es wäre ihm lediglich um die rasche Beendigung einer längst zerrütteten und nur noch auf dem Papier bestehenden Ehe gegangen. Allerdings sollte ihm diese Vorgangsweise »seine ehemalige Frau nie verzeihen, und er konnte seinen Sohn nie mehr wiedersehen«, so Plankensteiner.

Maximilian Becker, einer der älteren Brüder von Hans, hatte ebenfalls eine jüdische Ehefrau. Obwohl die Nazis Menschen in »Mischehen« das Leben schwer machten, blieb das Paar während des Krieges zusammen. Als »jüdisch versippt« verlor Max seinen Job bei den Verkehrsbetrieben, so wie alle öffentlich Bediensteten in gleicher Lage gefeuert wurden. »Er hat sich in dieser Zeit ziemlich schwergetan«, erinnerte sich sein Neffe Alois Becker im Interview.[20]

Max konnte seine Frau Amalie davor bewahren, in ein KZ verschleppt zu werden. Diese Beckers überlebten gemeinsam, ihre beiden Kinder wanderten jedoch aus. Die Tochter Margarete ging nach England. Der Sohn, der ebenfalls den Vornamen Hans trug und malte, emigrierte in die USA und baute sich in San Francisco ein neues Leben auf.[21]

Dessen Onkel und Namensvetter Hans Becker, der ab April 1938 im Konzentrationslager war, hätte wegen seiner Haft nicht die geringste Möglichkeit gehabt, seine jüdische Ehefrau vor der Verfolgung zu schützen. Mit ihrem Kind auf sich gestellt, war für Annie die Flucht der einzige Ausweg. Wie immer man es dreht – es scheint nicht angebracht, aus der sicheren Deckung einer ganz anderen Zeit heraus schnelle moralische Urteile zu fällen.

Jedenfalls traten Etta und Hans am 18. September 1941 in Wien vor den Standesbeamten. Die Braut, die fortan mit dem einprägsam-lautmalerischen Namen Doktor Etta Becker-Donner auftrat, gab als ihren Beruf »Schriftstellerin« an, obwohl sie als wissenschaftliche Hilfskraft im Völkerkundemuseum auch »Reichsangestellte« war. Der Bräutigam, seit neuestem ebenfalls Doktor, firmierte als »Architekt«.

Im Bemühen, als entlassener KZ-Häftling seinen Lebensunterhalt zu verdienen, war Hans Becker im Juli 1941 im Architekturbüro eines guten Bekannten untergekommen. Wilhelm Friedrich Kattus hatte in den 1920er-Jahren an der Akademie der bildenden Künste Architektur studiert, als auch Becker dort Vorlesungen besuchte. Kattus erhielt in der Zeit des Austrofaschismus in Wien einige Bauaufträge. Am bekanntesten ist ein 1937 errichtetes Wohnhaus in der Gumpendorfer Straße 89, das mit stufenförmiger Fassade, runden Gitterbalkonen und abgerundeten Gebäudeecken »ein Beispiel des internationalen neusachlichen Stils« darstellte. So heißt es in einem Architekturbuch über das »schwarze Wien«, eine Bauepoche, die 1934 dem »roten Wien« folgte.[22]

Im »braunen Wien« nach 1938 gab es für Kattus offenbar wenig zu bauen. Er spezialisierte sich auf Innenarchitektur, einen Bereich, den Becker seit seiner Anstellung beim tschechischen Schuhkonzern Bata gut kannte. Becker kam mit seinem Arbeitgeber jedoch nicht gut zurecht, wie seine Biografin Elisabeth Jauk schreibt. Er hielt

Kattus für »nicht immer zuverlässig«. Umgekehrt beschied Kattus Becker einmal brieflich, er sei in Architekturangelegenheiten »ein großer Ignorant« und habe »viel zu viele andere Interessen«.[23]

Zumindest letzteres gehörte zu Beckers Charakter. Er selbst sprach davon, mit »zwei Berufen doch etwas reichlich beansprucht« zu sein. Doch in Wahrheit waren es viel mehr, wie Becker-Kenner Christian Feest aufzählt: Zu Ethnologie und Architektur kamen noch Malerei und Schriftstellerei, er bot wieder seine Dienste als Betriebsberater an und verstärkte heimlich seine Aktivitäten im Widerstand.

Um unabhängig von Kattus als freier Künstler und Gestalter arbeiten zu können, suchte Becker im Oktober 1941 um die Aufnahme in die Reichskammer der Bildenden Künste an. Das zur Beurteilung beigezogene Wiener Gauamt bewertete das Ansuchen positiv. Becker sei vor 1938 zwar ein »eifriger Anhänger der Systemregierung« und »Gegner unserer Bewegung« gewesen. Seit dem »Umbruch« sei er aber »weder in politischer noch in charakterlicher Hinsicht« unangenehm aufgefallen.[24]

Becker wurde mitgeteilt, dass er in die »Fachgruppe Entwerfer« der Kunstkammer aufgenommen worden sei, und zwar rückwirkend mit August 1941, als er mit der Ausübung dieses Berufs begonnen hatte. Becker verlegte sich bei den »Innenausstattungen« nun stark auf Wandmalereien. Er habe »ein paar Säle mit größeren figuralen Dingen ausgepinselt« und versuche sich nun in der Kirchenmalerei, schrieb er einem Freund.[25]

Für die konspirative Tätigkeit war die Arbeit ideal, weil sie häufige Ortswechsel und flexible Arbeitszeiten mit sich brachte, ohne deswegen gleich bei der Polizei Verdacht zu erregen. Etlichen Mitverschwörern ging es ähnlich: Weil sie als Nazi-Gegner, manche als entlassene KZ-Häftlinge, bekannt waren, hatten sie kaum Chancen auf eine reguläre, ihrer Ausbildung entsprechende Anstellung. So arbeiteten sie zur Tarnung ihrer Widerstandsaktivitäten als Handelsvertreter und in anderen freien Berufen, die ein ständiges Herumreisen im Land möglich machten.[26]

An dieser Stelle halte ich es für angebracht, ein paar Schritte zurückzutreten und zu fragen: Wo fängt Widerstand überhaupt an? Wodurch wurden welche Menschen dazu veranlasst, ihr Leben zu riskieren? Welche Formen nahm er beispielsweise in Deutschland an, wo heute eine intensiv gepflegte Erinnerungskultur existiert? Und was sagt das über Österreich, wo es für Widerstandskämpfer wie Hans Becker und viele andere bis heute keine Erinnerungstafel und keine nach ihnen benannte Schule oder Straße gibt?

– 15 –

WEISSE ROSE, ROTER PIANIST

Die Beurteilungen des Widerstands – nicht nur im Fall Hans Becker – klaffen weit auseinander. Einig sind sich so gut wie alle Historikerinnen und Historiker darüber, dass der Sieg über das nationalsozialistische Deutschland primär den Streitkräften der Sowjetunion, der USA und Großbritanniens zu verdanken ist.

Bei einer nicht nur militärischen Betrachtung steht aber etwas anderes im Vordergrund: der Selbstbehauptungswille der Hitlergegnerinnen und Hitlergegner. Ihr mutiger, auch mit dem Mut der Verzweiflung geleisteter Widerstand umfasst eine Vielzahl von Aktivitäten, die gegen den totalen Machtanspruch der Nazis, ihre militärischen Aggressionen und ihre rassistische Mordmaschinerie gerichtet waren. Für den britischen Historiker Michael Foot hat der Widerstand gegen die Nazis sogar ein »gemeinsames europäisches Gefühl« hervorgebracht. Es begründete den antifaschistischen Konsens, der 1945 in der Stunde Null partei- und länderübergreifend galt, aber nicht lange hielt.[1]

Es fehlt jedoch eine eindeutige Definition, was Widerstand überhaupt ist. Innerlich lehnten sich während des Zweiten Weltkriegs in den NS-beherrschten Ländern Millionen Menschen gegen die Unterdrücker auf. Sie schimpften im engsten Familienkreis auf die Nazis, leisteten auf ihrem Arbeitsplatz nur das unbedingt notwendige, versuchten einem gefährlichen Kriegseinsatz für Wehrmacht oder Waffen-SS zu entgehen.

Wer guten Freunden Hitler-Witze erzählte, war deswegen aber noch »gewiss kein Mann des Widerstands«, urteilt der deutsche Zeithistoriker Wolfgang Benz. Kabarettisten, die den gleichen Witz auf einer Bühne vor Publikum zum Besten gaben, riskierten dagegen ihr Leben. Benz spricht erst dann von Widerstand, wenn aus einer diffusen Ablehnung des Regimes gezielte Aktionen werden, deren

Folgen man sich bewusst ist. Denn »ein zentrales Element von Widerstand ist die ganz persönliche Gefährdung dessen, der sich erkennbar auflehnt.«[2]

Jüdinnen und Juden, Linke, nazifeindliche Christinnen und Christen und andere unter Hitler verfolgte Männer und Frauen taten sich, wo es möglich war, aus Notwehr gegen ihre Unterdrücker zusammen, um deren Pläne zu durchkreuzen. Aber auch Menschen, die selbst nicht im Visier der Nazis waren, engagierten sich aus Mitgefühl für verfolgte Menschen in ihrem persönlichen Umfeld. Sie leisteten heimlich Hilfe, auch wenn darauf die Todesstrafe stand. Aus der Sicht der Nachwelt waren es beschämend wenige. In Wien überlebten aber doch an die tausend Jüdinnen und Juden den Krieg, versteckt als sogenannte U-Boote, wie ein Buch über diese »Schattenexistenzen« beschreibt.[3] In den meisten Fällen, so heißt es da, brauchten die Versteckten jeweils mehrere Helfende.

Von Widerstandshandlungen wie Attentaten und Sprengungen waren solche Sympathisantinnen und Sympathisanten weit entfernt. Unter den wenigen, die offen Widerstand leisteten, wagten einzelne dagegen sogar den Alleingang gegen Hitler. Am bekanntesten ist der Schwabe Georg Elser, der den »Führer« 1939 im Münchner Bürgerbräukeller mit einer Bombe ausschalten wollte. Es war nur eines von mehr als zwanzig fehlgeschlagenen Attentaten gegen Hitler.

Aus Filmen zum Thema Widerstand kennt man heldenhafte Darstellungen von bewaffneten Kämpfern, die eine Bahnbrücke vor einem herannahenden Militärzug sprengen, sich mit Wachmannschaften ein Feuergefecht liefern, Flugblätter mit Kampfparolen zurücklassen und dann in den Bergen verschwinden.

Die einfachste Widerstandshandlung war aber schon der Versuch, sich dem NS-Nachrichtenmonopol und der braunen Propaganda zu entziehen. Zigtausende hörten insgeheim Rundfunksendungen der britischen BBC, der »Stimme Amerikas« oder von »Radio

Moskau«, obwohl der Empfang von »Feindsendern« streng verboten war. Besonders die BBC genoss hohe Glaubwürdigkeit, weil sie zwar nicht das Kriegsgeschehen umfassend wiedergab, aber immerhin auf dreiste Propagandalügen zumeist verzichtete. Im Machtbereich der Nazis drohte ertappten Hörerinnen und Hörern von »Feindsendern« Gefängnis. Wegen der Weitergabe ihrer Nachrichten wurde auch die Todesstrafe verhängt.

Gelang es einer Gruppe über längere Zeit dennoch, im Verborgenen Informationen zu sammeln und – zum Beispiel in Briefen oder auf vervielfältigten Flugblättern – weiterzugeben, so war das schon der Beginn einer Widerstandszelle. So sieht es Michael Foot, der im Krieg britischer Geheimdienstoffizier war und während der Invasion der Alliierten 1944 selbst mit dem Fallschirm über Frankreich absprang. Im Gegensatz zu den meisten Historikerinnen und Historikern interessierte sich Foot im Detail dafür, wer zur kleinen Minderheit der Widerständlerinnen und Widerständler gehörte, was diese Menschen bewegte und wie sie vorgingen.[4]

Nicht nur in Österreich stellten im Untergrund erfahrene Kommunisten den höchsten Anteil der Widerstandskämpferinnen und Widerstandskämpfer. Sie wussten besser als andere, wie man in kleinen Gruppen konspirativ arbeitet. Doch es gab noch eine politische Gruppierung mit Erfahrung in der Illegalität: die Nationalsozialisten. Sie kannten die Tricks auch, unterwanderten trotz aller Vorsichtsmaßnahmen etliche kommunistische Zellen und schickten viele ihrer Mitglieder in den Tod.

Gleich nach Kommunisten und Sozialisten kommen beim Résistance-Forscher Foot die katholischen Priester, insbesondere solche in kleineren Gemeinden auf dem Land. Als weitere soziale Gruppe sind Angehörige des früheren Adels im Widerstand recht stark vertreten. Am geringsten ist der Anteil der Kleinbürger, die im gesamten Deutschen Reich zu den Stützen des NS-Systems gehörten. Unter den Berufsgruppen stechen im Widerstand die Fabrikarbeiter hervor, obwohl die NSDAP zumindest die »deutschen Volksgenossen« unter ihnen umgarnte.

In der kleinen Minderheit, die Widerstand leistete, gab es relativ viele Soldaten. Sie wussten, wie man kämpft und unter extremen Bedingungen überlebt. Bei einigen reifte die Erkenntnis, dass sie im falschen Lager oder, je länger er dauerte, in einem aussichtslosen Krieg kämpften. Insgesamt sind auf deutscher Seite etwa 350.000 bis 400.000 Soldaten desertiert, das waren rund zwei Prozent.[5]

Zehntausende von ihnen wurden inhaftiert oder sofort hingerichtet. Manche versteckten sich in den Bergen oder schlossen sich Partisanengruppen an. Dazu kamen nach fast fünf Kriegsjahren 1944 noch die Verschwörer innerhalb des hohen deutschen Offizierskorps, die Hitler umbringen und die Macht übernehmen wollten, damit aber tragisch scheiterten.

Eisenbahner und Mitarbeiter anderer Verkehrsbetriebe waren während der ganzen NS-Zeit und in ihrem gesamten Machtbereich stark im Widerstand aktiv. Ihre Dienste als Nachrichtenübermittler waren gefragt und sie hatten auch die Gelegenheit, Untergrundorganisationen nützlich zu sein. Beamte und Büroangestellte taten sich da schwerer. Wenn es ihnen aber gelang, an wichtige Dokumente heranzukommen, so waren sie für den Widerstand besonders wertvoll.

Michael Foot betont die »signifikante Rolle«, die Frauen damals gespielt haben. Von Widerstandsgruppen wurden sie vorzugsweise als Kuriere und zum Organisieren sicherer Unterkünfte (»Safe houses«) eingesetzt, weil sie weniger Verdacht erregten. Frauen waren aber auch beim Ausspionieren, Verschlüsseln und Übermitteln von Nachrichten aktiv, mancherorts nahmen sie an bewaffneten Kämpfen teil.

Männer wie Frauen brauchten starke Nerven, die sie möglichst schon vorher im Leben gezeigt haben sollten. Kaltblütig, abenteuerlustig, aber zugleich eine unauffällige, durchschnittliche Erscheinung – so beschreibt Foot den idealen Widerständler bzw. die ideale

Widerständlerin. Weiters waren eine hervorragende Beobachtungsgabe und ein exzellentes Gedächtnis gefragt, um sich Telefonnummern, Losungsworte und Adressen ohne verräterische Notizen zu merken. Technische Fähigkeiten sollten einige Gruppenmitglieder auch haben.

Das meiste davon trifft auf Hans Becker zu. Wenn er, wie viele wissbegierige Menschen, auch ein starkes Mitteilungsbedürfnis hatte, so musste er sehr darauf achten, die strikten Regeln der Konspiration einzuhalten und nicht den falschen Leuten zu trauen.

Dazu gehörte es auch, Botschaften an Verbündete zu verschlüsseln, wofür zum Beispiel von Absender und Empfänger idente Exemplare eines bestimmten Buchs verwendet wurden. Man konnte Botschaften auch auf hauchdünnes Zigarettenpapier schreiben, das dann um eine Nadel gewickelt und in das Innere einer gewöhnlichen Zigarette gesteckt wurde.

Im Einflussbereich der Nazis musste man jederzeit damit rechnen, dass auf den Straßen provisorische Barrieren aufgestellt und alle Vorbeikommenden scharf kontrolliert wurden. Angehaltene mussten auf Anhieb eine plausible Erklärung bereit haben (»Komme von einem Krankenbesuch, gehe nach Hause«) und über alle notwendigen Papiere verfügen: Identitätsausweis mit Foto, Rationierungskarte für Lebensmittel, Soldaten auch Soldbuch und Marschbefehl.

Aus Tarnungsgründen lag es nahe, falsche Papiere zu verwenden, doch die wenigsten Gruppen hatten perfekte Fälscher in ihren Reihen. Sich an kriminelle Profis zu wenden, barg ein hohes Risiko: Auf Widerstandskämpferinnen und Widerstandskämpfer war ein hohes Kopfgeld ausgesetzt, Verrat jederzeit möglich.

Auf der Suche nach Unterstützung ergab sich ein moralisches Problem: Sollten sie Kontakt zu einer ausländischen Macht aufnehmen, die von der Masse der eigenen Bevölkerung als »Feind« eingestuft wurde? In den Augen ihrer Mitmenschen würden sie Verräterinnen und Verräter sein.

Frontsoldaten, die sich zum Absprung entschlossen hatten, standen vor einem noch größeren Dilemma: Konnten sie es vor sich selbst verantworten, künftig auf ihre bisherigen Kameraden zu schießen? Der Tiroler Franz Weber (1920–2001), der bei Kriegsende wesentlich dazu beitrug, dass sich Innsbruck von den Nazis befreite, konnte es. Einige Monate vorher war er in Italien zu den US-Truppen übergelaufen. Der Anblick von Gräueltaten gegen Jüdinnen und Juden sowie Partisanen bei vorangegangenen Einsätzen in Polen und Jugoslawien hatten den Wehrmachtsoffizier zur Überzeugung gebracht: »Es kann doch wirklich nicht richtig sein, jetzt genau die Menschen umzubringen, von denen wir eigentlich erwarten, dass sie die letzten sind, die uns noch die Freiheit bringen und Österreich wiederherstellen können«, sagte Weber 1984 in einem ORF-Interview.

Nach seiner Desertion unternahm er mit zwei amerikanischen Soldaten, die zuvor als jüdische Flüchtlinge aus Europa in die USA und zur Army gekommen waren, eine Kommandoaktion. Sie sprangen mit Fallschirmen über Tirol ab und schafften es gemeinsam mit örtlichen Widerstandskämpfern und angesichts der herannahenden amerikanischen Truppen in wenigen Wochen, die Macht der Nazis in Innsbruck zu brechen. Über ihre herausragende Aktion, die auch der kritische Widerstandsexperte Peter Pirker bewundert, sprach Weber erst spät im Leben. Er war nach dem Krieg ÖVP-Politiker und Bundesratsabgeordneter. Für Deserteure und Teilnehmer an Befreiungsaktionen aufseiten der Alliierten gab es keine Wertschätzung in einem Land, wo viele in der deutschen Wehrmacht ihre »Pflicht erfüllt« zu haben glaubten.[6]

Für städtische Widerstandsgruppen von Zivilisten, wie sie Hans Becker aufbaute, war bald klar: Wenn sie zur Schwächung, gar zur Niederlage des verbrecherischen Naziregimes etwas beitragen wollten, dann war es logisch, mit dessen Feinden zusammenarbeiten. Die Kommunisten waren ohnehin an ihre Zentrale in Moskau, die Komintern, angebunden. Ihre Untergrundaktionen unterstützten sowjetische Geheimdienste wie der NKWD (Innenministerium) und GRU (Militär).

Im Westen wurde die britische Einheit für subversive Sondereinsätze SOE (Special Operations Executive) 1940 geschaffen. Premier Winston Churchill ließ sie ausgerechnet nach dem Vorbild der im Untergrund für Irlands Unabhängigkeit kämpfenden »Irischen Republikanischen Armee« (IRA) aufstellen. Das Personal – laut Foot 13.500 Männer und Frauen – kam aus bestehenden Organisationen wie dem Auslandsdienst MI6.

Die SOE unterstützte Widerstandsgruppen auf dem europäischen Festland ebenso wie das 1942 in den USA gegründete und personell etwa gleich starke »Office of Strategic Services« (OSS), einem Vorläufer der CIA. Mit ihnen hat bei Kriegsende auch Hans Beckers Widerstandsnetz kooperiert.

Um an militärische Aufmarsch- und Nachschubpläne heranzukommen, war es natürlich am günstigsten, Spione anzuwerben und in die Schaltstellen des Feindes einzuschleusen. Wenn es diesen gelang, geheime Dokumente herauszuspielen, stand man vor dem nächsten Dilemma: Waren sie echt – oder handelte es sich um bewusste Fälschungen, mit denen »umgedrehte« Agenten Verwirrung stiften wollten? Hier kamen einfache, unbewaffnete Widerstandsleute ins Spiel. Sie horchten sich etwa in Gasthäusern um, zu welchen Einheiten die Soldaten gehörten, die dort ihre Freizeit verbrachten. Wertvoll konnten auch die Informationen sein, die eine Frau sammelte, während sie mit ihrem Kinderwagen in der Nähe eines militärischen Flugfelds spazieren ging. Sie musste nur die Flugzeuge zählen, die sie dort zu einer bestimmten Zeit sah, möglichst auch angeben, wie viele Motoren diese hatten. Es war nicht so wichtig, ob sie unter den zweimotorigen Maschinen »eine Junkers Ju 88 von einer Heinkel He 111 unterscheiden konnte«, so Foot. In den Nachrichtenzentralen wurden diese Angaben dann mit den Geheimdokumenten auf Übereinstimmungen und Diskrepanzen untersucht.

Ähnlich unauffällig spielten sich auch manche Sabotageakte ab. So nutzten Widerständlerinnen und Widerständler sogenannte »Krähenfüße« – vier zu einer kleinen Pyramide verdrehte Metallstifte mit scharfen Spitzen. Auf Straßen, die von Militärfahrzeugen frequentiert wurden, durchbohrten sie Autoreifen.

Selbst mit leeren Händen war Sabotage möglich. Auf einem Frachtenbahnhof wurden zum Beispiel die an den Waggons angebrachten Zettel mit den verschiedenen Fahrzielen vertauscht und so irgendwo dringend benötigte Ersatzteile in die Wüste geschickt. Saboteurinnen und Saboteure setzten Maschinen aller Art außer Gefecht, indem sie statt Schmiermittel wortwörtlich Sand ins Getriebe schütteten.

Der totalitäre NS-Staat betrieb einen hohen Aufwand, um seine Gegner auszuschalten. Auf dem untersten Niveau schnüffelten die Blockwarte im Privatleben der Menschen herum, die in den Häusern ihres Reviers wohnten. Auch in Ämtern und Fabriken hatten die Nazis ihre Informanten. Neben der Gestapo bekämpfte der »Sicherheitsdienst« der SS vermeintliche und echte Gegnerinnen und Gegner. Nach Spioninnen und Spionen suchte auch die »Abwehr« der Wehrmacht. Sogar bei regimetreuen deutschen Wehrmachtssoldaten verhasst war schließlich die »Feldgendarmerie«, eine Art Militärpolizei.

Trotzdem konnten Widerstandszellen in mehreren Ländern und zumeist aus der Luft mit Funkgeräten, Bargeld und auch mit Waffen versorgt werden. Flugzeuge tauchten in möglichst nicht mondhellen Nächten über einem vorher vereinbarten einsamen Treffpunkt außerhalb der Reichweite von Flugabwehrkanonen auf und warfen ihre Lieferung – darunter Maschinenpistolen und Sprengkapseln – per Fallschirm ab.

Besonders begehrt waren Funkgeräte, durch die eine auf sich gestellte Widerstandszelle zum Teil eines Netzwerks wurde. Sie steckten in unauffälligen Reisekoffern, zu ihrem Betrieb brauchte man aber Stromanschluss oder eine Autobatterie. Entdeckungsfahr bestand für die etwa 20 Meter lange Antenne, die wie eine Wäscheleine im Freien oder auf einem Dachboden aufgespannt werden musste.

Zum Betrieb musste man Chiffrieren und Morsen gut beherrschen. Für das Absetzen und den Empfang von Nachrichten war nur kurz Zeit, weil die Deutschen feindliche Funker über ihre Überwachungsstationen rasch lokalisieren konnten.

Weil lokale Widerstandsgruppen mit solchen Feinheiten oft überfordert waren, setzten westliche Geheimdienste auch eigene Funker und andere Einsatzkräfte per Fallschirm ab. Die Methode des Absprungs aus einem Flugzeug war erst kurz vor dem Zweiten Weltkrieg entwickelt worden. Sie verlief anders als bei den heute beliebten Tandemsprüngen mit steuer- und bremsbaren Fallschirmen, bei denen man auf etwa 4.000 Metern Höhe aussteigt und nach minutenlangem Sinkflug zumeist weich landet. Damals gingen die Maschinen bis auf eine Flughöhe von 200 Metern herunter. Im Flieger wurde die Aufziehleine des umgeschnallten Fallschirms an einer Aufhängung unter der Kabinendecke befestigt. Im Boden war ein Loch, durch das sich der Springer fallen ließ. Die Aufziehleine öffnete den Schirm mit einem Ruck, in wenigen Sekunden war alles vorbei. Der harte Aufprall auf dem Boden entsprach einem Sprung von einer hohen Mauer; es bestand Verletzungsgefahr. Noch tiefer als 200 Meter konnte das Flugzeug nicht gehen, weil sich sonst der Fallschirm nicht voll geöffnet hätte. Bei Absprüngen aus größeren Höhen bestand das Risiko, vom Wind verweht zu werden.

In Ländern wie Frankreich und Jugoslawien, wo Partisanen befreite Gebiete unter Kontrolle hatten, landeten alliierte Flugzeuge auch auf improvisierten Flugfeldern, lieferten tonnenweise Waffen und Material. Sie flogen auch tausende Menschen aus, darunter viele Verwundete.

Wo es keine Luftbrücke gab, gehörte es zu den wichtigsten Aufgaben von Untergrundorganisationen, sichere Fluchtrouten über

Land einzurichten. Trotz scharfer Grenzkontrollen gelang es während des Krieges tausenden Menschen, sich über die Schweiz, Spanien, die Türkei und andere Länder in Sicherheit zu bringen. Lokale Unterstützerinnen und Unterstützer halfen auch im deutschen Reich gelandeten Kommandotrupps der Alliierten, die bei ihrer Entdeckung laut einem Hitler-Befehl sofort erschossen worden wären. Die Helferinnen und Helfer arbeiteten dabei auch mit professionellen Schmugglern zusammen, die für Geld Menschen über die Grenze brachten.

Mit Fallschirmen kamen auch von westlichen oder östlichen Geheimdiensten unterstützte Kommandotrupps ins Land, um Sabotageakte durchzuführen oder Schlüsselkräfte des Feindes auszuschalten. Der höchstrangige Nazi, der bei solch einer Kommandoaktion getötete wurde, war Reinhard Heydrich. Dieser SS-General hatte Anfang 1942 in Berlin die Wannseekonferenz geleitet, bei der die Vernichtung der europäischen Jüdinnen und Juden besprochen wurde. Wenig später hielt er sich in Tschechien als stellvertretender »Reichsprotektor« des von den Nazis okkupierten Landes auf. Am 27. Mai 1942 griffen zwei von der tschechischen Exilregierung in London entsandte Agenten sein Auto mit Maschinenpistolen und Sprengstoff an. Der 38-jährige SS-Führer überlebte den Anschlag nicht.

Mit Foltermethoden, die bis zum Köpfen der Angehörigen von Verdächtigen reichten, presste die Gestapo aus Mitwissern das Versteck der Attentäter in einer orthodoxen Kirche heraus. Ehe sie hinkam, setzten die beiden ihrem Leben selbst ein Ende. Im Racherausch ermordeten die Nazis in Orten, die sie vage mit dem Attentat in Verbindung brachten, hunderte Menschen. Noch einmal so viele Tschechinnen und Tschechen wurden in Konzentrationslager verschleppt.

Wegen der vielen Toten – auch unter unbeteiligten Tschechinnen und Tschechen – mag der Preis für die Ausschaltung eines der größten Nazi-Verbrecher manchen zu hoch erscheinen. Politisch hatte der Rachefeldzug der Nazis jedenfalls zur Folge, dass Großbritannien und die Exilregierung Frankreichs das Münchner Abkommen für ungültig erklärten, in dem Deutschland 1938 die Sudetengebiete Tschechiens zugesprochen worden waren.

Zu Volksaufständen, der höchsten Stufe des Widerstands, kam es im Herrschaftsbereich der Nazis nur selten und erst gegen Kriegsende. Am bekanntesten ist die im August 1944 in Warschau von der polnischen Heimatarmee (Armia Krajowa, AK) begonnene Erhebung. Nach drei Monaten war diese Rebellion ebenso niedergeschlagen wie ein Jahr vorher der davon unabhängige Aufstand im Warschauer Ghetto, bei dem sich hunderte jüdische Kämpferinnen und Kämpfer gegen die Übermacht der SS-Männer erhoben hatten. Als Rache trieben die Nazis Zehntausende in den Tod, aber auch auf ihrer Seite kamen hunderte Einsatzkräfte um. Warschau wurde auf Befehl Hitlers bis auf die Grundmauern zerstört.

Weniger bekannt ist der Nationalaufstand in der Slowakei, der ebenfalls im August 1944 ausbrach. Hier schlossen sich mehr als 20.000 Soldaten der regulären Armee dem Kampf gegen die Deutschen und das mit ihnen kollaborierende Regime der damaligen Slowakischen Republik an. Auch dieser Aufstand war nach zwei Monaten niedergeschlagen, es gab zehntausende Tote. Von den Überlebenden führten viele den Kampf als Partisanen bis Kriegsende weiter.

In Osteuropa war die »Partisanenbekämpfung« oft nur ein Vorwand für den Vernichtungskrieg der Nazis gegen die Zivilbevölkerung. Es gab die Freischärler in Polen und der Sowjetunion aber auch real, ebenso wie in Frankreich, Belgien, Griechenland oder Italien. Nach der Entmachtung Mussolinis im September 1943 kämpften bis zu 250.000 italienische »Partigiani« gegen deutsche und einheimische Faschisten in ihrem Land. Stärker war nur noch die Partisanenbewegung in Jugoslawien. Für Experten wie Michael Foot lag die militärische Bedeutung darin, mit relativ wenigen, sehr flexiblen Bewaffneten eine größere Anzahl gut ausgebildeter deutscher Soldaten zu binden, die anderswo, vor allem an der »Ostfront« zu Russland, von der

Wehrmacht dringend gebraucht worden wären.[7] In Österreich gab es diese Art von Widerstand vereinzelt ebenfalls.

Einzig in Jugoslawien gelang es den von östlichen und westlichen Alliierten unterstützten Partisanen, bei Kriegsende selbst die politische Macht zu übernehmen. Unter der Führung von Josip Broz Tito entstand dort ein kommunistisches System eigener, nicht von Moskau diktierter Prägung. Es dauerte bis nach dem Tod des diktatorisch herrschenden Marschalls Tito im Jahr 1980 an.

Bewaffneten Widerstand gab es aber so gut wie überall in den von Deutschen besetzten Gebieten, besonders auch in Norwegen und in den Niederlanden. Die Kämpferinnen und Kämpfer im Untergrund konnten fast überall mit Unterstützung aus der Bevölkerung rechnen. In Deutschland und Österreich war das anders. Die Haltung des überwiegenden Teils der Bevölkerung sei »teilnahmslos bis denunziatorisch« gewesen, sagte Walter Wachs, ursprünglich Medizinstudent und später ein Anführer der Koralm-Partisanen.[8]

Nach 1945 wollten Deutsche sowie Österreicherinnen und Österreicher wohl aus schlechtem Gewissen von den Naziverbrechen und auch vom Widerstand lange Zeit nichts wissen. Inzwischen hat sich – in Deutschland stärker als in Österreich – eine vielfältige Erinnerungskultur entwickelt.

Besonders die 1943 von den Nazis geköpfte Sophie Scholl wurde »eine Ikone des Widerstands«.[9] Nach ihr und ihrer jugendlichen Widerstandsgruppe »Die Weiße Rose« wurden Schulen und Straßen, Plätze und Parks benannt. Neben der »Weißen Rose« wurden in Deutschland auch etliche andere Widerstandsgruppen vor dem Vergessen bewahrt, von denen drei als ebenfalls emblematisch gelten: der christlich geprägte »Kreisauer Kreis«, die von Linksintellektuellen errichtete »Rote Kapelle« und die Verschwörer rund um das Hitler-Attentat vom 20. Juli 1944.

Der deutsche Historiker Wolfgang Benz schränkt ein, dass lediglich »einige tausend Menschen«, also »eine verschwindende

Minderheit dem Regime mutig die Stirn boten«. Gemeinsam war ihnen nur das Ziel, die Hitlerdiktatur zu stürzen. Die Kommunisten, die auch in Deutschland »die größte Zahl von Toten im Widerstand« zu beklagen hatten, wollten danach ein sozialistisches System errichten. Andere Hitlergegnerinnen und Hitlergegner hatten eine rechtsautoritäre Gesinnung. Jedenfalls waren in Deutschland viele Regimegegnerinnen und Regimegegner »keine Anhänger einer parlamentarischen Demokratie nach unserem Verständnis«.[10]

Nicht einmal Nazigegnerinnen oder Nazigegner waren alle von Anfang an. So ist es auch bei den Geschwistern Scholl gewesen. Sie wuchsen zwar in einer streng protestantischen Familie auf, Hans Scholl trat dennoch in die Hitlerjugend ein. Seine jüngere Schwester Sophie war beim »Bund Deutscher Mädel«. Die Wende kam erst, als der in München Medizin studierende Hans Scholl in Lazaretten eingesetzt wurde. Die erlebten Kriegsgräuel führten ihn und einige Freunde zum radikalen Umdenken. Auch Sophie wandte sich vom Regime ab.[11]

Nachdem sie unter dem Zeichen der »Weißen Rose« die Bevölkerung mit Flugblättern aufzurütteln versucht hatten (Kernsatz: »Zerreißt den Mantel der Gleichgültigkeit«), flog die Gruppe auf. Die beiden Geschwister und drei Mithelfer wurden hingerichtet.

Ihr Widerstand sei trotz dieser »schrecklichen Konsequenz« eine »Aufforderung an alle, sich einzumischen«, wenn Demokratie und Menschenrechte angegriffen werden, heißt es in einem Resümee der deutschen Bundeszentrale für politische Bildung.[12] Der britische Résistance-Experte Michael Foot bemerkte nüchtern, dass die moralischen Appelle der »Weißen Rose« insgesamt zwar »wirkungslos« gewesen seien, dass es aber herzlos wäre, den symbolischen Widerstand dieser jungen Leute nicht als »völlig ehrenhaft« zu bezeichnen.[13]

Schon mitten im Berufsleben standen die Mitglieder des »Kreisauer Kreises«, die einander ab Mai 1942 zunächst auf einem Gutshof in der Nähe von Breslau, dem heute polnischen Wrocław, trafen. Der Hausherr, Helmuth James Graf von Moltke, hatte sich nach Rechtsstudien in Breslau, Wien und Oxford als Rechtsanwalt in Berlin niedergelassen. Zu Kriegsbeginn war er völkerrechtlicher Mitarbeiter beim Abwehrdienst der Deutschen Wehrmacht. Zum Widerstand getrieben wurde er laut Benz durch Informationen zu den »nationalsozialistischen Verbrechen an den Juden, den Kriegsgefangenen und der Bevölkerung in den besetzten Gebieten«. Gemeinsam mit adeligen Standesgenossen, sozialdemokratischen Pädagogen und christlichen Theologen gründete er eine von den Nazis nachträglich als »Kreisauer Kreis« bezeichnete Gesprächsrunde, die über die »Wiederherstellung eines humanen Rechtsstaats« nachdachte. Moltke wurde 1944 verhaftet und dann als Hochverräter hingerichtet, auch wenn sein Widerstand gewaltfrei war.

An den »Kreisauer Kreis« erinnert unter anderem ein Dialogzentrum auf dem nun zu Polen gehörenden Gelände von Moltkes Gut, das Seminare zu Zeitgeschichte und Menschenrechten abhält.[14]

Erst von den Nazis und dann in der Erinnerung fast ausgelöscht wurde eine Widerstandsbewegung vom anderen Ende des politischen Spektrums: Ein Netzwerk von zumeist linksintellektuellen Freundinnen und Freunden, das in Berlin geheimes Material sammelte, verteilte und ins Ausland spielte. Sie kooperierten auch mit dem sowjetischen Geheimdienst, der in mehreren Staaten Westeuropas Agenten stationiert hatte. Und sie alle verfügten über Funkgeräte, die Meldungen nach Moskau überspielten.

Die deutsche Spionageabwehr, die einzelne Funker ortete und manche auch am individuellen Morsestil wiedererkannte, nannte sie »Pianisten«. Spielten mehrere Funkstellen zusammen, so war das im Jargon der Abwehr eine ganze Musikgruppe, in diesem Fall die »Rote Kapelle«.[15]

Nach Kriegsende galten die Mitglieder der »Roten Kapelle«, von denen sechzig hingerichtet wurden, in Westdeutschland als stalinistische Landesverräterinnen und -verräter. Die DDR feierte sie dagegen als antifaschistische Heldinnen und Helden.[16] Die viel komplexere Wahrheit kam erst später ans Licht.

Gründer des Netzwerks waren der Jurist Arvid Harnack und seine Frau, die Literaturwissenschafterin Mildred Fish, die er an einer US-Universität kennengelernt hatte. Harnack interessierte sich für Ideen der russischen Planwirtschaft, trat dann aber ins deutsche Wirtschaftsministerium ein, wo er ein hoher Beamter wurde. Schon bald nach Hitlers Machtergreifung bauten sie ihre Widerstandsgruppe auf. Mildred, die als Literaturscout für deutsche Verlage ins Ausland reiste, knüpfte internationale Kontakte.[17]

Die lose Gruppe wuchs auf 150 Menschen an. Besonders nah stand den Harnacks dabei ein um zehn Jahre jüngeres Paar: Harro und Libertas Schulze-Boysen, deren Namen nicht zufällig nach gehobener Gesellschaft klangen. Doch Harro, Spross einer Offiziersfamilie, kam über sein Engagement für Avantgardekunst zum Widerstand, nachdem die von ihm geleitete Zeitschrift »Der Gegner« von den Nazis geschlossen und ein jüdischer Mitarbeiter erschlagen worden war. Seine Frau, die Fürstentochter Libertas Haas-Heye, ursprünglich ein Nazi-Fan, erhielt als Filmjournalistin Zugang zu sonst geheimen Bilddokumenten über die Brutalität des Krieges.

Das ergab Material für Flugblätter gegen das NS-System, die von der Gruppe in Berlin verteilt wurden. Seit längerem bekannt ist, dass Arvid Harnack Kontakt zur russischen Botschaft aufnahm und geheimes Material aus dem Wirtschaftsministerium übergab. Im Jahr 2000 versuchte die US-Publizistin Shareen Blair Brysac in einem Buch nachzuweisen, dass die Harnacks auch Kontakte zur US-Botschaft hatten.[18] Von der Autorin eingesehene US-Geheimdokumente über Wirtschaftsdaten des NS-Regimes aus dieser Zeit glichen stark ähnlichen Dossiers, die nach 1991 in Moskau auftauchten. Da sie auch noch Angehörige von damaligen US-Diplomaten fand, die sich an eine Bekanntschaft mit den Harnacks erinnern konnten, kam

Blair Brysac zum Schluss, dass ihre Widerstandsorganisation für Sowjets und Amerikaner arbeitete.

Aus den Moskauer Akten, in denen Harnack mit dem Decknamen »Korsikaner« geführt wurde, geht hervor, dass er Russland bereits im September 1940 vor einem baldigen deutschen Überfall warnte.[19] Stalin habe diese Nachricht ignoriert.

Als Hitler die Sowjetunion 1941 tatsächlich überfiel und die USA im selben Jahr in den Krieg eintraten, verschwanden auch die Diplomaten. Harnacks Gruppe, die weiterhin eifrig Informationen sammelte, musste auf Funkkontakte ausweichen, was ihr aber nicht gut gelang. Die Moskauer Geheimdienstzentrale wollte ihnen einen Boten schicken und sandte dazu einen schlecht verschlüsselten Funkspruch nach Brüssel, wo die deutsche Spionageabwehr das Hauptquartier der »Roten Kapelle« vermutete. Die Funkstelle wurde ausgehoben, die Harnacks und etliche Mitstreiter in Berlin verhaftet, in Geheimverfahren vor dem Reichskriegsgericht wegen Spionage verurteilt und umgehend hingerichtet.[20]

Im Westen blieb die Gruppe lang als stalinistische Spionagezentrale verfemt. Erst 2009 wurden die Urteile gegen Mitglieder der Roten Kapelle vom Deutschen Bundestag als »Unrechtsjustiz« aufgehoben. 2011 erhielten sie in Berlin-Lichtenberg, wo schon seit DDR-Zeiten Straßen nach den Mitgliedern dieser Widerstandsgruppe benannt waren, ein gesamtdeutsches Denkmal.[21]

Schon etliche Jahre davor wandelte sich die Einstellung der Nachwelt zu jenen Militärs, die am 20. Juli 1944 Deutschland von Hitler zu befreien versuchten. Zur Zeit des Attentats im ostpreußischen »Führerhauptquartier« galten sie den Linken als reaktionäre Militaristen und Großgrundbesitzer, sogenannte »Junker«, die im bereits als verloren geltenden Weltkrieg der illusionären Idee eines Separatfriedens mit den Westmächten nachhingen.

Ein vernichtendes Urteil fällte spontan Bertolt Brecht in seinem Exil im kalifornischen Santa Monica. »Als etwas über die blutigen

Vorgänge zwischen Hitler und den Junkergenerälen durchsickerte, hielt ich für einen Augenblick Hitler den Daumen; denn wer, wenn nicht er, wird uns schon diese Verbrecherbande austilgen«, schrieb der Autor am 21. Juli 1944 in sein Arbeitsjournal. Abhilfe gegen Hitler erwartete Brecht von anderswo: »Die Russen marschieren auf Ostpreußen.«[22]

Hitler, der den Bombenanschlag von Oberst Claus Schenk Graf von Stauffenberg mit leichten Verletzungen überlebt hatte, tobte bis zur Weißglut. Stauffenberg und seine Mitverschwörer seien »vom Ehrgeiz zerfressene Offiziere«, dieses »Gesindel« solle aufgehängt werden wie Schlachtvieh«.[23] 200 von ihnen, darunter mehr als 20 Generäle, wurden hingerichtet oder in den Tod getrieben. Tausende Angehörige kamen in Haft, viele davon in Konzentrationslager.

Auch nach 1945 blieben die Männer des 20. Juli für Ewiggestrige weiterhin Verräter. Frühere Mitläufer der Nazis versuchten »ihre eigene Passivität zu rechtfertigen«, indem sie Stauffenberg die viel zu späte und »angeblich dilettantische Ausführung« des Attentats anlasteten, heißt es in einer »Spiegel«-Geschichte über den Hitler-Attentäter.[24]

Als die westdeutsche Bundeswehr später nach Traditionen suchte, an die sie abseits von »Befehlsnotstand« und »Kadavergehorsam« anknüpfen konnte, stießen sie auf die Männer vom 20. Juli. In den Augen der Öffentlichkeit wandelte sich Stauffenberg zur heldischen »Lichtgestalt«, so der »Spiegel«, und seine Mitverschwörer wurden zu Demokraten, die sie im Sinn des heutigen liberalen Rechtsstaats so pauschal nicht waren.

Ursprünglich hatte sich die deutsche Militärkaste dem Aufstieg Hitlers keineswegs entgegengestellt. »Soldatische« Männlichkeit galt den Nazis als Ideal, ihre Parteiarmeen SA und SS richteten sich äußerlich nach dem zackigen Vorbild. Für führende Militärs brachte die Zeit nach Hitlers Amtsantritt 1933 zudem »einen beeindruckenden Machtzuwachs«, heißt es in einer Chronik des militärischen Widerstands.[25]

Stauffenberg hatte laut dem Historiker Wolfgang Benz anfangs durchaus »Sympathien für den Nationalsozialismus«. Seine innere Umkehr fand während des Afrikafeldzugs statt, wo er im April 1943 schwer verwundet wurde. Er verlor ein Auge und eine Hand. Zurück in einem Lazarett in Deutschland habe er seiner Frau gesagt, dass er nun »Deutschland retten« müsse.[26]

Sein Rettungsprojekt sah vor, dass existierende militärische Einsatzpläne gegen einen inneren Aufstand von Verschwörern im Offizierskorps und in der Abwehr genutzt werden sollten, um hohe Nazis festzunehmen und die Macht zu ergreifen. Weil von den Verschwörern nur er selbst Zugang zu Hitlers Befehlszentrale hatte, sollte er mit der Ermordung des Führers das »Unternehmen Walküre« auslösen.

Obwohl Hitler auch diesen Bombenanschlag überlebte, rollte in der nachfolgenden Verwirrung die militärische Machtübernahme in Städten wie Paris, Prag und auch in Wien erfolgreich an. Eingefädelt hatte den österreichischen Teil der Verschwörung der in Innsbruck geborene Oberstleutnant Robert Bernardis. Die Idee bestand darin, »dass verhältnismäßig wenige österreichische Offiziere in den Plan der Männer des 20. Juli eingeweiht waren«, schrieb die österreichische Historikerin Erika Weinzierl in ihrer Geschichte des Widerstands.[27]

In der Logik des Militärs sollte es reichen, die Befehlskette in Gang zu setzen. Untergeordnete Stellen würden mitspielen müssen, ohne zu ahnen, dass die Befehle von Umstürzlern kamen. Eingeweiht waren einige Generalstabsoffiziere, aber auch ein einfacher Hauptmann: Carl Szokoll, die »eigentliche Schlüsselfigur der Wiener Ereignisse vom 20. Juli 1944«. Es sei vor allem »sein Verdienst« gewesen, dass »führende Wiener NS-Funktionäre vorübergehend festgenommen werden konnten«, bestätigte auch der Widerstands-Experte Wolfgang Neugebauer.[28]

Es dauerte aber nur wenige Stunden, bis Hitler in einer Rundfunkansprache zornig versicherte, dass er noch am Leben sei. Noch in derselben Nacht gab es die ersten Hinrichtungen. Fast alle der

»Männer des 20. Juli« kamen ums Leben. Nur wenige, darunter der Wiener Szokoll, überlebten.

Bereits ein paar Monate später nahm Szokoll »Verbindungen zur Widerstandsgruppe O5 auf«, die Hans Becker in Wien organisiert hatte und mit der er laut Neugebauer »beim Heranrücken der alliierten Truppen« den Volksausstand entfachen wollte (Siehe Kapitel 18, »Schießerei am Saarplatz«).

Was den Nachhall des Hitler-Attentats in der Geschichte betrifft, so klang er später zunehmend positiv. Im Westen sprachen ehemalige Kriegsteilnehmer seltener vom gebrochenen »Eid auf Hitler«. Und sogar in der Endphase der DDR wurde eingeräumt, dass an der Verschwörung außer reaktionären auch fortschrittliche Kräfte beteiligt gewesen seien.[29]

Widerstandskämpferinnen und -kämpfer mussten keine rundum makellosen Heldinnen und Helden mehr sein, um verehrt zu werden. Sie mussten nicht einmal von Anfang an die »richtige« Ideologie gehabt haben. Es wurde von ihnen auch nicht verlangt, den Lauf der Geschichte wesentlich verändert zu haben.

Denn wie das Aufbegehren der »Weißen Rose« blieb auch Stauffenbergs Attentat letztlich eine »symbolische Geste«, wie sie der Historiker Wolfgang Benz nennt. Hitlers Herrschaft dauerte noch neun Monate an. Doch der Widerstand setzte das klare Zeichen, dass es in der Nazizeit mutige Menschen gegeben hatte, die keine Kriegsverbrecher, keine Mitläuferinnen und Mitläufer und auch keine stummen Zuschauerinnen und Zuschauer waren. Deutschland, das Land der Täter, schien diese Bestätigung beim Neubeginn nach der Befreiung dringender zu brauchen als Österreich, das sich lang hinter der Ausrede versteckte, das »erste Opfer Hitlers« gewesen zu sein.

– 16 –

TRADITIONALISTEN UND ALPENPARTISANEN

Österreichs Widerstand gegen die Nazis deckte ab 1938 ein »breites Spektrum« ab, das die Historikerin Erika Weinzierl so beschreibt: Es reichte von der »Gründung aktiver Widerstandsorganisationen«, wie jener des Sozialisten Otto Haas, über »Sabotageakte in Betrieben«, die vor allem Kommunistinnen und Kommunisten unternahmen, und das Wirken christlich-konservativer Gruppen bis zur lebensgefährlichen »Wehrdienstverweigerung aus Gegnerschaft zum Nationalsozialismus«, wie im drei Jahrzehnte später in einem eindringlichen Film präsentierten Fall des oberösterreichischen Bauern Franz Jägerstätter.[1]

Aktivistinnen und Aktivisten linker Parteien, die im rechtskatholischen »Ständestaat« seit 1934 verboten waren, hatten vor der Machtübernahme der Nazis und auch danach zwei Optionen: die Flucht ins Exil oder die Konspiration im Untergrund. Die im Land ausharrenden, sich nun als »revolutionär« verstehenden Sozialistinnen und Sozialisten und die Kommunistinnen und Kommunisten blieben »gleich in der gewohnten, aber jetzt ungleich gefährlicheren Illegalität«.[2]

Die Nazis versuchten frühere Sozialdemokratinnen und Sozialdemokraten zum Überlaufen zu bewegen, verfolgten die Unbeugsamen aber zugleich mit einer im März 1938 einsetzenden Verhaftungswelle. Traurige Berühmtheit erlangte der Fall von Käthe Leichter, die wie Hans Becker 1895 geboren wurde, dann aber so etwas wie eine politische Antipodin war. Entwickelte sich Becker, bürgerlich-liberaler Jurist aus adeligem Haus, zum Propagandisten des »Ständestaats«, so war Leichter eine Ikone der Frauen des Roten Wien. Die promovierte Staatswissenschafterin aus einer großbürgerlich-jüdischen Familie wirkte einerseits als Mitarbeiterin sozialistischer Größen wie Otto Bauer. Andererseits mischte sie sich unter Fabrikarbeiterinnen und regte sie zum gemeinsamen Handeln an, gründete die Frauenabteilung in der Arbeiterkammer und verfasste 1930 eine bahnbrechende Studie über das Leben von Industriearbeiterinnen.[3]

Nach 1934 war sie, wie auch ihr Ehemann, der »Arbeiter-Zeitung«-Journalist Otto Leichter, bei den »Revolutionären Sozialisten«, deren Leben ab März 1938 in Gefahr war. Käthe schaffte es, ihre beiden Söhne, den 14-jährigen Heinz (später Henry genannt) und den achtjährigen Franz, ins sichere Ausland zu bringen. Auch Otto Leichter gelang die Flucht. Käthe Leichter blieb noch in Wien, um ihre illegale politische Arbeit fortzusetzen und ihre alte Mutter zu betreuen. Doch am 30. Mai geriet sie, von einem früheren Sportredakteur der »AZ« verraten, in die Fänge der Gestapo.

Des »Hochverrats« bezichtigt, kam sie ins Frauen-KZ Ravensbrück, wo weitere österreichische Sozialistinnen wie Rosa Jochmann (1901–1994) inhaftiert waren. Käthe Leichter konnte heimlich verfasste Lebenserinnerungen noch an eine Mitgefangene weitergeben, ehe sie 46-jährig im März 1942 von den Nazis ermordet wurde.*

Weniger bekannt ist das Schicksal des 1906 geborenen Lehrers Otto Haas, obwohl er an der Spitze einer eigenen Widerstandsgruppe stand. In Armut aufgewachsen, engagierte Haas sich früh in der Sozialdemokratie. Nach deren Verbot 1934 kam der unverbesserliche Rote vorübergehend ins Anhaltelager Wöllersdorf.[4]

Wieder in Freiheit, setzte Haas sein Lehramtsstudium fort, das er mit Nachhilfeunterricht für Kinder engagierter Sozialdemokratinnen und Sozialdemokraten finanzierte. Dieser Bekanntenkreis bildete den Kern der späteren Widerstandsgruppe, den Haas um Freunde in Tirol

* Textauszüge der Erinnerungen von Käthe Leichter wurden u. a. im Buch »Als stünd' die Welt in Flammen« von Herbert Exenberger (Wien 2000) veröffentlicht. Otto Leichter arbeitete weiter für die Sozialdemokratie. Er starb 1973 in New York, wo die beiden Söhne Karriere machten. Henry Leichter (1924–2010) und sein Bruder Franz wurden Rechtsanwälte mit Engagement für die US-Demokraten und prominente Ex-Österreicher. Der 1930 geborene Franz Leichter war von 1975 bis 1998 Senator im Bundesstaat New York.

und Tschechien erweiterte. Bereits 1937 sah er ein totalitäres System kommen, dessen Nachrichtenmonopol er unterlaufen wollte. Deshalb nahm er Kontakt zum Auslandsbüro der österreichischen Sozialdemokratie in Prag auf und ließ sich in konspirativen Techniken wie der Verwendung von Geheimtinten und Chiffriermethoden unterweisen.

Nach dem März 1938 legte Haas richtig los. Er sammelte Informationen – auch über die deutsche Rüstungsindustrie – und gab sie in seinem Netzwerk weiter. Dokumente wurden mit Miniaturkameras fotografiert, die winzigen Filme in hohlen Schlüsseln verborgen.

Haas vergrößerte sein Netz, unter roten Lehrerinnen und Lehrern im niederösterreichischen Industriegebiet ebenso wie unter sozialdemokratischen Aktivistinnen und Aktivisten in Bayern und der Schweiz. Auch nach Frankreich wurden Kontakte geknüpft. Wegen schlechter Gesundheit vom Wehrdienst befreit, nahm Haas als »Wetterinspektor« der deutschen Luftwaffe im slowakischen Bratislava eine perfekte Tarnexistenz an.

Auf winzigen Fotos, die nun auch in aufgespaltenen Buchdeckeln transportiert wurden, tauschten die Verschwörerinnen und Verschwörer Artikel Schweizer Zeitungen, abgeschriebene Radiomeldungen ausländischer Sender und eigene Texte aus. Abweichend von der bis dahin geltenden Parteilinie, wonach die österreichische Arbeiterbewegung nur als Teil der deutschen Erfolg haben könne, diskutierten sie auch ein österreichisches »Selbstbestimmungsrecht« für die Zeit nach dem Krieg.

Im Frühjahr 1942 wurden mehrere Angehörige des Netzwerks verhaftet. Am 20. Juni erwischte es auch Otto Haas. Er wurde monatelang verhört und dann vom NS-Volksgerichtshof wegen »marxistischen Hochverrats« als Kopf der »Revolutionären Sozialisten« und ihrer Gruppe »Neu beginnen« angeklagt. Haas stand vor Gericht dazu, für die Niederlage des Naziheers gekämpft und Informationen für dessen Feinde gesammelt zu haben. Das Todesurteil fiel 1943, aber erst im August 1944 wurde Haas in Wien gehenkt. Insgesamt wurden aus seiner Widerstandsgruppe 200 Menschen verhaftet und an die vierzig hingerichtet.*

Hunderte Verhaftungen und viele Tote gab es auch unter den Kommunisten. Aus dem Untergrund hatte ihre Parteiführung schon am 12. März 1938 einen Aufruf an »das österreichische Volk« veröffentlicht. Hitler sei dabei, dessen »Freiheitswillen« mit »den Stiefeln seiner Soldateska niederzutreten«. Und: »Das österreichische Volk steht mit tödlichem Hass den faschistischen Tyrannen gegenüber. Der Kampf geht weiter.« Mit Unterstützung einer »Weltfront des Friedens« werde »ein freies und unabhängiges Österreich wiedererstehen.«[5]

Unter dem »Einsatz ihres Lebens vervielfältigten und verbreiteten« KP-Mitglieder diesen Aufruf, wie der Parteihistoriker Hermann Mitteräcker schrieb.[6] Der Autor brachte, der damaligen »Logik des Kalten Krieges folgend«, 1963 im Verlag der KPÖ ein Gegenstück zur Darstellung Otto Moldens heraus, der sich ja auf den »bürgerlichen« Widerstand konzentriert hatte.[7]

Mitteräcker beginnt seine Version als Leidensgeschichte. Die österreichische Staatspolizei habe der deutschen Gestapo die Namen von tausend Menschen gegeben, die sie für »leitende Kommunisten« hielten. Viele von ihnen wurden verhaftet und in Konzentrationslager gesperrt. Wer dieser Verhaftungswelle entging, wurde von der Partei außer Landes gebracht oder nahm mit neuer Identität Arbeit in Großbetrieben wie den Wienerberger Ziegelwerken oder bei Siemens an.

Lokale Parteigruppen stellten währenddessen kleine Flugblätter und »Streuzettel« her (»Österreich den Österreichern«, »Hitler ist Krieg«), über deren Verteilung in den Gestapomeldungen dieser Zeit »fast täglich« berichtet wurde. In Wien gab es ein KP-Flugblatt auch

* Ein unter anderen von Adolf Loos geplanter Gemeindebau im Wiener Bezirk Brigittenau, in dem der Widerstandskämpfer einst gewohnt hatte, trägt seit 1950 den Namen »Otto-Haas-Hof«.

speziell für das bürgerliche Publikum: »Von einer Weltstadt zur preußischen Provinz! Wiener, seid ihr mit der Entwürdigung Eurer Stadt einverstanden? KPÖ.«[8]

Landesweit wurden vor allem in den Industrieregionen KP-Gruppen aktiv. Sie schrieben Parolen wie »Nieder mit dem Hitlerismus« an Fabrikwände und appellierten an die »Proletarier aller Länder«. In Wiener Neustadt gelang es einer Gruppe unter dem Elektroschweißer Karl Flanner, mehrere Ausgaben einer Untergrundzeitschrift zu drucken, ehe sie im August 1939 verhaftet wurden. Flanner musste zwar Folter und jahrelange Haft durchmachen, er überlebte aber, blieb für die KPÖ aktiv und starb 2003 mit 93 Jahren.[9]

In Graz formierte sich eine in der gesamten Steiermark vernetzte kommunistische Widerstandsgruppe, die das Manifest »Österreich wird wiedererstehen« herausbrachte. Ihr gehörte der Schauspieler Karl Drew an, der noch im Grazer Schauspielhaus auftrat, während er schon heimlich für die Widerstandsgruppe arbeitete. Das gesamte Netz der KPÖ in der Steiermark flog auf. Hunderte Aktivistinnen und Aktivisten kamen in Haft, mehr als zwanzig, darunter Drew, wurden hingerichtet.[10] Verraten hatte sie Kurt Koppel, ein angeblicher Journalist und seit frühester Jugend bei der KPÖ. Noch im »Ständestaat« war er nach einer Verhaftung von der Polizei umgedreht und nach dem »Anschluss« als V-Mann an die Gestapo weitergereicht worden.

Damit hatten die auf ihre konspirativen Fähigkeiten stolzen österreichischen Kommunistinnen und Kommunisten nicht gerechnet: Ihre nach außen hermetisch abgeschlossenen Kleingruppen waren von ihrem Gegner systematisch unterwandert worden. Freiwillig oder unter hohem Druck begingen vorgebliche Genossinnen und Genossen Verrat. Selbst im führenden Zentralkomitee saßen zeitweilig mehrere V-Leute.[11]

Für die noch nicht aufgeflogenen Aktivistinnen und Aktivisten kam der nächste Schock, als sich Hitler und Stalin im August 1939 in einem »Nichtangriffspakt« annäherten. Die erste Welle des kommunistischen Widerstands hatte ihren Tiefpunkt erreicht.

Schon zehn Monate zuvor waren junge Katholikinnen und Katholiken nach einer Ansprache von Kardinal Theodor Innitzer beim Wiener Stephansdom zur ersten größeren Demonstration gegen die Nazis zusammengeströmt. Aus Rache stürmten tags darauf, am 8. Oktober 1938, Hitlerjugend und SA-Männer das Erzbischöfliche Palais und misshandelten Geistliche.[12] Mehrere Jugendliche, die an der Demo im Dom teilgenommen hatten, kamen als »Innitzer-Gardisten« ins KZ. Unter katholischen Priestern, besonders in österreichischen Landgemeinden, fanden etliche den Mut, gegen die Nazis das Wort zu erheben. 1.500 von ihnen erhielten ein Predigtverbot, fast tausend landeten in Gefängnissen oder im KZ, wo an die hundert zugrunde gingen, wie die Historikerin Erika Weinzierl erhob.*

Christlich motiviert waren auch mehrere »antinazistische Zellen« die sich schon 1938 formierten. Der erste Name, der in Hans Beckers Rechenschaftsbericht über »Österreichs Freiheitskampf« aufscheint, ist der von Jakob Kastelic.[13] Der Rechtsanwalt und Schuschnigg-Freund kam ab November 1938 daheim und im »Café Wunderer« in Wien-Hietzing mit Gleichgesinnten zusammen. Sie nannten ihre kleine Gruppe »großösterreichische Freiheitsbewegung« und träumten davon, nach dem Sturz der Nazis eine katholische »Donauföderation« mit österreichisch-bayrischem Kern aufzubauen.[14] So verschroben das auch klingen mag – sie knickten jedenfalls vor der monströsen Nazimacht nicht ein. Einer der Teilnehmer an den Gesprächsrunden war der damals 23-jährige Karl Rössel-Majdan, der

* Unter den Nonnen ist die 1894 geborene Helene Kafka das bekannteste Opfer. Als »Maria Restituta« Oberschwester im Krankhaus Mödling, wurde sie verhaftet und 1943 hingerichtet, weil sie sich geweigert hatte, in den Krankenzimmern Kreuze von den Wänden zu nehmen und Patienten je nach politischer Einstellung unterschiedlich zu behandeln. (Quelle: www.doew.at)

wenig später zur Wehrmacht eingezogen wurde, wo seine Widerstandstätigkeit 1940 aufflog. Nach Jahren der Haft gelang ihm die Flucht, er überlebte als U-Boot in Wien.*

Eine weitere »Freiheitsbewegung« organisierte 1938 der Finanzbeamte Franz Lederer. Die christlich-sozial orientierte Gruppe brachte viele Exemplare eines Flugblatts mit dem Titel »Was nicht im Völkischen Beobachter steht« mit sonst unterdrückten Nachrichten heraus und nahm vor Kriegsbeginn Kontakt zu britischen Diplomaten auf.

Die bekannteste Gruppe der »Traditionalisten«, wie der Historiker Radomír Luža den »katholisch-konservativen Untergrund« nennt, gründete Roman Karl Scholz.[15] Der Pater des Stifts Klosterneuburg hatte schon einige politische Mutationen durchlebt. In Mähren geboren, begeisterte er sich für den Nationalismus der Sudentendeutschen und trat sogar in die NSDAP ein. Mit der brutalen Realität der Naziherrschaft konfrontiert, schwenkte er um und gründete eine Gruppierung, die sich erst »deutsche« und dann »österreichische Freiheitsbewegung« nannte. Sie kam auf etwa 200 Mitglieder, die in kleine Gruppen aufgeteilt wurden und einen Treueeid schwören mussten. Scholz gab sogar Mitgliedskarten aus.[16]

Wenige Monate später waren die hochfliegenden Pläne der »Traditionalisten« zerstört. Otto Hartmann, ein Schauspieler am Wiener Burgtheater und Spitzel der Gestapo, hatte die drei »Freiheitsbewegungen« verpfiffen. Unvorsichtigerweise konnte der Schauspieler sogar an Treffen der Anführer Scholz, Lederer und Kastelic teilnehmen und Daten über die Mitglieder ausforschen. Zum Zugriff der Gestapo kam es allerdings erst im Juli 1940, nachdem Hartmann als »Agent Provocateur« den Plan entwickelt hatte, das Gaswerk Leopoldau in Wien-Floridsdorf in die Luft zu sprengen.

* Nach 1945 absolvierte Karl Rössel-Majdan drei Doktoratsstudien, arbeitete für den Rundfunk und war 16 Jahre lang Vorsitzender der österreichischen Künstler- und Journalistengewerkschaft, als den ich ihn noch kennenlernte.

240 Mitglieder der Freiheitsbewegungen kamen in Haft. Elf von ihnen, darunter die drei Anführer, wurden hingerichtet.[17] Das war die Situation, als Hans Becker Anfang 1941 aus dem KZ Mauthausen freikam. Sofort begann er, österreichweit mit anderen ehemaligen KZ-Häftlingen, versprengten Resten der »Traditionalisten« und mit Kontaktleuten aus früheren Jahren sein geheimes »Operationsbüro« zu reaktivieren. »Diese Männer waren aufgrund ihrer Erfahrungen härter, entschlossener und konspirativer als die ersten Träger der Widerstandsbewegung unmittelbar nach 1938«, urteilte die Historikerin Erika Weinzierl.

Sie hielten die konspirativen Regeln besser ein und agierten tatsächlich in kleinen Zellen, damit niemand unter Folter eine größere Zahl von Mitkämpfern preisgeben konnte. Ihr dreifaches Ziel, das schon im KZ Dachau formuliert worden war, bestand in der »Zersetzung« des deutschen Militärs, der Kontaktaufnahme mit dem Ausland und zunächst vor allem mit dem Aufbau der Widerstandsorganisation.

Zu diesem Zeitpunkt habe es sich vor allem um »ideologischen Widerstand« gehandelt, schreibt die Becker-Biografin Elisabeth Jauk.[18] Es ging um Beschaffung, Analyse und Weitergabe von Nachrichten. Die Aktivisten trafen einander in Wohnungen, vorzugsweise auch bei Spaziergängen auf der Straße, möglichst bei Dunkelheit. Fritz Bock, damals Mitglied einer Dreiergruppe, kam einmal pro Woche mit Becker zusammen. »Jedesmal wurde vorher in verschlüsselten Telefongesprächen geklärt, ob Gefahr bestand oder nicht.«[19]

Was sie an öffentlichkeitswirksamen Aktivitäten durchzogen, war »in den ersten Phasen nur für Frühaufsteher bemerkbar«, ärgerte sich Becker noch 1946. »Die Aktionen gingen in der Nacht vor sich, die Gestapo suchte jedes Aufsehen zu vermeiden, und bis in die frühen Vormittagsstunden waren Plakate und Streuzettel, Schriften und Sabotagereste weggeputzt.« Deshalb hätten viele Leute behaupten können, dass sie von Widerstand nicht viel bemerkten, meinte

Becker und konstatierte sarkastisch: »Sie stellen damit fest, dass sie selbst nichts für die Befreiung des Vaterlandes getan und diese unangenehme und gefährliche Tätigkeit anderen überlassen haben.«[20]

Von spektakulär gewalttätigen Aktionen sah die Gruppierung damals ab. Die Begründung laut Fritz Bock: »Wenn wir eine Brücke bei Neulengbach in die Luft sprengen, werden am nächsten Tag fünf Neulengbacher erschossen, die gar nicht dabei waren.« Das bedeutete aber nicht, dass sie sich von solchen, von den Nazis als »Terror« eingestuften Sabotageakten distanzierten. »Wenn so etwas gelungen ist, dann haben wir gesagt: Hurra!«[21] Selbst versuchten sie es, so Bock, lieber mit dezenteren Methoden, etwa in dem sie einen Militärtransport, der nach Neulengbach fahren sollte, nach Baden bei Wien umleiteten.

Hans Becker konzentrierte sich auf den Ausbau seiner Initiative, die ab dem Herbst 1942 »Zentralkomitee Österreich« hieß und als Dachorganisation aller Widerstandsgruppen geplant war. Je negativer der Krieg für Nazi-Deutschland verlief, desto stärker wurde der Zulauf. Ende 1944 fühlte sich Beckers Gruppe auf dem Weg zur »gesamtösterreichischen Widerstandsorganisation«.[22]

Der Makel an dieser Behauptung: Die Kommunisten hatten schon früher eine antifaschistische Volksbewegung gegründet, die den Anspruch erhob, den gesamten österreichischen Befreiungskampf anzuführen und der »Nukleus« einer künftigen Regierung zu sein.[23]

Seit 1938 hatte die KPÖ im Kampf gegen Hitler die Vernichtungen mehrerer Führungsgarnituren erlebt. Doch Ende 1942 forderte die in Moskau sitzende Exilführung via Radio und in Flugblättern eine neuerliche, noch größere Kraftanstrengung: Sie rief über den bisher angesprochenen Kreis hinaus alle »Arbeiter, Bauern und Bürger« zum gemeinsamen Kampf gegen »den Fluch der Fremdherrschaft« auf. Die Nazis würden Zerstörung säen. »Umso fester müssen wir uns alle zusammenschließen, zur Einheitsfront des ganzen österreichischen Volkes, zur österreichischen Freiheitsfront«.[24]

Kommunistische Kämpfer hatten die deutsche Wehrmacht und ihren Nachschub bis dahin immer wieder in Einzelaktionen angegriffen. In Wien schossen sie 1941 eine größere Anzahl auf einem Parkplatz in Wien-Floridsdorf zur Verschickung an die Front abgestellte, vollgetankte Schützenpanzer spektakulär in Brand. In Südkärnten »führte die brutale Vertreibung Kärntner Slowenen aus über 500 Bauernhöfen durch die SS« schon im Frühjahr 1942 zu einer »Partisanentätigkeit«, wie Erika Weinzierl schrieb. Getragen wurde sie von Kommunisten und Wehrmachtdeserteuren aus der slowenischen Minderheit. Die Nazis gingen mit größter Brutalität gegen sie und auch gegen Helferinnen und Helfer aus der Bevölkerung vor.

Nachdem vor Stalingrad der Nimbus der deutschen Unbesiegbarkeit zerbrochen war, griffen weitere Widerständler zu den Waffen. Im obersteirischen Industriezentrum Leoben begann eine Gruppe von Kommunisten um den Schlosser Sepp Filz mit dem Verteilen von Flugblättern. Als sie aufzufliegen drohten, zogen sie sich nach Slowenien zurück und schlossen sich den Partisanen an.

Neben den vermehrten Niederlagen an der Front und dem Bombenhagel auf die eigenen Städte kam aus den gegen Hitler verbündeten Staaten im Oktober 1943 noch eine speziell an die österreichische Bevölkerung gerichtete politische Botschaft. Sie wurde vom damaligen britischen Außenminister Anthony Eden und seinen Amtskollegen, dem Russen Wjatscheslaw Molotow und dem Amerikaner Cordell Hull, am Ende einer Konferenz in Moskau formuliert und hatte zwei Aussagen.

Zum einen solle Österreich als erstes Land, das Hitlers Angriffspolitik zum Opfer fiel, von der deutschen Herrschaft befreit werden. Zum anderen wurde Österreich an seine Mitverantwortung für den Krieg erinnert. Bei der Endabrechnung werde darauf geachtet werden, wie viel Österreich »selbst zu seiner Befreiung« beigetragen habe.[25]

Die erste Aussage nahmen rot-weiß-rote Politiker aller Richtungen begeistert auf. Die »Opferthese« wurde für Jahrzehnte zum

Schutzschild gegen alle Versuche, Österreicherinnen und Österreicher an ihre Mitverantwortung an den monströsen Verbrechen der Nazis zu erinnern.

Der zweite Teil der Deklaration war eine glatte Aufforderung zum Widerstand. Angesichts anhaltender Zensur und der mühsamen Weitergabe von Nachrichten abgehörter Auslandssender war es aber keineswegs so, dass die Botschaft sofort bei allen ankam. Selbst zu Aktivisten wie Fritz Bock drangen Inhalt und Bedeutung der Deklaration erst nach und nach durch.[26]

Die Leobener KP-Aktivisten kamen aber rasch nach Österreich zurück und luden Kampfgenossen aus weiteren steirischen und Kärntner Bezirken zu einem Geheimtreffen in der Obersteiermarkt ein. Es fand im November 1943 in einer Schänke in Krumpen bei Trofaiach statt. Das Lokal gehörte Elisabeth Edlinger, deren Ehemann Klemens, ein Hochofenarbeiter in Leoben-Donawitz, selbst zu den Verschwörerinnen und Verschwörern gehörte und später verhaftet und im KZ Gusen ermordet wurde.

In Edlingers Dorflokal gründete sich die von der KPÖ im Jahr davor angekündigte »Österreichische Freiheitsfront« (ÖFF), die drei Ziele hatte: Kampf gegen die »faschistischen Okkupanten« mit allen Mitteln, Errichtung eines unabhängigen Österreichs sowie die Enteignung von Schwerindustrie und Großgrundbesitz.

Im Frühjahr 1944 startete die um weitere Kämpfer wie Max Muchitsch verstärkte Leobener Gruppe neue Flugblattaktionen und begann mit Sprengstoffanschlägen auf Eisenbahnlinien, um Munitionstransporte zu stoppen.

Am 10. Juli unternahmen die obersteirischen Partisanen ihre spektakulärste Aktion. Sie hatten erfahren, dass ein Güterzug mit »Kriegsmaterial auf der Eisenbahnstrecke Leoben-Bruck an die Front gehen sollte«. Eine Sprengmine sollte ihn stoppen. Obwohl das auf freiem Feld einfacher gewesen wäre, nahmen sie sich eine Stelle im Ortsgebiet von Leoben vor, »damit die Gestapo der Bevölkerung die

Sprengung nicht verheimlichen konnte«. Denn das Hauptmotiv der Aktion sei zwar eine möglichst große »Störung der Kriegsmaschinerie Hitlers« gewesen, in typischer Guerilla-Manier »wollten wir damit aber gleichzeitig bezwecken, dass durch unsere Aktion größere Teile der Bevölkerung zum Widerstand ermutigt werden.«[27]

Sieben Minuten nach Mitternacht sollte der Zug an dieser Stelle durchkommen. Kurz vor Mitternacht war die Mine verlegt und die Partisanengruppe begann ihren Rückzug. Weil sich der Minenleger plötzlich nicht sicher war, ob er keinen Fehler gemacht hatte, kehrte die Gruppe nochmals um. Doch da kam schon der Zug. »Mit ohrenbetäubendem Krach« schlug »eine große Stichflamme empor«, die Dampflok hatte die Explosion der Druckmine ausgelöst. Der Zug entgleiste, die voll beladenen Waggons prallten aufeinander.

Gleich tauchten bewaffnete Suchmannschaften auf und tasteten mit Scheinwerfern den Bahndamm ab. Da waren die Partisanen bereits auf Schleichwegen »zu unseren Bergverstecken« unterwegs. Angeblich wurde keiner von ihnen nach dem Anschlag gefasst.

Aber das Regime antwortete mit Repressalien gegen Familienangehörige von Verdächtigen, im Sinn der sogenannten »Sippenhaftung«, und mit »brutalem Terror gegen das Volk«. In Arbeitervierteln gab es »wahllose Verhaftungen«.[28]

Den bewaffneten Kampf gab die Gruppe vorerst auf. In den letzten Kriegstagen 1945 tauchten Sepp Filz, Max Muchitsch und andere allerdings vor dem Stahlwerk Donawitz auf, entwaffneten den Werkschutz und verhinderten die von den Nazis geplante Sprengung der Anlagen. Gemeinsam mit Sozialisten und Christlichsozialen bildeten die kommunistischen Anführer einen »Dreierausschuss«, der im Ort regieren wollte. Doch die Pläne der Alliierten sahen eine Machtübernahme durch Partisanen in Österreich nicht vor.

Schon in den Monaten vorher war der Plan der KPÖ, mit der »Österreichischen Freiheitsfront« eine »einheitliche, Widerstandsgruppen aller Richtungen zusammenfassende« Organisation zu bilden, »auf schier unüberwindbare Schwierigkeiten« gestoßen, wie der KP-Chronist Hermann Mitteräcker eingesteht. Es sei lediglich gelungen, neben der Steiermark auch in Kärnten und Oberösterreich »lokale Gruppen« zu bilden.[29]

Die »lokale Gruppe«, die sich 1944 im steirisch-kärntnerischen Bergland bildete, wurde allerdings in kurzer Zeit die wirksamste und ausdauerndste Partisaneneinheit in ganz Österreich. Sie wuchs auf 120, zuletzt sogar 500 Mann, die in einem hunderte Quadratkilometer großen »Operationsterrain« bis zu »5.000 Soldaten der deutschen Wehrmacht und Polizisten binden konnten«, wie Erika Weinzierl schrieb. Begonnen hatte sie mit 23 Mann, überwiegend Österreicher, die von der Sowjetunion aus mit Flugzeug und Fallschirm ein von Titos Truppen beherrschtes Gebiet in Slowenien erreicht hatten. Sie schlugen sich dann nach Österreich durch.

Einer ihrer Anführer, Walter Wachs, ein früherer Medizinstudent aus Wien, hatte ein filmreifes Vorleben. Zunächst bei den Sozialisten engagiert, wechselte in den 1930er-Jahren zur KPÖ. Er ging nach Spanien, um als Sanitäter die Kämpfer für die Republik zu unterstützen. Nach deren Niederlage wurde er in Frankreich und dann in Algerien interniert. In Nordafrika von den Briten befreit, schloss er sich zunächst deren Pioniertruppen an, schaffte es dann aber über Ägypten auf dem Landweg bis nach Russland.[30]

Mit 31 Jahren tauchte Walter Wachs an der Spitze der Einheit in Kärnten auf, die sich selbst »Kampfgruppe Steiermark« nannte, weil dieses Bundesland ihr Ziel war. Bekannt wurde sie aber als »Koralm-Partisanen«, weil dieser im Grenzgebiet zwischen Kärnten und Steiermark liegende Gebirgszug ihr wichtigstes Operationsfeld wurde. Die Gruppe, zu der dann auch Wehrmachtsdeserteure stießen, geriet immer wieder in Feuergefechte mit Heereseinheiten und SS-Verbänden.[31]

Große Teile der Bevölkerung blieben aber skeptisch bis feindselig. Die NS-Propaganda, wonach die Partisanen alle Banditen und

Schwerverbrecher seien, zeigte Wirkung. »Ein armer Keuschler und Holzfäller hoch oben im Gebirge, ging in tiefer Dunkelheit mehrere Stunden hinab ins Tal, um uns zu denunzieren«, so Wachs.

Freundlicher war die Bevölkerung in Orten wie dem Gebirgsdorf Glashütten eingestellt, wo ein junger Pfarrer »seine Gemeinde über die patriotischen Absichten der Partisanen aufklärte«, schrieb Erika Weinzierl. Die Historikerin gab eine Episode als glaubwürdig wieder, die vom KP-Chronisten Mitteräcker notiert wurde: Zu Weihnachten 1944 habe der Pfarrer von Glashütten die Partisanen eingeladen, gemeinsam mit der Ortsbevölkerung die Mitternachtsmette zu feiern. »Auf den Höhen und bei den Straßenzugängen standen die Kommunisten Wache, damit ihre gläubigen Kampfgefährten, vor einer Überraschung durch die SS gesichert, an der Messe teilnehmen und die Kommunion empfangen konnten.«[32]

Die »Koralm-Partisanen«, mit rot-weiß-roten Abzeichen und den Buchstaben ÖFF an der Kleidung gekennzeichnet, hielten sich bis Kriegsende. Zeitweise kämpften aus Slowenien über die Grenze gekommene Tito-Partisanen an ihrer Seite. Sie gewannen aber auch in der Bevölkerung Unterstützung. Deserteure, geflüchtete Kriegsgefangene und Zwangsarbeiter schlossen sich ihnen an.

Über verbündete Gruppen bestand auch Kontakt zum ehemaligen »Ständestaat«-Funktionär und späteren steirischen Landeshauptmann Josef Krainer (1903–1971), der sich damals als Holzknecht auf einem Bauernhof im Bezirk Deutschlandsberg versteckte, zugleich aber steirischer Verbindungsmann der Organisation O5 war.

Obwohl militärisch zuletzt erfolgreich – die »Kampfgruppe Steiermark« entwaffnete ukrainische und ungarische Nazi-Hilfstruppen und übernahm in der Bezirkshauptstadt Deutschlandsberg das Kommando – löste sich die Einheit nach Kriegsende geräuschlos auf.[33] »Weder die Koralm-Partisanen noch die heimischen Widerstandskämpfer fanden später gebührende Anerkennung«, heißt es in einem Erinnerungsbericht der Grazer »Kleinen Zeitung«.[34]

Es gab vor Kriegsende noch weitere Versuche, in Österreich Partisanengruppen und andere Formen des bewaffneten Widerstands aufzubauen. Nicht alle kamen von Kommunisten. Auch Amerikaner und Briten setzten Agenten und Kämpfer per Fallschirm ab. Doch manches ging schon im Ansatz schief. So berichtete der Wiener Bankier und langjährige Rotkreuz-Präsident Heinrich Treichl (1913–2014) in seinen Memoiren vom tragischen Ende seines Bruders. Wolfgang Treichl, ein parteiloser, aber »zum Äußersten bereiter Gegner des Nationalsozialismus«, habe sich als Artillerieleutnant absichtlich zu Rommels Afrikakorps versetzen lassen, um dort von der Wehrmacht zu desertieren.[35]

Ende Oktober 1942 kam er mit tausenden weiteren Soldaten der Wehrmacht in britische Gefangenschaft. Bloß drei Dutzend Mann waren bereit, ab sofort gegen Hitler zu kämpfen. Der knapp 30-jährige Wolfgang Treichl schloss sich einer Spezialeinheit des britischen Kriegsgeheimdienstes SOE an. Zu ihr gehörten auch nach England geflüchtete junge Juden, die sich bereiterklärt hatten, per Fallschirm hinter den feindlichen Linien abzuspringen.

In der Nacht auf den 13. Oktober 1944 war es so weit. Zusammen mit drei weiteren Männern flog Wolfgang Treichl in einer viermotorigen Liberator-Maschine vom britischen Stützpunkt im süditalienischen Brindisi nach Norditalien, das von deutschen Truppen besetzt war. Im Friaul hatten italienische Partisanen nahe der Grenze zu Österreich allerdings Gebiete befreit. Dort sollte das SOE-Kommando abspringen. Treichls Aufgabe sei gewesen, sich nach Salzburg durchzuschlagen und dort Kontakt zum Widerstand aufzunehmen, heißt es in einer Darstellung der Aktion.[36]

Der Pilot setzte das Einsatzteam in 2.400 Metern Höhe – also viel zu hoch – und dann auch noch an der falschen Stelle ab. Ihre Fallschirme wurden vom Wind verweht. Statt bei den Partisanen landeten sie direkt vor einer deutschen Stellung, aus der sofort auf sie geschossen wurde. Die beiden britischen Soldaten ihres Teams gerieten in deutsche Gefangenschaft. Nur einem aus der Vierergruppe, einem Tiroler Gebirgsjäger, gelang es, die italienischen Partisanen zu erreichen. Wolfgang Treichl, dem als Deserteur Folter und die Todesstrafe drohten, soll sich »nach verbreiteter Ansicht« selbst erschossen haben.[37] Als »einsam« bezeichnete Heinrich Treichl das »Handeln und Sterben« seines Bruders.[38]

Berühmt wurde hingegen eine weitere britische Geheimdienstaktion, bei der Albrecht Gaiswinkler im April 1945 mit drei Gefährten über dem Feuerkogel nahe dem Traunsee absprang und in den letzten Wochen des Krieges im Salzkammergut kämpfte. Ausgerechnet in dieser »Alpenfestung«, wo sich Nazibonzen tummelten, bestand schon lange eine Widerstandsgruppe. Gaiswinkler, ein Krankenkassenangestellter aus Bad Aussee, ursprünglich Sozialdemokrat, dann aber für die KPÖ aktiv, hatte sie 1940 mitgegründet.[39] Die Gruppe errichtete geheime Stützpunkte in Felshöhlen und auf Almhütten, wo Wehrdienstverweigerer und Deserteure Zuflucht finden und von der Bevölkerung versorgt werden konnten. Mit wechselnden Protagonisten blieb dieses Untergrundnetz, das auch geflüchtete KZ-Häftlinge schützte, aber kaum offensive Aktionen unternahm, im Salzkammergut bis Kriegsende intakt. Gaiswinkler wurde zur Wehrmacht eingezogen und desertierte 1944 in Frankreich. Auch er landete bei einer Sondereinheit des britischen SOE.

Die Gruppe Gaiswinklers soll an spektakulären Aktionen beteiligt gewesen sein, ihr Absprung über der »Alpenfestung« diente als Vorlage für mehrere Filme. Umstritten ist ihre Rolle bei der Rettung von Kunstschätzen, die in Salzstollen gelagert waren, wo sie die Nazis in letzter Sekunde zerstören wollten.

Hans Becker schrieb in seiner 1946 verfassten Widerstandschronik über diese sensationelle Aktion nur allgemein von »Bergleuten und Freiheitskämpfern«, die alle Zugänge zum Bergwerk in Altaussee sprengten und damit verhinderten, dass Nazis scharfe Bomben in die

Stollen schaffen konnten.[40] Eine direkte Verbindung zu O5 bestand nicht.

Unter dem Symbol O5 war Beckers Widerstandsorganisation ja erst ab Ende 1944 aufgetreten. Sie sah sich als Kern einer künftigen österreichischen Regierung und wollte die Welt auf sich aufmerksam machen. Ihr wichtigster Emissär war der damals erst 20-jährige Fritz Molden. Becker kannte seinen Vater Ernst Molden von der gemeinsamen Tätigkeit für den Rundfunksender Ravag. Fritz hatte schon als Schüler Flugblätter gegen die Nazis verteilt. Das führte ihn in eine Strafkompanie, die in den berüchtigten Pripjetsümpfen in Belarus und im Nordwesten der Ukraine eingesetzt war. Das unmenschliche »Herrenmenschentum« der SS, die auf der Jagd nach angeblichen und wirklichen Partisanen Massenerschießungen abhielten, habe seinen Widerstandswillen gefestigt, schrieb Fritz Molden später.[41]

Im »Sumpfkrieg« am Unterschenkel verletzt, kam Fritz Molden ins Lazarett, wo ihn ein wohlmeinender Arzt als untauglich für den Einsatz an der Ostfront schrieb. Nach Zwischenetappen in anderen Gebieten kam Molden 1944 nach Italien, wo er von der Wehrmacht türmte und auf abenteuerlichen Wegen in die Schweiz gelangte.

Bereits von O5 avisiert, lernte er in Zürich Exil-Österreicher kennen, die ihn in ihre Kreise aufnahmen und Kontakte zu westlichen Geheimdiensten vermittelten. Besonders eng wurde sein Verhältnis zu Hans Thalberg, einem wegen seiner jüdischen Herkunft 1938 aus Wien geflüchteten Jusstudenten. Wichtig war aber auch Kurt Grimm, als Rechtsanwalt schon ab 1930 und dann wieder nach 1945 wichtiger Berater der »Creditanstalt«.

Mit ihrer Hilfe und mit gefälschten Papieren startete Fritz Molden eine Pendelmission zwischen Zürich und Wien. Er überbrachte detaillierte Informationen zur militärischen Lage, die er auswendig gelernt hatte. In Bern traf er den amerikanischen Vizekonsul Allen Dulles, in Wahrheit Präsident Roosevelts wichtigster Geheimdienstmann in Europa. Dann wurde Molden nach Frankreich weitergereicht, wo ein österreichischer Sozialdemokrat sein wichtigster Verbündeter wurde: Ernst Lemberger.

Vom Austrofaschismus nach Frankreich geflüchtet, hatte sich Lemberger dort später unter dem Namen Jean Lambert der Résistance angeschlossen. Gleichzeitig hielt er auch Kontakt zum Londoner Auslandsbüro der österreichischen Sozialdemokratie.

Lemberger traf nicht nur in Paris hohe alliierte Militärvertreter, er machte sich gemeinsam mit Fritz Molden auch zu einer geheimen Factfinding Mission nach Wien auf, um sich vom Ausmaß des Widerstands in Österreich ein Bild zu machen. Hier traf er im Februar 1945 »überwinternde« Sozialdemokraten wie den Rechtsanwalt Adolf Schärf, dann aber auch Angehörige der O5.

Bald nach seiner Rückkehr nach Paris ließ Lemberger erfolgreich seine Beziehungen nach London spielen.* Ende März 1945 kam über die BBC und US-Sender die erhoffte Nachricht, dass sich in Österreich »unter der Bezeichnung O5 Christlichsoziale, Sozialdemokraten und Kommunisten zu einer gesamtösterreichischen Widerstandsbewegung zusammengefunden hätten.«[42]

In der Exil-KPÖ herrschte Empörung. Ihr in der Sowjetunion stationierter »Freiheitssender Österreich« bezeichnete die BBC-Meldung am 5. April als »Mystifikation«, als bewusste Irreführung. Es gäbe an der O5 »keine kommunistische Beteiligung«.[43]

Aus Slowenien funkte der führende KPÖ-Funktionär Franz Honner, der dort im Rahmen der Partisanenarmee österreichische Freiheitsbataillone anführte, die Frage nach Moskau, was es mit dieser ihm unbekannten »Widerstandsbewegung« auf sich habe.**

---

* Nach 1945 fuhr Ernst Lemberger nach Schweden, um – zunächst ohne Erfolg – Bruno Kreisky zur Rückkehr nach Österreich zu bewegen. Er blieb ein Vertrauensmann Kreiskys. Freundschaftliche Berater des späteren Bundeskanzlers wurden auch der Diplomat Hans Thalberg und der Wirtschaftsexperte Kurt Grimm.

** Die fünf von der KPÖ initiierten österreichischen Freiheitsbataillone waren, als Teil der Jugoslawischen Volksbefreiungsarmee, ab Jänner 1945 im Einsatz.

In der KPÖ-Führung in Moskau musste die O5 »aufgrund ihrer bürgerlich-konservativen Ausrichtung« als »konkurrierende« Widerstandsorganisation wahrgenommen werden, schreibt Manfred Mugrauer in seiner vergleichenden Studie.[44] O5 behauptete, genau das verwirklicht zu haben, »was die KPÖ mit der vor ihr initiierten Freiheitsfront seit Jahren versuchte: die antifaschistischen Kräfte in Österreich im Kampf gegen Hitler zusammenzuschließen«, so Mugrauer.

Neben politischem Konkurrenzdenken könnte die Abwehrhaltung der Kommunisten auch damit zu tun gehabt haben, dass sie vom Engagement einzelner Parteigenossen für O5 schlicht nichts wussten, meint Mugrauer. Jedenfalls mobilisierten sie das »Free Austrian Movement«, das in London eine nicht nur von Kommunistinnen und Kommunisten geschätzte Exilorganisation mit kultureller Vielfalt war, und das auch BBC-Beiträge für Österreich gestaltete. Aktivistinnen und Aktivisten des »Movements« meldeten bald nach Moskau, auf ihre Intervention hin habe die BBC die »Schädlingspropaganda« der »O5-Campagne« eingestellt.[45]

Von den österreichischen Sozialdemokraten in England wurden Angehörige der »Action Group O5« dagegen weiter als »Helden des österreichischen Widerstands« gefeiert.[46] Auch die nun in der Schweiz gedruckte »Arbeiter-Zeitung« rief Anfang 1945 zur Unterstützung der »überparteilichen Widerstandsbewegung O5« auf.[47]

Sie bestanden aus mehreren hundert politischen Emigranten und übergelaufenen Kriegsgefangenen. Sie gelten – neben kleineren Freiwilligeneinheiten in Frankreich, wo auch viele Österreicher bei der Fremdenlegion waren – als die einzigen österreichische Kampfgruppen, die bis Kriegsende auf der Seite der Alliierten kämpften. In den USA war auf Drängen Otto Habsburgs bereits 1942 eine österreichische Einheit, das Infanteriebataillon Nr. 101, aufgestellt worden. Aufgrund von Einwänden aus den Nachfolgestaaten der Monarchie, aber auch wegen Streitigkeiten unter den österreichischen Emigrantengruppen, wurde das knapp 200 Mann zählende Bataillon laut Erika Weinzierl im Mai 1943 aufgelöst.

Zwei Jahrzehnte später, als die Wut über die politische Konkurrenz abgeklungen war, urteilte auch die kommunistische Linke über O5 milder. KP-Chronist Mitteräcker bezeichnete das »Provisorische Österreichische Nationalkomitee« zwar auch da noch als Ansammlung von Vertreterinnen und Vertretern »der Industrie, des Grundbesitzes und der Kirche« des »ehemaligen Ständeregimes« mit »Querverbindungen« zu Sozialdemokraten. Er erkannte aber zugleich an, dass an der kämpfenden O5-Basis »der Wille nach einer fortschrittlichen, demokratischen Gestaltung Österreichs vorherrschend« war.[48]

– 17 –
BECKERS BUNTSCHECKIGE TRUPPE

Hans Becker hatte seine Widerstandsorganisation, die ab Ende 1944 »Provisorisches Nationalkomitee« hieß und sich des Symbols O5 bediente, in zweijähriger Arbeit beharrlich aufgebaut. In der ersten Phase rekrutierte er, wie Becker selbst schreibt, seine »Mitarbeiter« unter freigelassenen KZ-Häftlingen. Sie wurden, wegen »Wehrunwürdigkeit« oder weil sie schon zu alt waren, vorerst vom Kriegsdienst verschont. Unter den Mitstreitern war Emil Oswald, der burgenländische Monarchist, der während der gemeinsamen Haft in Dachau mit Becker an der Gestaltung des »KZ-Museums« gearbeitet hatte.

Neu beim Widerstand waren Franz Sobek, im »Ständestaat« ein Kollege Beckers im Bundespressedienst, sowie Viktor Müllner, ein führender Christlichsozialer aus Niederösterreich. Zum inneren Kreis gehörten auch die Sozialisten Eduard Seitz und Georg Fraser. »Edi« Seitz, ein Fleischhauer, war mit Karl Seitz verwandt, von 1923 bis 1934 Bürgermeister des »Roten Wien«. Georg Fraser war das Pseudonym des 1893 in Köln geborenen Autors und Verlegers August Hermann Zeiz, der seit 1935 in Wien lebte. Nach der Machtübernahme der Nazis half Fraser gefährdeten Autoren seines damals stillgelegten Marton-Verlags, ins Ausland zu emigrieren. Als das aufflog, kam er für einige Monate nach Dachau. Seine jüdische Frau Gertrud wurde nach Auschwitz verschleppt und dort ermordet.

Wieder in Freiheit, kontaktierte Fraser den Widerstand, dem er gute Verbindungen in die Schweiz anbieten konnte. Dorthin hatte sich sein Sohn Gabriel gerettet, der in Zürich Verbindung zu westlichen Geheimdiensten aufnahm. Außerdem gründete er einen Bühnenverlag für Exilautoren, und änderte seinen Namen auf Thomas Sessler. (In der Nachkriegszeit baute er in München und Wien den bekannten Thomas-Sessler-Bühnenverlag auf. Außerdem soll Sessler bis 1970 für den westdeutschen Bundesnachrichtendienst gearbeitet haben.)[1]

»Intensiven Kontakt« hatte Becker ab 1942 auch zu Raoul Bumballa, der soeben aus dem KZ Buchenwald entlassen worden war. Wieder in Wien traf er den gleichaltrigen Becker regelmäßig zu nächtlichen Gesprächen, in denen sie »Nachrichten austauschten und analysierten«.[2]

Nicht alle waren vom wachsenden Einfluss des Neuen begeistert, der sich auch »Bumballa von Burenau« nannte. Zu den Skeptikern zählte Willy Thurn und Taxis, der mit einer Gruppe von zumeist adeligen Hitlergegnern zu Beckers Organisation gestoßen war. Ihm erschien Bumballa als »Hochstapler, der einen ungeheuer genialen Eindruck gemacht hat, aber ein Blender war«, wie Thurn und Taxis später in einem Interview erzählte.[3]

Im Gegensatz zu seinen Behauptungen war Bumballa im Ersten Weltkrieg kein Offizier gewesen und er besaß auch kein Doktorat, fand der Historiker Oliver Rathkolb heraus. Aber er besaß die Gabe, seine Umwelt von der eigenen Bedeutung zu überzeugen.[4]

Er bot der Widerstandsgruppe seine angeblich erstklassigen internationalen Kontakte an. Bumballas Büros, die er im Trattnerhof in der Innenstadt und in der Westbahnstraße in Wien-Neubau einrichtete, wurden »zu einer Art Kommunikations- und Propagandazentrum für Widerstandsaktivitäten in Ostösterreich« (Rathkolb). Allerdings gewährte er keinen Einblick in seine tatsächliche Arbeit. Erst nach dem Krieg gestand sich Becker ein, dass es »für die Leistungen Bumballas vom Winter 1942/43 bis zum Februar 1945 keine anderen Beweise gäbe, außer der persönlichen Aussage«.[5]

Laut eigenen Angaben stand Bumballa unter dem Decknamen »Cooper« mit dem britischen Außenministerium in permanentem Funkkontakt und auch mit den Sowjets will er, diesmal als »Wassily«, kommuniziert haben. In den Akten des Foreign Office in London fand Rathkolb keine Hinweise und auch an Bumballas sonstigen

Angaben bestehen Zweifel. Nur Jörg Unterreiner, der das Symbol O5 erfunden hatte, gab an, einmal bei einem Funkgespräch Bumballas in der Westbahnstraße dabei gewesen zu sein.[6] Nach dem Krieg kritisierte Hans Becker, dass Bumballa Belege für hohe Ausgaben schuldig geblieben war.[7]

An der Peripherie von Beckers Organisation bewegte sich zunächst die Gruppe »Prinz Eugen« von Willy Thurn und Taxis. Durch Hitlers »Prinzenerlass« war er 1940 – wie alle Angehörigen einst regierender Fürstenhäuser – aus der Wehrmacht entlassen worden. Er knüpfte Kontakte zu Hitlergegnerinnen und -gegnern nicht nur adeligen Hintergrunds. Becker habe er lange Zeit weder persönlich noch namentlich gekannt. Alles sei über Verbindungsleute gelaufen.[8]

Bekanntschaft machte der Aristokrat dagegen bald mit einer Person, die im Haus Lange Gasse 30 in Wien Josefstadt auf ein verabredetes Klopfzeichen öffnete und die als »die Kommunistin« der Becker-Organisation galt: Clothilde Hrdlicka, von Beruf Platzanweiserin im Varietétheater Ronacher. Frau Hrdlicka, deren Vorname in manchen Quellen als Mathilde angegeben wird, war die Witwe eines kommunistischen Widerstandskämpfers, der nach Sabotageaktionen verhaftet und in Dachau ermordet wurde. In der KPÖ hätten allerdings weder er noch seine Frau irgendeine Leitungsfunktion innegehabt, heißt es in einer Studie.[9]

Hrdlicka machte ihre Mitstreiter mit einem russischen Agenten bekannt, der laut dieser Studie zu einer »legendären Figur« stilisiert wurde. Er hieß Mitja Gutow, trat einmal als untergetauchter russischer Zwangsarbeiter auf, dann als deutscher Wehrmachtssoldat. Gutow, auch als »Besstraschnij« (russisch für »der Furchtlose«) bekannt, »war uns Vorbild und trieb uns zu verstärkter Tätigkeit an«, schrieb Georg Fraser nach Kriegsende. Und: »Für Mitja verfasste ich Aufrufe an ausländische Arbeiter und behielt ständige Verbindung mit ihm.«[10]

Mit zunehmender Dauer des für Nazideutschland immer schlechter verlaufenden Krieges wuchs auch die Zahl der Deserteure, die bei Beckers Leuten Zuflucht suchten. Die Ernährung dieser versteckt lebenden Menschen schaffte erhebliche Probleme. Um ihre Leben zu retten wurde beschlossen, etliche von ihnen in die »Sammelgebiete von Partisanen weiter zu senden«, wie Becker 1946 rückblickend schrieb.[11] Eine private Wiener Speditionsfirma mit Sitz in der Singerstraße half Beckers Leuten, die Fluchtroute einzurichten.

Seine ehemalige Schwiegermutter konnte Becker dagegen nicht retten. Henriette Amalie Lieser, genannt Lilly, die einst große Mäzenin, lebte allein im Palais Lanna in der Wiener Argentinierstraße.[12] Am 11. Jänner 1942 wurde die 66-Jährige in das Ghetto von Riga verschleppt, einen überfüllten und abgesperrten Wohnbezirk in der lettischen Hauptstadt. Mit tausenden anderen wurde sie dort umgebracht.[13]

Ihren beiden Töchtern Annie und Helene war ja 1939 die Flucht aus Wien gelungen. Von Nachrichten über ihre Mutter Lilly abgeschnitten, lebte Beckers Exfrau Annie seither in Kalifornien, schlug sich als »Dressmaker« durch und kümmerte sich um den gemeinsamen Sohn, den mittlerweile sechsjährigen Klaus.[14] Neben der alten Freundin Luzi Korngold fand sie auch Kontakt zu Alma Mahler-Werfel. Bei Alma und Franz Werfel gingen in Los Angeles Größen wie Arnold Schönberg und Thomas Mann ein und aus; der Stardirigent Bruno Walter war ihr Hausnachbar.

Annies ältere Schwester Helene, die nun Berger-Lieser hieß, war in Genf geblieben. »Hier engagierte sie sich auch für von Nationalsozialisten Verfolgte und arbeitete im Umfeld der Spionagegruppe Rote Kapelle für den sowjetischen und später für den britischen Geheimdienst«, heißt es über Helene Berger-Lieser im österreichischen Soziologie-Archiv.[15]

Tatsächlich engagierte sich Helene während des Krieges parallel zu Beckers Aktivitäten in Wien in der Schweiz gegen die Nazis. Eine

Agentin Moskaus war die prowestliche Wissenschafterin aber keineswegs. Zu einer punktuellen Kooperation mit Sowjetspionen kam sie auf verschlungenen Wegen.

Hinweise auf die Tätigkeit der nun zumeist »Helene Berger« genannten Wienerin in Genf kamen von der Schweizer Spionageabwehr und vom britischen Auslandsnachrichtendienst MI6.[16] Danach habe Helene Berger im Sekretariat der Hilfsorganisation USC gearbeitet, dem Unitarian Service Committee. Das von amerikanischen Mitgliedern der christlichen Gemeinschaft der Unitarier gegründete Komitee unterstützte Flüchtlinge in Europa, war zugleich aber auch ein Spionagenest. Sein Genfer Chef Noel Field arbeitete insgeheim für den sowjetischen Geheimdienst.

Helene Berger-Lieser soll laut Angaben aus London Kontakt zu den Briten gehabt haben. Und sie war mit Rachel Dübendorfer befreundet, einer Frau, die für ein von Fields unabhängiges sowjetisches Spionagenetz arbeitete: die Schweizer Filiale der »Roten Kapelle«.[17]

Als »Rote Kapelle« bezeichnete die Funkabwehr der Nazis ja alle Spione, die via Äther mit der Sowjetunion Kontakt hatten. Auch aus der Schweiz übermittelten sie »tausende kriegswichtige Informationen nach Moskau«.[18]

Als 1943 die Schweizer Polizei einige ihrer Funkstationen abdrehte, wurde der Radiokontakt mit Moskau unterbrochen. Entgegen ihren Befehlen beschlossen die Genfer Sowjetagenten, kriegswichtige Informationen rasch an die Briten weiterzuleiten. Laut einem späteren Bericht des britischen MI6 an die Schweizer Polizei lief das so ab: Rachel Dübendorfer habe die englische »Stelle in Genf, mit der sie über Helene Berger in Verbindung war, gebeten, einen Stoß Material, das sie als wertvoll für die Alliierten betrachtete, nach London zu übermitteln«.[19]

Den Schweizer Behörden reichte dieser Bericht in den Nachkriegsjahren offenbar aus, um Helene Berger-Lieser vom Verdacht der Ostspionage zu befreien. Für die überzeugte Kommunistin Dübendorfer hatte der britische »Fehltritt« aber nach Kriegsende schlimme Folgen.*

Helene Berger-Lieser startete nach 1945 eine internationale Karriere als Wirtschaftsexpertin.[20] Über Verbindungen Berger-Liesers aus der Schweiz zum österreichischen Widerstand und zu Hans Becker ist nichts bekannt.**

Dabei war Becker an Verbindungen mit dem Ausland stark interessiert. Am besten gelang das mit Prag. Bereits im Dezember 1942 organisierte er einen Kontakt, der »bis Kriegsende aufrecht blieb«, wie die Becker-Biografin Elisabeth Jauk recherchierte.

1938 hatten die Nazis ja nicht nur das Sudetenland annektiert, sondern auch die von ihnen so genannte »Rest-Tschechei« okkupiert. Ende 1942, wenige Monate nach der Ermordung Reinhard Heydrichs, litten die tschechischen Nazigegnerinnen und Nazigegner unter enormem Verfolgungsdruck. Trotzdem machten mehrere Gruppen weiter.

»Becker und seine Prager Freunde pflegten enge Kontakte mit dem wichtigen tschechischen Widerstandsnetz um Jaroslav Kvapil und Dr. Emil Lány«, schreibt der in Prag geborene US-Historiker Radomír Luža.[21] Kvapil war ein Dichter, der unter anderem das Libretto zu Antonín Dvořáks Oper »Rusalka« geschrieben hatte.

---

* Rachel Dübendorfer kam 1946 nach schwersten Verhören in Moskau für zehn Jahre in die psychiatrische Station eines sowjetischen Straflagers. Erst 1956 durfte sie in die DDR ausreisen, wo sie später rehabilitiert und als erfolgreiche »Kundschafterin« ausgezeichnet wurde.

** 1947 ins Kuratorium des österreichischen Wirtschaftsforschungsinstituts (Wifo) aufgenommen, ging Helene Berger-Lieser bald nach Paris. Sie arbeitete in führender Funktion für die Organisation für europäische wirtschaftliche Zusammenarbeit (OEEC, die später in der Industriestaaten-Vereinigung OECD aufging). Danach wurde sie Generalsekretärin der »International Economic Association« (IEA), ein von der Pariser UNESCO initiiertes Forum. Helene Lieser starb 1962 als 63-Jährige in Wien. Nach ihr wurde 2017 der Helene-Lieser-Platz in Wien-Liesing benannt.

Inzwischen war er über 70 und auch sein Partner, der frühere Spitzenjurist Lány, befand sich in Pension, war aber noch sehr aktiv.

»Beckers Prager Zelle versorgte den tschechischen Widerstand mit wertvollem Nachrichtenmaterial«, berichtet Luža.[22] Der Hauptverbindungsmann Beckers hieß Otto Springer (1907–1994), ein Prager Deutscher, der einmal im Monat nach Wien kam. Dort empfing er Nachrichten und übergab »für die Alliierten interessantes Informationsmaterial« an Beckers Leute, wie dieser nach Kriegsende in einer Bestätigung für Springers Widerstandstätigkeit schrieb.[23]

Nicht ganz klar ist, ob die Prager oder die Wiener die gesammelten Informationen per Funk an die Alliierten weitergaben. Springer war jedenfalls noch viele Jahre später davon überzeugt, dass Becker und sein Kompagnon Bumballa »in England ausgebildete Spione waren«. Sie seien schon vor dem Krieg angeworben und wären dann sogenannte »Schläfer« gewesen, die erst nach ihrem Leidensweg durch Konzentrationslager von den Briten aktiviert wurden. Das erzählte Springer fantasiereich einer Politologin der US-Universität Princeton.[24]

Springer sei in eine tschechische Kohlenhandelsfirma eingestiegen, die als Vertretung gegenüber den Besatzern einen »deutschen« Geschäftsführer suchte. Diese »Böhmische Kohlen-Handels AG« wurde zur Drehscheibe der konspirativen Zusammenarbeit. Angebliche Kohlengeschäfte rechtfertigten Briefwechsel und Reisen nach Wien. Im Oktober 1944 wurde Springer von den Nazis inhaftiert, nach seinen Angaben wegen seiner Weigerung, sich von seiner jüdischen Frau zu trennen.[25] Beckers Organisation hielt die Verbindung mit den Tschechen weiterhin über den Kohlenhandel aufrecht.[26]

Ab dem Jahr 1943 änderte sich das allgemeine Umfeld für die Kämpferinnen und Kämpfer des Widerstands massiv. Ende Jänner war der Vormarsch der Deutschen in der verlustreichen Schlacht um Stalingrad gestoppt worden. »Das ist eine unerhörte Wende gewesen«, sagte ein weiterer Aktivist, der damals zu Becker stieß.

»Mit Stalingrad hat der Glaube an den deutschen Sieg aufgehört. Und mit diesem Umschwung in der öffentlichen Einschätzung der Dinge hat sich für uns plötzlich irgendwie die Türe geöffnet. Es war so, dass man mit den Leuten ganz anders reden konnte als vorher, dass man sich gar nicht mehr so in Acht nehmen musste. Es war immer noch eine gefährliche Geschichte, aber das Radl ist sozusagen plötzlich gelaufen.« Das sagte Johannes Eidlitz, der damals 22 Jahre alte Sohn der Burgschauspielerin Alma Seidler.[27]

Eidlitz war 1941 wegen TBC aus der Wehrmacht entlassen worden und hatte mit Freunden Anschluss an eine Widerstandsgruppe gesucht. Sie hatten Verbindungen nach Ungarn und Kroatien; in Österreich dockten sie bei Becker an. Ihre Hauptfrage war laut Eidlitz: »Wo bekommt man Waffen, wo bekommt man Sprengstoff her?«

Beckers Gruppe hatte ja von Beginn weg mit medizinischem Personal in Militärspitälern zusammengearbeitet. Es kam immer wieder vor, dass verwundete Soldaten bei ihrer Einlieferung Waffen bei sich hatten. Diese wurden in einer Kammer weggesperrt, aber im Widerspruch zum sonstigen Kontrollwahn der Nazis »nie ordentlich registriert und überwacht. Es war so etwas wie die Hauptquelle unserer Ausrüstung.«

Eidlitz gab an, »ein paar Bahnüberführungen gesprengt« zu haben »um Aufmerksamkeit zu erregen«. Doch das sei nicht wirklich gelungen, weil die Behörden für solche Schäden Bombardements alliierter Flieger verantwortlich machten.

Neben der Koordination der Widerstandsgruppe hatte Hans Becker, zusammen mit seiner weiterhin im Völkerkundemuseum angestellten Ehefrau, auch noch eine wachsende Familie zu ernähren. 1942 kam ihre erste Tochter Angelika zur Welt, 1944 folgte Franka.

Als einträglichste Einnahmequelle erwiesen sich dabei weitere Aufträge zur künstlerischen Ausgestaltung von Kirchen. Konkret spielte sich das so ab, dass Becker am 23. Juni 1943 einen Brief aus der Finanzkammer der Erzdiözese Wien erhielt, in dem es um »die Ausmalung« einer Kirche in Alberndorf an der tschechischen Grenze ging. Gedacht war an fromme Motive, etwa zum Thema »Gib uns heute unser tägliches Brot«.[28]

»Tatsächlich ausgeführt wurden stattdessen, wahrscheinlich auf Beckers Anregung hin«, so heißt es bei Christian Feest, »Szenen aus dem Leben des Patronatsheiligen St. Laurentius«. Dieser frühchristliche Märtyrer hatte, einem despotischen Herrscher trotzend, das Kirchenvermögen unter den Armen verteilt.[29]

Insgesamt gab es drei Aufträge dieser Art. Neben Alberndorf bestellten auch noch die Pfarren von Breitensee im Marchfeld und St. Hubertus und Christophorus am Lainzer Tiergarten Wandmalereien bei Becker. Für alle drei Aufträge zusammen soll Becker laut Feest rund 14.000 Reichsmark – nach heutigem Wert 82.000 Euro – verdient haben.[30]

Schon zwei Jahre zuvor war er von der in Berlin herausgegebenen »Zeitschrift für Geopolitik« eingeladen worden, Beiträge zu liefern. Die Redaktion unterstützte die deutschen Großmacht-Ideen, überwarf sich dann aber mit den Nationalsozialisten. In ihren Heften lieferten sie auch informative Länderberichte ohne braune Ideologie.

Becker schrieb zunächst einen Text über die spanischsprachigen Staaten Südamerikas und brachte noch weitere gut honorierte Berichte unter. Inhaltlich gab er sich diskussionsbereit: »Sie müssten klarerweise das Manuskript gut durchsehen, da ich ohne Behinderung und nach eigener möglichst objektiver Ansicht die Dinge behandele und wahrscheinlich einzelne Klippen umschifft werden müssen, wobei ich natürlich den Sinn erhalten möchte.«[31]

An Nazi-Ideen streifte Becker in seinen Artikeln laut Feest nicht an, obwohl ihm dies nach dem Krieg vorgeworfen wurde. Feest hält es für möglich, dass hinter Beckers Mitarbeit bei der Berliner Zeitschrift auch eine »Strategie der Tarnung« stand, um von seinen Aktivitäten im Widerstand abzulenken.[32]

Mit deutschen Buchverlagen stand Becker ebenfalls in Kontakt und besprach mehrere Projekte. Mit dem Verlag Oswald Arnold in Berlin schloss er im März 1944 einen Vertrag über mehrere Bücher und kassierte dafür einen Vorschuss von 2.000 Reichsmark (11.000 Euro).

Am ambitioniertesten war der Plan, eine »kleine Weltgeschichte« zu verfassen. Ähnlich wie der britische Autor H.G. Wells wollte auch Becker einen knappen Überblick von der Urgeschichte bis in die Gegenwart bieten, kam damit aber nicht voran. Und auch ein geplantes »Werk über die Ästhetik« befand sich nach einigen Monaten Arbeit noch »im Stadium einer verwirrenden Zettelwirtschaft«.[33]

Beckers Arbeitsplatz war eine frühe Form des »Home-Office« in der Wiener Apollogasse 8, während sich die Schwiegermutter dort um die beiden Kinder kümmerte. Ehefrau Etta arbeitete weiter im Museum, um zum Familienbudget beizutragen. Insgeheim gehörte sie im Museum selbst einer Widerstandsgruppe an, wie die Ethnologin Barbara Plankensteiner ausführlich darstellte.[34]

Etta war gezwungen, sich besonders unauffällig zu verhalten, weil sie als Ehefrau von Hans Becker »einer doppelten Gefahr ausgeliefert« war. Neben dem Risiko, selbst als Regimefeindin denunziert zu werden, gab es noch das der Mitwisserin. »Es kam durchaus vor, dass die Gestapo unbeteiligte Frauen folterte, um Geständnisse ihrer Männer zu erzwingen«, schrieb Plankensteiner.

Die Widerstandstätigkeit im Museum scheint sich darauf konzentriert zu haben, die Mitwirkenden durch gegenseitiges Decken vor dem Hinauswurf und die musealen Kostbarkeiten vor organisiertem Diebstahl zu schützen. Als Kopf der Gruppe gilt der Mineraloge Hermann Michel (1888–1965), der bis März 1938 Direktor des Naturhistorischen Museums (NHM) war, zu dem damals auch das Museum für Völkerkunde gehörte.

Michel trug wesentlich dazu bei, wertvolles Sammlungsgut vor Kriegsschäden zu retten.[35] Mit Zunahme der Bombenangriffe

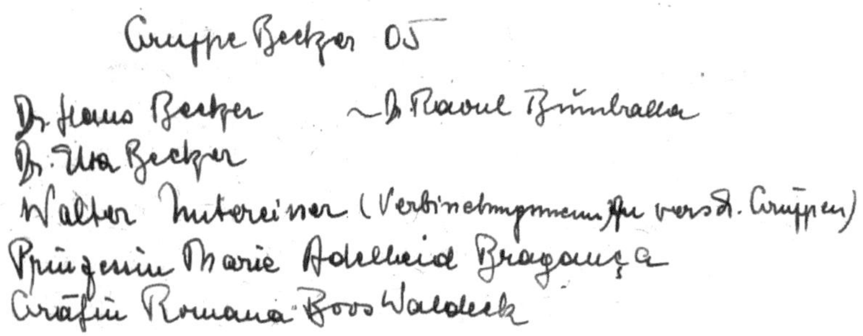
Gruppe Becker O5
Dr. Hans Becker — Dr. Raoul Bumballa
Dr. Etta Becker
Walter Unterreiner (Verbindungsmann für versch. Gruppen)
Prinzessin Marie Adelheid Braganza
Gräfin Romana Roos Waldeck

Ettas handschriftliche Liste der »Gruppe Becker O5«

hatten die Nazis selbst die Auslagerung der wertvollsten Stücke angeordnet, zunächst in alte Schlösser und Kartausen. Weil diese nicht bombensicher waren, empfahl Michel, Museumsstücke in das Salzbergwerk in Lauffen bei Bad Ischl zu bringen, so wie auch im nahen Altaussee wertvolle Kunstschätze im Salzstollen lagerten.

Weil durchaus bekannt war, dass die Nazis gern Wertsachen aller Art entwendeten, kümmerten sich die Museumsleute selbst um den Schutz. Michel versicherte später, dass er die ganze Zeit über für die Organisation O5 gearbeitet habe. Becker stellte ihm 1945 eine entsprechende Bestätigung aus. Mehr noch: Michel – zeitweise auch Mitglied der NSDAP – habe schon vor 1938 an konspirativen Sitzungen in Beckers geheimem »Operationsbüro« in der »Vaterländischen Front« teilgenommen.[36] Wechselseitig gab auch Michel Bestätigungen ab: »Wertvolle Hilfe fanden wir bei der Widerstandsgruppe im Völkerkundemuseum. (…) Frau Dr. Becker-Donner informierte und half uns auf vielfache Weise.«[37]

Etta selbst fertigte 1945 eine handschriftliche Liste an, die den Titel »Gruppe Becker O5« trug. Darauf befinden sich neben einigen Mitarbeitern des Museums und ihrem eigenen Namen auch Beckers engste Mitstreiter Raoul Bumballa und Jörg Unterreiner (Deckname

Deckname »Mafalda«: Prinzessin Bragança

»Walter«). Gleich darunter steht eine »Prinzessin Marie Adelheid Bragança«, der Chronistinnen und Chronisten des Widerstands bisher kaum Beachtung schenkten.

Denn dem buntscheckigen Bündnis der Widerstandsaktivistinnen und -aktivisten, zu denen auch ein Gemüsehändler des Wiener Naschmarkts mit dem Decknamen »Frankfurter« gehörte, verlieh sie imperialen Glanz: Maria Adelaide de Bragança (1912–2012) war als Enkelin des letzten portugiesischen Königs Miguel I. eine echte Infantin, wie man es aus der iberischen Malerei kennt. Portugal hatte die Monarchie zwar bereits 1910 abgeschafft und seine Royals ins Exil befördert, portugiesischen Legitimisten galten die Braganças aber weiterhin als Thronanwärter.

Adelaide wuchs mit zahlreichen Geschwistern in Deutschland und Österreich auf, wo die Familie ein Schloss in Seebenstein bei Wiener Neustadt bewohnte. Sie besuchte ein Gymnasium und absolvierte eine Ausbildung zur Krankenschwester.[38]

Als Ausländerin blieb Adelaide die Anstellung als Krankenpflegerin verwehrt. Nach den im Frühjahr 1944 verstärkten Bombenangriffen auf Wien bat sie aber mit Erfolg, als Freiwillige Verwundeten helfen zu dürfen. Das schrieb Adelaide de Bragança in ihren Erinnerungen, die einem »biografischen Roman« der Autorin Raquel Ochoa über die »rebellische Infantin« zugrunde liegen.[39]

Doch schon kurze Zeit später wurde Adelaide gemeinsam mit ihrer Schwester Benedita verhaftet. Ihnen wurde vorgeworfen,

Sendungen der BBC gehört zu haben. Am 23. August 1944 erfuhr António de Oliveira Salazar, der in Lissabon diktatorisch herrschende Premier, von der Verhaftung der Braganças.

Salazar, der im Zweiten Weltkrieg eine Mittelposition zwischen Hitler und den Alliierten einnahm, setzte sich für ihre Freilassung ein und soll damit gedroht haben, deutsche »Diplomaten« aus Portugal auszuweisen, die ihm »als Spione bekannt waren«.[40]

Die Prinzessinnen kamen frei. Adelaide, die bis dahin zum Widerstand keinen Kontakt hatte, entschied sich, »ein aktives Mitglied zu werden«.[41] Unter dem Decknamen »Mafalda« wurde die 32-Jährige in Beckers Organisation aktiv.

Es wird berichtet, dass sie in ihrem Schloss in Seebenstein jüdische Flüchtlinge und auch gestrandete britische Fallschirmagenten versteckt habe. Für deren Versorgung hätten die Alliierten mit Fallschirmabwürfen von Lebensmitteln in den umliegenden Wäldern gesorgt.

Ihre Motivation sei aus dem katholischen Glauben gekommen, heißt es in Adelaides Biografie. In ihrer Gruppe hätten aber auch österreichische Kommunisten mitgemacht. Bei einem von ihnen, den die Gestapo verhaftete, sei ein Zettel mit ihrer Telefonnummer gefunden worden.

»Mafalda« flüchtete aus Seebenstein mit der Bahn nach Wien und versteckte sich im Haus einer verstorbenen Tante. Es war eine Bombenruine ohne Dach, in der sie trotzdem Schutz suchte. Ein Nazi-Suchtrupp spürte sie in einem noch intakten Badezimmer auf, wo sie in der leeren Badewanne schlief.

Weil sie nichts über Waffenverstecke sagen konnte, habe man sie gefoltert, indem man ihr bis zu 48 Stunden Wasser und Nahrung vorenthielt. Von den Menschen, die sie zu diesem Zeitpunkt in ihrem Schloss versteckt hatte, soll kaum jemand mit dem Leben davongekommen sein.

Über »Mafaldas« Rolle gab es innerhalb der Widerstandsbewegung auch fantastische Theorien über geheime Auslandskontakte. Erhärtet hat sich davon nichts. Im Gestapo-Gefängnis war ihr Leben jedenfalls in höchster Gefahr. Laut Adelsfreunden soll sie vor der Hinrichtung durch eine weitere Intervention Salazars gerettet und in die Schweiz abgeschoben worden sein. Nach Kriegsende lebte sie jedenfalls wieder in Wien.*

* Im Oktober 1945 heiratete Adelaide in Wien den niederländischen Medizinstudenten Nicolaas Johannes van Uden, mit dem sie im Krieg gemeinsam Bombenopfern geholfen hatte. Das Paar bekam sechs Kinder. Ab 1949 durften sie in Portugal leben, wo Adelaide 2012, mit hohen Orden geehrt, wenige Tage nach ihrem hundertsten Geburtstag starb.

– 18 –
SCHIESSEREI AM SAARPLATZ

Im Jahr 1944 gelang es Hans Becker, sein bis dahin loses Widerstandsnetz wesentlich zu verstärken. Das war vor allem zwei couragierten Aktivisten zu verdanken: Heinrich Otto Spitz und Alfons Stillfried.

Der Transportunternehmer Spitz (1885–1945), ein Wirtschaftsfunktionär der Schuschnigg-Ära, stellte sein Haus in Wien-Heiligenstadt für Geheimtreffen zur Verfügung und ließ durchreisende Kuriere bei sich übernachten. Seine Frau Stefanie Spitz versteckte dort monatelang eine befreundete Jüdin.[1]

Alfons Stillfried (1887–1974) war ein Cousin des Lagerkommandanten von Wöllersdorf, Emanuel Stillfried, der 1938 mit Becker im ersten »Prominententransport« ins KZ Dachau verschleppt worden war. Als bekannter Nazigegner geriet Alfons Stillfried damals ebenfalls ins Visier der Gestapo und musste sich jede Woche bei ihr melden. Vor Verfolgung und Tod retteten ihn dann mehrmals gute Beziehungen zu den richtigen Leuten.

Es begann damit, dass ein Cousin, der deutsche Oberst Rudolf Marogna-Redwitz, 1939 Chef des militärischen Geheimdienstes in Wien wurde. Er war ein persönlicher Freund des damals noch mächtigen Chefs der deutschen »Abwehr«, Admiral Wilhelm Canaris, und wie dieser gegen Hitler. Damals habe es »die Gestapo noch nicht gewagt, sich mit der Abwehr anzulegen«, erzählte Stillfrieds Sohn Bernhard in einem Interview.[2]

Marogna-Redwitz habe seinen Vater »aus den Klauen der Gestapo« befreit und zu ihm gesagt: »Alfons, ich zieh dich ein, du warst Major im ersten Weltkrieg, du kommst in die Briefzensurstelle der Wehrmacht in der Taborstraße. Du kannst Ungarisch und Tschechisch, da kann ich dich gut verwenden.«

Als Leiter der Auslandsbriefzensur hatte Alfons Stillfried »Zugang zu allen möglichen Dokumenten, Formularen und Stempeln«, wie sein Sohn berichtete. Mit gleichgesinnten Mitarbeitern und Sekretärinnen seiner Abteilung baute er eine Fälscherwerkstatt auf. Sie versorgte Soldaten, die desertieren wollten, mit Papieren. Auch Geheimkuriere wurden mit Reisedokumenten ausgestattet. Zusätzlich gab die Gruppe auch noch Informationen aus der Wehrmacht weiter.

1944 gingen die österreichischen Widerstandsgruppen, die nicht alle mit Becker in Verbindung standen, in die Offensive. »Die fortgesetzten Sabotageakte nahmen Formen an, die auch der breiten Öffentlichkeit nicht mehr zu verschweigen waren«, so Becker.[3] Konkret nannte er »die Explosion in Enzesfeld« im Bezirk Baden, wo am 23. März 1944 in der Munitions- und Granatenfabrik zwanzig Tonnen TNT detonierten. Der Knall war bis ins dreißig Kilometer entfernte Wiener Neustadt laut zu hören. An die weitgehende Zerstörung der Fabrik und den gigantischen Löscheinsatz, bei dem es auch Tote gab, wird noch heute in den Annalen Freiwilliger Feuerwehren der Gegend erinnert. Von Sabotage ist da allerdings nicht die Rede.[4]

Becker schrieb unbeirrt von »verschiedenen Brückensprengungen« und davon, dass »systematisch Transportverzögerungen« erreicht werden konnten: »So konnte der Abtransport des Rohöls vom Zistersdorfer Revier behindert werden.« Dazu habe es »sehr aktive Gruppen« von Spezialisten gegeben, die Störungen im Strom- und Telefonnetz provozierten. Von Putschplänen im deutschen Heer habe man gewusst, behauptete Becker. Wegen offensichtlich ungenügender Vorbereitungen hätten seine Leute aber davor gewarnt und sich am 20. Juli 1944 eher herausgehalten.

Als die Verschwörung aufflog, waren es wie erwähnt in Wien überwiegend Drahtzieher und Befehlsgeber, die verhört und gefoltert wurden. Carl Szokoll wurde nicht verdächtigt, sondern sogar zum Major befördert. Verhaftet wurde hingegen Alfons Stillfried. Ein weiteres Mal half ihm jemand: »Ein Militärarzt, auch irgendein Verwandter, hat ihn für todkrank erklärt und nach Hause entlassen«, berichtete sein Sohn Bernhard.[5] Der angebliche Krebspatient im letzten Stadium lebte noch dreißig Jahre.

In Österreich holte die Gestapo im Sommer 1944 auch Politiker wie Leopold Figl und Lois Weinberger ab. »Aber der eigentliche Apparat des Widerstands wurde nur wenig gestreift«, berichtete Hans Becker. Man habe eine »Eigentümlichkeit des preußisch-deutschen Systems« genutzt, wonach jeder höhere Offizier ein »Halbgott« war, der von seiner Mannschaft isoliert lebte. Die österreichischen Widerständler hätten ihre konspirativen Kontakte deshalb unterhalb dieser Ebene geknüpft.

Laut Becker hatte seine Organisation bis zum Herbst 1944 Widerstandsgruppen im ganzen Land »aufgefädelt« und auch Verbindungen zu Titos Partisanen hergestellt. Die Zahl der Deserteure und U-Boote, die beim Widerstand Hilfe suchten, »mehrte sich von Tag zu Tag«. Nun war die Zeit gekommen, verstärkt in der Öffentlichkeit in Erscheinung zu treten.[6] Den zündenden Einfall hatte dann ja der Medizinstudent Jörg Unterreiner mit der Gestaltung des O5-Logos.

Das einprägsame Symbol habe eine »starke psychologische Wirkung« gehabt, so Otto Molden. Das bis dahin eher lose Geflecht von »Einzelgruppen«, dessen Mitglieder nichts voneinander wussten, hatte plötzlich eine gemeinsame Identität.[7]

Die Struktur der Organisation wurde ebenfalls neu gestaltet. Mitte Dezember kam es im Biedermeierhaus von Heinrich Otto Spitz am Donaukanal zur Gründung des »Provisorischen Österreichischen Nationalkomitees«, einer Art Untergrundgregierung. Geführt wurde das Komitee von einem »Siebenerausschuss«, in dem alle politischen Strömungen des Widerstands vertreten sein sollten, obwohl sie keine Rückdeckung ihrer Parteizentralen hatten: Hans Becker als parteiloser Vorsitzender, Viktor Müllner und Emil Oswald als Konservative, Georg Fraser und Eduard Seitz für die Sozialdemokratie, sodann Raoul Bumballa als Liberaler und Clothilde Hrdlicka für die Kommunisten.[8]

Über Möglichkeiten, O5 auch international bekannt zu machen, dachten Becker und seine Freunde bei Geheimtreffen im Haus Stillfrieds am Döblinger Saarplatz 10 nach. An solchen als Bridgerunden getarnten Meetings nahm auch der Journalist Ernst Molden und dessen Frau, die Dichterin Paula Preradović, teil. Deren 20-jähriger Sohn Fritz war es ja, der als Geheimkurier über Oberitalien in die Schweiz gelangte und dann in Bern und Paris Kontakt mit den Alliierten aufnahm.

Die nötigen Reisepapiere kamen aus der Fälscherwerkstatt Stillfrieds, der wichtige Formulare und Stempel zeitgerecht »in der Privatwohnung einer Sekretärin und Freundin der Familie« versteckt hatte. Dies berichtete der Sohn Bernhard Stillfried, der damals 19 und schon teilweise eingeweiht war. Im Nachhinein kam ihm das Verhalten der Älteren »sehr unvorsichtig« vor, weil »ja Becker ein ehemaliger KZ-Häftling und mein Vater ein Verdächtiger war«, die vermutlich überwacht wurden.[9]

Trotzdem wuchs die Gruppe weiter. Major Szokoll, der im Militär neue Verschwörungen vorbereitete, hatte wohl aus der BBC von ihrer Existenz erfahren. Er wolle dringend mit dieser O5 verhandeln, ließ Szokoll in Oppositionskreisen wissen.[10] Sobald der Kontakt hergestellt war, nahm als Vertreter Szokolls der junge Oberleutnant Wolfgang Igler an den Geheimtreffen teil.[11]

Im Februar 1945 kam Fritz Molden von seiner Erkundungsmission in die Schweiz und Frankreich nach Wien zurück. Mit ihm und ebenfalls als Wehrmachtssoldat getarnt reiste Ernst Lemberger, der Résistance-Kämpfer und österreichische Sozialdemokrat mit Kontakten zum Londoner Exilbüro seiner Partei.

Am Nachmittag des 25. Februar trafen Ernst Lemberger und Fritz Molden Mitglieder des »Nationalkomitees« im Haus von Heinrich Otto Spitz. Dabei sei es um eine enge Kooperation mit den Sozialdemokraten gegangen, wie Fritz Molden berichtete.[12] (Es gab zwar Berührungspunkte, doch die Partei wahrte letztlich Distanz.)

Am Abend ging die Sitzung im Haus Stillfried am Saarplatz weiter. Hier waren auch Jörg Unterreiner und aktive Militärs dabei: Oberleutnant Wolfgang Igler und Major Karl Biedermann, der Kommandant der »Heeresstreife«. Biedermann hatte zum Schutz des Treffens »eine kleine Militäreinheit« herbeordert. Vom Saarpark aus, der in der Mitte des Platzes liegt, bewachten sie das Haus.[13]

Beim Meeting wurde die Wunschliste formuliert, die Lemberger nach Paris mitnehmen sollte: Die Alliierten wurden ersucht, O5 verstärkt mit Rundfunksendungen zu unterstützen und ihren Kämpfern Waffen und Funkgeräte zukommen zu lassen. Dazu sollten sichere »Abwurfstellen« und »Absprungstellen« im Wienerwald festgelegt werden, an denen O5-Leute zu vereinbarten Zeiten warten würden.

Weil die Wiener Bevölkerung stark unter den Bombenangriffen litt, hatten die Militärs um Szokoll für die Alliierten etwas Besonderes vorbereitet: »Eine Aufstellung militärischer Ziele in Österreich und ein schriftliches Ersuchen«, die Bombardierung ziviler Objekte einzustellen »und vor allem die Wiener Innenstadt zu schonen«.[14]

Am späteren Abend begann draußen im Beserlpark plötzlich eine Schießerei. Beamte der regulären Polizei waren im Saarpark auf die Heeresstreife gestoßen. »Da wurde die Sitzung sofort unterbrochen und die Leute sind zum Teil über den Zaun geklettert, zum Teil beim Haustor hinaus«, berichtete Bernhard Stillfried. Die Polizei hatte sich zunächst zwar zurückgezogen, würde aber wohl bald mit Verstärkung wiederkommen. Alle Sitzungsteilnehmer verschwanden.

Hans Becker und Jörg Unterreiner kamen in dieser Nacht noch einmal davon. Ernst Lemberger und Fritz Molden schafften sogar die Flucht ins Ausland, andere Teilnehmer am Saarplatz-Treffen wurden verhaftet. Alfons Stillfried gelang es noch, belastende Papiere zu vernichten, dann wurde auch er von der Gestapo abgeholt und ins Polizeigefängnis gebracht.

Doch bald ging seine Zellentür wieder auf, wie sein Sohn berichtete.[15] Ein ehemaliger Schulkamerad, nun Polizeioffizier und Nazi, hatte beschlossen, den Todeskandidaten Stillfried »in Sicherheit zu bringen«.* Otto Spitz hatte kein Glück. Er wurde in den letzten Kriegstagen denunziert und von der SS erschossen.

Drei Tage nach dem Treffen am Saarplatz schnappte für Unterreiner und Becker die Falle zu. Weil die O5 angesichts der näherkommenden Roten Armee ihre Kontakte zu den Kommunisten verbessern wollte, hatte Unterreiner am Nachmittag des 28. Februar im Café Herrenhof in der Wiener Innenstadt ein Treffen mit einem angeblichen Verbindungsmann – doch der war offenbar von der Gestapo. Er lockte Unterreiner in die Einfahrt eines Nebenhauses, wo er verhaftet wurde. Im Hotel Metropole am Morzinplatz habe man ihm den Schlüssel zur Wohnung seiner Eltern in Wien-Landstraße abgenommen, berichtete Unterreiner in einem Interview.[16]

Dort habe sich ein Freund namens Ernst Wolf aufgehalten. Als die Gestapo kam, hätte Wolf zwei Beamte erschossen, ehe er geschnappt wurde. Kurze Zeit später tauchte Hans Becker in dieser Wohnung auf und wurde sofort verhaftet.

Für Unterreiner blieb es ein Rätsel, warum Becker ohne Vorsichtsmaßnahmen hingegangen war. Er habe ihn dort noch nie besucht und außerdem sei es üblich gewesen, vor jedem Treffen anzurufen und eine vereinbarte Frage zu stellen. Irgendjemand musste Becker hingelockt haben.

Unterreiner und Becker kamen in verschiedene Gefängniszellen und wurden viele Male zu Verhören abgeholt. Ende März hätten im Hof »laufend Erschießungen stattgefunden«, berichtete Unterreiner. Weil man ihn und Becker aussparte, kam die Vermutung auf,

* Nach dem Krieg wurde Alfons Stillfried Präsident der österreichischen Liga demokratischer Freiheitskämpfer und setzte sich für eine stärkere Anerkennung der Leistungen des Widerstands ein. Bernhard Stillfried studierte Politikwissenschaft und Ethnologie; er trat danach in den diplomatischen Dienst ein. Als er 86-jährig starb, bezeichnete »Der Standard« Bernhard Stillfried in einem Nachruf als »prägenden Gestalter der österreichischen Auslandskulturpolitik«. (28. November 2011)

dass gegen prominente Widerständler ein Schauprozess geplant war. Doch auch dazu kam es nicht. In der Nacht auf den 1. April verfrachtete man Becker und Unterreiner zum Westbahnhof.*

Wie schon am 1. April 1938, so saß Becker nun wieder in einem Transport ins KZ, dieses Mal direkt nach Mauthausen. Unter den etwa fünfzig Gefangenen befand sich der amerikanische Fallschirmspringer Captain Jack Taylor, der im Oktober beim Neusiedler See gelandet war, um das Industriegebiet Wiener Neustadt zu erkunden, dann aber als Spion verhaftet worden war.[17]

Becker war der organisatorische Mittelpunkt der O5 gewesen. »Mit seiner Verhaftung war eine Vielzahl von Verbindungen und Kontakten ausgeschaltet, die nur teilweise wieder hergestellt werden konnten«, schreibt seine Biografin Elisabeth Jauk. Insgesamt hatte die Verhaftungswelle hunderte Aktivistinnen und Aktivisten des Widerstands erfasst, von denen einige wohl unter Druck aussagten.

Die Organisation machte dennoch weiter. Raoul Bumballa nahm an Beckers Stelle den Vorsitz ein. Eine Art Generalsekretär war der Offizier Nikolaus Maasburg. Als ihm wegen Desertion von der Wehrmacht der Boden zu heiß wurde, fand er Unterschlupf im Palais Auersperg, in dem es auch Geheimzimmer gab. Bis über das Kriegsende hinaus hatte O5 mit Erlaubnis der Eigentümerin Christiane Croy im Auersperg das Hauptquartier.[18]

Überlebenskampf in Mauthausen

Im Vergleich zu 1941, als Hans Becker nach tausend Tagen Lagerhaft entlassen wurde, hatte sich das KZ 1945 enorm verändert. Es war zum »Archipel Mauthausen«, so der Titel einer TV-Dokumentation, gewachsen, einer ausdehnten Inselgruppe von bis zu fünfzig

* Jörg Unterreiner überlebte den Krieg, absolvierte sein Medizinstudium und ließ sich später als Chirurg im nordspanischen Gijón nieder.

Außenlagern, die mit Mauern und Stacheldraht von der Umwelt abgeschottet waren.

Zunächst wurden die Arbeitssklaven vor allem »zur Verrichtung von Schwerarbeit« an Baufirmen »vermietet«, wie es bei Christian Dürr vom Archiv der KZ-Gedenkstätte heißt.[19] KZ-Häftlinge schufteten im Loibl-Tunnel in Südkärnten, beim Erzabbau in der Steiermark und bei der Errichtung von Enns-Kraftwerken in Oberösterreich. Ab Ende 1943 mussten tausende Häftlinge unterirdische, vor Luftangriffen sichere Produktionsstätten errichten. In Arbeitsschichten, die bis zu zehn Stunden pro Tag dauerten, trieben sie etwa in Ebensee und Melk Stollen in den Berg, wo dann Panzerteile und Kugellager produziert wurden.

In diesem »KZ-Universum« (Dürr) entwickelte sich das Hauptlager zu einem Verteilungszentrum, in dem neue Häftlinge ankamen und an die Bau- und Rüstungsbetriebe weitergereicht wurden. Weil die Schinderei in den Außenlagern vielen Häftlingen das Leben kostete, wurde stets Nachschub an Arbeitssklaven verlangt. Ab September 1944 entstand deshalb auch das Frauenlager Mauthausen, in das zunächst Jüdinnen aus dem KZ Auschwitz kamen.

Kranke, arbeitsunfähige Häftlinge schickte man aus den Außenlagern nach Mauthausen zurück, wo das »Sanitätslager« immer größer wurde: Die große Krankenstation diente, so Dürr, »de facto als Sterbelager«, in dem die »hygienischen Bedingungen katastrophal waren«.

Im März 1945, kurz vor Beckers Ankunft, verzeichnete das KZ-System Mauthausen mit fast 85.000 Häftlingen seinen Höchststand. 20.000 von ihnen vegetierten im Hauptlager, beinahe die Hälfte von ihnen im Krankenlager. Die Todesraten waren in dieser Phase »horrend«, so Dürr. »Von Jänner bis zur Befreiung Anfang Mai 1945 dürften in Mauthausen zwischen 40.000 und 45.000 Häftlinge zu Tode gekommen sein.«

Österreicher – im Nazi-Jargon »deutschstämmige Ostmärker« – hatten etwas bessere Überlebenschancen. Von 1939 bis 1945 waren 1.600 von ihnen »aus politischen, religiösen oder rassischen Gründen« inhaftiert. Mehr als 600 wurden umgebracht, wie der Mauthausen-Chronist Hans Maršálek berichtet.[20]

Die größte Häftlingsgruppe waren die Polen, von denen die ersten bald nach den »Rotspaniern« 1940 ankamen. Auch jüdische Häftlingstransporte und russische Kriegsgefangene trafen später ein. In den Nebenlagern Gusen I und Gusen II dominierten die Polen. Unter ihnen waren bekannte Professoren und Priester, Maler, Musiker und Schriftsteller – was das unermüdliche Drängen polnischer Regierungen nach einem endlich würdigen Gedenken in Gusen verständlich macht. Auch aus Italien haben dort führende Architekten, Fußballer und Gewerkschafter gelitten.

Den Nazis ging es dabei einerseits zynisch um die Ausrottung nationaler Eliten, andererseits brauchten sie kluge Menschen, die bei Projekten damaliger Hochtechnologie wie dem weltweit ersten Düsenjäger mitarbeiteten. Teile davon wurden auch in den Außenlagern von Mauthausen gefertigt.

Im Frühjahr 1945 holte man angesichts der näherkommenden Sowjettruppen die Häftlinge aus diesen Außenlagern in Gewaltmärschen nach Mauthausen zurück. Viele von ihnen starben unterwegs. In der Hinterbrühl machten sich am 1. April – dem Tag, an dem Becker wieder ins KZ kam – 1.884 Häftlinge auf den Marsch. 260 Menschen kamen unterwegs um.[21]

Noch viel größere Häftlingsmassen kamen in »Evakuierungstransporten« und Todesmärschen aus Konzentrationslagern, die der Kriegsfront näher lagen. Allein aus Auschwitz kamen mehr als 9.000 Häftlinge, dazu noch Transporte aus Lagern wie Groß-Rosen und Dora-Mittelbau. »Insgesamt wurden in der Zeit von Jänner bis Mai knapp 25.000 neu ankommende Häftlinge in Mauthausen registriert.« (Dürr)

In dieser von Massensterben und organisatorischem Chaos geprägten Lage trat Hans Becker seine zweite KZ-Haft in Mauthausen an. Den politischen Häftlingen aus Österreich überließ die SS in dieser Phase manche Bereiche des Lagers zur Selbstorganisation. Lagerschreiber wie Hans Maršálek konnten jemanden wie Becker, der als »Zweimaliger« besonders gefährdet war, etwas aus der Schusslinie nehmen. Statt im Steinbruch schuften zu müssen, gab es beispielsweise leichtere Arbeit auf einem Rübenfeld.

Hans Becker traf auch alte Bekannte unter den Gefangenen wieder. Sogar ein vergleichsweise anständiger SS-Mann, im Zivilberuf Baumeister, mit dem Becker in seiner ersten Haftzeit als Bauplaner leidlich kooperiert hatte, war noch da.[22]

Doch dann sickerte an die geheime Häftlingsorganisation das Gerücht durch, dass Becker wegen seiner Rolle im Widerstand die Hinrichtung drohe. Lagerschreiber arrangierten es, dass er im Krankenlager »untertauchen« konnte. »Mit großer Wahrscheinlichkeit ist es diesem Umstand zu danken, dass Becker Mauthausen überlebte«, meinte Maršálek.[23]

In den Baracken des abseits gelegenen Krankenlagers drängten sich damals bis zu 9.000 Häftlinge. Angesichts der dort grassierenden Epidemien hütete sich die SS davor, die Krankenblocks zu durchsuchen. Häftlingsfunktionäre hatten es drinnen in der Hand, jemanden verschwinden zu lassen, indem sie seine Papiere mit denen eines gerade gestorbenen Gefangenen vertauschten. So scheint es im Fall Becker gewesen zu sein, der in den letzten Tagen des KZ Mauthausen die Identität eines Franzosen annahm, während er für die Außenwelt als verstorben galt.[24]

– 19 –
DER VERRATENE AUFSTAND

Es war schon sehr wienerisch, dass die österreichische Widerstandsorganisation O5 ihre Zentrale ausgerechnet in einem Barock-Palais hatte. In den letzten Kriegstagen im Frühjahr 1945 kam im »Auersperg« nahe dem Parlamentsgebäude deren »Siebenerausschuss« zusammen, den nach der Verhaftung Beckers nun dessen Stellvertreter Raoul Bumballa anführte.

Angesichts der näherkommenden sowjetischen Truppen war es das Hauptziel des Widerstands, »die Kampfhandlungen zu verkürzen und unnötige Zerstörungen von Wohnhäusern, historischen Denkmälern und Infrastruktur zu verhindern.«[1]

Noch unterlag die später »Nerobefehl« genannte Anordnung Hitlers an seine Truppen, beim Rückzug möglichst viel zu zerstören, der Geheimhaltung. Es war aber klar, dass Brücken und andere Einrichtungen der Infrastruktur zur Sprengung vorbereitet wurden, um den Alliierten nur »verbrannte Erde« zu hinterlassen.

Als Gegenmaßnahme planten die O5-Leute einen bewaffneten Aufstand zu entfachen, der »von den äußeren Stadtbezirken ausgehend, auf die Innenstadt überspringen sollte«. Gleichzeitig wollte man hohe Nazis verhaften und in Wien die Macht übernehmen, um dann »kampflos vor der Roten Armee kapitulieren zu können.«[2]

Zur Vorbereitung dieser Operation hatte die O5 noch unter der Leitung Beckers Kontakt zu einer Widerstandszelle in der Wehrmacht – konkret zu dem für Ostösterreich zuständigen Wehrkreiskommando XVII – hergestellt, die Carl Szokoll anführte. Der nun 30-Jährige kommunizierte zunächst nur über Verbindungsleute wie Wolfgang Igler und Karl Biedermann mit O5.

Für die O5 hatte ja Geheimkurier Fritz Molden Ende März in Paris einen Sowjetgeneral getroffen, mit dem eine baldige Kontaktaufnahme seiner Wiener Freunde zu den herannahenden

Sowjettruppen besprochen und das Losungswort für die Emissäre vereinbart wurde. Am 2. April schickte Szokoll zwei Männer los: Oberfeldwebel Ferdinand Käs und der Fahrer Johann Reif fuhren mit gefälschten Marschbefehlen nach Hochwolkersdorf bei Wiener Neustadt, um den Sowjets eine Zusammenarbeit anzubieten »und um eine Schonung von Wien zu bitten«. Die Operation trug den Tarnnamen »Radetzky«.[3]

Den Sowjets wurde vorgeschlagen, Wien nicht direkt aus dem Süden anzugreifen, sondern die Verteidigungsstellungen zu umgehen und dann vom Westen her in die Stadt vorzudringen. Dort wartende O5-Aktivisten würden sie in die inneren Bezirke lotsen. Im Detail sollten die Rotarmisten nach Erreichen der Wiener Stadtgrenze gemeinsam mit »Kampfgruppen des Widerstands« die Brücken über die Donau und den Donaukanal einnehmen und deren Sprengung verhindern. Öffentliche Gebäude und Radiosender sollten besetzt, deutsche Offiziere vom Widerstand überwältigt werden. Als Auftakt der Rebellion sollten die Sowjets in der Nacht auf den 6. April rote Leuchtkugeln abfeuern, worauf die Widerstandskämpfer mit grünen Leuchtkugeln antworten würden.

Zur Umsetzung des Plans nahm Major Szokoll als »Kampfkommandant« Anfang April erstmals selbst im Palais Auersperg Kontakt mit O5 auf. Er informierte Bumballa über die Vereinbarungen mit den Russen. Dieser bot Szokoll die Beteiligung von 5.000 Bewaffneten der O5 an der Operation an.[4]

Die Frage ist, ob die O5 tatsächlich über so viele Kämpfer verfügte. Aus einem in diesen Tagen verfassten Geheimdienstbericht des amerikanischen »Office of Strategic Services« heißt es, dass es in Wien 18.000 bis 20.000 »Mitglieder von Widerstandsgruppen« gab, in ganz Österreich 40.000 bis 50.000. Als Quelle nennt der Bericht das O5-Nationalkomitee selbst, also möglicherweise dessen Geheimkurier Fritz Molden, der natürlich Interesse daran hatte, den Widerstand möglichst groß und damit wichtig erscheinen zu lassen. In dem jetzt nicht mehr geheimen Papier, das Agenten des OSS schrieben, heißt es außerdem, dass O5 auch Unterstützung und Informationen von SS- und Gestapo-»Dissidenten« bekäme, die sich selber retten wollten. Für das Kürzel des Widerstands gibt der Bericht eine eigene Erklärung: O5 stehe für »Oesterreich 1945«[5]

Major Szokoll wollte sich jedenfalls die Alleinverantwortung für die »Operation Radetzky« nicht nehmen lassen. Statt Teil der O5 zu werden, blieb er unabhängig und trat ebenso mit kommunistischen Widerstandsgruppen in Verbindung »um auch sie für die Operation zu gewinnen«.[6]

Doch am 5. April trat die Katastrophe ein: Der Geheimplan zur Befreiung Wiens flog durch Denunziation auf, Karl Biedermann und weitere führende Verschwörer gerieten in tödliche Gefangenschaft. Carl Szokoll konnte – wie schon nach dem Hitlerattentat vom Juli 1944 – neuerlich entkommen. Angeblich hielt er sich mehrere Tage in der Wohnung der Kommunistin Clothilde Hrdlicka versteckt. Sein Fahrer Johann Reif soll sich davor noch zur Front im Süden Wiens durchgeschlagen haben, um das sowjetische Oberkommando »von der Katastrophe zu unterrichten«.[7]

Bumballa warf Szokoll später vor, »durch sein plötzliches Verschwinden« die mögliche Rettung von größeren Teilen des Putschplans verhindert zu haben. Beide Seiten – O5-Zivilisten und Szokolls uniformierte Widerständler – verwiesen dann aber doch auf positive Leistungen in diesen Tagen. O5-Leute hinderten die Nazis daran, im Allgemeinen Krankenhaus und in der Hofburg Widerstandsnester zu errichten. Bewaffnete O5-Männer befreiten Häftlinge aus dem Polizeigefängnis und der Gestapo-Zentrale. »Meldegänger«, darunter Mitja Gutow, den sie den »Furchtlosen« (russisch: Besstraschnij) nannten, führten sowjetische Einheiten vom Westen her an deutschen Stellungen vorbei »über die Hütteldorfer Straße ins Zentrum Wiens«.[8] Szokoll versicherte später, seine Soldaten hätten die Sprengung der

Reichsbrücke über die Donau verhindert und auch Brücken über den Donaukanal geschützt.

In den Tagen nach dem Sturz der Nazis herrschte in der O5-Zentrale im Palais Auersperg großer Andrang. Es war ja, wie es auch der gegenüber O5 eher kritische Sozialdemokrat Adolf Schärf sah, »die einzige österreichische Stelle in Wien, die überhaupt amtierte«.[9]

Es roch ein bisschen nach Restauration früherer Machtgruppen. Franz Sobek, schon im »Ständestaat« hoch aktiv, rekrutierte im Auftrag von O5 brauchbare Beamte für die neue Republik. Bumballa glaubte noch immer, die Widerstandsorganisation als »Dach« über die Parteien stülpen und im auferstandenen Staat eine tragende Rolle spielen zu können. Doch schon die erste Machtprobe ging verloren. Als Bürgermeister von Wien präsentierte O5 unter den wachsamen Augen der sowjetischen Besatzer den Sozialdemokraten Anton Weber und den Kommunisten Rudolf Prikryl als dessen Vize. Doch die aus Moskau zurückgekehrte Führung der KPÖ verwarf diese Entscheidung gemeinsam mit der SPÖ. Bürgermeister wurde der rauschebärtige Sozialdemokrat (und ehemaliger Schutzbund-Berater) Theodor Körner.[10]

Bumballa disponierte vorübergehend um. Als am 17. April die aus den Christlichsozialen hervorgegangene »Österreichische Volkspartei« (ÖVP) gegründet wurde, saß er auf dem offiziellen Foto zwischen den Galionsfiguren Leopold Figl und Julius Raab.[11]

Figl und andere führende ÖVP-Funktionäre hatten zwar selbst im KZ gelitten, bewaffneter Widerstand nach der Art von O5, Revolutionären Sozialisten und KPÖ war ihnen aber fremd. Die Spitze der provisorischen Regierung, die ÖVP, SPÖ und KPÖ am 27. April 1945 gemeinsam bildeten, hatte der Sozialdemokrat Karl Renner in einem geschickten Balanceakt zwischen den Besatzungsmächten und den neu erwachten Parteien erreicht. Aus der O5 erhielt nur Raoul Bumballa einen einzigen, nicht bedeutenden, Posten: Er wurde einer der drei Stellvertreter des KPÖ-Mannes Franz Honner, der als »Staatssekretär für Inneres« so mächtig wie ein Innenminister war.

Obwohl er als »Unterstaatssekretär« kaum eigene Kompetenzen hatte, begann Bumballa sofort, »als eine Art Ombudsmann pausenlos Leute zu empfangen«, auch ohne »über die entsprechenden Realisationsmöglichkeiten zu verfügen«. Im Innenministerium galt er rasch als »erstaunlich gut informiert«.[12]

Befreiung von Mauthausen

Hans Becker saß zu diesem Zeitpunkt noch im Konzentrationslager Mauthausen. Seit April kamen aus dem Westen die alliierten Truppen immer näher. Die SS war hektisch damit beschäftigt, Dokumente des Massenmords zu verbrennen. Gleichzeitig brachte sie aber weitere Häftlinge um, die ihre Untaten bezeugen konnten. Hoch am Himmel gab es immer wieder Überflüge amerikanischer Bombengeschwader. Einmal kurvte sogar ein Jagdflieger im Tiefflug über dem KZ-Gelände. Die SSler hätten zunächst geflucht und seien dann in hysterisches Lachen ausgebrochen, beobachtete ein griechischer Gefangener.

Am 1. Mai setzten sich mehrere SS-Offiziere in ihre Autos und rasten davon. Zwei Tage später war die ganze SS-Mannschaft verschwunden. Ältere Männer vom Volkssturm hatten nun den Auftrag, mit Waffengewalt zu verhindern, dass sich die Insassen des Lagers über das Land verteilten, ehe die Alliierten eintrafen.

40.000 Häftlinge waren noch im Hauptlager des Mauthausen-Universums, in dem seit 1938 etwa 100.000 Menschen umgebracht worden waren. Nun strömten die Überlebenden in Massen auf den Appellplatz und warteten auf das Wunder.

Es geschah am 5. Mai. Gegen Mittag ratterte ein rußgeschwärzter amerikanischer Panzer durch das Lagertor. Aus der Luke tauchten Soldaten auf, die fassungslos auf den Platz hinunterschauten, wo sich die Befreiten »wie die Verrückten« gebärdeten. »Wir brüllten, zerrissen unsere Kleidung«, schrieb der griechische Gefangene, der Dichter Iakovos Kambanellis, in seinen Mauthausen-Erinnerungen.[13]

»Wir drängten, stiegen einander auf die Füße, nur um nahe an den Panzer heranzukommen«, so erlebte es Kambanellis. »Viele ließen sich auf ihn fallen und küssten das verrußte Eisen, während andere ihre Köpfe auf ihn schlugen und weinten.«*

Am nächsten Tag tauchten größere Einheiten der 3. US Army als Befreier im Lager auf. 3.000 in der letzten Phase des Lagers Verstorbene mussten sie begraben. Viele Häftlinge waren so geschwächt, dass sie diesen Moment nicht mehr erlebten.[14]

Die Amerikaner schafften Medikamente und tonnenweise Lebensmittel heran. Sie akzeptierten die Wahl eines internationalen Häftlingskomitees, dem der Österreicher Heinrich Dürmayer vorsaß (der KP-Mann wurde bald danach Chef der Staatspolizei).

Nach Nationalitäten geordnet zogen in den nächsten Wochen Spanier, Russen und andere aus Mauthausen ab. Viele Gefangene, die nicht in ihre Herkunftsländer heimfahren konnten oder wollten, landeten wieder in Lagern – in solchen für »Displaced Persons«.

Etliche Lagerkapos, also Gefangene, die mit der SS kollaboriert hatten, wurden im Racherausch von Mithäftlingen erdrosselt oder erstochen. Nun freie KZ-Bewohner schwärmten in die umliegenden Orte aus, um nach versteckten SSlern zu suchen.

Die Amerikaner setzten viel daran, Selbstjustiz zu unterbinden. Sie hielten Vorträge über das Völkerrecht und die Möglichkeit, Kriegsverbrecher vor ein internationales Gericht zu stellen. Die ganze Welt müsse erfahren, welche Bestien die SS-Männer waren.

Mit den Befreiern waren auch spezialisierte US-Soldaten vom »War Crimes Investigating Team« nach Mauthausen gekommen, um Dokumente und Zeugenaussagen als Basis für die gerichtliche

* Vier kurz danach entstandene Gedichte von Iakovos Kambanellis (1921–2010) vertonte der griechische Komponist Mikis Theodorakis 1965 zur inzwischen weltberühmten »Mauthausen-Kantate«.

Verfolgung der Täter zu sammeln. Kambanellis erinnert sich an freundliche junge Burschen mit »teuren Brillen«.

Mit diesen US-Spezialisten arbeitete auch Hans Becker zusammen, sobald er wieder einigermaßen bei Kräften war. In Gesprächen mit dem Vernehmungsoffizier Eugene S. Cohen schilderte Becker vor allem das Martyrium im KZ Dachau und während seines ersten Aufenthalts in Mauthausen (siehe Kapitel 13 »Aufbäumen im KZ«). Der Major verfasste zunächst geheim gehaltenen Berichte, die nun als Mauthausener »Cohen Report« in der Abteilung »Modern Military Records« der amerikanischen »National Archives« einsehbar sind.[15]

Wie es seine Art war, übernahm Becker gleich wieder eine Leitungsfunktion: Er trat dem bis dahin hauptsächlich von Kommunisten wie Dürmayer und Maršálek geführten »Österreichischen Nationalausschuss« im befreiten KZ bei und leitete das Komitee, das die Aussagen von Mithäftlingen sammelte.

In einem von Becker als »Chairman« unterzeichneten Bericht an die amerikanische Militärjustiz sind, mit dem Lagerleiter Franz Ziereis und dessen Stellvertreter Georg Bachmayer an der Spitze, Dutzende SS-Männer und die ihnen zur Last gelegten Verbrechen aufgezählt. Ziereis wurde am 22. Mai bei einem Fluchtversuch nahe seiner Jagdhütte am Pyhrnpass erschossen. Bereits am 8. Mai 1945 tötete Georg Bachmayer seine Frau und die beiden Kinder, ehe er sich selbst umbrachte. Dutzenden weiteren SS-Leuten, deren Untaten Becker und seine Mitstreiter dokumentiert hatten, wurde wenige Monate später der Prozess gemacht.*

Becker half in diesen Tagen auch organisatorisch bei der Verteilung von Lebensmitteln und Medikamenten. Für Geh- und Transportfähige stellte er »Abgangspapiere« aus.[16] Und er hatte endlich

* Der größte Prozess zu den im KZ Mauthausen begangenen Verbrechen fand ab März 1946 vor einem US-Militärgericht in Dachau statt. Für 58 Angeklagte gab es Todesurteile, von denen 49 vollstreckt wurden. (Quelle: www.mauthausen-memorial.org)

Gelegenheit, einen Brief an seine Ehefrau zu verfassen.[17] Datiert mit »KZ Mauthausen 10. auf 11. 5. 45« schrieb er an seine »Liebe Etta«: »Ich hoffe, du hast mit allen die Dinge ebenso glücklich überlebt wie ich. Vielleicht bekommst du schon vor diesem Brief Nachricht durch den amerikanischen Captain Jacky Taylor, der mit mir zusammen auf der Gestapo in Wien saß.«

Captain Jack Taylor, 35-jähriger Marinesoldat aus Kalifornien, der im Oktober 1944 auf einer Mission des US-Geheimdienstes OSS über dem Burgenland absprang, war geschnappt und nach Mauthausen gebracht worden. Über seine Gefangenschaft, den Transport ins KZ in der Nacht auf 1. April 1945, aber auch über seine fehlgeschlagene Erkundungsmission davor, berichtete Taylor ausführlich den US-Behörden im befreiten Mauthausen.*

Becker lieferte seiner Frau im ersten Brief aus dem KZ ebenfalls einen kurzen Bericht: »Am Karsamstag wurden wir plötzlich aus dem Morzinhaus auf den Westbahnhof gebracht, am Sonntag in Mauthausen eingeliefert. Ich fand noch alte Freunde von in- und außerhalb des Lagers und setzte die alte politische Arbeit fort.« Namentlich erwähnt er von den Mitgefangenen, mit denen es »gute Zusammenarbeit« gegeben habe, neben dem Amerikaner Taylor nur noch einen: »Mein alter kommunistischer Freund Ludwig Soswinski, den ich totgeglaubt, war von Ausschwitz auch hierhergekommen.«

Soswinski, mit dem Becker schon im KZ Dachau gelitten hatte, war auch in Mauthausen rasch wieder in der geheimen Häftlingsorganisation aktiv. Von Kontakten zu dieser Gruppe hing das Überleben Beckers ab, der die letzten Tage im Lager mit eigenen Worten

* In seinem detaillierten Bericht über den Einsatz mit dem Codenamen »Dupont Mission« erwähnt Captain Jack Taylor kritisch, dass die Bombenangriffe der West-Alliierten auf zivile Ziele in Österreich auch Hitlergegnerinnen und Hitlergegner empörten. Nachzulesen ist der lang geheim gehaltene Bericht, in dem Hans Becker als Leidensgefährte mehrfach erwähnt wird, u. a. über folgenden Link: www.jewishvirtuallibrary.org/the-dupont-mission-october-1944-may-1945

so beschrieb: Als die Lage für ihn »etwas grün wurde« (Beckers Umschreibung des Dialektworts »grean« für »gefährlich«) und es immer mehr Hinrichtungen gab, »verschwand ich mit Hilfe von Freunden im Krankenlager, um zu sterben«. Dies freilich nur, um mit den Dokumenten eines tatsächlich verstorbenen Franzosen weiterzuleben.

»Die SS-Kommandantur hat sich vor ihrem endgültigen Verschwinden am 3. Mai noch Dinge geleistet, die würdig der Mauthausener Gesamtgeschichte sind«, schrieb Becker weiter. »Die Herren der amerikanischen War Crimes Commission, mit denen ich viel zu tun habe, staunen immer von neuem.«

»Bin mit ein paar Funktionen beschwert«, endete Becker seinen Brief an Etta. »Aber gestern kam die Entscheidung, dass ich relativ bald loskann.«

Doch daraus wurde nichts. Hans Becker konnte zwar am 16. Mai Mauthausen verlassen, aber statt nach Wien zu fahren, wo seine Familie wartete und wo der politische Neuanfang Österreichs gestaltet wurde, ging er zunächst nach Salzburg. Dort stellte er sich den amerikanischen Militärbehörden als Auskunftsperson und Zeuge der Nazi-Verbrechen zur Verfügung.*

In Salzburg arbeitete Becker vor allem mit der amerikanischen Spionageabwehr CIC (Counter Intelligence Corps) zusammen und hielt nach eigenen Angaben gleich vor »höheren Offizieren Aufklärungsvorträge über die österreichischen Verhältnisse«.[18]

Gleichzeitig half Becker bei der Gründung der Österreichischen Volkspartei (ÖVP) in Salzburg. In Wien gab es Befürchtungen, dass die westlichen, nicht von den Russen besetzten Bundesländer eine

* Wie Becker gehörte auch Simon Wiesenthal (1908–2005) zu den im Mai 1945 aus dem KZ Mauthausen Befreiten. Er übergab den US-Behörden eine Liste mit 91 NS-Verbrechern, betrieb bald darauf in Linz und später in Wien ein Dokumentationszentrum, mit dem er zum weltweit bekanntesten Nazijäger wurde. (Quelle: https://www.vwi.ac.at/index.php/institut/simon-wiesenthal/lebenslauf-simon-wiesenthal)

US-gestützte österreichische Gegenregierung mit Sitz in Salzburg ausrufen könnten. Tatsächlich hatten Salzburger Konservative – unabhängig von der ÖVP – mit dem Aufbau einer eigenen »christlichsozialen Volkspartei« begonnen.

Für Becker und die ÖVP entscheidend war die Ankunft des erst 22-jährigen Medizinstudenten Herbert Braunsteiner aus Wien. Dieser hatte gegen Kriegsende Kontakt mit O5 und war bei der Gründung der Volkspartei im Wiener Schottenstift anwesend. Die ÖVP hatte ihn ausgeschickt, um in Westösterreich Zweigstellen »einer einheitlichen Volkspartei« zu organisieren. Der neue Parteivorstand beschloss, ihn als »Boten nach dem Westen zu senden, der dort über die Zustände im Osten berichten und die Gründung einer einheitlichen Volkspartei veranlassen sollte«, wie sich Braunsteiner erinnerte.[19] Um aus der sowjetischen Zone herauszukommen, war er am 20. Mai durch den eiskalten Grenzfluss Enns in Oberösterreich geschwommen.

Sein nachfolgender Einsatz zur Gründung der Salzburger ÖVP scheint dem strengen Auge des US-Geheimdienstes entgangen zu sein, denn laut »Intelligence Summary« vom 20. Juni war es »Becker, ein Mauthausen-›Absolvent‹«, der den »Land-Salzburg-Branch« der Volkspartei organisierte.[20]

Als Braunsteiner nach einem Abstecher in Tirol wieder nach Salzburg kam, wagte Becker jedenfalls mit ihm die Fahrt nach Wien. US-Lastwagen brachten sie zur Zonengrenze 35 Kilometer östlich von Linz. Sie passierten diese illegal zwischen Schwertberg und Perg, von wo sie sich nach Krems und dann weiter Richtung Wien durchschlugen.[21]

Zur gleichen Zeit fuhr eine Gruppe von O5-Leuten aus Wien in die Gegenrichtung nach Westen. Ihr Chef Raoul Bumballa hatte sie beauftragt, gemeinsam mit Becker bei den Amerikanern um Verständnis für eine politische Rolle der O5 nach dem Krieg zu werben. Doch Becker war bei ihrer Ankunft in Salzburg bereits abgereist.[22]

Diese Aktion blieb politisch ohne Folgen, trug aber zur Entfremdung zwischen Becker und Bumballa bei. Als Becker in Wien ankam, waren alle wichtigen Posten bereits verteilt, was er auch »seiner langen Abwesenheit zuschrieb«.[23] Und man beabsichtigte ihn offenbar noch länger von Wien fernzuhalten. »Bumballa sandte die Leute hinaus und wollte mich nach dem Westen ablenken«, vermerkte Becker bitter in einem Protokoll.[24]

– 20 –
WACKELIGER NEUBEGINN

Am 4. Juni 1945, mehr als drei Monate nach seiner Verhaftung, kehrte Hans Becker nach Wien zurück. Seine Frau Etta hatte ihn mit den beiden Töchtern, der dreijährigen Angelika und der erst sieben Monate alten Franka, sehnlich erwartet. Wien war zerstört und litt unter Versorgungsmängeln. Aber in Europa war der Krieg am 8. Mai zu Ende gegangen.

Becker war fast 50 Jahre alt und stand wieder einmal vor dem beruflichen Neuanfang. Die Widerstandsbewegung gab es nicht mehr. In ihrem Selbstverständnis wollte die O5 als Dachorganisation über den ewig streitenden Parteien stehen und das Land zusammenhalten. Die nun über den Osten Österreichs herrschenden Sowjets akzeptierten ihr Büro im Palais Auersperg zunächst als »politisches Organisationszentrum«, schreibt der Historiker Oliver Rathkolb. Doch nachdem sich rasch »die realpolitische Überlegenheit« der professionellen Parteifunktionäre aus der Vorkriegszeit gezeigt hatte, bereiteten die Sowjets ein Verbot der Widerstandsorganisation vor.[1] Es gab Hausdurchsuchungen bei O5-Aktivisten. Einige von ihnen, darunter auch Kommunistinnen und Kommunisten, wurden verhaftet.

Raoul Bumballa, Beckers Nachfolger an der O5-Spitze, blieb von einer Verhaftung verschont. Resigniert nahm er die rechtliche »Liquidierung« der Organisation hin, was Becker nach seiner Rückkehr mit Enttäuschung feststellte. Auch die neue »Volkspartei« hatte keine wichtige Funktion für Becker. Bumballa wurde in der ÖVP hingegen einer der Vizepräsidenten unter dem neuen Parteichef Leopold Figl und trat als Unterstaatssekretär für Inneres in die von Staatskanzler Renner geführte provisorische Regierung ein.

Becker wurde bloß Vertreter der ÖVP im »politischen Ausschuss« der wiederbelebten Rundfunkanstalt Ravag. Daneben übertrug ihm

Die neue »Volkspartei«: Weinberger, Figl, Bumballa und Raab (von links nach rechts)

die Partei kleinere Vertretungen, etwa im »Proponentenkomitee der österreichisch-tschechischen Gesellschaft«. Deren erste Sitzung fand immerhin im Büro seines Freundes Viktor Matejka statt, der inzwischen von der KPÖ als Wiener Kulturstadtrat nominiert worden war.[2]

Ansonsten forderte die Volkspartei Becker bloß auf, ihre Werbekampagne für die ersten Wahlen am 25. November nach Kräften zu unterstützen. (Aus ihnen ging die ÖVP mit 1,6 Millionen Stimmen als Sieger vor der SPÖ hervor, die 167.000 Stimmen weniger erhielt. Für die KPÖ stimmten zu deren Enttäuschung nur 174.000 Wählerinnen und Wähler.)

Zwei Wochen vor dem Wahltermin sorgte Raoul Bumballa für einen Knalleffekt: Gerade noch Vizeparteichef, trat er aus der ÖVP aus und bot auch seinen Rücktritt als Unterstaatssekretär an. Österreichische Zeitungen schrieben von einer »Krise in der ÖVP« durch den Abgang des »Vorsitzenden der Widerstandsbewegung«.[3] Die »New York Times« berichtete aus Wien über den Rücktritt Bumballas, dessen »Underground Resistance« ein »Dorn im Fleisch der Gestapo« gewesen sei. Nun kehre er der »People's Party« den Rücken, weil es dort »zu viel klerikalen Einfluss« gebe und die Kandidatenliste »zu viele reaktionäre Politiker aus früheren Zeiten« beinhalte. Er sei außerdem nicht mit den »antisemitischen Ansprachen« einverstanden, die der ÖVP-Mitbegründer Leopold Kunschak noch kürzlich gehalten habe.[4]

Weil er seine liberalen Ideen innerhalb der ÖVP nicht durchsetzen konnte, näherte sich Bumballa der damals neuen »Demokratischen Union« (DU) an. Wegen des Verbots weiterer Parteien durch die Alliierten hatten ehemalige Widerstandskämpfer um Karl Rössel-Majdan und Josef Dobretsberger einen Verein »für den Wiederaufbau Österreichs« gegründet. Mit dem Ziel, in Zukunft selbst bei Wahlen anzutreten, entwickelte die »Demokratische Union« ein Programm, das den »politischen Katholizismus strikt ablehnte«, wie der Historiker Oliver Rathkolb schreibt.

Gefordert wurden die Verstaatlichung der Schlüsselindustrien, Pensionen für Kriegsopfer, ein Gesetz gegen Antisemitismus, das Gratisstudium für einkommensschwache Schichten sowie Trennung von Staat und Kirche. Außenpolitisch war man in diesem »Konglomerat von liberalen und sozialistischen Dogmen« (Rathkolb) für Österreichs »strikte Neutralität« und gegen »Staatsprotektionismus in der Wirtschaft«.

Von links wurden die DU-Leute als »Heimwehrfaschisten« attackiert, weil der Linkskatholik Dobretsberger in der Stände-Diktatur kurzzeitig Sozialminister gewesen war. Die Rechten verbreiteten das Gerücht, die DU sei von den Sowjets finanziert. (Jahre später trat die Kleinpartei bei Wahlen tatsächlich gemeinsam mit der KPÖ an.)

Hans Becker ärgerte sich über den Verein, weil er selbst ganz ähnliche politische Ziele innerhalb der ÖVP verfolgte und für seine Initiative einen ähnlichen Namen hatte: »Freie Union«. Liberale Konservative, vor allem frühere Widerstandskämpfer, sollten über diese Union der Volkspartei beitreten können, ohne Mitglied in einem der Bünde für Wirtschaftstreibende, Bauern oder Arbeiter und Angestellte zu sein. Die Union war für alle gedacht, die »ohne Unterschied der Volkszugehörigkeit, der Rasse oder des Glaubens« für »das Wohl Österreichs« eintraten. Auch sie war, wie die DU, »für ewige Neutralität und soziale Gerechtigkeit«. Durchsetzen ließ sich dieses Projekt in der ÖVP allerdings nicht.[5]

Am 26. Dezember 1945 richtete Becker ein Schreiben an Bumballa, in dem er einen »Saldostrich unter unsere bisherigen Relationen« zieht.[6] Becker erklärte dem Freund das Misstrauen. Rückblickend war Becker aufgefallen, dass es für Bumballas behauptete Aktivitäten im Widerstand zumeist keine Zeugen gab. Nun rechnete er Bumballa vor, dass er ihm in den Kriegsjahren zur Finanzierung des »Operationsbüros« insgesamt 41.600 Reichsmark (240.000 Euro) übergeben habe.[7] Becker hatte für das zum Teil aus der Tschechoslowakei stammende Geld Bestätigungen unterschrieben. Nun verlangte er von Bumballa – vergeblich – genaue Angaben ihrer Verwendung.

»Bumballa verhaftet«, meldete das »Neue Österreich« am 24. Dezember 1946. Allerdings nicht wegen fehlender O5-Abrechnungen oder wegen der immer wieder gegen ihn erhobenen Spionage-Vorwürfe, sondern wegen eines »Vergehens gegen das Bedarfsdeckungsgesetz«.[8] Bumballa soll ein »Großschleichhändler« gewesen sein, der in mehreren Wiener Lagern 20.000 bis 30.000 Meter Stoff gehortet habe.[9] Mehrere Wochen lang saß Bumballa in Haft. Schließlich glaubte man seiner Darstellung, er habe die Stoffballen während des Krieges von seinem Schwiegervater aus Sachsen geliefert bekommen, der ihn um bombensichere Einlagerung gebeten habe. Anstelle von Bumballa kam sein Chauffeur Friedrich Kraus in Haft. Bumballa beschuldigte den ehemaligen Heimwehrmann, seine Familie denunziert und erpresst zu haben. Kraus wurde allerdings wenig später »ebenfalls wieder freigelassen«, weiß der Bumballa-Biograf Oliver Rathkolb.[10]

Für Bumballa, seit seiner KZ-Haft kränkelnd, waren diese Aufregungen offenbar zu viel. Er starb am 28. Juli 1947 im 52. Lebensjahr an den Folgen eines Herzanfalls. Bumballa erhielt ein Ehrengrab auf dem Hietzinger Friedhof.

Ende 1945 hatte Beckers Treffen mit Mitgliedern der aufgelösten Widerstandsbewegung den Verdacht der österreichischen Staatspolizei erregt, wo nun KPÖ-Mitglieder das Sagen hatten. Sie vermuteten, dass die Widerständlerinnen und Widerständler heimlich weitermachten. Tatsächlich hatte sich um den Rechtsanwalt (und O5-Spätzugang) Paul Antosch und um Major Carl Szokoll eine, laut Rathkolb, »antikommunistische Ordnungsbewegung« gebildet, die den Widerstand auf eine mögliche Machtübernahme der KPÖ vorbereiten wollte. Die Staatspolizei ermittelte gegen Antosch, Becker, Szokoll und acht weitere Aktivisten aus dem O5-Umfeld und forderte die Anklage wegen Hochverrats.

Fast 50 Jahre später deklarierte sich Carl Szokoll in einem Interview als Initiator dieser »Aktivierung der O5«. Durchaus mit dem Wissen von Regierungskreisen habe er bereits 1945 die »Beschleunigung der endgültigen Befreiung, den Abzug der Besatzungsmächte« gefordert, sagte Szokoll 1989 im Interview mit der Becker-Biografin Elisabeth Jauk.[11] Es wurden Flugzettel verteilt, auf denen stand: »Lasst uns endlich frei« und »Wann wird Österreich frei sein?«

»Das waren Dinge, die einige Wochen später auch im Nationalrat gesagt wurden«, empörte sich Szokoll. »Aber damals wurden sie benutzt, um mich unter Anklage des Hochverrats zu stellen.« Dabei habe er bloß »gegen eine Bestimmung der sowjetischen Besatzungsmacht verstoßen.«

Im Zuge dieser Aktivitäten sei Szokoll erstmals persönlich mit Becker zusammengekommen, weil dieser bei Kriegsende ja im KZ Mauthausen war. Der O5-Gründer schien ihm »in seinem ganzen Gehaben eine geeignete politische Führungsperson« zu sein, sagte Szokoll, den diese Mini-Verschwörung fast den Kopf kostete. Er wurde vom sowjetischen Geheimdienst, der ihn schon beim Fall Wiens kurzzeitig festgesetzt hatte, neuerlich verhaftet. Eine

Deportation nach Sibirien drohte. Gerettet hätten ihn »Freunde aus dem Widerstand«, vor allem aber eine Intervention des kommunistischen Innenministers Franz Honner. Dieser hatte als früherer Partisan offenbar Respekt vor der Widerstandsleistung Szokolls.

Der Fall wurde von den Sowjets an die zivile österreichische Justiz übergeben und nach einiger Zeit eingestellt. Leopold Figl habe dem Untersuchungshäftling Szokoll sagen lassen: »Du bleibst noch drinnen, wir müssen ein bisschen Gras über die Sache wachsen lassen.« Nach einigen Monaten war Szokoll tatsächlich frei.* Hans Becker blieb bis auf Einvernahmen, bei denen er auch über sein Treffen mit Szokoll sprach, von der Justiz unbehelligt.[12]

Becker versuchte, den Einfluss der Widerständlerinnen und Widerständler auf legalem Weg zu stärken. Sein nächstes Projekt war die im November 1945 gegründete überparteiliche »Österreichische Liga demokratischer Freiheitskämpfer«, deren Präsident Alfred Stillfried war. Becker wurde, wie der Sozialdemokrat Georg Fraser, Mitglied der Bundesleitung und Gestalter des Mitteilungsblatts. Darin wurde im Jänner 1946 von einer Konferenz aller ehemaligen Freiheitskämpfer berichtet. Bundeskanzler Figl habe laut Becker darauf gedrungen, »Material über den tatsächlich geleisteten Beitrag Österreichs« im Widerstand »schnellstens zu sammeln und einer amtlichen Überprüfung zuzuführen«.[13] Wenn die Liga nicht eine eigene Partei werden wolle, dann sei »der alte Widerstandskämpfer« Figl sogar bereit, die Ehrenpräsidentschaft zu übernehmen, so hieß es.

Doch Figls Enthusiasmus dürfte in Wahrheit gering und die Nennung seines Namens »etwas voreilig« gewesen sein, wie die Becker-Biografin Jauk vermutet. Figl wurde kein Mitglied und auch

* Carl Szokoll (1915–2004) erfuhr als einer von wenigen österreichischen Widerstandskämpfern zahlreiche Ehrungen. Parks und Plätze wurden nach ihm benannt, Gedenktafeln aufgestellt. Beruflich reüssierte Szokoll als Filmproduzent (»Die letzte Brücke«) und war auch an der Entstehung der populär-antifaschistischen Filmreihe »Der Bockerer« kreativ beteiligt.

die Berichte der Widerstandskämpfer fanden sich nur zum Teil in dem die Geschichte etwas beschönigenden »Rot-Weiß-Rot-Buch« der Regierung.[14]

Doch Becker gab nicht so schnell auf. Er verfasste Leserbriefe, u. a. an den »Wiener Montag«, in denen er es als »unverständlich« bezeichnete, dass die Regierung »es unterließ, die Leistungen der Widerstandsgruppen Österreichs genau zu untersuchen« um damit gegenüber »den Befreiern« zu argumentieren.

Als Anerkennung der Widerständlerinnen und Widerständler schlug Becker die Verleihung spezieller Orden vor, die »Freiheitskreuz« oder »Befreiungskreuz« heißen könnten. Die höheren Stufen dieser Orden waren für Menschen gedacht, die im »tatsächlichen Kampf mit der Waffe standen« und »an Terror- oder Sprengaktionen unter direkter Lebensgefahr« oder »an fortgesetzter Sabotagetätigkeit in Betrieben oder Verkehrseinrichtungen« beteiligt waren.[15] Verwirklicht wurde die Ordensidee erst dreißig Jahre später.* Man kann sich vorstellen, wie der – vorerst nur intern formulierte – Vorschlag, Menschen für antifaschistische »Terror«-Aktivitäten und »Sprengaktionen« auszuzeichnen, 1946 bei den vielen Nazis und bei ihren Mitläufern angekommen wäre. Ungeachtet dessen warb Becker weiter für die Aufwertung des Widerstands.

Am 22. Februar bat er zu einem Vortrag im Großen Musikvereinssaal, wo er als »einer der führenden Männer des österreichischen Freiheitskampfes« präsentiert wurde. Nach einem Überblick über die Widerstandsaktivitäten ab 1938 versicherte Becker, die internationale Öffentlichkeit werde schon noch erkennen, »dass Österreich sich niemals mit der Naziherrschaft abgefunden hat und die aktive

* Das »Ehrenzeichen für Verdienste um die Befreiung Österreichs« gibt es seit 1976. Seither wurde die versilberte Bronzemedaille mit der Aufschrift »Für Österreichs Befreiung« vom Bundespräsidenten auf Vorschlag eines Kuratoriums von Widerstandskämpferinnen und Widerstandskämpfern einige tausendmal vergeben. Auf die martialische Definition von Widerstandshandlungen wird im Gesetzestext (Bundesgesetzblatt Nr. 79/1976) verzichtet.

Teilnahme der Österreicher am Kampf unendlich bedeutender war, als es die Welt bisher annahm.«[16]

Im selben Jahr brachte Becker seine Broschüre über »Österreichs Freiheitskampf« heraus, die ich in diesem Buch schon mehrfach genannt und als »Rechtfertigungsschrift« bezeichnet habe. Beckers Biografin Elisabeth Jauk stellte fest, dass sie in der »einschlägigen Literatur« oft »als eine der ersten und informativsten Quellen« zitiert wird.

Und doch waren Beckers Bemühungen zum Großteil vergebens. Die von ihm mitgegründete »Liga« löste sich 1946 auf. Ihr folgte noch – ohne Becker – der ebenfalls Mitgliedern aller Parteien offenstehende »Bund der politisch Verfolgten«, doch ab 1948 waren Österreichs ehemalige Widerstandskämpfer und KZ-Überlebende überwiegend nach Parteizugehörigkeit organisiert. Der sich selbst als überparteilich definierende KZ-Verband galt den anderen als KP-nah.

Hochgehalten wurde das Andenken an die aktiven Nazigegner durch die Historikerinnen und Historiker im Dokumentationsarchiv des österreichischen Widerstands (DÖW). Gegründet wurde das überparteiliche DÖW erst 1963, weil die öffentliche Meinung in Österreich vorher von Kriegsheimkehrern und Nazi-Mitläufern beherrscht war. Von der politischen Rechten wurde auch das DÖW als KP-nah bezeichnet, obwohl dort lupenreine Konservative wie der Langzeitminister und enge Becker-Freund Fritz Bock Vizepräsidenten waren.

Schon Becker selbst musste sich mit dem Vorwurf herumschlagen, die O5 sei ein Hort von »Glücksrittern« gewesen. In seiner Rechtfertigungsschrift gab er zu, dass zu Kriegsende »unzählige Mitgliedskarten« an alle möglichen Menschen ausgegeben worden seien, schob die Verantwortung dafür aber kryptisch genau jenem »Verband« zu, der die Ausweisverteilung kritisiert hatte. Der KP-Mann Josef Prikryl, den die O5 als Vizebürgermeister Wiens ausersehen hatte, soll im April 1945 im Palais Auersperg freigiebig Mitgliedskarten verteilt haben, die als Türöffner bei der Postenvergabe galten. Erst die aus Moskau zurückgekehrte KPÖ-Führung habe den Missbrauch abgestellt.[17]

Waren die Widerständlerinnen und Widerständler für die Rechten eine Bande von »Verrätern«, »CIA-Agenten« und – als Deserteure von der Wehrmacht – »Eidbrechern«, so wurden sie von anderen bagatellisiert und der Angeberei geziehen.

Tatsächlich werden von Zeit zu Zeit Mythen entlarvt, etwa jener von der »Selbstbefreiung Tirols«, die als das Glanzstück des Widerstands galt. Lange lautete die offizielle Version, dass sich vor Innsbruck eine mutige Schar von zunächst 150 Widerstandskämpfern unter der Führung von Karl Gruber Anfang Mai erfolgreich »mühte, die Stadt in die Hand zu bekommen«.[18] Die Widerständler hätten die Polizeidirektion, zwei Kasernen und den lokalen Radiosender übernommen und erreicht, dass der NS-Gauleiter Innsbruck zur »offenen Stadt« erklärte. Schon Hans Becker, aber auch Fritz Molden, der populärste Chronist des österreichischen Widerstands, feierten Gruber als Befreier Tirols. Nur am Rand wird in Moldens Erinnerungen ein amerikanischer Fallschirmagent namens Fred Mayer erwähnt.[19]

Ohne den Mut und die Entschlossenheit der Tiroler Widerstandskämpfer in Abrede zu stellen: Tatsächlich war es dieser Fred Mayer, der mit zwei Kampfgefährten – dem Niederländer Hans Wijnberg und dem Österreicher Franz Weber – die Nazis in Innsbruck zur weitgehend kampflosen Übergabe bewegte. Mayer und Wijnberg waren geflüchtete Juden, die für die Amerikaner kämpften, Weber ein von der Wehrmacht desertierter Tiroler, der den Trupp von der Absprungstelle in den Stubaier Alpen in seinen Heimatort Oberperfuss bei Innsbruck führte. In einer des US-Films »Inglorious Basterds« würdigen Aktion tanzten sie den Nazis in deutschen Uniformen auf der Nase herum, um Informationen über die Versorgung der Wehrmacht über den Brenner-Pass zu sammeln und an die alliierten Truppen in Oberitalien zu funken.

Wie der Historiker Peter Pirker in seinem Buch über die »Operation Greenup« beschreibt, war der Erfolg der Aktion in hohem Ausmaß Frauen zu verdanken, die den Untergrundkämpfern in Oberperfuss und Innsbruck Quartier gaben und Kurierdienste leisteten. Den Kulminationspunkt erreichte das Drama, als Mayer gefangen, gefoltert und vom Gauleiter Franz Hofer persönlich verhört wurde. US-Agent Mayer machte dem Nazi-Bonzen klar, dass er und sein innerer Kreis nur dann als Kriegsgefangene überleben könnten, wenn sie sofort kapitulierten.[20]

Die US-Dienste hielten die wahre Story der weitgehend kampflosen Übergabe Innsbrucks lang geheim. Franz Weber, nach dem Krieg als Bauernbündler und Abgeordneter fest in die ÖVP integriert, berichtete erstmals 1988 in einem »Presse«-Interview von seinem ganz speziellen Einsatz für die Heimat. Früher war eine Geschichte von Desertion und Engagement auf Seiten der Amerikaner seinen Landsleuten wohl nicht zumutbar gewesen.[21]

Im Jahr darauf folgte die Ehrung der noch lebenden Frauen, den wesentlichen Stützen der »Operation Greenup«. Im Dezember 1989 erhielten die Quartiergeberinnen Maria Hueber und Margarethe Kalderer, sowie Ruth Heltzel, die Verbindungsfrau zu O5, die Befreiungsmedaille der Republik Österreich.

Der Historiker Pirker wird seither gern mit der Kritik an Fritz Molden zitiert, der in seinen Darstellungen vieles »erfunden« habe. Molden war zweifellos ein fantasievoller Erzähler. Doch zum Untergrundkampf gehören Propaganda und Vernebelung wie zum konventionellen Krieg. Und so manches, was auf den ersten Blick krass aussieht, ist bei genauerer Betrachtung doch plausibel.

So bestehen Zweifel daran, ob die O5 zur Befreiung Wiens tatsächlich 20.000 Kämpfer mobilisieren hätte können, wie der US-Geheimdienst wohl aufgrund der Aussagen von Fritz Molden nach

Washington meldete. Aber auch in sowjetischen Berichten kam diese Zahl vor. Laut Carl Szokoll wären in den letzten Kriegstagen mehrere tausend desertierte Wehrmachtssoldaten und »20.000 Wiener« – davon allerdings nur »6.000 bewaffnet« – für den in letzter Minute verratenen Aufstand gegen die Nazis bereit gewesen.[22]

Berthold Molden, einer der Söhne Fritz Moldens und selbst Historiker, fühlt sich durch Kritiker wie Pirker nicht gekränkt. Er weiß aus eigener Erinnerung, dass die Erzählungen seines Vaters in Details variierten. Er ist aber überzeugt, dass sie im Kern richtig sind.

»Der Widerstand hat im österreichischen Bewusstsein eine merkwürdige, an Volten reiche Geschichte gehabt«, sagte mir Berthold Molden in einem Interview.[23] Am Anfang der Zweiten Republik hätte er eine bedeutende Rolle gespielt, »weil man versuchte, die Forderungen der ›Moskauer Deklaration‹ zu erfüllen«. Doch »dann wurde die gesamte Widerstandsgeschichte sehr rasch weggewischt, weil sie aus innenpolitischem Opportunismus nicht mehr günstig war. Wenn es nicht Institutionen wie das DÖW gegeben hätte, dann wäre das Thema Widerstand vermutlich ganz verschwunden.«

Für Berthold Molden ist das kein rein österreichisches Phänomen. Er verweist auf den in Frankreich forschenden italienischen Historiker Enzo Traverso, der das Gedenken an die Opfer mit jenem an Revolutionäre und Widerständler verglich. Die Erinnerung an den Gulag habe jene an die russische Revolution ausgelöscht, die Erinnerung an den Holocaust ersetzte die an den antifaschistischen Kampf und die Erinnerung an die Sklaverei überschrieb jene an den Antikolonialismus. Traverso schreibt dazu: »Es scheint, dass die Erinnerung der Opfer nicht mit dem Gedenken an ihre Auseinandersetzungen, an ihre Siege und Niederlagen koexistieren kann.«[24]

Dabei wäre das gerade in Österreich möglich gewesen, meint Berthold Molden, mit Blick auf den »Opfermythos« als nationale Erzählung. »Wenn wir schon Opfer einer bösen ausländischen Macht waren, dann hätten wir uns in dieser Rolle ja durchaus gegen sie wehren können – aber das funktionierte offenbar nicht.« Es sei zu befürchten, dass es nach 1945 den politischen Parteien eher darum ging, bald wieder die Stimmen der Nazis zu bekommen. Und für den rasch entstehenden »antikommunistischen Konsens«, sei »der kommunistische Widerstand zu bedeutend gewesen«, meint Molden. Daran wollte man nicht gern erinnert werden.

Ambivalenz gegenüber Widerstandskämpferinnen und Widerstandskämpfern besteht laut Enzo Traverso allgemein. Für die einen sind sie Heldinnen und Helden, die bereit waren, »sich für eine Sache zu opfern«. Andere sehen in ihnen »Fanatiker«. Ihr Handeln konnte zum Teil auch »entgegen ihren Absichten zum Bösen führen«.[25]

Gegen Ende des 20. Jahrhunderts mehrten sich – vor allem in Frankreich – Stimmen, die den Antifaschismus insgesamt als »demokratische Verkleidung des Kommunismus« bezeichneten, der damit »seine totalitäre Natur verbergen« wollte. Dieses Urteil enthält laut Traverso »zwar einen Teil Wahrheit, ist aber doch einseitig und verkürzt«, weil die Vielfalt der Antifaschisten und ihrer Motive nicht berücksichtigt werde.

Den sozialrevolutionären Charakter des antifaschistischen Widerstands betont auch der britische Universalhistoriker Eric Hobsbawm. Vor allem die hunderttausenden Kämpferinnen und Kämpfer der Partisanen, die neben Millionen regulärer Soldaten am Zweiten Weltkrieg teilnahmen, wollten außer Hitler auch den Kapitalismus besiegen. (Nur die starke polnische »Heimatarmee« war nicht links.) Doch abgesehen vom Balkan blieben die Revolutionen aus.

Wie die Militärhistorikerinnen und -historiker, so findet auch Hobsbawm, dass die Geschichte der europäischen Widerstandsbewegungen »weitgehend mythologisch« und nicht kriegsentscheidend gewesen sei. Wohl aber müsse man ihre »große politische und moralische Bedeutung« betonen.[26]

Von seiner Kritik am Widerstandsmythos nimmt Hobsbawm auch Frankreich nicht aus. Dort habe 1940 die Regierung sogar

»Frieden mit den Deutschen gemacht«. Vor 1944 sei die Résistance »eher schwach« und die Unterstützung durch die Bevölkerung lückenhaft gewesen. Dennoch gelang es General Charles de Gaulle, der im Krieg mit den mehr als 60.000 Mann seiner »freien französischen Streitkräfte« aufseiten der Alliierten gekämpft hatte, Frankreich auf dem Résistance-Mythos wieder aufzubauen. Als Nachkriegspräsident stand de Gaulle für die Überzeugung, dass »das ewige Frankreich die Niederlage nie akzeptiert habe«.[27]

Diese Aussage müsste Hans Becker gefallen haben, trifft sie doch genau den Ton, den er selbst in seiner Rede Anfang 1946 im Wiener Musikverein angeschlagen hatte. Österreich habe sich niemals mit der Naziherrschaft abgefunden, sagte Becker dort. Und die aktive Beteiligung am Widerstand sei bedeutender gewesen, als alle glauben.

– 21 –

GERICHTE UND FAMILIENGESCHICHTE

Weil seine politischen Ambitionen unerfüllt blieben und der Einsatz für das Andenken des Widerstands unbezahlt war, musste sich Hans Becker nach einem Job umsehen. Persönliche Vorlieben durften da keine große Rolle spielen. Als Fachmann für Werbung und Propaganda dockte Becker beim »Ministerium für Handel und Wiederaufbau« an, wo eine »Zentralstelle für die Förderung des Fremdenverkehrs« entstand. Am 5. Februar 1946 erhielt er einen Konsulentenvertrag, der ihm – rückwirkend ab September 1945 – eine monatliche Vergütung von 1.000 Schilling (nach heutiger Kaufkraft 4.300 Euro) einbrachte.[1]

Österreich brauchte zur Finanzierung lebensnotwendiger Importe dringend Devisen. Doch mit der gesamten Wirtschaft lag auch der Fremdenverkehr in Trümmern. »Viele Gaststätten waren zerstört, Hotels zu Truppenquartieren der Besatzungsmächte oder Flüchtlingsunterkünften umfunktioniert«, heißt es in einem zurückschauenden Bericht. »Die Verkehrswege waren unterbrochen; selbst Urlaubsgäste konnten Nahrungsmittel nur über Marken beziehen.«[2]

Auf handgeschriebenen Listen notierte Becker Ideen von einer Förderungsaktion für Kleingasthöfe über die Erschließung neuer Fremdenverkehrsgebiete, etwa am Dachstein, bis zur Schaffung von »Studentenhotels« zum Heranziehen neuer Kulturtouristen. Zur Finanzierung war auch an die Einladung Schweizer Kapitalgeber gedacht.[3]

Hans Becker stürzte sich voll in das neue Metier. Schon nach kurzer Zeit lieferte er historische Analysen und Ideen für die Zukunft ab. In Artikeln und in einem Vortrag an der »Hochschule für Welthandel« beschrieb er ausführlich, wie Österreich – in der großen Monarchie vor allem ein »Binnenreiseland« – danach der kleinen Schweiz nacheiferte, die schon lang mit Millionen

Ausländernächtigungen protzte. Inzwischen sei die Vorreiterrolle der Schweizer Hotellerie womöglich zu einem Nachteil geworden, konstatierte Becker. »Die unmodern gewordenen Luxus-Riesenkästen verunzieren nicht nur das Schweizer Landschaftsbild, sondern auch das Schweizer Budget«. Becker fügt verschmitzt hinzu: »Trotzdem würden wir die Sorgen der Schweizer augenblicklich den unseren vorziehen«.[4]

Die noch grassierende Mangelwirtschaft hielt ihn nicht davon ab, eine optimistische Strategie zu entwickeln. Österreich solle sich nicht auf »Luxusreisende« konzentrieren. Denn die »Einführung des geordneten Luftverkehrs hat diesen Typ über die Welt verstreut«. Ebenso leicht wie Österreich könnten reiche Nordamerikanerinnen und Nordamerikaner auch »das Andengebiet in Südamerika« erreichen, das Becker selbst gut kannte.

Überhaupt gäbe es Länder mit »eindrucksvolleren Naturschönheiten«. Österreich müsse zusätzlich zur Landschaft andere Stärken anpreisen und beginnen, »von der Kultur weniger zu schwätzen, als unsere Kulturstätten wieder aufzubauen und lebendig zu erhalten«. Gleichermaßen seien für »Erholungs- und Kurbedürftige«, für Sportfreunde und »Wissenschaftsbeflissene« entsprechende Angebote vorzubereiten.

Becker setzte auf »den Mittelklassereisenden«, aber auch auf »einkommensmäßig gehobene Arbeiter-Touristen«, von denen viele Millionen für einen Urlaub in Österreich anzusprechen wären. Unterbringen wollte sie Becker künftig in »guten Mittelklassehotels ohne Pomp« und im »guten Kleingasthof«, der über »Reinlichkeit und Gemütlichkeit« verfügt.

Um Erfolg zu haben, müsste »der Österreicher« allerdings das zurückgewinnen, was er in »der bitteren Not der letzten Jahre« verloren habe – »seine natürliche Liebenswürdigkeit«. Becker schrieb weiter: »Heute rumort noch in jedem Büro, auf jeder Tramway der Nazigeist; unfreundliches Geschimpfe, Rohheit und Neid statt

Entgegenkommen. Hier muss von der Volksschule aufwärts die altösterreichische Art propagiert werden.«

Becker hätte sich beruflich endlich wieder einmal auf der Siegerstraße fühlen können. Die von ihm beratene »Stelle für den Wiederaufbau der Österreichischen Fremdenverkehrswirtschaft« expandierte, ab Mai 1947 wurden in Zürich, New York, London und Brüssel die ersten Filialen errichtet. Der Mittelschichttourismus entwickelte sich zu einem die Volkswirtschaft stärkenden Erfolgsmodell. Und die österreichische Fremdenverkehrswerbung (seit 1989 »Österreich Werbung« genannt) preist das Reiseziel im Herzen Europas bis heute mit einem jährlichen Budget von Dutzenden Millionen Euro an.[5]

Doch Becker verdross bald der bürokratische Kleinkram seiner Arbeit als Vertragsbediensteter und Konsulent. »Habe damit ziemlich viel Ärger und wünsche mir eine Rückkehr zur Wissenschaft«, schrieb er im Juni 1946 an einen Freund.[6]

Schon allein dieser Wunsch, den Becker offenbar öfter äußerte, verschaffte ihm im Frühjahr 1946 beträchtlichen Ärger. Als es hieß, dass der amtierende Direktor des Völkerkundemuseums, Robert Blechsteiner, als Professor an die Uni Wien wechsle, wurde in Wissenschaftskreisen diskutiert, dass nach ihm Hans Becker »zum Direktor des Museums bestellt werden könnte«.[7] Obwohl Becker später versicherte, dass er in dieser Sache selbst nicht aktiv geworden sei, löste das Gerücht eine massive Intrige aus.

Den Chefintriganten sah Becker in Walter Pichl (1912–1982), einem ehemaligen Postangestellten, der Chinesisch und andere Sprachen studiert hatte und als wissenschaftliche Hilfskraft nun ein Untergebener von Etta Becker-Donner war. Diese soll sich sogar für Pichl eingesetzt haben, als er eine höchst merkwürdige Forschungsarbeit publizieren wollte. Der Wehrmachtssoldat arbeitete in einem Kriegsgefangenenlager mit hauptsächlich afrikanischen Insassen im

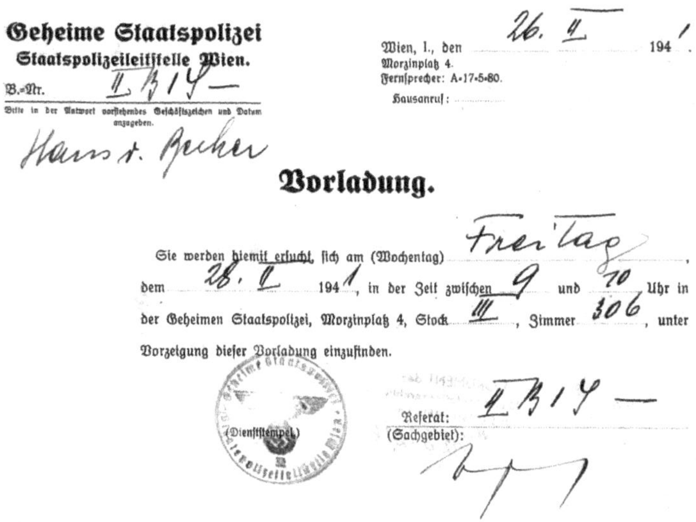

Geheime Staatspolizei
Staatspolizeileitstelle Wien.
B.-Nr. II B 14 —
Bitte in der Antwort vorstehendes Geschäftszeichen und Datum angeben.

Hans v. Becker

Wien, I., den 26. II. 1941.
Morzinplatz 4.
Fernsprecher: A-17-5-80.
Hausanruf:

Vorladung.

Sie werden hiemit ersucht, sich am (Wochentag) Freitag, dem 28. II. 1941, in der Zeit zwischen 9 und 10 Uhr in der Geheimen Staatspolizei, Morzinplatz 4, Stock III, Zimmer 306, unter Vorzeigung dieser Vorladung einzufinden.

(Dienststempel)

Referat: (Sachgebiet): II B 14 —

Vorladung Beckers zu einem Gestapo-Verhör

westfranzösischen Poitiers als Dolmetscher. Sprachen wie das im Senegal übliche Wolof musste er sich erst aneignen, schrieb dann aber gleich eine Grammatik.

Im Mai 1945 ging Pichl laut späteren Zeugenaussagen im Völkerkundemuseum herum und erzählte, dass Becker bei seiner ersten Entlassung aus dem KZ Mauthausen Ende 1940 »Wertgegenstände und Geld von Mithäftlingen übernommen und veruntreut« habe. Außerdem warf er dem Ehepaar Becker vor, dass es »zweischneidig gearbeitet« habe – nicht nur für den Widerstand, sondern »gleichzeitig auch für die NSDAP (Gestapo, SS)«.

Von diesen Vorwürfen erfuhr Becker im Juni 1946. Er beantragte beim Unterrichtsminister eine Disziplinaruntersuchung gegen Pichl. Am 17. Juli erstattete er zudem Strafanzeige wegen Verleumdung. Pichl habe verbreitet, dass Becker als Doppelagent »von der für entlassene KZler vorgeschriebenen periodischen Meldepflicht befreit war, ungehindert das Doktorat machen und an der angeblich nationalsozialistischen Zeitschrift für Geopolitik mitarbeiten konnte«, heißt es in der Anzeige.[8]

Das sei alles nachweislich gelogen, erklärte Becker, der Gestapo-Vorladungen und ideologisch unbedenkliche Zeitschriftenartikel vorweisen konnte. Um ihm maximal zu schaden, sei der Intrigenschmied selbst wie ein Geheimagent vorgegangen. Pichl habe seine Vorwürfe in einem Brief niedergeschrieben, den er an einen Bekannten in Frankreich schickte, wohl wissend, dass damals die Post ins Ausland durch eine Zensurstelle ging. Prompt begann der amerikanische CIC Nachforschungen anzustellen.

Die »wahrheitswidrigen Beschuldigungen« Pichls seien extrem schwer, schrieb Becker in seiner Anzeige. Er fügte ihr eine Liste mit ehemaligen KZ-Häftlingen von Leopold Figl über Felix Hurdes bis zu seinen Freunden Emil Oswald, Viktor Matejka und Ludwig Soswinski an, die bezeugen könnten, wie er sich im Lager und danach im Widerstand verhalten habe.

Für Becker waren diese Anschwärzungen »äußerst schädlich«, schreibt die Ethnologin Barbara Plankensteiner. Sie stellten »die Wahrhaftigkeit seiner Schilderungen des Widerstandes und seiner Rolle darin« infrage. »Schlussendlich konnten alle Anschuldigungen widerlegt werden und das Ministerium plante die Entlassung Pichls.«[9]

Ein klares Ende fand das Verfahren aber nicht. Pichl wurde noch im Jahr 1946 aus unbekannten Gründen von den Sowjets verhaftet und nach Sibirien verfrachtet. Erst 1955, sieben Jahre nach Beckers Tod, kam er aus der Lagerhaft zurück und startete eine internationale Karriere als Afrikanist.*

---

* Walter Pichl promovierte 1957 über »Die Sprache der Wolof«, lehrte in London und war als Professor im amerikanischen Pittsburgh ein Experte für Sprachen Afrikas, das er immer wieder bereiste. In den 1970er Jahren übernahm er auf Einladung von Senegals legendärem Präsidenten Léopold Sédar Senghor eine Professur in Dakar. Der in Paris universitär gebildete Senghor war nicht nur einer der Kriegsgefangenen gewesen, mit denen Pichl

Guido Schmidt, Mussolini-Vertrauter Ciano, Schuschnigg
(von links nach rechts)

Hans Becker verbrachte in seiner letzten Lebensphase vor 1948 noch mehr Zeit vor Gericht. So sagte er in dem Monsterprozess aus, in dem Guido Schmidt, Österreichs Außenminister vor dem Anschluss, als Umstürzler angeklagt war. Schmidt, ein ehemaliger Schulfreund und späterer Vertrauter des diktatorischen Kanzlers Kurt Schuschnigg, wurde vom Staatsanwalt »Hochverrat am österreichischen Volk« vorgeworfen.

Am 26. Februar 1947 startete der drei Monate dauernde Prozess mit Dutzenden prominenten Zeugen, dessen Protokolle die Staatsdruckerei dann in einem Wälzer von Telefonbuch-Format veröffentlichte. Der Vorwurf: Guido Schmidt habe als Minister »im Zusammenspiel« mit deutschen NS-Größen die österreichische Regierung hintergangen, um die gewaltsame Änderung der

während des Krieges in Poitiers seine Sprachstudien betrieb, er war auch der Adressat jenes Briefes nach Frankreich, in dem Pichl seine Anschuldigungen gegen Becker hinausspielte. (Quellen: Barbara Plankensteiner und www.afrikanistik.at)

Regierungsform in Österreich zu Gunsten der NSDAP »und deren Machtergreifung« zu erreichen.[10]

Alles an diesem Prozess war neues Ausnahmerecht. Angeklagt wurde er nach dem 1945 beschlossenen »Kriegsverbrechergesetz«, das rückwirkend galt. Als ein mit dem Tod zu bestrafender Kriegsverbrecher galt laut Paragraf eins, wer »eine Tat begangen oder veranlasst hat, die den natürlichen Anforderungen der Menschlichkeit und den allgemein anerkannten Grundsätzen des Völkerrechts oder des Kriegsrechts widerspricht.« In weiteren Paragrafen ging es um Kriegshetzerei, Folter und Verletzungen der Menschenwürde, im achten um Hochverrat, auf den ebenfalls die Todesstrafe stand.

Verhandelt wurde vor einem speziellen »Volksgericht«, an dem zwei Berufsrichter und drei Schöffen das Urteil sprachen, gegen das es nur eingeschränkte Rechtsmittel gab. Wenn aus heutiger Sicht festgestellt wird, dass Österreich seine Vergangenheitsbewältigung geschwänzt habe, so gilt das für die unmittelbaren Nachkriegsjahre nicht. Bis 1955 gab es in mehr als 20.000 Prozessen an die 13.000 Schuldsprüche. Das 43-mal ausgesprochene Todesurteil wurde 30-mal tatsächlich exekutiert. Es gab »dreißig Verurteilungen zu lebenslang sowie 650 Kerkerstrafen von fünf bis 20 Jahren«, heißt es in einer Einschätzung der Volksgerichte.

Die »Mehrheit der Richter und Schöffen« hätte sich »mit mehr oder weniger Erfolg um gerechte Urteile« bemüht, konstatiert darin der Publizist Hellmut Butterweck. »Doch als der letzte Mörder verurteilt wurde, waren viele schon wieder frei.« Mit raschen Begnadigungen wollten ÖVP und SPÖ die bald wieder als Wähler zugelassenen Ex-Nazis für sich gewinnen.[11]

Das brisante Verfahren gegen Guido Schmidt machte besonders große Schlagzeilen. »Ich bekenne mich in keiner Weise schuldig« zitierte das »Neue Österreich« den Angeklagten am 27. Februar 1945 auf der Titelseite.[12]

Am 6. März wurde der amtierende Bundeskanzler in den Zeugenstand gerufen. Leopold Figl sagte aus, dass er als Bauernvertreter der Schuschnigg-Regierung bereits im November 1937 bei der »Internationalen Jagdausstellung« in Berlin von der bevorstehenden Annexion Österreichs informiert worden sei. »Mitte März« sei es so weit, habe ihm ein hoher deutscher Beamter gesagt. Und: »Es geht um Sein oder Nichtsein. Wenn der Anschluss nicht freiwillig vollzogen wird, dann mit Gewalt.«

Als Figl zurück in Wien höchst beunruhigt die Regierung informierte, habe er zur Antwort erhalten, dass das laut Guido Schmidt nicht stimme und »dies mehr oder weniger eine Einbildung von mir sei«. Wie etliche andere Zeugen sprach Figl von seinen Zweifeln an Schmidts Loyalität zu Österreich.

Am 14. März 1947, dem 15. Verhandlungstag, war Hans Becker dran. Auch er konnte seinen Zweifel an Schmidt nur indirekt begründen. Als Werbechef der »Vaterländischen Front« habe er nicht nur Anti-Hitler-Propaganda betrieben (und zum Beispiel heimlich »Berichte über die KZ« verbreitet), sondern auch Treffen illegaler Nazis im »Stadtkrug« und anderen Wiener Lokalen abhören lassen. Dabei sei der Ausspruch der Austro-Nazis aufgeschnappt worden, »Schmidt sei ein Mann, der uns helfe.«[13]

Becker nutzte den Auftritt als Zeuge, um einmal mehr auf die Leistungen des Widerstands zu verweisen. Seine Aktivitäten hätten im Mai 1941 begonnen, nachdem er geklärt hatte, »inwieweit man mich überwachte. Wir suchten Organisationen zu schaffen, es gelang dies auch teilweise, wenn wir in Österreich auch keine Partisanentätigkeit entwickeln konnten.« Die O5 habe sich bemüht, Österreicher in »einflussreichen Positionen der deutschen Industrie« zur »Unterstützung unserer Sabotagetätigkeit« zu gewinnen.

Und dann bezeugte Becker unter Wahrheitspflicht, dass seine Leute sogar die »Vergeltungswaffen« der Nazis, die in England Schrecken und Tod verbreiteten, erfolgreich sabotiert hätten: »Ich stelle hier fest, dass es dem österreichischen Widerstandswillen zu danken ist, wenn die V1 und V2 erst vielleicht ein Dreivierteljahr später fertig wurde, als dies vorgesehen war.«

Unter der Bezeichnung »Vergeltungswaffen« hatte Nazideutschland zunächst bombenbestückte V1-Marschflugkörper – eine Art unbemannter Flugzeuge – und dann V2-Raketen Richtung England geschickt. Die vom späteren US-Weltraumpionier Wernher von Braun konstruierte, schneller als der Schall fliegende V2-Rakete, die zum Schutz vor Luftangriffen von Zwangsarbeitern in verschiedenen unterirdischen Konzentrationslagern, auch im Großraum Wien, zusammengebaut wurde, war besonders gefürchtet. An die 10.000 Menschen, vor allem auf den britischen Inseln, sollen bei der Detonation der lautlos heranrasenden Raketen umgekommen sein. Wenn es sich beweisen ließe, dass Mitglieder von Beckers Gruppe durch Sabotageakte zahlreiche Menschenleben gerettet hatten, dann wäre der Beweis für die Wirksamkeit des Widerstands erbracht.

Abseits von der Zeugenaussage berichtete Becker auch in seiner »Rechtfertigungsschrift« von der absichtlichen Verzögerung der deutschen »Vergeltungswaffen«. Als Beispiel führte er einen nicht namentlich genannten »Ingenieur in Pilsen« an, wo eine SS-Forschungsstelle im früheren Škoda-Werk die Konstruktion der V-Waffen vorantrieb. »Es gelang ihm mit Hilfe eines zweiten Österreichers, besonders wichtige Rohstoffe nicht rechtzeitig zu finden oder im Transport so zu verzögern, dass die Gesamtwirkung das verspätete Herauskommen dieser Waffen brachte.«[14]

Als Zeuge im Prozess gegen Guido Schmidt führte Becker weiter aus, dass seine Widerstandsorganisation auch in anderen Betrieben »österreichische Beamte als Hilfskräfte gewinnen« konnte. »Ebenso versuchten wir, den Angeklagten für unsere Sache zu interessieren.« Es sei aber nicht gelungen, Kontakt mit Guido Schmidt aufzunehmen, der ab 1938 Direktor der Hermann-Göring-Werke in Linz war.

Becker: »Die diesbezüglichen Bemühungen sind hundertprozentig gescheitert.«

Der Angeklagte wies diese Darstellung zurück. Er habe »nie eine Aufforderung bekommen«, sich an »einer Sabotagetätigkeit« zu beteiligen, sagte Schmidt.[15] Seine im ganzen Strafverfahren eingenommene Blockadehaltung machte sich bezahlt. Am 12. Juni 1947 wurde Guido Schmidt vom Vorwurf des Hochverrats freigesprochen. »Es dürften jedoch nicht alle Verdachtsmomente getilgt worden sein«, heißt es in einer Studie zum Prozess, weshalb ihm trotz sechs Monaten im Gefängnis »keine Haftentschädigung zugesprochen wurde.«[16]

Schmidt kehrte später als mächtiger Manager, unter anderem des Semperit-Konzerns, ins heimische Wirtschaftsleben zurück. Becker suchte 1947 hingegen seine Chancen außerhalb Österreichs.

Private Heilungsversuche

Gleich nach Kriegsende hatte Hans Becker begonnen, seine privaten internationalen Kontakte wieder zu beleben. Unter der erhaltenen Korrespondenz stechen drei Schreiben aus Genf hervor: Sie stammen von Helene Lieser, seiner Ex-Schwägerin, die aus der Schweiz heimkehrenden österreichischen Flüchtlingen – unter Umgehung der Postzensur – Briefe an Becker mitgab.

Darin stellte sie dem Adressaten, den sie als »liebster Hans« anspricht, jeweils den Überbringer vor. Im ersten Brief ersuchte sie ihn, »Herrn Dr. Martin Weihs nach Kräften beizustehen«. Der bisherige Flüchtling habe sich in der Schweiz führend in der »Freiösterreichischen Bewegung« (FÖB) betätigt. Nun führe ihn das »International Migration Service« nach Wien.

Helene Lieser schrieb weiter: »Die FÖB hat beschlossen, Dich zur Abhaltung von Vorträgen in der ganzen Schweiz über die Widerstandsbewegung in Österreich einzuladen. Du kannst das schon als Einladung betrachten und die nötigen Schritte unternehmen.«

Nachsatz: »Hier hört man immer nur von der französischen Résistance und es wäre sehr gut, auch einmal aus dem Osten etwas zu hören.«[17]

So glatt war das Verhältnis der in der Schweiz organisierten Flüchtlinge zum eher bürgerlichen O5-Widerstand allerdings nicht. Die ersten Flüchtlinge, die sich in der Schweiz über das Verbot politischer Betätigung hinwegsetzten, waren wieder einmal Kommunistinnen und Kommunisten gewesen. Sie wurden von der Polizei misstrauisch beobachtet.

Erst nach der 1943 veröffentlichten »Moskauer Deklaration« lockerte sich die Überwachung. Eine Gruppe österreichischer Studierender der Universität Zürich rief den »Verein Austria« ins Leben, dem unter anderen Hans Thalberg angehörte. »Aber erst gegen Ende des Kriegs, am 28. April 1945, hatten die Emigranten die Möglichkeit, die Freiösterreichische Bewegung in der Schweiz zu gründen und Zeitungen herauszugeben.«[18]

Auch diese Bewegung war überwiegend »kommunistisch geprägt«, wie es in einem Buch über das »Exilland Schweiz« heißt. Wenn es um Berichte über den österreichischen Widerstand ging, so waren immer Partisanen der »Österreichischen Freiheitsfront« (ÖFF) oder »die Österreichischen Bataillons bei der Jugoslawischen Volksarmee« gemeint.[19]

Als am 10. April 1945 in der »Neuen Zürcher Zeitung« ein Artikel über die Widerstandsgruppe O5 erschien, der auf westlichen Rundfunkmeldungen basierte, war bei der FÖB Feuer am Dach. In einer Presseausendung verurteilte sie »die provokatorischen Versuche, die Einheit des österreichischen Volkes und die Einheit der Alliierten durch Radioerfindungen von einer nichtexistierenden Widerstandsbewegung ›O5‹ zu stören.«[20]

Dabei waren einigen FÖB-Leuten, die ja keineswegs alle Kommunisten waren, Hans Thalberg und Kurt Grimm wohl bekannt, die wichtige Kontaktleute von O5 in der Schweiz waren. Gerade in Genf, wo Helene Lieser lebte, waren auch prononcierte Nicht-Kommunistinnen und Nicht-Kommunisten für Österreich aktiv.[21]

Helene Lieser kam in ihrem Brief erst ganz zum Schluss auf ihre in Los Angeles lebende Schwester Annie zu sprechen, Beckers früherer Ehefrau. »Annie hab' ich Deinen Brief geschickt, sie schreibt mir nicht und scheint mit allen böse zu sein. Ich verstehe Dich sehr gut und habe es immer getan, aber für die Annie ist es natürlich, so wie sie nun einmal ist, schrecklich. In Eile, herzlichst Helene.«

Mehr über die frühere Familie erfuhr Becker von seiner prominentesten Briefpartnerin. Alma Mahler-Werfel schrieb mit dem Datum 18. März 1946 aus Los Angeles: »Verehrter Herr Dr. v. Becker, mit großer Freude habe ich von Ihrer Rettung aus der Hitler-Hölle gehört.«

Über Beckers Ex-Frau Annie weiß sie zu berichten: »Mit Annerl, diesem mutigen, fabelhaften Menschen und mit ihrem schönen, sehr begabten Buben bin ich viel beisammen. Sie hätten Ihre Freude an ihm. Leider plagt sich Anna sehr, wenn sie auch heute in gehobener Stellung ist«, spielte Alma auf Annies Job in einer Damenschneiderei an.[22]

Gleich danach kam Alma auf den Tod von Franz Werfel zu sprechen, der am 26. August 1945 im Alter von 54 Jahren an einem Herzinfarkt starb und auf dem Rosedale Cemetery in Beverly Hills begraben wurde. Ein Rechtsanwalt habe ihr geraten, rasch nach Wien zu kommen, um ihr Eigentum zu sichern, schrieb Alma. Betroffen seien das Haus in Breitenstein im Semmering-Gebiet und die Villa auf der Hohen Warte in Wien.

Es gehe Alma aber auch noch um eine »Herzensangelegenheit«, bei der sie auf Beckers Hilfe hoffte: »Ich möchte für Franz Werfel ein Ehrengrab am Zentralfriedhof, wer ist da zuständig? Franz war mit allen Fasern seines Seins Österreicher und ist auch als Österreicher in der ganzen Welt bekannt.«

Hans Becker wandte sich am 17. Mai 1946 an das Wiener Stadtoberhaupt Theodor Körner, früher als führender Schutzbundmann ein absoluter politischer Gegner. Er unterbreitete dem »hoch verehrten Herrn Bürgermeister« Werfels oder vielmehr Almas Bitte um ein Ehrengrab. Dann erwähnte er noch, dass Alma beabsichtige, »bei der nächsten sich bietenden Gelegenheit die sterblichen Überreste nach Österreich überführen zu lassen.« Das Ansuchen hatte Erfolg. Für Werfel wurde von Bürgermeister Körner, später österreichischer Bundespräsident, im Jahr 1947 ein Ehrengrab auf dem Wiener Zentralfriedhof reserviert.[23]

Becker unterrichtete Alma von der günstigen Entwicklung und kam dann auf *seine* Herzensangelegenheit zu sprechen: »Ich würde Sie sehr bitten, mir noch mehr Nachrichten über Annie und Klausie zukommen zu lassen, da ich leider bisher trotz verschiedener Schreibversuche keine direkten Nachrichten erhalten konnte. Ergebensten Handkuss, Hans Becker.«[24]

Alma dankte ihm brieflich und meinte dann: »Was Annerl betrifft, wäre es das Beste, SIE würden ihr schreiben. Sie erwartet es und verdient es sehr. Es geht beiden sehr gut, bis auf Annerls harte Arbeit.« Annies Adresse – 8749 Rosewood Avenue, Los Angeles 36 – fügte sie handschriftlich zu den Riesenlettern ihrer Unterschrift hinzu.[25]

Alma kam allerdings erst 1947 und nur für kurze Zeit nach Wien, um Restitutionsansprüche zu stellen und strittige Eigentumsverhältnisse zu klären. Werfels sterbliche Überreste hatte sie nicht dabei. Erst im Jahr 1975, elf Jahre nach Almas Tod, erhielt Werfel sein Wiener Ehrengrab. Die Initiative kam vom Kulturamt der Stadt Wien und der Österreichischen Gesellschaft für Literatur.[26]

Doch zurück in das Jahr 1946 und zu Beckers lang vergeblichen Versuchen, Verbindung zu seiner ersten Familie aufzunehmen. Im Sommer 1946, genauer am 3. August, antwortet sein inzwischen fast zehn Jahre alter Sohn Klaus in Los Angeles erstmals auf seine

Kontaktversuche: »Dear Daddy, I am happy that you are alive, and I was excited about the letter you wrote to me.« Aus dem 1936 in Wien Geborenen ist ein kleiner Amerikaner geworden.[27] In den Ferien fährt so jemand natürlich ins *summer camp*, schreibt er.

In diesem Jahr werde er vier Sommerwochen auf einer Ranch im Vorland der Sierra Nevada verbringen. »And I know that I will like it there.« Er werde schwimmen und reiten können, freut sich Beckers Sohn, ehe er mit einem »Love, Klausie« schließt.[28]

Schon vier Tage später folgte sein nächster, mit Bleistift in flüssiger Schreibschrift verfasster Brief, den Klaus bereits von der Ranch abschickte. »Here there are horses, cows and chickens.« Zunächst unbekümmert erzählt er vom Badeausflug an einen See. Doch dann schreibt er seinem Vater einen Satz, der diesen tief getroffen haben muss: »I hope you can come home as soon as possible because I am waiting. Love Klausie.«[29]

Nur noch ein Brief des Becker-Sohns ist erhalten, geschrieben auf feinem Luftpostpapier und datiert mit 21. Dezember 1946. »Dear Daddy, I got your telegram today and I liked it very much. I was excited when I got it. How are you and why don't you write me more letters? I am excited and happy when you write to me.« Soeben hätten die Weihnachtsferien begonnen. »And I am expecting some good presents for Christmas. I bought some for Tante Lucy and Uncle Eric«, womit das mit seiner Mutter Annie befreundete Ehepaar Luzi und Erich Wolfgang Korngold gemeint ist, »and I'm going to buy one for my Mommie.«

»I hope that you have a Merry Christmas and a Happy New Year. Love, Klausie«, endet der letzte uns bekannte Brief seines Sohns. Klaus Becker studierte später Chemie. Als Erwachsener sah er Hans Becker sehr ähnlich. Er arbeitete in Iowa im Mittleren Westen der USA als Computerfachmann, der seine europäischen Halbschwestern gelegentlich besuchte. Seine Mutter Annie starb 1972 in Beverley Hills.

Näheres darüber, wie die durch Krieg und Verfolgung in etliche Länder verstreute Verwandtschaft über ihn und vor allem über seine Blitzscheidung von Annie dachte, erfuhr Hans Becker aus einem Brief, den ihm seine gleichaltrige Cousine Gertrude Wickerhauser-Lederer am 12. März 1947 aus Hillsboro im Bundesstaat Maryland schickte. Die Nichte von Beckers Mutter Emma und ihr Mann, der KZ-Überlebende und Arzt Kurt Lederer, hatten 1939 in den USA Zuflucht gefunden.[30]

»Lieber Vetter Hans, alter Kumpan«, schrieb ihm die Cousine nun, um Becker gleich den Kopf zu waschen: »Dein Bericht über die Abenteuer der vergangenen sieben Jahre hat uns sehr interessiert, obwohl wir die groben Umrisse schon wussten. Ob ich Dir zu allem, was Du in diesen Jahren getan hast, wohlwollend auf die Schulter klopfen kann, bezweifle ich. Du weißt, ich habe die Annie immer gern gehabt und es ist mir mühsam, aber doch gelungen, mit ihr hier in Kontakt zu bleiben. Sie ist eine schauerliche Briefschreiberin. Und übrigens sehr wild auf Dich, was ich verstehe.«

»Komisch« sei das Verhalten vieler Männer aus Beckers Familien- und Bekanntenkreis zur zweiten Eheschließung gewesen. »Die Frauen waren alle wild. Ausnahmslos.« Ihr Ehemann »Kurt und mein Bruder Karl und sonst noch etliche Ehemänner haben auf meine wilden Flüche begütigend gemurmelt: ›Schau, was soll er denn machen? Die Annie ist so weit weg … Meinst Du, dass er als Mönch sein Leben beschließen soll? Und die Gestapo hatte er auch noch auf dem Hals …‹«

»Das tät euch passen«, so schilderte Gertrude ihre indignierte Antwort an die Männer, »auf so eine einfache Art eine Gattin loszuwerden. Keine Tränen, keine Szenen, nichts!«

Nachdem sie sich diesen Frust von der Seele geschrieben hatte, schilderte Gertrude, wie sie und ihr Gatte die Nazizeit überstanden. Kurt Lederer, Internist aus jüdischer Familie, war bald nach dem Anschluss ins KZ Buchenwald gekommen. Er habe in der Nacht und »sozusagen illegal« im Krankenrevier als Arzt gearbeitet und sei im Februar 1939 – ohne genau zu wissen, auf wessen Veranlassung – entlassen worden. Mit Ehefrau und Sohn in die USA ausgewandert, war es ihm mit Mühe gelungen, wenigstens als praktischer Arzt zugelassen zu werden.

Auf der Rückseite von Gertrudes Brief fügte Kurt Lederer ein paar eigene Zeilen hinzu: »Lieber Hans, Du bist ein feiner Kerl und ich bin froh und stolz, dass du Erfolg hast und Anerkennung findest.«

Dann spielte Lederer auf ein Gerücht an, das aus Wien bereits über den Atlantik gedrungen war: Hans Becker sei als österreichischer Gesandter »für eine der südamerikanischen Republiken in Aussicht genommen« worden. Lederer: »Es ist gut, Dich auf demselben Kontinent zu wissen (…) Aber werden wir je nach Brasilien, Peru, Argentinien oder wo Du Dich aufhalten magst, kommen? I wonder. Viel Glück und herzliche Grüße, Kurt«.

Sie sahen einander nicht wieder. Gertrude Wickerhauser-Lederer starb 1956, ihr Mann Kurt 1988. Beide sind in Hillsboro, Maryland, begraben, wie es auf wikitree, einer der derzeit beliebten Genealogie-Websites, heißt.

– 22 –
FINALE IN CHILE

»Hochverehrter Freund«, so adressierte der Journalist Edmund Weber am 18. November 1946 einen Brief an Bundeskanzler Leopold Figl, der wie er selbst in Dachau inhaftiert gewesen war. Weber, in der Dollfuß-Diktatur Direktor der »Amtlichen Nachrichtenstelle«, setzte sich in seinem Schreiben für einen weiteren KZ-Überlebenden ein: Hans Becker, der in Österreich beruflich resigniert habe. »Er bittet um die Betrauung als bevollmächtigter Vertreter der österreichischen Regierung in den spanischen Staaten Südamerikas«. Sein Protegé bringe für den Posten die besten Voraussetzungen mit, habe er doch einige Jahre in Südamerika gelebt, Land und Leute kennengelernt.[1]

Kurz davor hatten sich Hans und Etta Becker entschieden, ihr Glück in Übersee zu suchen. Nach »einem Jahr und drei Monaten«, so schrieb Hans in einem Lebenslauf, hatte er vom Job als Tourismus-Konsulent genug. Er setzte alles in Bewegung, um in jene Weltgegend geschickt zu werden, mit der er »durch meine wirtschaftlichen und kulturellen Konnexionen« verbunden war.[2]

Sogar Raoul Bumballa, mit dem Becker im Herbst 1946 noch nicht völlig zerstritten war, wurde eingespannt. Dieser wandte sich an Außenminister Karl Gruber, mit dem er vorübergehend in der Provisorischen Regierung saß.[3] Becker habe er vorher »nur vom Hörensagen gekannt, weil er ein ziemlich einflussreicher Widerständler war«, erzählte Gruber. »Ich war immer dafür, Widerständler einzustellen. Die haben einen schweren Start gehabt, weil die Parteien mit dem Widerstand lang gar nicht so glücklich waren.«

Grubers Dilemma: Für den Auslandseinsatz wurden dringend Leute gesucht, 1938 waren ja »die ganzen Beamten in den deutschen Dienst übergetreten«. Österreich hätte »zwanzig bis dreißig Botschafter gebraucht«, aber es fehlte an Devisen, um ihre Auslandsaufenthalte finanzieren zu können. Zudem hatten die vier

Familie Becker in Südamerika

Besatzungsmächte zunächst dekretiert, dass Österreich nur bei ihnen Botschaften unterhalten dürfe. »Nach einigen Monaten«, so Gruber, »setzten wir durch, dass wir zu allen UNO-Mitgliedern Botschafter schicken durften.« (Argentinien, Brasilien und Chile waren 1945 unter den fünfzig Gründungsmitgliedern der Vereinten Nationen; Österreich wurde erst Ende 1955 aufgenommen.)

Wenn Südamerika auch nicht ganz oben auf der Wunschliste stand, so wurde doch neben Brasilien an zumindest eine Botschaft im spanischsprachigen Südamerika gedacht, für die Becker gut geeignet erschien. »Es gab keine Einwendungen gegen ihn und er wäre sicher ein wunderbarer Botschafter gewesen. Wir haben ja ganz wenig Leute gehabt, die Spanisch gesprochen haben«, erinnerte sich Gruber. Becker wurde allerdings nie Botschafter, sondern musste sich mit untergeordneten Diensträngen begnügen.

Im März 1947 reiste Becker samt Familie zunächst nach Rio de Janeiro, Brasiliens Hauptstadt bis 1960. Was die österreichische

Diplomatie betrifft, so herrschte dort Anton Retschek. Der Absolvent der Wiener Konsularakademie war seit 1925 in Brasilien im Einsatz, von 1933 bis 1938 war der Botschafter zusätzlich in Uruguay, Argentinien und Chile akkreditiert.

Während der Nazizeit blieb Retschek in Brasilien und leitete ab 1942 eine Exilorganisation zum Schutz österreichischer Interessen (O Comitê de Proteção dos Interesses Austríacos no Brasil), mischte aber auch bei der Organisation »Austria Libre« mit. Nach dem Krieg sperrte er zunächst als Gesandter erneut die diplomatische Vertretung Österreichs in Brasilien auf.

Ihm wurde der Quereinsteiger Becker zugewiesen, laut einem handschriftlich veränderten Formular des Außenministeriums zunächst nur als »Vertragsbediensteter«. Jene Passage des Dienstzettels, die Becker als Angehörigen des »Höheren Auswärtigen Dienstes« ausgewiesen hätte, war durchgestrichen. Dafür stand ganz oben, bei den Personalien: »Verheiratet (2. Ehe), drei Kinder« – was in den Augen damaliger Diplomaten gar nicht »comme il faut« war.[4]

»Rio war etwas ungemütlich«, schrieb Becker an einen Freund, »da die Charakterdiskrepanz zwischen Retschek und mir so abgrundtief war«.[5] Offenbar spionierte man den Beckers auch hinterher. In einem anonymen Schreiben, das sich heute noch im Personalakt befindet, heißt es, dass Becker und seine Frau, die sich (ehrenamtlich) als »Kulturattaché« betätigt habe, bei der Gestaltung einer internationalen Theaterausstellung in Rio nachlässig gearbeitet hätten. Die Vorwürfe waren eher kleinlich: Sie hätten im Katalog nicht alle Ausstellungstücke genannt und den Komponisten Joseph Haydn falsch als »Josef Hayden« geschrieben, was wohl eher ein Druckfehler als unterstelltes Unwissen war.

Gepatzt hätten die Beckers und Karl Schlesinger-Chinatti, der Konsul, auch bei der Ausstellungseröffnung, bei der erstmals die neue österreichische Bundeshymne (nach einer angeblich von Mozart komponierten Freimaurerkantate mit Worten der Dichterin

Paula Preradović) aufgeführt wurde. Als Brasiliens Kulturminister die Schau besichtigte, da »standen die Familien Becker und Chinatti Deutsch sprechend (das wird immer noch ungern gehört) irgendwo in einer abgelegenen Saalecke«.[6]

Die Beckers waren allerdings nicht die einzigen, denen man nachspionierte: Über Anton Retschek, der sich ab 1942 demonstrativ als rot-weiß-roter Patriot darstellte, liest man in einem Bericht des amerikanischen FBI, er habe bei der Volksabstimmung vom 10. April 1938 für den Anschluss Österreichs an Deutschland gestimmt. Hitlers Fake-Abstimmung war damals »auch an Bord eines vor der brasilianischen Küste ankernden deutschen Schiffes durchgeführt worden«.[7]

Zehn Jahre später war an der wieder erstandenen österreichischen Vertretung in Rio die Stimmung zwischen Retschek und seinem Lehrling so schlecht, dass Becker im Interesse beider nach Argentinien weitergeschickt wurde. Vor seiner Abreise nach Buenos Aires beantragte Becker in der argentinischen Botschaft vergebens ein Einreisevisum als Diplomat. Ein Botschaftsangestellter habe ihm verraten, »dass es im argentinischen Außenamt nicht wenige Nazifreunde gebe«, die Beckers Einreise sabotierten.[8]

Das hatte wohl mit dem »österreichischen Eigentum« zu tun, das Becker schützen sollte, speziell mit »Acero Styria«, der argentinischen Niederlassung der Steirischen Gussstahlwerke AG (heute die Firma »Stahl Judenburg«). Wie die Muttergesellschaft war sie »deutsches Eigentum« geworden. Nun versuchte der Leiter, »der Nazi Haas«, laut Retschek, die Rückgabe »mit allen Mitteln zu verhindern.« Streit gab es auch um die Rückstellung der Niederlassungen von Böhler und Schöller Bleckmann.[9]

Von Retschek unter Druck gesetzt, flog Becker am 19. September ohne diplomatisches Visum als einfacher Reisender nach Buenos Aires. Das schrieb er in einem ungewöhnlichen Brief an das Wiener Außenministerium, in dem er die »Erschwerung der mir erteilten Weisungen durch Formfragen« beklagte.[10]

Die »Formfrage« war keine Kleinigkeit: Argentinien hatte die neue Republik Österreich noch nicht anerkannt und Präsident Juan Domingo Perón ließ sich damit wohl absichtlich Zeit. Der Linkspopulist hatte Ärger mit einem großen Investor: Fritz Mandl, »Patronenkönig« von Österreich und als Ex-Ehemann des Hollywood-Stars Hedy Lamarr weltberühmt. Als Jude von den Nazis verfolgt, hatte der begeisterte Austrofaschist Mandl seine Geschäfte nach Argentinien verlagert und auch seinen Freund, den Heimwehrführer und Ex-Vizekanzler Ernst Rüdiger Starhemberg, nachgeholt. In dem durch Lebensmittelexporte reich gewordenen, aber industriell schwachen Land sah der Fabrikant Mandl fantastische Gewinnchancen – und stieg in die Firma IMPA (Industria Metalúrgica Plástica Argentina) ein.

Obwohl er Perón finanziell unterstützt hatte, verstaatlichte dieser bei erster Gelegenheit die IMPA. Der gewiefte Mandl hatte sich verkalkuliert, schreibt Ursula Prutsch in einer neuen Biografie des Patronenkönigs: »Perón wollte eine starke, verstaatlichte Schwerindustrie, die er als ›erster Arbeiter der Nation‹ hütete, und keine private, von ausbeuterischen Großkapitalisten geleitete, die ihr Geld im Ausland anlegten.«[11]

Von Perón für einige Zeit sogar ins Gefängnis gesteckt, geriet Mandl auch noch ins Visier der USA, die ihn als »Nazi« und »feindlichen Agenten« bezeichneten. Mandl war zwar ein skrupelloser Waffenhändler, seine Sympathien für Hitler, der ihm sicher nach dem Leben trachtete, lagen aber bei Null. US-Diplomaten benützten die Affäre, um Perón zu schaden, der in Lateinamerika zu einem machtpolitischen Rivalen wurde.

Perón verhandelte mit dem US-Botschafter dann über die mögliche Auslieferung von zwei Geschäftsleuten: Fritz Mandl und dem deutschen Staatsbürger Ricardo Staudt, der vor 1938 österreichischer Honorarkonsul in Argentinien gewesen war. Staudt, dem frühe Nazi-Begeisterung nachgesagt wurde, hatte 1938 wenige Tage nach dem »Anschluss« das österreichische Konsulat den deutschen Vertretungsbehörden übergeben, heißt es in einer Studie. Bei »Treuekundgebungen« österreichischer Patrioten gab es Zusammenstöße mit Nazianhängern und zwei Tote.

Perón entschied, dass Staudt, mit dem er befreundet war, bleiben durfte. Mandl drohte die Auslieferung. Doch die USA verzichteten nun darauf, wohl wissend, dass ihre Nazi-Anschuldigungen gegen Mandl »für eine Verurteilung zu dünn waren« (Prutsch).

Im Oktober 1947 bequemte sich Perón dann doch, die Republik Österreich anzuerkennen. Hans Becker, der seine Arbeit bis dahin vom zentral gelegenen »Hotel City« aus koordiniert hatte, wurde als Geschäftsträger der offizielle diplomatische Vertreter. Ende Dezember trudelte in Buenos Aires zudem die von Bundeskanzler Leopold Figl unterschriebene Beförderungsurkunde ein: Becker wurde zum »provisorischen Legationsrat 2. Klasse« ernannt, endlich ein Rang im »Höheren Auswärtigen Dienst«. »Definitiv« könne er aber erst nach zwei Jahren und einer erfolgreich abgelegten Diplomatenprüfung angestellt werden, wurde Becker belehrt.[12]

Doch dazu kam es nicht mehr und auch eine Rolle als Gesandter in Argentinien blieb ihm verwehrt. Nachdem er als bloßer Chargé d'Affaires um österreichisches Eigentum gekämpft hatte, was eine Aufgabe zum »Genickbrechen« gewesen sei, so Becker an einen Freund, habe man ihm aus Wien den Berufsdiplomaten Otto Günther vor die Nase gesetzt. Becker: »Nach Ankunft des Gesandten musste ich noch die Gesandtschaft mit aufbauen – und konnte, nachdem das Ärgste erledigt war, nach Santiago, um hier dasselbe Spiel zu wiederholen.«[13]

Ab 15. April 1948 vertrat Legationsrat Becker die Republik Österreich in Chile, wiederum bloß als Geschäftsträger und nicht als Botschafter mit Akkreditierung beim Staatspräsidenten, wie Becker beklagte.

Im Bündel der Unterlagen, das von Beckers Tätigkeit in Buenos Aires und Santiago erhalten ist, geht es weniger um bilaterale

Angelegenheiten. Die Korrespondenz betrifft einerseits Probleme der Exilorganisation »Austria Libre«, andererseits Wünsche aus Österreich.

Der argentinische Zweig von »Austria Libre«, der Bewegung für eine freies Österreich, sei »von drei oder vier adeligen Personen gegründet« worden, erzählte mir der austro-argentinische Schriftsteller und Arzt Alfredo Bauer 2009 in einem Interview.[14] Mit seiner als Jüdinnen und Juden verfolgten Familie war Bauer (1924–2016) nach dem »Anschluss« nach Argentinien gekommen und noch als Schüler der zweisprachigen Pestalozzi-Schule, an der linksintellektuelle Flüchtlinge unterrichteten, dem Exilverein beigetreten. »Bei Austria Libre waren Sozialisten, Kommunisten und sehr viele Unpolitische dabei«, sagte mir Bauer. Auch Fritz Mandl und der prominente Dirigent Erich Kleiber machten mit.[15] Es gab am Schluss bis zu 2.000 Mitglieder und eine eigene Jugendgruppe. »Wir haben noch während des Krieges Stücke von Jura Soyfer gespielt«, so Bauer.

Neben Theaterabenden und gemeinsamem Wandern in der Natur gab es in der argentinischen Österreicher-Community allerdings auch politischen Streit. Adolfo Weiss, Co-Autor des unter Sterngläubigen beliebten Werks »Bausteine der Astrologie«, sagte in einem Brief an Becker dem Verein »Austria Libre« das baldige Ende voraus. Bereits Ende 1946 sei die Gruppierung von »einer kleinen, aber sehr aktiven kommunistischen Minderheit in arge Unruhe« versetzt worden. Es kam noch einmal zur Versöhnung, aber inzwischen hätten die Kommunisten »unter wenig reger Beteiligung bürgerlicher Kreise« im Vorstand die Mehrheit übernommen.[16]

Es ist ja erstaunlich, dass die heterogene Gemeinschaft der Auslandsösterreicher überhaupt so lange hielt. Und die Abwanderung »bürgerlicher Kreise« zu einem neuen, unpolitischen Hilfskomitee für Österreich hatte konkrete Gründe: Sie hofften, »endlich nicht mehr als feindliche Ausländer zu gelten und von der lästigen Überwachung befreit zu werden« (Weiss).

Perón war ja ein scharfer Antikommunist. Aber die Einstufung als »feindliche Ausländer« hatte auch damit zu tun, dass Konsul Staudt 1938 der argentinischen Regierung »die Eingliederung Österreichs in das Deutsche Reich« bekanntgegeben habe, was noch immer galt. Es fiel in Beckers Periode in Argentinien, die Regierung zu überzeugen, dass Österreich nun wieder ein eigenständiger Staat sei.[17]

Gegenüber den Behörden gelang das schließlich. Für Alejandro Langer, Beckers Freund aus seiner Zeit in Paraguay, war Österreichs Lage dagegen »hoffnungslos«. Er habe gehört, dass es für den alten Freund »nicht ganz wunschgemäß« laufe, schrieb der Agrarexperte Langer aus dem nordargentinischen Salta. »Wäre es vielleicht nicht besser, Du gibst Europa den wohlverdienten Tritt und baust Dir hier ein neues Leben auf?« In Salta gäbe es viele, die ihn freudig begrüßen würden.[18]

Vom fernen Europa aus betrachtet, sahen Beckers Chancen recht gut aus. Hermann Schefter, der Pilotenfreund aus dem Ersten Weltkrieg, vergönnte ihm und seiner Familie brieflich »die Aussicht auf ein wahrhaft friedliches Dasein in Südamerika«.[19]

Die meisten Briefschreiber hatten dringende Anliegen. Franz Pytlik, ein Mithäftling in Mauthausen, ersuchte um »einen Schrieb«, der ihn von plötzlich aufgetauchten Vorwürfen entlastete, er sei ein Nazi gewesen.

Überraschend vorausschauend war eine Anfrage der Wiener Pflanzenfirma Duval, die von Becker Samen des Süßkrauts Stevia rebaudiana erbat, damals noch ein Geheimtipp unter Kennern Paraguays, erst seit 2011 in der EU als kalorienarmer Süßstoff zugelassen. Stevia »soll von den Indianern zum Süßen von Speisen verwendet werden«, wusste bereits Duval.

Ein nach Argentinien emigrierter Wiener, dessen Apotheke in Währing arisiert worden war, erbat Hilfe bei der Rückstellung, die ihm die behördlich bestellte Betriebsleiterin verwehrte. Es scheint geklappt zu haben, denn auf der Website der »Apotheke zum Schutzengel« in der Währinger Gentzgasse wird zur Unternehmensgeschichte die »Rückstellung« nach dem Krieg vermerkt.[20]

In Santiago de Chile bezog Hans Becker im April 1948 als österreichischer Geschäftsträger Räumlichkeiten in einem neuen Bürogebäude im Stadtzentrum. Mit seiner Ehefrau, den beiden kleinen Töchtern und Hauspersonal logierte er in einem Haus in Providencia in der noblen Oberstadt.

Am 28. Mai organisierte die lokale Sektion von »Austria Libre« einen Begrüßungs-Cocktail im »Oriente«, einem Restaurant mit modischer »Rooftop Bar«. Dort ergriff Karl Feldmann das Wort, ein früherer Wiener Richter, der 1938 wegen seiner jüdischen Abstammung als 54-Jähriger ohne Pension fristlos entlassen und auch schon inhaftiert worden war. In einer Mischung aus Glück und Zufall gelang es ihm, mit Frau und Sohn nach Chile auszureisen.[21] Inzwischen in Santiago zum Präsidenten von »Austria Libre« gewählt, sprach Feldmann nun von der »Herzensfreude«, namens der »demokratischen Österreicher in Chile« einen Diplomaten »unserer Heimat« begrüßen zu dürfen.[22]

In seiner Rede schilderte Feldmann die spannende Geschichte des Österreicher-Vereins. 1940 gegründet, erhielt er »Zuzug fast ausschließlich aus den Reihen der 1938 und 1939 von den Nazis aus Österreich vertriebenen Personen« und wuchs auf ungefähr 200 Mitglieder. »Die übrigen Österreicher, die in Chile schon lange Jahre ansässig waren, hielten sich mit Ausnahme einiger weniger aus der Provinz leider unserer Bewegung fern, sei es, weil sie mit den Nazis sympathisierten, sei es aus Opportunismus.«

Bis 1942 wurde Österreich von den Behörden als nicht existent betrachtet, im Personalausweis, dem »Carnet de identidad«, wurden Österreicher trotz aller Proteste als »alemanes« bezeichnet. Der Verein habe sich »mit aller Energie« bemüht, die kränkende Einstufung als Deutsche loszuwerden und feierte es schon als »Teilerfolg«, dass man einzelnen statt »aleman« nun »apatrido« (staatenlos) »ins Carnet einsetzte«.

Als Chile im Jänner 1943 die diplomatischen Beziehungen zu Nazi-Deutschland abbrach, hieß es, »dass der Eintragung ›austriaco‹ nichts mehr im Wege stehe«. Mehr noch: Der Exil-Verein bekam einen quasi-offiziellen Status. »Bei Fehlen von Dokumenten war eine von ›Austria Libre‹ ausgestellte Bestätigung« ausreichend, um als Österreicher zu gelten, heißt es auf der Website der österreichischen Botschaft in Chile.[23] Bei Beckers Begrüßung feierte Karl Feldmann diese »De-facto-Anerkennung der österreichischen Nationalität« als »besonderen Erfolg unserer Organisation«, da 1943 »die meisten südamerikanischen Staaten ähnliche Wünsche unserer Schwesternorganisationen glatt ablehnten«.

Nachdem die Alliierten in der Moskauer Deklaration die Wiederrichtung Österreichs zugesagt hatten, ging von der chilenischen Sektion von »Austria Libre« die Initiative zum »Zusammenschluss aller österreichischen Organisationen in Südamerika aus«, berichtete Feldmann. Es entstand ein »Zentralkomitee« mit Sitz in Montevideo, das in Uruguay die Zeitschrift »Austria Libre« produzierte. Das »Zentralkomitee«, das auch mit »Free Austria« in London Kontakt hatte, beschrieb sein Programm so: »Unterstützung der alliierten Kriegsbemühungen. Unterstützung der Widerstandsbewegungen gegen den Nazismus in Österreich. Die Wiedererrichtung eines freien, unabhängigen und demokratischen Österreichs.«[24]

Ich frage mich, welche Gedanken Hans Becker durch den Kopf gingen, als er 1948 in Santiago hörte, dass es in Südamerika Menschen gegeben hatte, die ihm aus der Ferne moralisch beizustehen versuchten, als er daheim selbst Widerstand leistete. Ich denke, es wird ihn sehr bewegt haben.

Seine Gastgeber von »Austria Libre« steigerten dann noch die Emotionalität. »Das Häuflein Österreicher, das im Jahre 1940 die am

Boden liegende österreichische Fahne aufhob«, so endete Feldmann seine Ansprache, »übergibt sie nun erhobenen Hauptes und im Gefühl erfüllter patriotischer Pflicht dem berufenen diplomatischen Vertreter Österreichs in Chile. Unsere Mission ist beendet.«

Die Organisation unterstellte sich den Anordnungen Beckers, war aber natürlich bereit, als unpolitischer Klub weiterzumachen und auch den neuen Geschäftsträger zu unterstützen. Speziell Hugo Moser, der Generalsekretär von »Austria Libre«, stand Becker nun als Honorarkonsul zur Seite.

Zum letzten Mal in seinem Leben stürzte sich Becker voll in eine neue Aufgabe. Er sammelte und analysierte Informationen über die Exportchancen Österreichs nach Chile und in andere südamerikanische Länder – von Eisenschrott über Maschinen bis zu medizinischen Geräten und Textilwaren. Über die Feinheiten des damals stark regulierten Handels referierte er in Berichten an das Außenministerium in Wien; auch Zeitungen brachten seine Berichte über den Hoffnungsmarkt Südamerika.[25]

Abends gingen die Beckers gern aus. Juli und August – in Chile Wintermonate – waren dafür die perfekte Saison. In kurzer Zeit schafften sie es mit ihrem Alte-Welt-Charme in die Society-Spalten der Zeitungen (»Vida social«), die sich damals auf die vorgeblich »bessere Gesellschaft« konzentrierten. Ein Blatt, »El Imparcial«, brachte eine Karikatur Beckers und schrieb dazu eine wahre Hymne auf den »hervorragenden« Diplomaten: »Er repräsentiert ein Land der Hochkultur. Gut gelaunt und sehr sympathisch, so bewundert man ihn in den Kreisen der Gesellschaft wie auch im Diplomatischen Corps.«[26]

Damals legte Chiles sogenannte Elite bei feierlichen Anlässen auf traditionellen Stil großen Wert. Damen im Abendkleid wurden von Herren in Frack und Zylinder begleitet. Am Tag trugen Diplomaten wie Becker den Stresemann-Anzug (dunkles Sakko, grau-schwarz gestreifte Hosen).

Beckers Kompetenzen als Vertreter Österreichs waren weniger klar festgelegt als die Kleiderordnung. Das zeigte sich, als ihn – »streng vertraulich« – eine Nachricht von »Austria Libre« im Nachbarland Bolivien erreichte. Deren Präsident Fritz Kalmar, früher Rechtsanwalt in Wien, machte auf einen Betrugsskandal aufmerksam. Ein Landsmann, Gustav B., habe in der Stadt Cochabamba begonnen, Emigrantinnen und Emigranten bei Behördenwegen zu helfen. Kalmar verdächtigte den Mann und seine Kumpane, gegen saftige Gebühren nicht nur Reisepässe bei der nächsten österreichischen Botschaft in Rio zu besorgen, sondern auch »Nichtösterreichern gefälschte österreichische Dokumente zu verschaffen«. Er habe dafür in einer Druckerei im bolivianischen Cochabamba Beweise gefunden.[27]

Aber Beckers Zuständigkeit war auf Chile beschränkt. Noch im August 1948 erinnerte Becker Außenminister Gruber brieflich daran, dass beabsichtigt war, »der Gesandtschaft in Santiago auch die Vertretung der österreichischen Interessen in den pazifischen Staaten zuzuweisen«. Inzwischen habe er Verbindung zu »vertrauenswürdigen Österreichern in Bolivien, Peru, Ecuador und Columbien« aufgenommen. Becker ersuchte das Außenamt um einen »definitiven Bescheid« über seine Zuständigkeit für Bolivien, wo er den Dokumentenmissbrauch sofort abstellen wollte.[28]

Doch das Ministerium ließ sich mit der Klärung der Zuständigkeiten Zeit. Dafür triezte die Personalabteilung Becker wegen unvollständig dokumentierter Vordienstzeiten, was sich negativ auf Besoldung und Pension auswirken konnte. In einer »eidesstattlichen Erklärung« versicherte Becker, dass in den Kriegsjahren einige Dokumente »anlässlich der Hausdurchsuchungen durch die Gestapo« bei ihm in Wien verschwunden seien, darunter der Anstellungsvertrag als Redakteur der »Wiener Zeitung« vom März 1933. Becker empfahl, doch den damaligen Chefredakteur der »Wiener Zeitung« zu fragen.[29]

Ärger bekam auch seine Ehefrau Etta, die als wissenschaftliche Mitarbeiterin des Völkerkundemuseums bei zunächst weiterlaufenden

Bezügen beurlaubt war. Im Mai 1948 schrieb ihr Unterrichtsminister Felix Hurdes, dass ihr Urlaub »ausnahmsweise« noch bis Ende Oktober verlängert werde, dann sei Schluss. Die Weiterzahlung des Gehalts wurde sofort eingestellt.[30]

Etta schickte dennoch ein Ansuchen um Verlängerung ihres Urlaubs an das Unterrichtsministerium. Es sei ihr möglich gewesen, den Kontakt »zu den wissenschaftlichen Kreisen« Chiles auszubauen. So wolle sie an »Ausgrabungen im Norden des Landes« teilnehmen, wo nach Spuren der im 16. Jahrhundert untergegangenen indigenen Kultur der Diaguitas gesucht werde. Davon könnte etwas für das Museum in Wien abfallen. Sie habe auch schon eine Reise ins »araukanische Gebiet im Süden Chiles vorbereitet«. Dort hoffe sie Textilien und Metallobjekte der indigenen Mapuche zu erwerben.

Ärzte hätten ihr geraten, noch über den chilenischen Sommer (November bis Februar) zu bleiben, schrieb Etta. Sonst könnte ihre im Krieg erworbene Lungenkrankheit wieder ausbrechen.[31]

Persönlichen Freunden schrieb sie, was der Brief ans Ministerium nicht verriet: Da auch andere Familienmitglieder »viel krank« waren, häuften sich die Arztrechnungen »und wir haben hier natürlich keine Krankenkasse«.[32] Nach außen hatten sich die Beckers gut in die diplomatische Community integriert. »Gika«, wie sie ihre ältere Tochter Angelika nannten, war bereits im Schulalter und lernte perfekt Spanisch.*

Doch finanziell wurde die Lage der Beckers in Chile 1948 zunehmend angespannt. Davon nichts ahnend, stellte sich Otto Springer, früher sein O5-Verbindungsmann in Prag, Hans Beckers Situation in einem Brief rosig vor: »Du verbindest Deine diplomatische Funktion

* Angelika Theile-Becker blieb an der spanischen Sprache so stark interessiert, dass sie Translation und dann auch Linguistik studierte. Sie übersetzte unter anderem spanische Lyrik und wurde für ihre eigenen Gedichte in dieser Sprache in Spanien 1965 mit dem renommierten Premio Adonáis de Poesía ausgezeichnet. Sie lebt in der Nähe von Bern in der Schweiz.

mit hunderterlei ethnologischen und geopolitischen Studien, schreibst an sechsundzwanzig Büchern gleichzeitig und malst einige Kirchen aus – kurz, Du bist in deinem Element«.[33]

Tatsächlich war Becker in vielen Gassen unterwegs. Er korrespondierte mit Richard Kerschagl, dem Rektor der Wiener Hochschule für Welthandel, der den »lieben Freund« einlud, beim nächsten Wienaufenthalt vor den Studierenden über die wirtschaftliche »Verbindung Europas mit Lateinamerika« zu sprechen. Friedrich Funder, Gründer der kulturpolitischen Zeitschrift »Die Furche«, zeigte zwar kein Interesse an »Aufsätzen« über »Export- und Importmöglichkeiten«. Er wünschte sich aber Artikel über das »politische und geistige Bild, also über die kulturelle Entwicklung des neuen Südamerikas«.[34]

Manche Briefschreiber wollten nach Chile auswandern. Ihre Fälle werden wohl noch in Arbeit gewesen sein, als Beckers Lebensfaden im Dezember 1948 gekappt wurde. Ein Franz Dostal aus der Kosmetikbranche, der unter »Edelrohstoffnot« litt, bat im September um Infos, wie er mit seiner Familie in Südamerika neu anfangen könne. Becker brauche nicht zu fürchten, »dass wir Ihnen persönlich, oder der Gesandtschaft, zur Last fallen«.[35]

Höher zielte Johann Gundeger Herberstein, aus altem steirischen Adel. »Mit dem Zusammenbruch Deutschlands im Mai 1945 verlor ich mein Gut in Jugoslawien in der Nähe von Marburg«, schrieb Herberstein. Da auch »unsere Ansprüche in Böhmen verloren gingen«, habe er eine Anstellung in der steirischen Landwirtschaftskammer annehmen müssen.

Angesichts der »Enge und Gedrängtheit in Österreich« habe ihn die Information elektrisiert, »dass gerade Chile großen Wert auf Einwanderer aus renommierten Familien legt«. Er befinde sich »in derselben Lage wie die Displaced Persons«, klagte der 45-Jährige stark übertrieben. Im Gegensatz zu diesen Flüchtlingen hätten Menschen wie er nicht das »Vorrecht«, auf Kosten der »International Refugee Organisation« nach Übersee zu reisen.

Becker-Attentäter
Leo Sikorskyj

Weil er gehört habe, dass große chilenische Agrarbetriebe Verwalter suchten und ihnen auch die Überfahrt bezahlten, hoffe er auf die Hilfe der Botschaft. Ob Becker da noch einen Kontakt herstellen konnte, oder ob das Ganze ohnehin nur ein Gedankenspiel des enteigneten Gutsherrn war, ist nicht bekannt. Laut dem Ahnenverzeichnis Rodvid.org ist Johann Gundeger Herberstein jedenfalls 1961 in seiner Geburtsstadt Graz gestorben.[36]

Am 13. Dezember 1948 fand Hans Becker noch Zeit, Weihnachts- und Neujahrsgrüße an seine Vorgesetzten in Wien abzusenden. Während er Außenminister Gruber steif »den ehrlichen Dank des Untergebenen« entbot, wurde er gegenüber Bundeskanzler Figl, den er als »lieben Freund« ansprach, ungezwungen persönlich: Mit den Grüßen »von diesem südwestlichsten Außenposten« kündigte Becker an, habe er Figl »als kleine Vergleichsmöglichkeit« ein »Kisterl mit chilenischen Weinen« geschickt, »die Du hoffentlich als Ostergabe verkosten wirst«. Nachsatz: »Die Schiffsfracht dauert etwas lange. Dein stets getreuer …«[37]

Drei Tage später war Figls Mann auf dem chilenischen »Außenposten« tot. Schon seit Dezemberbeginn hatte Leo Sikorskyj, der 42-jährige Flüchtling aus der Ukraine, immer wieder mit ihm zu sprechen verlangt.

Sikorskyj war mit seiner um 18 Jahre jüngeren Frau Hilde erst im Juni, wenige Wochen nach den Beckers, in Santiago eingetroffen. In der noch jungen Ehe der Sikorskyjs krachte es ständig. Hilde beklagte sich, dass Leo sie bedrohte und »oftmals zu prügeln pflegte«, wie das

Personal der Gesandtschaft später angab. Becker bot Hilde Schutz an und stellte sie als Kinderfrau »im Dienst seiner Gemahlin« ein.[38] Der zunehmend aufgebrachte Leo Sikorskyj, so wurde vermutet, wollte seine Frau mit allen Mitteln zurückhaben.

Am Nachmittag des 16. Dezember saß Hans Becker am Schreibtisch seines Büros in der Gesandtschaft. Plötzlich hörte er aus dem Vorraum Stimmengewirr. Seine Sekretärin Augusta Menjoni kam herein und übergab ihm rasch einen Brief. In dem Moment, als sie das Zimmer verließ, stürmte Sikorskyj durch die noch offene Tür und begann laut auf Becker einzureden. Dann zückte er einen Revolver.

Hans Becker war in gefährlichen Situationen erprobt. Er hatte den Ersten Weltkrieg als Infanterist und als Kampfflieger mitgemacht, er hatte in den Wäldern Paraguays tobende Holzfäller gebändigt, die betrunken mit geladenen Waffen herumfuchtelten. Und er hatte zwei Konzentrationslager überlebt. Von Sikorskyj bedroht, erhob sich Becker von seinem Sessel, so rekonstruierte es die Polizei später. Mit abwehrenden Gesten, das Gesicht zum Täter gewandt, bewegte er sich langsam zur Tür.

Sikorskyj ließ sich nicht beruhigen und schoss ihn in die Brust. Becker wirbelte herum und versuchte noch, die Tür zu erreichen, als ihn ein zweiter Schuss in den Hinterkopf traf. Dann jagte der Täter noch eine dritte Kugel nach, die das Opfer allerdings verfehlte. Becker war unmittelbar vor der Tür zusammengesackt, Blut breitete sich aus. Als der Konsul Hugo Moser von draußen versuchte, die Tür aufzudrücken, sah er durch den Spalt gerade noch, wie sich Leo Sikorskyj den Revolver an die Schläfe hielt und abdrückte.

Für die Polizei schien es ein klarer Fall zu sein. Und dennoch ließ die chilenische Presse nicht locker, nach irgendeinem verschwörerischen Zusammenhang zu suchen, sei es nach einer im Eifersuchtsmord endenden Liebesaffäre, sei es nach geheimdienstlichen Verwicklungen und einem politischen Attentat. Dunkle Vermutungen über das Ende des Diplomaten bestehen noch immer – auch in Österreich. »Die Hintergründe der Ermordung Beckers sind bis heute ungeklärt«, heißt es in einer aktuellen wissenschaftlichen Publikation.[39]

Der unstillbare Drang der chilenischen Reporter, hinter dem Diplomatenmord irgendeine verborgene Intrige oder ein politisches Komplott enthüllen zu müssen, hatte einen geradezu absurden Grund: Ziemlich genau 40 Jahre vorher war in Santiago in der Botschaft eines deutschsprachigen Landes anscheinend schon einmal ein Diplomat ermordet worden, der außerdem noch Beckert hieß.

Am Nachmittag des 5. Februar 1909 brach in der Botschaft des Deutschen Kaiserreichs in Chile ein großes Feuer aus. In einem der ausgebrannten Räume fand man eine verkohlte Leiche, die anhand von Uhr und Ehering als Wilhelm Beckert, Verwaltungsattaché der Botschaft, identifiziert wurde. Der Tresor, für den Beckert zuständig war, stand offen. Ein hoher Geldbetrag fehlte. Ein Botschaftsangehöriger, der Portier Exequiel Tapia, war abgängig. Dann meldete sich ein Zeuge, der Beckert am Abend des 5. Februar angeblich durchaus lebendig in der Stadt gesehen haben will. Man glaubte ihm nicht.

Unbeirrt wurde dem deutschen Diplomaten ein feierliches Begräbnis ausgerichtet. Damit hätte der Fall als erledigt archiviert werden können, schrieb der chilenische Sozialhistoriker Cristián Palacios in einer Studie: »Ein Diplomat, der auf tragische Weise in Ausübung seines Berufs stirbt, mit allen Ehren begraben, in wenigen Tagen vergessen«.[40]

Aber es kam heraus, dass Ärzte noch vor dem Begräbnis am Leichnam Einstiche wie von einem Dolch entdeckt hatten. Tapia, der abgängige Portier, wurde nun als Mörder gesucht. Doch dann nahm der Fall eine spektakuläre Wende wie in einem der Sherlock-Holmes-Romane, in denen der Arzt und Schriftsteller Arthur Conan Doyle zu dieser Zeit die verblüffenden Erfolge wissenschaftlicher Ermittlungsmethoden vorführte. Ein chilenischer Universitätsprofessor für Zahnheilkunde hatte vor dem Begräbnis das Gebiss der

Leiche untersucht. Tage danach kam er zum Ergebnis, dass der Tote der gesuchte Portier Exequiel Tapia war.

Beckert hatte ein perfektes Verbrechen geplant und seine eigene Ermordung vorgetäuscht, aber in Wahrheit war er der Räuber und Mörder. Auf der Flucht über die Berge nach Argentinien geschnappt, wurde der in den Medien als Künstler seines Fachs präsentierte Verbrecher vor Gericht gestellt, zum Tode verurteilt und am frühen Morgen des 5. Juni 1910 von einem Erschießungskommando füsiliert.[41]

Der Mordfall Hans Becker hatte keinen doppelten Boden. Die Identität von Opfer und Täter standen unverrückbar fest. Und dennoch hielt sich auch unter Freunden Beckers die Vermutung, dass es eine Affäre mit Hilde gegeben haben könnte. Familienangehörige zogen dagegen jene Version vor, die auch Beckers Prager O5-Mann Otto Springer in Umlauf setzte: ein Berufskiller sei »von den Kommunisten« nach Chile geschickt worden.

Dazu muss man sich in Erinnerung rufen, dass Springer fantasievoll auch schon davon gesprochen hatte, dass die Hitler-Attentäter vor dem 20. Juli 1944 mit Beckers Hilfe über eine Verbindungsperson in Wien – Prinzessin Adelaide de Bragança – mit Winston Churchill vielleicht zur Planung eines Separatfriedens in Verbindung gewesen seien. In einem Brief an die »Forschungsgemeinschaft 20. Juli« in Berlin behauptete Otto Springer noch drei Jahrzehnte nach Beckers Tod, Leo Sikorskyj, ein »russisch-polnischer Altkommunist«, der Becker angeblich schon aus dem KZ Mauthausen gekannt habe, sei »mit genauen Instruktionen von Wien nach Santiago gereist, um Dr. Becker zu erschießen.« Dies als Strafe dafür, dass Becker und sein Gefährte Bumballa 1944 als lang vorher vom britischen Geheimdienst MI6 ausgebildete Spione den Funkkontakt Graf Stauffenbergs nach London hergestellt hätten. Als Zeitzeuge dazu befragt, bezeichnete Fritz Molden diese Theorie und die Spionagevorwürfe Springers gegen Becker als »völligen Unsinn«.[42]

1948, in den Wochen nach dem Becker-Mord, leisteten österreichische und chilenische Polizisten und Diplomaten gründliche Ermittlungsarbeit. Die Geschichte des unglücklichen Ehepaars Sikorskyj kam dabei, ganz ohne Verschwörungstheorien, klar ans Licht.

Geboren wurde Leo Sikorskyj am 6. Jänner 1906 in Nowe Misto im Kreis Przemyśl.[43] Als Mitglied der griechisch-katholischen Kirche gehörte er zur ukrainischen Ethnie im Völkergemisch des damaligen österreichischen Kronlands Galizien. Nach dem Zusammenbruch der Monarchie riefen Nationalisten 1918 die »westukrainische Volksrepublik« aus.

1919 rebellierte die polnische Bevölkerungsgruppe gegen diesen ukrainischen Staat. Reguläre Truppen der neuen Republik Polen besetzten das Gebiet, das ihr von der Pariser Friedenskonferenz auch zugesprochen wurde. Die ostukrainischen Gebiete wurden Teil der Sowjetunion.

Leo Sikorskyj ging ins tschechische Prag, wo er in den 1920er-Jahren an der Handelshochschule ein Studium zum Wirtschaftsingenieur absolvierte. Er arbeitete anschließend in der kaufmännischen Verwaltung mehrerer Firmen, zumeist in der elektrotechnischen Branche, wie er in einem Lebenslauf angab.[44]

»Nach der Befreiung meiner Heimat von den Polen ging ich in meine Heimat zurück«, gab Sikorskyj an und deklarierte sich damit als ukrainischer Nationalist. Das ehemalige Galizien war 1939 von Sowjettruppen und 1941 von Nazi-Deutschland überrannt worden. Ein Teil der Ukrainerinnen und Ukrainer kollaborierte damals mit den Deutschen, auch bei der Ermordung hunderttausender Jüdinnen und Juden. Andere kämpften gegen die Nazis.[45]

Sikorskyj gehörte offenbar zur ersten Kategorie, war also das Gegenteil eines Kommunisten. »Während der deutschen Besatzung arbeitete ich einige Zeit in der Civiladministration mit«, schrieb er in seinem Lebenslauf. Laut Angaben seiner Frau sei er im deutsch besetzten Gebiet »Kreiskommissar« und damit ein höherer

Verwaltungsbeamter gewesen, wie sie von anderen Flüchtlingen gehört haben will.[46] Als 1944 die Sowjettruppen näherkamen, flüchteten die Deutschen und ihre Helferinnen und Helfer, darunter auch Sikorskyj, nach Westen.

Bis zu 300.000 dieser »Displaced Persons« – KZ-Überlebende und Flüchtlinge aller Art – hielten sich nach 1945 in Österreich auf. Viele Jüdinnen und Juden unter ihnen wollten nach Palästina oder sie warteten mit den anderen auf ein Aufnahmeland, da Österreich für so viele Neuankömmlinge keine Existenzaussichten bot.

Sikorskyj verschlug es im Februar 1945 nach St. Georgen im Attergau im oberösterreichischen Bezirk Vöcklabruck, wo er eine aus der Ukraine stammende Frau namens Klara Bartel traf und mit ihr zusammenzog. »Zwischen Sikorskyj und Bartel kam es zu wiederholten Streitigkeiten und zu Tätlichkeiten, sodass sogar die Gendarmerie eingreifen musste«, heißt es in einem Bericht des Innenministeriums.[47] Im Juni 1947 wurde Sikorskyj wegen gefährlicher Drohung verhaftet und ins nächste Bezirksgericht eingeliefert. Auch eine Anzeige wegen »Schleichhandels mit Opium und Medikamenten« lag gegen ihn vor. Am 2. Juli verurteilte ihn das Gericht zwar nur zu 24 Stunden Arrest, dennoch wurde ihm in Österreich offenbar der Boden zu heiß.

An dieser Stelle kam seine künftige Ehefrau ins Spiel. Hilde Jellositz wurde am 6. April 1924 als Tochter einer ungarischen Mutter im burgenländischen Rechnitz geboren. Ihr Vater, ein Nazi und Ex-Polizist, sei bei der berüchtigten Feldgendarmerie gewesen und 1945 vorübergehend vom russischen Geheimdienst verhaftet worden, heißt es in einem Bericht der Polizeidirektion Wien.[48] Anschließend wurde er vom amerikanischen CIC für einige Zeit mit anderen Nazis im Salzburger Lager Glasenbach interniert. Nach seiner Freilassung habe er bei »Liebesgaben Haolan«, einer Wiener Geschenkartikelfirma, Beschäftigung als Nachtwächter gefunden.

Seine Tochter Hilde, vor dem Krieg Kanzleiangestellte bei einem Rechtsanwalt, war im Deutschen Reich als Marinehelferin in Kiel dienstverpflichtet worden. Im Frühjahr 1945 kehrte sie nach Österreich zurück, blieb aber laut Polizeibericht wegen der damaligen Probleme »beim Überschreiten der Demarkationslinie« zunächst im Westen. Dort – genauer am Bahnhof Linz – habe sie zum ersten Mal den sprachengewandten Leo Sikorskyj getroffen und ihm erzählt, dass sie gern auswandern würde. Sie tauschten Adressen aus.

»Displaced Persons« waren arme Existenzen, die in Lagern und Notunterkünften lebten. Wem es aber, etwa aufgrund einer herzeigbaren Berufsausbildung, gelang, im Rahmen des Verteilungsprogramms der internationalen Flüchtlingsorganisationen ein überseeisches Aufnahmeland zu finden, der hatte ein von vielen Österreicherinnen und Österreichern beneidetes Privileg.

Im Februar 1948 meldete sich Leo brieflich bei Hilde. Sie könne mit ihm nach Chile auswandern, »jedoch müsste sie mit ihm eine ›Scheinehe‹ eingehen.«[49] Hilde fuhr tatsächlich zu ihm nach St. Georgen im Attergau, wo sie ihre Auswanderung vorbereiteten und am 6. April 1948 auf dem Standesamt heirateten.

Ein Jahr später sagte sie aus, dass Sikorskyj sie damals »unter Androhung von Waffengewalt zur Hochzeit gezwungen« habe.[50] »Das Ehepaar vertrug sich nicht und es kam wiederholt zu Streitigkeiten«, erfuhr auch die oberösterreichische Gendarmerie.[51] Sikorskyj, vermutlich weiter im Schleichhandel aktiv, sei keiner geregelten Beschäftigung nachgegangen. »Sein Verhalten Frauen gegenüber kann als sadistisch bezeichnet werden«, so der Bericht. Im Burgenland wurde dann auch noch Hildes Mutter Theresa befragt. Diese gab sich überzeugt, dass ihre Tochter »tatsächlich nur eine Scheinehe eingegangen ist« und dass sie Leo »weder in moralischer noch in sexueller Hinsicht nahesteht«.[52]

Gleichwohl brachen Leo und Hilde im Juni zusammen auf und bestiegen in Bremen ein Schiff nach Chile, wo dann die Tragödie ihren Lauf nahm. Nachdem ihr Mann zum Mörder und Selbstmörder geworden war, versuchte Hilde Sikorskyj, sich zu Verwandten in den USA durchzuschlagen, wo sich ihre Spur verliert.

In Chiles Öffentlichkeit klang die Erregung über den tragischen Tod des österreichischen Geschäftsträgers bald ab. »Mit allen Ehren begraben, in wenigen Tagen vergessen«, wie es bei einem früheren Diplomatenbegräbnis hieß. Beckers Witwe Etta verabschiedete sich erst am 19. Dezember, am Tag nach dem Staatsakt, auf dem Cementerio General von ihrem Mann. Zur militärischen Verabschiedung seien Damen nicht zugelassen gewesen, berichtete Konsul Moser, der Etta zur Grabstelle begleitete. Etta befand sich, über die tiefe Trauer um ihren Mann hinaus, auch in existenziellen Nöten.

Wie sollte sie sich und die beiden Kinder finanziell durchbringen? Rasch wurden Kontakte aktiviert und Möglichkeiten ausgelotet. Eigentlich hatte sie die Absicht, in Chile zu bleiben und für sich und die beiden Mädchen ein neues Leben aufzubauen, schrieb sie einige Monate später an Freunde in Wien. Zunächst hatte sie daran gedacht, eine Stelle in einem örtlichen Museum anzunehmen, doch dann stellte sich heraus, dass sie chilenischen Staatsbürgerinnen vorbehalten waren. »Mit einigem Gestrampel«, so dachte Etta, hätte sie solch eine »Staatsstelle vielleicht bekommen« können. »Aber sie brächte mir im besten Fall nur die Hälfte von dem ein, was ich für die Kinder zum Leben brauche.«[53]

Eine andere Option schien es zu sein, als besoldeter Kulturattaché für die österreichische Gesandtschaft zu arbeiten. Vom Außenministerium in Wien wurde ihr kühl beschieden, »dass wir diesen Dienstzweig gegenwärtig noch nicht haben«. Intern wurde in einem Aktenvermerk festgehalten: »Aber abgesehen davon wäre Frau Becker dafür wohl nicht gerade die geeignetste Person.« Sie sei Ethnografin und Spezialistin für die Sprachen von afrikanischen Stämmen.[54]

Da sie die Schulden plagten, sah sich Etta genötigt, irgendeinen Job anzunehmen. »Seit ich mich gesundheitlich einigermaßen erholt habe, leite ich die Filiale eines Schokoladengeschäfts.« Sie habe zwar eine »perzentuelle Beteiligung« am Gewinn, werde aber trotz »größter Anstrengung und zehnstündiger Arbeitszeit« auch damit nur die Hälfte des Lebensnotwendigen verdienen. Dies deshalb, weil sie für die Zeit, die sie außer Haus verbrachte, für die Betreuung ihrer Kinder zahlen musste.

Eine andere Idee Ettas war es, »ein kleines Unternehmen zu gründen, durch welches die Getränke und Viktualien für Einladungen, Cocktails, Tees usw. bei diplomatischen Missionen und großen chilenischen Haushalten beschafft, ins Haus geliefert und dort verabreicht werden sollten.« Diese umständliche Beschreibung dessen, was man heute »Catering Service« nennt, gelang Bernhard Joseph Kripp, Hans Beckers Nachfolger in der diplomatischen Vertretung Österreichs in Chile.

Mangels Startkapitals sei auch aus dieser Idee nichts geworden, berichtete Kripp im Mai 1949 in einem Schreiben an das Außenministerium, in dem er Ettas Rückkehr nach Wien ankündigte.[55] Kripp habe »Frau Dr. Becker mit aller gebotenen Schonung« darauf hingewiesen, dass das Außenministerium zwar zur Vergütung der Übersiedlungskosten bereit sei und dass am Wiener Völkerkundemuseum ihr Posten noch bis Oktober für sie reserviert bleibe. Für private Schulden könnten aber »selbstverständlich keine Amtsgelder verwendet werden«, schrieb der Berufsdiplomat Kripp, der im Chile-Einsatz all das erhielt, was dem Quereinsteiger Becker verwehrt geblieben war: die Einstufung als »Gesandter« und ein Wirkungsbereich, der neben Chile auch die Staaten Bolivien, Peru und Ecuador umfasste.

Als Etta mit ihren Töchtern Angelika und Franka nach Österreich zurückkehrte, war längst noch nicht alles geklärt. Ihr Anspruch auf eine Witwenrente wurde infrage gestellt. Hans Beckers Feinde im Außenministerium gaben auch nach seinem Tod keine Ruhe. Im Personalakt finden sich zahlreiche Anschuldigungen, von denen die heftigste lautet, Becker habe durch die Schutzgewährung für die

»Nichtösterreicherin« Hilde Sikorskyj seine Pflichten verletzt. Seine Ermordung sei im rechtlichen Sinn kein »Dienstunfall« gewesen, die Regierung trage »keine Haftung«.[56] Auch der von den Beckers vehement dementierte Vorwurf, Etta sei eine Agentin der Deutschen gewesen, wurde – sozusagen zur Gesamteinschätzung des Ehepaars – in diesem Papier wiederholt.

Im Mai 1949 trat zum Fall Becker eine von Beamten mehrerer Ministerien beschickte Kommission zusammen, geleitet von Sektionschef Paul Heiterer-Schaller, der im Jahr darauf zum Präsidenten des Verwaltungsgerichtshofs avancierte. Das hochrangige Gremium rehabilitierte Becker vollständig.

Die »Gattin des Attentäters« habe nach geltendem Gesetz ihre österreichische Staatsbürgerschaft durch die Heirat mit einem Staatenlosen nicht verloren, so beschied die Kommission. »Vor den tätlichen Bedrohungen und Misshandlungen ihres Gatten hat Frau Sikorskyj als Österreicherin berechtigterweise unsere Gesandtschaft in Santiago de Chile um Schutz gebeten«, heißt es weiter. Die Schutzsuchende und der Diplomat hätten einander vorher nicht gekannt. Becker habe, »indem er Frau Sikorskyj als wirksamen Schutz Asyl gewährte, durchaus im Rahmen seiner Amtspflichten als österreichischer Geschäftsträger gehandelt«. Dass er deswegen sein Leben verlor, sei als »Unfall im Dienst« zu werten. Für die Versorgung der Hinterbliebenen habe der Staat aufzukommen.[57]

Etta Becker-Donner kehrte nach Wien und an das Museum für Völkerkunde zurück. Auch die Vorwürfe gegen sie hatten sich in Luft aufgelöst. Bald unternahm sie wieder ausgedehnte Forschungsreisen, ihr Schwerpunkt lag nun in Lateinamerika. Die Töchter wuchsen währenddessen im Internat heran, wie die bildende Künstlerin Franka Lechner, die jüngere der beiden, berichtet. 1955 übernahm Etta als erste Frau die Leitung des Völkerkundemuseums, die sie zwanzig Jahre lang behielt. Die Gründung des Österreichischen Lateinamerika-Instituts folgte 1965. Die Forscherin blieb, lang über ihren Tod im September 1975 hinaus, in der Welt der Wissenschaft in hohem Ansehen. In zahlreichen ihr gewidmeten Artikeln und Porträts wurde zumeist erwähnt, dass ihr früh verstorbener Mann ein »wichtiger Widerstandskämpfer« war.

Doch die Erinnerungen an Hans Becker verblassten immer mehr. Erst 1990 legte Elisabeth Jauk (die damals Elisabeth Gotschim-Jauk hieß), ihre Dissertation mit dem Titel »Hans Becker – ein Beitrag zu seiner Biografie« vor. Die Autorin schaffte es, sozusagen in letzter Minute, mit einigen der damals noch lebenden Kampf- und Weggefährten Beckers Interviews zu führen, die hier von mir – über Jauks Dissertation hinaus – erstmals ausführlich zitiert wurden. Jauks Doktorarbeit wurde von der Fachwelt wohlwollend rezipiert, ein öffentliches Echo blieb aber aus.

Insgesamt verbreitete sich die Ansicht, dass der österreichische Widerstand keine Sache war, mit der man sich intensiv befassen muss. Selbst in Publikationen, die »neue Sichtweisen« auf das Thema versprechen, heißt es, »dass es wenig Beweise für eine Gefährdung des Naziregimes durch einen Widerstand von innen gab«. Möglicherweise habe passive Resistenz von Teilen der Bevölkerung dem Regime sogar größere Unannehmlichkeiten bereitet als »der aktive Widerstand politisch motivierter Bewegungen wie der Kommunistischen Partei oder der O5-Gruppe«.[58]

Von dieser Einschätzung ist es nicht weit zum Urteil, dass Widerstand gegen ein hartes Unterdrückungsregime sinnlos sei. Wie die Biografien zahlreicher Widerstandskämpferinnen und Widerstandskämpfer zeigen, war es das unmittelbare Erleben von verbrecherischem Unrecht, das sie zur Gegenwehr innerlich zwang. Natürlich besteht da immer eine gewisse Ambivalenz, wenn man an die Familienangehörigen, an die Haus- oder Dorfgemeinschaft denkt, die Opfer von Vergeltungsaktionen werden können. Oft kommt die Auflehnung gegen die Diktatur aber aus einer zutiefst humanen Gesinnung. So kann »die Unzahl kleinerer individueller Heldentaten,

Trotzhandlungen, Akten von Subversion, Boshaftigkeit, Kompromissbereitschaft, Anpassung und Zustimmung sehr wohl Teil eines größeren Ganzen sein«, meint denn auch der britische Historiker Tim Kirk.

Zur möglichen Aussichtslosigkeit des eigenen Kampfes äußerte sich Václav Havel, ein viele Male inhaftierter und dann wohl über die eigene Erwartung hinaus erfolgreicher tschechischer Schriftsteller, Bürgerrechtler und Politiker, einmal grundsätzlich so: »Hoffnung ist nicht die Überzeugung, dass etwas gut ausgeht, sondern die Gewissheit, dass etwas Sinn hat, egal wie es ausgeht.«

Viktor Matejkas Hoffnung war es, durch Erziehung zum Widerstand bessere Menschen heranzubilden. Der Widerstandsgeist »gegen Unvernunft und Ungerechtigkeit« müsse in jungen Jahren geübt werden, meinte Matejka (1901–1993), der von dieser Idee so beseelt war, dass er sein Erinnerungsbuch »Widerstand ist alles« nannte. Und das Aufbäumen gegen faschistische Tendenzen müsse frühzeitig beginnen, »auch im Widerstand gegen Zeitgenossen, die noch blind sind«.[59]

In Österreichs Kanzlerdiktatur vor 1938 fiel Matejka – damals ein linkskatholischer Volksbildner – den bald nach der Macht greifenden Nazis als gefährlicher Gegner auf. Nach dem Anschluss verschleppten sie ihn, wie auch Hans Becker, im ersten »Prominententransport« ins Dachauer KZ. Während der gemeinsamen Zeit im Lager wurden die beiden, trotz erheblicher weltanschaulicher Unterschiede, zu Freunden.[60]

Sechseinhalb Jahre war Matejka wegen seiner antifaschistischen Gesinnung in Konzentrationslagern, blieb aber ungebrochen. Nach 1945 machte ihn die KPÖ zum Wiener Kulturstadtrat. Als einziger Politiker weit und breit lud Matejka von den Nazis in die Emigration gezwungene Wienerinnen und Wiener zur Rückkehr ein.[61] Und als einer von wenigen seiner Gesinnung gewann der Kulturpolitiker Matejka den Respekt von Menschen mit ganz anderen Überzeugungen.

Heute findet man unter seinem Namen bei Google auf Anhieb 8.500 zumeist positive Eintragungen. Auf YouTube und anderen Plattformen, vor allem in der Mediathek.at, kann man seine von ihm selbst erzählte Geschichte hören.[62] 1998, fünf Jahre nach seinem Tod, wurde in der Nähe seiner langjährigen Wohnung in der Wiener Theobaldgasse die »Viktor-Matejka-Stiege« nach ihm benannt.

Zu Lebzeiten berührte Matejka im Gespräch mit Hans Beckers Tochter Franka mehrmals das Thema, warum im Fall ihres Vaters, immerhin Gründer der O5, ein ehrendes Gedenken weitgehend ausgeblieben sei.[63] »Seine Zeit ist noch nicht gekommen«, habe ihr Viktor Matejka gesagt.

Ist sie jetzt da?

Hans Becker nach der Befreiung aus Mauthausen 1945

TEXTVERWEISE

1 Tod am Nachmittag

1 Aus dem Polizeibericht, unterzeichnet von Zenobio Riquelme González, Leutnant der Carabineros. In deutscher Übersetzung von der chilenischen Gesandtschaft in Wien mit dem Datum 27. Dezember 1948 an das österreichische Außenministerium BKA-AA übermittelt. Personalakt Hans Becker, Österreichisches Staatsarchiv (ÖStA)

2 Chilenischer Polizeibericht sowie Bericht der österreichischen Gesandtschaft in Chile, Aktenzeichen Zl.66-Pol/1948 im Personalakt Hans Becker im ÖStA

3 Aus Artikeln der Tageszeitungen El Mercurio und La Nación, 17. Dezember 1948, Biblioteca Nacional, Santiago de Chile

4 New York Times, 17. Dezember 1948 im Online-Archiv timesmachine.nytimes.com

5 Ausgaben vom 17. Dezember 1948 im Archiv ANNO, Österreichische Nationalbibliothek (ÖNB), Wien

6 Las Noticias de Última Hora, 17. Dezember 1948, Biblioteca Nacional

7 Las Noticias de Última Hora, 18. Dezember 1948, Biblioteca Nacional

8 Últimas Noticias und Noticias de Última Hora, 18. Dezember 1948, Biblioteca Nacional

9 Schreiben der österreichischen Gesandtschaft in Chile vom 19. Dezember 1948, in Wien eingelangt am 5. Jänner 1949, Zl. 102608. Personalakt Hans Becker, ÖStA

10 El Mercurio und La Nación, 17. Dezember 1948, Biblioteca Nacional

11 Wiener Kurier, 21. Dezember 1948, Archiv ANNO, ÖNB

12 Bericht über eine Sitzung zur »Versorgungsbehandlung« im Fall Becker unter dem Vorsitz von Sektionschef Paul Heiterer-Schaller am 3. Mai 1949, Personalakt Hans Becker, ÖStA

13 Bericht der Gesandtschaft in Chile, Aktenzeichen Zl.66-Pol/1948 im Personalakt Becker, ÖStA

14 El Mercurio, 19. Dezember 1948, Biblioteca Nacional

15 Wiener Zeitung und Kleines Volksblatt, 18. Dezember 1948, Wiener Kurier, 17. Dezember 1948, ANNO, ÖNB

16 Der neue Mahnruf, Nummer 1/1949, ANNO, ÖNB

17 Kleines Volksblatt, 22. Dezember 1948, Neues Österreich, 23. Dezember 1948, ANNO, ÖNB

2 Wege in den Widerstand

1 Hans Becker: Österreichs Freiheitskampf, Wien 1946
2 Hier paraphrasiere ich die Auflistung Beckers in seiner Broschüre »Österreichs Freiheitskampf«, Seite 9.
3 Laut Interview von Elisabeth Jauk mit Jörg Unterreiner, 5. Jänner 1990
4 Peter Diem: Die Symbole Österreichs, Wien 1995
5 Radomír Luža: Der Widerstand in Österreich 1938–1945, Wien 1985
6 Otto Molden: Der Ruf des Gewissens, Wien 1958
7 Gerhard Jagschitz: Regierungs- und Verwaltungsaufbau in Österreich 1945 im Spannungsfeld sowjetischer Besatzung. In: A. Hilger, M. Schmeitzner, C. Vollnhals (Hg.): Sowjetisierung oder Neutralität?, Göttingen 2006
8 Wolfgang Neugebauer: Der österreichische Widerstand 1938–1945. Wien 2008, Neuauflage 2015
9 Gerhard Jagschitz: Regierungs- und Verwaltungsaufbau in Österreich
10 Lois Weinberger: Tatsachen, Begegnungen und Gespräche, Wien 1948. Zitiert nach Manfred Mugrauer: Die Widerstandsbewegung O5 und die Kommunistische Partei Österreichs, im DÖW-Jahrbuch, Wien 2016
11 Adolf Schärf: April 1945 in Wien, Wien 1948
12 Zitiert nach Manfred Mugrauer: Eine »Bande von Gaunern, Schwindlern und naiven Leuten«. Die Widerstandsbewegung O5 und die Kommunistische Partei Österreichs. Im DÖW-Jahrbuch, Wien 2016
13 Fritz Molden: Fepolinski & Waschlapski auf dem berstenden Stern, Wien 1997, Fritz Molden: Die Feuer in der Nacht, Wien 1988, Fritz Molden und Ernst Lemberger im ORF-Interview 1975, tvthek.orf.at/history/Nationalsozialismus-2-Weltkrieg/13425184/Ernst-Lemberg-In-geheimer-Mission/13251211
14 Christa Zöchling: »Die Moldens«. In: profil 3/1922
15 Molden »performed exceptional meritorious acts and services, and outstanding heroism at great personal risks«. Zitiert nach Berthold Molden. In: Karl Schwarzenberg (Hg.): Fepolinski revisited, Wien 1998
16 »Fritz Molden divorced«. In: New York Times, 4. Februar 1954, online Archiv via timesmachine
17 Fritz Molden: Fepolinski & Waschlapski
18 Dokument F. 495, op. 74, d. 25, S. 7f., G. M. Dimitrov an Stalin und weitere Akten aus dem Russischen Staatsarchiv für sozio-politische Geschichte (RGASPI), zitiert nach Barbara Stelzl-Marx: »Stalins Soldaten in Österreich. Die Innensicht der sowjetischen Besatzung 1945–1955«, Wien/München 2012
19 Radomír Luža: Der Widerstand in Österreich 1938–1945
20 Barbara Stelzl-Marx: »Stalins Soldaten in Österreich«, Wien 2012
21 Wolfgang Müller: Die sowjetische Besatzung in Österreich 1945–1955 und ihre politische Mission, Wien 2005
22 Briefe an Stalin: Karl Renner – ein listiger Schmeichler. In: Die Presse, 9. April 2015

23 Erika Weinzierl: Der österreichische Widerstand 1938–1945. In: Erika Weinzierl/Kurt Skalnik (Hg.): Das neue Österreich. Geschichte der Zweiten Republik, Graz/Wien 1975
24 Wolfgang Neugebauer: Der österreichische Widerstand 1938–1945
25 Hermann Mitteräcker: Kampf und Opfer für Österreich, Wien 1963
26 Wolfgang Neugebauer: Der österreichische Widerstand 1938–1945
27 Otto Molden: Der Ruf des Gewissens
28 Wolfgang Neugebauer: Der österreichische Widerstand 1938–1945
29 oe99.staatsarchiv.at/20-jh/biedermann/#c1548
30 Hans Becker: Österreichs Freiheitskampf

3 K. k. Gymnasium mit Meerblick

1 Stammbaum der Familie Becker, Privatarchiv Franka Lechner (PAFL)
2 Aus Beckers handschriftlichem Manuskript »Weltkrieg der Dummheit«, PAFL
3 Axel Steinmann: Franz Is Here! Katalog zur Ausstellung über Franz Ferdinands Reise um die Erde im Weltmuseum, Wien 2014
4 Friedrich Weissensteiner: »Machthaber und Opfer«, Wiener Zeitung, 13. Dezember 2013
5 Wiener Abendpost, 24. Juni 1895
6 Prof. Dr. R. Koch: »Ergebnisse der vom Deutschen Reich ausgesandten Malariaexpedition.« Vortrag, gehalten in der Abteilung Berlin-Charlottenburg der Deutschen Kolonial-Gesellschaft am 5. November 1900. Publiziert auf der Website des Robert-Koch-Instituts, edoc.rki.de
7 Dragan Velikić: Via Pula, Klagenfurt 2000
8 Wilhelm M. Donko: Pola/Pula. Ein historischer Reiseführer, Berlin 2015
9 Wilhelmine Zallmann im Interview mit Elisabeth Jauk, 19. April 1989
10 Franka Lechner im Gespräch mit dem Autor, am 8. Oktober 2021
11 Laut k.k. Statistischer Zentralkommission, zitiert nach Donko: Pola/Pula
12 Benito Mussolini: Scritti e discorsi, La Fenice 1951
13 Elisabeth Jauk: Interview mit Wilhelmine Zallmann am 19. April 1989
14 Vormerkblatt der Qualifikationsliste, Hans Sidonius Ritter von Becker, Karton 134, Kriegsarchiv ÖStA/KA
15 Laut Jägerbataillon 24/Lienz, das die Tradition der Kaiserjäger hochhält. www.bundesheer.at
16 »Als Galizien Endstation war«. Bericht in der Tiroler Tageszeitung, 12. Oktober 2014
17 Vormerkblatt Becker, Karton 134, und Haupt-Grundbuchblatt Becker, Karton 129, ÖStA/KA
18 »Als Galizien Endstation war«
19 Laut Jägerbataillon 24/Lienz auf www.bundesheer.at
20 »Als Galizien Endstation war«
21 Hans Sidonius Ritter von Becker, Karton 134, Kriegsarchiv ÖStA/KA

22 Dissertation über Hans Becker, verfasst von Elisabeth Gotschim-Jauk, die nun Elisabeth Jauk heißt, Wien 1990
23 Briefwechsel Hans Beckers mit seiner Mutter Emma, Dokumente des DÖW, 12032/5
24 Hans Becker: Gedicht ohne Titel, Handschrift, PAFL
25 Christian F. Feest: Hans Becker – Ethnologie und Widerstand. In: Andre Gingrich, Peter Rohrbacher (Hg.): Völkerkunde zur NS-Zeit aus Wien, Wien 2021. Siehe auch: Christian F. Feest: Faded Tracks of Austrian Anthropology. Hans Sidonius (von) Becker. In: Histories of Anthropology Annual, Volume 12, Lincoln (Nebraska) and London 2018
26 Othmar Wolfan im Gespräch mit Elisabeth Jauk, 7. August 1989
27 Gerhard Artl: Die Entwicklung der k.u.k Luftfahrttruppen 1909–1918, Vortrag vor der Österreichischen Verkehrswissenschaftlichen Gesellschaft, Wien 2014
28 Walter Blasl, Bernhard Tötschinger: Die k.u.k Luftfahrttruppen, Schleinbach 2017
29 Gerhard Artl: Luftfahrttruppen
30 Karl Meindl, Walter Schroeder, Bernhard Tötschinger: Des Kaisers letzter Feldpilot, Graz 1991
31 Verzeichnis über die durchgeführten Flüge von Hans Becker, ÖStA/KA
32 Brief Hermann Schefters an Etta Becker-Donner, Dezember 1948. Zitiert nach Elisabeth Jauk
33 Belohnungsantrag für Hans Becker, zitiert nach Elisabeth Jauk. Siehe auch: Kriegswissenschaftliche Abteilung des Reichsministers für Luftfahrt, Brief an die Wehrevidenzstelle. Wien, 24. Jänner 1941, ÖStA
34 Brief an die Wehrevidenzstelle. Wien, 24. Jänner 1941, ÖStA
35 Eintragung zum Ersten Weltkrieg auf austria-forum.org
36 Walter Blasl, Bernhard Tötschinger: Die k.u.k Luftfahrttruppen
37 Othmar Wolfan im Gespräch mit Elisabeth Jauk, 7. August 1989
38 Siehe u. a. portal-militärgeschichte.de und wbg-wissenverbindet.de zur D'Annunzio-Aktion
39 Eintragung zum Ersten Weltkrieg auf austria-forum.org
40 Haupt-Grundbuchblatt Becker, Karton 129, ÖStA/KA

4 Durchstarten in Wien

1 Alfred Pfoser: Die Spanische Grippe in Wien. In: Wiener Zeitung, 20. März 2020
2 Das Radiointerview wurde von Wolfgang Kos 1978 mit der 93-Jährigen geführt. www.mediathek.at
3 Heinrich Drimmel, von 1954 bis 1964 österreichischer Unterrichtminister (ÖVP), verfasste später mehrere Bücher zur Zeitgeschichte. Das Zitat stammt aus dem Band »Vom Umsturz zum Bürgerkrieg. Österreich 1918–1927«, Wien 1985
4 Viktor Matejka im Interview mit Elisabeth Jauk am 7. April 1989
5 Elisabeth Jauk: Dissertation über Hans Becker, Wien 1990

6 Christian Feest: Faded Tracks of Austrian Anthropology. Hans Sidonius (von) Becker. In: Tracking Anthropological Engagements, Histories of Anthropology Annual Vol. 12, Lincoln, Nebraska 2018
7 Hans Becker: Lebenslauf. 1941, PAFL
8 Dienstzeugnisse der Devisenzentrale, von Gefex und Treuga, DÖW 12032/1b
9 Deutsches Volksblatt, Wien, 18. September 1920
10 Wiener Illustrierte Zeitung, 4. Juli 1920
11 Aus dem Porträt Helene Liesers von Jürgen Nautz. In: Brigitta Keintzel, Ilse Korotin (Hg.): Wissenschafterinnen in und aus Österreich, Wien 2002
12 Oliver Hilmes: Witwe im Wahn. Das Leben der Alma Mahler-Werfel, München 2004
13 Lisa Fischer: Finanzhilfe für den Neutöner, Wiener Zeitung, 11. Mai 2014
14 Irene Suchy: Lilly Lieser – eine Übersehene. In: Österreichische Musikzeitschrift 10/2000
15 Hilde Berger: Ob es Hass ist, solche Liebe? Oskar Kokoschka und Alma Mahler, Wien 1999
16 Wiener Salonblatt, 21. Februar 1920
17 Joseph Roth: Unter dem Bülowbogen. Prosa zur Zeit, Köln 1994
18 Sophie Dorothée Vitovec: Anita Berber im fotografischen Blick von Madame d'Ora, Wien 2013
19 Deutsches Volksblatt, 10. Februar 1921
20 Zitiert in: Nicole Frank: »Mich zu fixieren, ist unmöglich. Schreibstrategien von Joseph Roth«, Freiburg (CH) 2007
21 Linzer Tages-Post, 10. August 1920
22 Wiener Fremden-Presse (Montags-Journal), 24. Dezember 1921
23 Bestätigung des Gebrauchsgrafikers Otto Dely für Hans Becker 23. Oktober 1922, PAFL, Kopie
24 Bestätigung des Verbandes der österreichischen Banken und Bankiers für Hans Becker, PAFL, Kopie
25 Empfehlungsbrief von Eduard Ludwig für Buenos Aires, vom 23. Oktober 1923, PAFL

5 In Paraguays »Grüner Hölle«

1 Hans Becker: Lebenslauf. 1941, PAFL
2 Bestätigung der Provinzregierung von Salta, Argentinien, DÖW 12032/1b
3 Hans Becker: »Unter den Indianern des Chaco«. In: Neues Wiener Tagblatt, 11. Jänner 1928
4 H. S. Becker: »Zwischen Wasser und Durst. Reise in Bolivien.« In: Die Bühne, Nr. 219, Wien 1929
5 H. S. Becker: »Bilder aus dem Gran Chaco«. Maschingeschriebener Text, ohne Jahr, PAFL, Kopie. Siehe auch: »In den Urwäldern und Sümpfen des Gran

Chaco«. Bericht zum Rundfunk-Vortrag von Hans Becker am 4. Jänner in der Wiener Radiowoche vom 1. Jänner 1934

6 H. S. Becker: »Der Streit um den Gran Chaco«. In: Jedermann, Nr. 10, Wien, Dezember 1932

7 Suzanne M. Grant: Becoming similar. Knowledge, Sociality and the Aesthetics of Relatedness amongst the Nivacle of the Paraguayan Chaco. Dissertation, St. Andrews 2006

8 H. S. v. Becker: »Bilder aus Paraguay«. In: Argentinisches Tageblatt, Buenos Aires, Jänner 1925

9 H. S. B.: »Weihnachten im Sommer«. In: Jedermann, Nr. 12, Wien, Dezember 1932

10 Maximilian Kern: In der Wildnis des Gran Chaco, Stuttgart 1910

11 H. S. Becker: »Lengua und Kaiotugui«. In: Zeitschrift für Ethnologie, 74. Jahrgang, Berlin 1941

12 Hans Becker: Lengua und Kaiotugui

13 Zitiert nach Marcos Glauser: Angaité's Responses to Deforestation. Political Ecology of the Livelihood and Land Use Strategies of an Indigenous Community from the Paraguayan Chaco, Zürich 2019

14 Hans Becker: Rezension der »Indianerstudien im nordöstlichen Chaco«, Anthropos Nr. 27, 1932

15 Georg Grünberg im Interview mit dem Autor, 26. November 2020

16 Georg Grünberg im Interview

17 Hans Becker: Lengua und Kaiotugui

18 Jared Diamond: Vermächtnis. Was wir von traditionellen Gesellschaften lernen können. Frankfurt/Main 2012

19 Hannes Kalisch und Ernesto Unruh: »Wie schön ist deine Stimme. Berichte der Enlhet in Paraguay zu ihrer Geschichte«. Berlin 2014. In Deutschland gilt Volker von Bremen als der Experte für die Indigenen dieser Region. Er stand freundlicherweise mit Auskünften zur Verfügung.

20 Hermann Heinrich Schefter: Yankees und Indianer, Wien 1927

21 H. S. Becker: Lengua und Kaiotugui

22 Hannes Kalisch, Ernesto Unruh: »Wie schön ist deine Stimme.«

23 Christian Feest: Faded Tracks of Austrian Anthropology. Hans Sidonius (von) Becker (1895–1948) and Some of His Contemporaries. In: R. Darnell, F. W. Gleach (Hg.): Tracking Anthropolical Engagements, Histories of Anthropology Annual, Volume 12, Lincoln, London 2018

24 Andrew Nickson: »La Matanza de Puerto Pinasco« in Novapolis, Revista de Estudios Políticos Contemporáneo, Asunción 2013

25 Andrew Nickson: »La Matanza de Puerto Pinasco«

26 H. S. v. Becker: »Menschen im Gran Chaco«, Wiener Neuigkeits-Weltblatt, 23. Oktober 1932

6 Von Hitler bis Bata

1 Manuskript von Hans Becker: »Weltkrieg der Dummheit« (undatiert), PAFL
2 Christian Feest hat dies der Korrespondenz Annie Beckers mit Luzi Korngold entnommen.
3 Zitiert nach dem von Udo Bermbach herausgegebenen Buch »Oper im 20. Jahrhundert«, Heidelberg 1999
4 Manuskript von Hans Becker: »Weltkrieg der Dummheit« (undatiert)
5 Becker-Manuskript »Weltkrieg der Dummheit« (undatiert)
6 Neuigkeits-Weltblatt, Wien, 26. November 1927
7 Zeugnis der AG für Bauwesen vom 4. Mai 1929, PAFL, Kopie
8 Elisabeth Jauk: Dissertation über Hans Becker, Wien 1990
9 Aus der kurzlebigen, vom Schriftsteller und Wienerliederschreiber Leo Einöhrl redigierten Tageszeitung »Freiheit!« vom 18. November 1929
10 »Europe's Henry Ford – Shoemaker Bata«. In: The New York Times, 8. März 1931
11 Markéta Pilátová: Mit Bat'a im Dschungel. Roman. Deutschsprachige Ausgabe Klagenfurt 2020
12 »Zlín – Modellstadt der Moderne« war der Titel einer Ausstellung im Architekturmuseum der TU München 2009.
13 Illustriertes Familienblatt Wien, Heft 3, 1930
14 Reichspost 14. Jänner, Wiener Zeitung 15. Jänner, Arbeiter-Zeitung 19. Jänner 1930
15 Elisabeth Jauk: Interview mit Alois Moritz Becker, 11. April 1989, Privatarchiv E. J.
16 Elisabeth Jauk: Interview mit Wilhelmine Zallmann, 19. April 1989, Privatarchiv E. J.

7 Becker als Maler

1 Matthias Boeckl in: Husslein/Boeckl/Krejci (Hg.): Hagenbund. Ein europäisches Netzwerk der Moderne 1900–1938. Ausstellungskatalog, Wien 2014
2 Agnes Husslein: Vorwort zum Katalog Hagenbund. Ein europäisches Netzwerk
3 Oliver Rathkolb: »Föderung von vaterländischen kulturellen Bestrebungen«. In: Hagenbund. Ein europäisches Netzwerk
4 Eintragung zu Joseph Urban im Architektenlexikon www.architektenlexikon.at
5 Besprechung einer Hagenbund-Ausstellung in der »Reichspost« vom 12. Dezember 1930, ANNO ÖNB
6 Alle Ausstellungs- und Vereinsdaten folgen der Dissertation von Elisabeth Jauk über Hans Becker.
7 Christian F. Feest: Verwehte Spuren, Manuskript, Altenstadt 2016
8 Tobias Günter Natter: Hagenbund. Die verlorenen Moderne, Wien 1993
9 Kompletter Name: Verein der Freunde und der wissenschaftlichen Erforschung des Hagenbundes. www.hagenbundfreunde.at

10 Peter Chrastek, Matthias Boeckl, Roland Widder (Hg.): Sammlung Chrastek – Hagenbund, Weitra 2019
11 Peter Chrastek: Künstler des Hagenbundes. In: Vernissage. Magazin über das aktuelle Ausstellungsgeschehen, Nummer 6, 1989. Zitiert nach Elisabeth Jauk
12 Telefoninterview des Autors mit dem Kunstsammler Prof. Peter Chrastek, 27. Mai 2022

8 Werbung für Dollfuß

1 Christian F. Feest: Faded Tracks of Austrian Anthropology. London 2018
2 http://www.dasrotewien.at/seite/karpeles-benno 30. März 2021
3 Evan Burr Bukey: Hitler's Austria. Popular Sentiment in the Nazi Era, Chapel Hill & London 2000
4 Rudolf Henz: Fügung und Widerstand, Graz 1981
5 Hans Becker: Weltkrieg der Dummheit, Manuskript ohne Datum, PAFL
6 Hans Becker: Das Problem der Demokratie in Österreich, Wien, Manuskript ohne Datum, PAFL
7 Zitiert nach: https://rotbewegt.at/epoche/einst-jetzt/artikel/das-linzer-programm-1926
8 Oliver Rathkolb (Hg.): Bruno Kreisky. Das Vermächtnis des Jahrhundertpolitikers, Wien 2007
9 Herbert Lackner: Als die Nacht sich senkte. Europas Dichter und Denker zwischen den Kriegen und am Vorabend von Faschismus und NS-Barbarei, Wien 2019
10 Scheipl/Scheucher/Ebenhoch/Staudinger: Zeitbilder – Politische Bildung, Wien 2012
11 Hans Becker: Weltkrieg der Dummheit
12 Interview Viktor Matejka mit Elisabeth Jauk, 7. April 1989
13 Stephan Malinowski: »Nazis and Nobility«, Oxford 2020
14 Hans Schafranek: Söldner für den Anschluss. Die Österreichische Legion 1933–1938, Wien 2010
15 Josef Fiala: Die Februarkämpfe 1934 in Wien Meidling und Liesing, Wien 2012
16 Zitiert aus Hans Beckers Manuskript »Das Problem der Demokratie in Österreich« Wien (ohne Datum)
17 Wiener Zeitung, 5. März 1933
18 Onlinequelle: www.demokratiezentrum.org
19 An insurrection? A coup? Political scientists have a definition for what transpired: an autogolpe, or self-coup. By Christopher Ingraham, Washington Post, 13. Jänner 2021
20 Evan Burr Bukey: Hitler's Austria
21 Johannes Kammerstätter, Nina Diesenberger: Das Erbe lebt. Tragbares Vaterland Band 4, Wieselburg 2019
22 Wiener Zeitung, 15. März 1933

23 Emmerich Tálos: Das austrofaschistische Herrschaftssystem. Österreich 1933–38. Wien/Berlin 2013

24 Elisabeth Jauk: Hans Becker. Dissertation, Wien 1990

25 Zitiert nach Elisabeth Jauk

26 Otto Molden: Der Ruf des Gewissens. Der österreichische Freiheitskampf, 1938–1945, Wien/München 1958

27 Andreas Peham: Antisemitismus in Österreich, Wien 2019

28 Fritz Bock im Interview mit Elisabeth Jauk, 8. Juni 1988

29 Aus dem Ministerratsprotokoll vom 10. März 1933, zitiert nach Tálos: Herrschaftssystem

30 Gerhard Urbanek: Realitätsverweigerung oder Panikreaktion? »Vaterländische« Kommunikationsarbeit in Österreich. Masterarbeit, Wien 2011

31 »Grundzüge für die Errichtung einer Pressestelle der Vaterländischen Front«, zitiert nach Urbanek

32 Konkret nannte Becker eine Million Reichsmark pro Monat, nach der Tabelle für Kaufkraftäquivalente des Deutschen Bundestags sind das heute 4,3 Mio. €. Und 100.000 Schilling des Jahres 1933 ergeben 381.657 €.

33 »Dieses Volk bekam, was es verdient«. Serie über den »Anschluss« von Siegfried Kogelfranz, Der Spiegel, Hamburg, 24. Jänner 1988

34 Ludwig Reichhold: »Kampf um Österreich«, Wien 1984. Für Aufsehen sorgte das vom Dokumentationsarchiv des österreichischen Widerstands herausgegebene Buch durch ein Vorwort von Fritz Bock, in dem dieser Forderungen der Sozialdemokraten, zwischen 1933 und 1938 freie Wahlen abzuhalten, neuerlich als »historischen Irrtum« bezeichnete, weil sie nur die Nazis gestärkt hätten.

35 Radio-Welt, 10.Jg., 1933, zitiert nach: Rudolf Henz – Versuch über einen katholischen Medienpolitiker. Von Theodor Venus. »Medien & Zeit«, Heft 1–2, Wien 1986

36 Gerhard Urbanek: »Vaterländische« Kommunikationsarbeit in Österreich, Wien 2011

37 https://austria-forum.org/af/Wissenssammlungen/Symbole/Kruckenkreuz

38 Wiener Zeitung, 12. September 1933

39 Jens Malte Fischer: Karl Kraus. Der Widersprecher, Wien 2020

40 Frederick T. Birchall: »Austria to Reveal New Course Today«. In: The New York Times, 11. September 1933

41 Hans Becker: Die Vorgeschichte und das Ende des Freien Arbeiterbundes. Undatiertes Manuskript, PAFL

42 Christoph Butterwegge: Austromarxismus und Staat, Marburg 1991

43 Rudolf Henz: Fügung und Widerstand, Graz 1981

44 Theodor Venus: Rudolf Henz – Versuch über einen katholischen Medienpolitiker, Medien & Zeit 1–2/86, Wien 1986

45 Kardinal Innitzer laut Radio-Welt 26/33, zitiert nach Venus

46 In: Erika Weinzierl, Kurt Skalnik (Hg.): Österreich 1918–1938, Geschichte der Ersten Republik, Wien 1983

9 In der Kanzlerdiktatur

1 Oliver Hilmes: Witwe im Wahn. Das Leben der Alma Mahler-Werfel, München 2004
2 Elias Canetti: Das Augenspiel, Frankfurt 1988
3 Ernst Fischer: Erinnerungen und Reflexionen, Frankfurt 1990
4 Peter Stephan Jungk: Besuch bei Elias Canetti. Neue Rundschau 106/1, Frankfurt 1995
5 Zitiert nach Josef Fiala: Die Februarkämpfe 1934 in Wien Meidling und Liesing, Wien 2013
6 Kurt Schuschnigg: Ein Requiem in Rot-Weiß-Rot, Wien 1978
7 Zitiert nach Hilmes, Witwe im Wahn. Almas Ehemann Franz Werfel, 1918 selbst noch ein »Roter«, blieben Gewissensentscheidungen an diesem Tag erspart. Er hielt sich an der italienischen Riviera nahe Genua auf.
8 Alois Becker im Interview mit Elisabeth Jauk, 11. April 1989
9 Kurt Schuschnigg: Ein Requiem in Rot-Weiß-Rot, Wien 1978
10 Ernst Fischer: Erinnerungen
11 Zitiert nach AZ-Autor »Pertinax« (Otto Leichter): Österreich 1934. Die Geschichte einer Konterrevolution, Zürich 1935
12 Gerhard Urbanek, »Vaterländische« Kommunikationsarbeit in Österreich, Wien 2011
13 Manfred Scheuch: Der Schandfleck Wöllersdorf. In: Der Standard, Wien 28. August 2004
14 https://www.parlament.gv.at/PAKT/PR/JAHR_2007/PK0358/index.shtml
15 Manfried Welan in der »Wiener Zeitung« vom 29.Mai 2014
16 Franz Pessler: Über Hans Becker und seine Arbeit. Zeitschrift Der Freiheitskämpfer Nr. 1–2 1949
17 Niko Hofinger: »(...) man spricht nicht gerne von dem Prozess, es sind noch zu viele Fremde da.« Die Halsmann-Affäre in Innsbruck 1928–31. In: Michael Gehler, Hubert Sickinger (Hg.): Politische Skandale und Affären in Österreich. Von Mayerling bis Waldheim. Wien/München 1995
18 »Der Morgen«, Wien, 2. Dezember 1929
19 Bundeskommissariat für den Heimatdienst, Dienstzettel vom 16. Juli 1934, DÖW 12032/1b
20 Elisabeth Jauk: Dissertation über Hans Becker, Wien 1990
21 Wilhemine Zallmann im Interview mit Elisabeth Jauk, 19. April 1989
22 Österreichische Militärische Zeitschrift, Heft 4, 2008
23 Zitiert nach dem Lexikon des Austria-Forums auf www.aeiou.at
24 Hans Becker: Österreichs Freiheitskampf, Wien 1946
25 Zitiert nach der Sendung »Stichtag« des WDR vom 25. Juli 2014
26 Zitiert nach Oliver Rathkolbs Gedenkrede im Parlament, Wien 2008
27 In: Hedwig Kopetz, Joseph Marko, Klaus Poier (Hg.): Soziokultureller Wandel im Verfassungsstaat. Phänomene politischer Transformation, Wien/Köln/Graz 2004

28 Guido Zernatto: Die Wahrheit über Österreich, New York 1939
29 Gerhard Jagschitz: Der österreichische Ständestaat. In: Erika Weinzierl, Kurt Skalnik (Hg.): Österreich 1918–1938, Graz/Wien 1983
30 Wiener Zeitung, 25. Dezember 1935. Zitiert nach Elisabeth Jauk.
31 Ministerratsprotokoll 1009 vom September 1935, zitiert nach Tálos: Herrschaftssystem
32 Pablo Rudich: Czernowitz-Wien-Montevideo. Masterarbeit, Wien, 2016. Als Buchausgabe: »Dazwischendasein«, Wien 2019
33 Leopold Kunschak am 29. April 1920 laut Protokoll der 78. Sitzung der konstituierenden Nationalversammlung
34 Alois Becker im Interview mit Elisabeth Jauk, 11. April 1989
35 Zitiert nach Andreas Peham: Antisemitismus in Österreich. Wien 2019
36 Helmut Wohnout: Politischer Katholizismus und Antisemitismus. In: Gertrude Enderle-Burcel, Ilse Reiter-Zatloukal (Hg.): Antisemitismus in Österreich 1933–1938, Wien 2018
37 Ministerratsprotokoll 1009 vom 25. September 1935, zitiert nach Tálos: Herrschaftssystem
38 Daniel Mähr: »Antisemitismus und die Vaterländische Front«. Diplomarbeit, Graz 2014
39 Sigmund Freud: Briefe 1897–1939. Frankfurt, 1980. Zitiert nach Mähr
40 Flugblatt »Arbeiter! Volksgenossen! Landsleute!« ÖNB, 1934/9, zitiert nach Mähr
41 Hirtenbrief vom 21. Jänner 1933, zitiert nach Mähr.
42 Helmut Wohnout: Politischer Katholizismus und Antisemitismus
43 Emmerich Czermak, Oskar Karbach: Ordnung in der Judenfrage. Wien 1933, zitiert nach Wohnout. Czermak bezieht sich dabei auf den deutschen Dichter Heinrich Heine (1797 -1856), dem der Aphorismus vom »Taufzettel« als dem »Entréebillet zur europäischen Kultur« zugeschrieben wird.
44 Siehe auch Ari Rath: Ari heißt Löwe. Erinnerungen, Wien 2012
45 Klaus Taschwer: Geheimsache Bärenhöhle. In: Regina Fritz, Grzegorz Rossoliński-Liebe, Jana Starek (Hg.): Alma mater antisemitica, Wien 2016
46 Klaus Taschwer: Hochburg des Antisemitismus. Der Niedergang der Universität Wien in der ersten Hälfte des 20. Jahrhunderts, Wien 2015
47 Tandler vertrat Elemente der damals weit verbreiteten »Eugenik«, in denen es in der Bevölkerungspolitik um die Verhinderung »unwertem Lebens« etwa durch Sterilisierung ging. Spätestens das »rassenhygienische« Programm der Nationalsozialisten zur Ermordung zehntausender Kranker hat solche Ansätze diskreditiert.
48 Zitiert nach Taschwer: Hochburg des Antisemitismus
49 Franz Werfel: Eine blassblaue Frauenschrift. Buenos Aires 1941, München 2016

10 Vaterländischer Freimaurer

1 Reproduktion des Ansuchen Beckers im Buch von Norbert Knittler: Der verlorene Koffer. Eine Geschichte der österreichischen Freimaurerei während des Nationalsozialismus, Wien 2004
2 Persönliche Mitteilung von Christian Feest an den Autor, 24. Juli 2021
3 Günther K. Kodek: Unsere Bausteine sind die Menschen. Die Mitglieder der Wiener Freimaurer-Logen 1869–1938, Wien 2009
4 Marcus G. Patka: Österreichische Freimaurer im Nationalsozialismus, Wien 2010
5 Marcus G. Patka: Freimaurerei und Austrofaschismus. In: Helmut Reinalter: Freimaurerei und europäischer Faschismus, Innsbruck 2009
6 Helmut Reinalter: Freimaurerei und europäischer Faschismus, Innsbruck 2009
7 Leo Haubenberger: Es werde Licht! Wien, 1923. Zitiert nach Marcus G. Patka: Österreichische Freimaurer im Nationalsozialismus, Wien 2010
8 Helmut Reinalter: Freimaurerei und europäischer Faschismus
9 Zitiert nach Günter K. Kodek: Zwischen verboten und erlaubt. Chronik der Freimaurerei, Wien 2009
10 R. N. Coudenhove-Kalergi: Adel, Leipzig 1922
11 Norbert Knittler: Der verlorene Koffer. Eine Geschichte der österreichischen Freimaurerei während des Nationalsozialismus, Wien 2004

11 Wurzeln des Widerstands

1 Hans Becker: Österreichs Freiheitskampf, Wien 1946
2 Otto Josef Heinzl: Die Antrittsbesuche des Bundeskanzlers Dr. Kurt Schuschnigg in Paris und London 1935, Diplomarbeit, Wien 2013
3 Egon und Heinrich Berger-Waldenegg: Biografie im Spiegel. Die Memoiren zweier Generationen, Wien/Köln 1998
4 Timm Ebner: Das letzte ungelöste Problem Afrikas. Anton Zischkas Darstellung des Abessinienkriegs 1935. In: Institut für Österreichkunde: Österreich, Geschichte, Literatur, Geografie ÖGL 60, Wien 2016
5 Emmerich Tálos: Das austrofaschistische Herrschaftssystem, Wien/Berlin 2013
6 Gerhard Urbanek: Vaterländische Kommunikationspolitik, Wien 2011
7 Klaus Hildebrand: Das Dritte Reich, München 2009, zitiert nach Timm Ebner
8 Magdalena Neumüller: Diskursanalyse des Hochverratsprozesses gegen Dr. Guido Schmidt. Diplomarbeit, Wien 2012. Zernatto konnte nicht befragt werden. Er starb als 40-Jähriger 1943 im Exil in New York.
9 Gerhard Urbanek: Kommunikationspolitik
10 Gerhard Urbanek: Kommunikationspolitik
11 Zitiert nach Ludwig Reichhold: Kampf um Österreich, Wien 1984
12 Zeugenaussage Beckers am 14. März 1947, Protokoll Der Hochverratsprozess gegen Dr. Guido Schmidt
13 Hans Becker: Freiheitskampf

14 Franz Pessler: Über Hans Becker und seine Arbeit. In: Der Freiheitskämpfer, Nr. 1–2/1949
15 Alois Becker im Interview mit Elisabeth Jauk, 11. April 1989
16 Taufschein Nikolaus Becker, Pfarre St. Paul, Wien-Döbling, 24. September 1936, PAFL
17 Brief von Annie Becker an Luzi Korngold vom 30. März 1937, ÖNB Handschriften, zitiert nach Feest

12 Referendum für Österreich

1 Wilhelm Wolf: Hundert Jahre Österreich. Salzburg 1940. Zitiert nach Christian Reder: Deformierte Bürgerlichkeit, Wien 2016
2 Meldung Beckers an Zernatto, Ende 1936. Zitiert nach Emmerich Tálos: Das austrofaschistische Herrschaftssystem, Wien/Berlin 2013
3 Fritz Bock im Interview mit Elisabeth Jauk, 8. Juni 1988
4 Emmerich Tálos: Herrschaftssystem
5 Viktor Matejka im Interview mit Elisabeth Jauk, 7. April 1989
6 »Wiener Zeitung« vom 15. Februar 1937
7 Gerhard Urbanek: Vaterländische Kommunikationspolitik, Wien 2011
8 Radomír Luža: Der Widerstand in Österreich 1938–1945, Wien 1985
9 Staatsdruckerei: Hochverratsprozess gegen Guido Schmidt, Wien 1947
10 Hans Becker: Österreichs Freiheitskampf, Wien 1946
11 Zitiert nach der Becker-Biografie von Elisabeth Jauk, Wien 1990
12 Christian F. Feest: Verwehte Spuren, Manuskript, Altenstadt 2016
13 Gerhard Urbanek: Kommunikationspolitik
14 Gerhard Jelinek: »Es gab nie einen schöneren März«. 1938. Dreißig Tage bis zum Untergang, Wien 2017
15 Ludwig Reichhold: Kampf um Österreich, Wien 1984
16 Archiv der Republik, VF 514/23/45/106 – Die VF nach dem 12. Feber 1938, interner Aktenvermerk. Zitiert nach Urbanek, »Vaterländische« Kommunikationspolitik
17 Domaschke, Schmohl, Wehner (Hg.): Nationalsozialismus und antifaschistischer Widerstand in Schlesien, Berlin 2009
18 »Schuschniggs Kapitulation vor Hitler« Arbeiter-Zeitung, 1. März 1938
19 Angela Hermann: Der Weg in den Krieg 1938/39. München 2011
20 Gerhard Urbanek: Kommunikationspolitik
21 Wiener Zeitung, 26. Februar 1938
22 Wiener Zeitung, 25. Februar 1938
23 Gerhard Urbanek: Kommunikationspolitik
24 Gerhard Jelinek: »Es gab nie einen schöneren März«
25 Friedrich Hillegeist: Mein Leben im Wandel der Zeit, Wien 1974. Zitiert nach Ludwig Reichhold: Kampf um Österreich
26 Gerhard Urbanek: Kommunikationspolitik

27 Neue Freie Presse, 10. März 1938.
28 Rudolf Henz: Fügung und Widerstand, Graz 1981
29 Wiener Zeitung, 10. März 1938
30 Staatsdruckerei: Hochverratsprozess gegen Guido Schmidt, Wien 1947
31 Zitiert nach Oliver Hilmes: Witwe im Wahn, München 2004
32 Georg Friesenbichler: Verdrängung. Österreichs Linke im Kalten Krieg 1945–1955, Wien 2021
33 Zitiert nach Ludwig Reichhold, Kampf um Österreich
34 Interview mit Elisabeth Jauk, 11. April 1989
35 Fritz Bock in »Kampf um Österreich« von Ludwig Reichhold, Wien 1984
36 Zum Nachhören: www.mediathek.at Letzte Rundfunkansprache von Bundeskanzler Kurt Schuschnigg
37 Hans Becker: Österreichs Freiheitskampf
38 Erwin A. Schmidl: Gott schütze Österreich – das Bundesheer durfte es nicht. In: Österreichische Militärische Zeitschrift, Heft 4, 2008
39 Andreas Huber, Linda Erker, Klaus Taschwer: Der Deutsche Klub. Austro-Nazis in der Hofburg, Wien 2020
40 Hans Becker: Österreichs Freiheitskampf
41 Helmut Reinalter: Freimaurerei und europäischer Faschismus, Innsbruck 2009
42 Neues Wiener Tagblatt, 3. April 1938
43 Marcel Atze, Tanja Gausterer: Im Schatten von Bambi. Felix Salten entdeckt die Wiener Moderne, Salzburg 2020
44 Aus dem Brief von Felix Salten an Ernst Lothar vom 4. November 1939, zitiert nach Atze/Gausterer: Im Schatten von Bambi

13 Aufbäumen im KZ

1 Viktor Matejka: Widerstand ist alles. Notizen eines Unorthodoxen, Wien 1984
2 Wolfgang Neugebauer, Peter Schwarz: Stacheldraht, mit Tod geladen. Der erste Österreichertransport in das KZ Dachau, Wien 2008
3 Maximilian und Emilie Reich: Zweier Zeugen Mund. Verschollene Manuskripte aus 1938 Wien – Dachau – Buchenwald, Wien 2007. Zitiert nach Neugebauer/Schwarz: Stacheldraht
4 Hans Becker: Österreichs Freiheitskampf, Wien 1946
5 Stanislav Zámečník: Das war Dachau, Frankfurt 2007
6 Oliver Rathkolb (Hg.): Gesellschaft und Politik am Beginn der Zweiten Republik, Wien 1985. Aussage Hans Beckers vor der US-Militäradministration 1945. Original in englischer Sprache.
7 Neugebauer/Schwarz: Stacheldraht
8 Zitiert nach Zámečník: Das war Dachau
9 Timothy Snyder: The Reichstag Warning, New York Review of Books, 13. Februar 2017

10 Stanislav Zámečník im 2005 erschienenen Katalog zur Ausstellung »Konzentrationslager Dachau 1933 bis 1945«.
11 Zitiert nach Claudia Kuretsidis-Haider über österreichische Kommunisten in Dachau. In: Mitteilungen der Alfred-Klahr Gesellschaft, Juni 2019
12 Ludwig Soswinski in der DÖW-Dokumentation »Erzählte Geschichte« Nr. 192, zitiert nach Claudia Kuretsidis-Haider
13 Neues Österreich, 16. Mai 1945
14 Aussage Hans Beckers vor der US-Militäradministration 1945
15 Claudia Kuretsidis-Haider, Rudolf Leo: »dachaureif«, Der Österreichertransport aus Wien in das Konzentrationslager Dachau am 1. April 1938, Wien 2019
16 Laut Gerhard Ungar vom Archiv KZ-Gedenkstätte Dachau. Zitiert nach Kuretsidis-Haider / Leo: »dachaureif«
17 Thomas Goll: Die inszenierte Empörung. Der 9. November 1938, Bonn 2010
18 Angaben zum KZ nach Zámečník: Das war Dachau
19 Reich: Zweier Zeugen Mund. Zitiert nach Neugebauer/Schwarz: Der erste Österreichertransport
20 Jura Soyfer: Das Gesamtwerk. Herausgeber Horst Jarka, Wien/München/Zürich 1984
21 Viktor Matejka: Widerstand ist alles, Wien 1984
22 Hans Becker: Österreichs Freiheitskampf
23 Interview mit Dr. Fritz Bock, 24. 3. 1983, DÖW-Sammlung »Erzählte Geschichte«, zitiert nach Neugebauer
24 Wolfgang Neugebauer: Der österreichische Widerstand 1938–1945.Wien 2008, Neuauflage 2015
25 Oliver Rathkolb: Demokratieentwicklung in Österreich seit dem 19. Jahrhundert. In: Jugend – Demokratie – Politik, Wien 2008
26 Oliver Rathkolb: Die paradoxe Republik, Wien 2015
27 Viktor Matejka im Interview mit Elisabeth Jauk, 7. April 1989
28 Jost Auf der Maur: Karl I. und Zita: Der Kaiser kommt nicht zur Ruhe. Neue Zürcher Zeitung, 22. März 2019
29 Elisabeth Kovács: Politische Dokumente zu Kaiser und König Karl I. (IV.) aus internationalen Archiven, Wien 2004
30 Neue Zürcher Zeitung, 22. März 2019
31 Christian Reder: »Deformierte Bürgerlichkeit«, Wien 2016
32 Richard Berczeller, Norbert Leser: »… mit Österreich verbunden.« Burgenlandschicksal 1918–1945, Wien 1975; zitiert nach Reder.
33 Oliver Rathkolb: Raoul Bumballa, ein politischer Nonkonformist 1945. Fallstudie zur Funktion der O5 im Widerstand und in der Parteienrestauration. In: Rudolf G. Ardelt, Wolfgang J. A. Huber, Anton Staudinger (Hg.): Unterdrückung und Emanzipation. Festschrift für Erika Weinzierl, Wien/Salzburg 1985
34 Hans Becker: Österreichs Freiheitskampf
35 Hans Becker: Österreichs Freiheitskampf
36 Österreichische Nationalbibliothek: »Nachlässe in Österreich« data.onb.ac.at

37 Hermann Lein: Als Innitzer-Gardist in den KZs Dachau und Mauthausen, Freiburg 1989
38 Alois Becker im Interview mit Elisabeth Jauk, 11. April 1989
39 SS-Zeitschrift »Das Schwarze Korps«, April 1938
40 Elisabeth Jauk: Interview mit Wilhelmine Zallmann, 19. April 1989
41 Tamara Ehs: Die Vertreibung der ersten Staatswissenschafter – Helene Lieser und Johann Sauter. In: Franz Stefan Meissel/Thomas Olechowski/Ilse Reiter-Zatloukal/Stefan Schima (Hrsg) –»Vertriebenes Recht – Vertreibendes Recht« Zur Geschichte der Wiener Rechts und Staatswissenschaftlichen Fakultät zwischen 1938 und 1945, Wien 2012
42 Irene Suchy: Lilly Lieser – eine Übersehene, Österreichische Musikzeitschrift 10/2000
43 Archiv für die Geschichte der Soziologie in Österreich, Universität Graz, über Helene Lieser. agso.uni-graz.at
44 Margit von Mises: »Ludwig von Mises. Der Mensch und sein Werk«, München 1981
45 Irene Messinger: »Ins Exil heiraten: Es war wie eine Epidemie«. In: Wina – Das jüdische Stadtmagazin 26. Juli 2012. Und: Schein oder Nicht Schein. Konstruktion und Kriminalisierung von »Scheinehen« in Geschichte und Gegenwart, Wien 2012
46 Emil Brix, Lisa Fischer: Die Frauen der Wiener Moderne, Wien 1997
47 Oliver Rathkolb (Hg.): Gesellschaft und Politik am Beginn der Zweiten Republik, Wien 1985. Aussage Hans Beckers vor der US-Militäradministration 1945. Original in englischer Sprache.
48 Siehe auch Erwin Gostner: 1000 Tage im KZ. Ein Erlebnisbericht aus den Konzentrationslagern Dachau, Mauthausen und Gusen, Mannheim 1946
49 Hans Maršálek: Die Geschichte des Konzentrationslagers Mauthausen, Wien 2006
50 Christian Dürr: Das KZ-System Mauthausen 1938–1945, Wien 2006
51 Edwin Black: IBM and the Holocaust: The Strategic Alliance Between Nazi Germany and America's Most Powerful Corporation, New York 2001
52 Erwin Gostner: 1000 Tage im KZ, Mannheim 1946
53 Hans Becker: »Zählappell – ein Freund stirbt«, maschinschriftlicher Text ohne Datum, PAFL
54 Christian Dürr: Das KZ-System Mauthausen 1938–1945
55 Aussage Hans Beckers vor der US-Militäradministration 1945. Original in englischer Sprache.
56 Christian Dürr: Das KZ-System Mauthausen 1938–1945
57 Carlos Hernández de Miguel: Los últimos españoles de Mauthausen, Barcelona 2015
58 Hernández de Miguel: Los últimos españoles
59 Christian Dürr: Das KZ-System Mauthausen
60 Christian Dürr: Das KZ-System Mauthausen
61 Erwin Gostner: 1000 Tage im KZ
62 Elisabeth Jauk: Becker, Dissertation vom Mai 1990

63 Interview mit Elisabeth Jauk, 24. Mai 1989
64 Interview mit Elisabeth Jauk, 31. Mai 1989
65 Hans Maršálek: Die Geschichte des Konzentrationslagers Mauthausen
66 Hans Maršálek: Die Geschichte des Konzentrationslagers Mauthausen

14 Die »Afrikaforscherin«

1 Barbara Plankensteiner: »Vom Rampenlicht in die Unauffälligkeit: Etta Becker-Donner und der Widerstand am Wiener Museum für Völkerkunde.« In: Andre Gingrich/Peter Rohrbacher (Hg.): Völkerkunde zur NS-Zeit aus Wien (1938–1945), Wien 2021
2 Zitiert nach Plankensteiner »Rampenlicht«
3 Zitiert nach Isabella Ackerl: »Mutige Frauen. 60 Porträts«, Wiesbaden 2014
4 Neues Wiener Journal, 17. Juli 1935
5 Kleine Volkszeitung, 8. August 1937
6 Anton Holzer: Kaiser, Sex and Crime. Das Interessante Blatt. Wiener Zeitung, 29. Mai 2016
7 Das Interessante Blatt, Nummer 12, 1937
8 Zitiert nach Hilde Senft, Willi Senft: Aufbruch ins Unbekannte: 50 österreichische Forscher und Entdecker. Graz 1999
9 »Abenteuer Wissenschaft. Etta Becker-Donner in Afrika und Lateinamerika«. Ausstellung im Völkerkundemuseum, Wien 2011/2012
10 Barbara Plankensteiner: Vom Rampenlicht in die Unauffälligkeit, Wien 2021
11 Barbara Plankensteiner: Vom Rampenlicht
12 Diese Episode folgt der Darstellung bei Barbara Plankensteiner: »Vom Rampenlicht in die Unauffälligkeit«
13 Barbara Plankensteiner: Vom Rampenlicht
14 Gauakt Hans Becker, zitiert nach Elisabeth Jauk.
15 Hans Becker: Österreichs Freiheitskampf, Wien 1946
16 Christian F. Feest: Hans Becker – Ethnologie und Widerstand. In: Andre Gingrich, Peter Rohrbacher (Hg.): Völkerkunde zur NS-Zeit aus Wien (1938–1945), Wien 2021
17 Zitiert nach Christian Feest
18 Zitiert nach Christian Feest
19 Elisabeth Jauk, Dissertation über Hans Becker, Wien 1990
20 Gespräch mit Elisabeth Jauk, 11. April 1989
21 Laut Aussagen von Alois Becker gegenüber Elisabeth Jauk 1989 sowie von Franka Lechner im Gespräch mit dem Autor am 7. Dezember 2021.
22 Andreas Suttner: Das schwarze Wien. Bautätigkeit im Ständestaat 1934–1938, Wien 2017
23 Zitiert nach Christian Feest
24 Aus dem Gauakt Hans Becker, zitiert nach Elisabeth Jauk. Ernennung zum Entwerfer durch die Reichskammer am 27. April 1942, DÖW 12032/5

25 Zitiert nach Christian F. Feest: »Hans Becker – Ethnologie und Widerstand«
26 Hans Becker: Österreichs Freiheitskampf

15 Weiße Rose, roter Pianist

1 Michael Richard Daniel Foot: Resistance. European Resistance to the Nazis, 1940–1945, London 1976
2 Wolfgang Benz: Im Widerstand, München 2019
3 Brigitte Ungar-Klein: Schattenexistenz. Jüdische U-Boote in Wien 1938–1945, Wien 2019
4 M.R.D. Foot: Resistance
5 Thomas Geldmacher: »Auf Nimmerwiedersehen!« In: Walter Manoschek (Hg.): Opfer der NS-Militärjustiz, Wien 2003
6 Franz Webers ORF-Interview vom 12. April 1984 https://tvthek.orf.at/history/Nationalsozialismus-2-Weltkrieg/13425184/Franz-Weber-Desertion-aus-der-Wehrmacht/13243191
7 M.R.D. Foot: Resistance
8 Erika Weinzierl: Der österreichische Widerstand 1938–1945. In: Erika Weinzierl/Kurt Skalnik (Hg.): Das neue Österreich. Geschichte der Zweiten Republik, Graz/Wien 1975
9 Zitat aus »Einsichten und Perspektiven.« Bayerische Zeitschrift für Politik und Geschichte Nr. 2/2014
10 Wolfgang Benz: Im Widerstand, München 2019
11 Zitiert laut Darstellung der »Stiftung Weiße Rose« https://www.weisse-rose-stiftung.de/widerstandsgruppe-weisse-rose/
12 bpb.de/geschichte/nationalsozialismus/weisse-rose/60944/widerstand-der-weissen-rose
13 M.R.D. Foot: Resistance
14 Informationen zur Stiftung Kreisau unter: www.krzyzowa.org.pl
15 bpb.de/politik/hintergrund-aktuell/262160/rote-kapelle
16 Johannes Tuchel (Hg.): Der vergessene Widerstand. Zu Realgeschichte und Wahrnehmung des Kampfes gegen die NS-Diktatur, Göttingen 2001
17 Shareen Blair Brysac: Resisting Hitler. Mildred Harnack and the Red Orchestra, New York 2000
18 Blair Brysac: Resisting Hitler
19 Shareen Brysac bezieht sich bei den »Korsikaner«-Zitaten auf das Werk von John Costello und Oleg Tsarev: Deadly illusions. The KGB Orlov Dossier Reveals Stalin's Master Spy, New York 1993
20 Blair Brysac: Resisting Hitler
21 Tagesspiegel Berlin vom 25. Mai 2011. Lichtenberg: Denkmal für Nazi-Widerständler der »Roten Kapelle«
22 Bertolt Brecht: Arbeitsjournal 1942–1955, Frankfurt a. M. 1993
23 Wolfgang Benz: Der deutsche Widerstand gegen Hitler, München 2019

24 Peter Steinbach: Heiliger unterm Hakenkreuz, Der Spiegel, 12. November 2007
25 Gert Ueberschär: Auf dem Weg zum 20. Juli 1944, Bundeszentrale für politische Bildung. www.bpb.de/themen/nationalsozialismus-zweiter-weltkrieg/dossier-nationalsozialismus/39568/auf-dem-weg-zum-20-juli-1944/
26 Wolfgang Benz: Der deutsche Widerstand gegen Hitler, München 2019
27 Erika Weinzierl: Der österreichische Widerstand 1938–1945. In: Erika Weinzierl/Kurt Skalnik (Hg.): Das neue Österreich. Geschichte der Zweiten Republik, Graz/Wien 1975
28 Wolfgang Neugebauer: Der österreichische Widerstand 1938–1945, Wien 2015
29 Der Spiegel vom 12. November 2007

16 Traditionalisten und Alpenpartisanen

1 Erika Weinzierl: Der österreichische Widerstand 1938–1945. In: Weinzierl/Skalnik: Das neue Österreich, Graz/Wien 1975. Axel Cortis Film »Der Fall Jägerstätter« kam 1971 heraus.
2 Erika Weinzierl: Der österreichische Widerstand 1938–1945
3 Susanne Ayoub: Die bessere Welt der Käthe Leichter. In: Der Standard, Wien 8. März 2022
4 Paul Schärf: Otto Haas. Ein revolutionärer Sozialist gegen das Dritte Reich, Wien 1967. Im gesamten Abschnitt über Haas folge ich Schärfs Darstellung.
5 Hermann Mitteräcker: Kampf und Opfer für Österreich. Ein Beitrag zur Geschichte des österreichischen Widerstandes 1938 bis 1945, Wien 1963
6 Hermann Mitteräcker: Kampf und Opfer für Österreich
7 Christhard Schneider: »Die Rolle der O5 während des Krieges und danach«, Masterarbeit Uni Wien 2012
8 Hermann Mitteräcker: Kampf und Opfer für Österreich
9 »Karl Flanner, ein Widerstandskämpfer« DÖW-Mitteilungen, Wien 191/2009
10 Heimo Halbrainer, Manfred Mugrauer: »Widerstand und Verfolgung in der Steiermark«, DÖW-Mitteilungen, Wien 240/2019
11 Hans Schafranek: »Widerstand und Verrat. Gestapospitzel im antifaschistischen Untergrund 1938–1945«, Wien 2017
12 Erika Weinzierl: Der österreichische Widerstand
13 Hans Becker: Österreichs Freiheitskampf, Wien 1945
14 Otto Molden: Der Ruf des Gewissens, Wien 1958
15 Radomír Luža: Der Widerstand in Österreich 1938–1945, Wien 1985
16 Otto Molden: Der Ruf des Gewissens
17 Otto Molden: Der Ruf des Gewissens
18 Elisabeth Jauk: Dissertation über Hans Becker, Wien 1990
19 Fritz Bock im Interview mit Elisabeth Jauk am 8. Juni 1988, Privatarchiv E. J.
20 Hans Becker: Österreichs Freiheitskampf
21 Fritz Bock im Interview mit Elisabeth Jauk am 8. Juni 1988
22 Otto Molden: Der Ruf des Gewissens

23 Manfred Mugrauer: »Eine Bande von Gaunern …«, Wien 2016
24 Zitiert nach Hermann Mitteräcker: Kampf und Opfer für Österreich
25 Moskauer Deklaration im Österreich-Lexikon AEIOU, austria-forum.org
26 Fritz Bock im Interview mit Elisabeth Jauk am 8. Juni 1988, Privatarchiv E. J.
27 Mitteräcker: Kampf und Opfer für Österreich
28 Max Muchitsch: Partisanengruppe Leoben-Donawitz, Wien 1966
29 Mitteräcker: Kampf und Opfer für Österreich
30 Eintrag Walter Wachs im Gedenkbuch für vertriebene Studierende der Uni Wien, gedenkbuch.univie.ac.at
31 Walter Wachs: Kampfgruppe Steiermark, Wien 1968. Zitiert nach Erika Weinzierl, Der österreichische Widerstand
32 Mitteräcker: Kampf und Opfer für Österreich
33 Halbrainer/Mugrauer: Widerstand und Verfolgung in der Steiermark
34 Andrea Kofler: Freiheitskampf auf der Koralm, Kleine Zeitung, Graz 31. August 2019
35 Heinrich Treichl: Fast ein Jahrhundert. Erinnerungen, Wien 2003
36 Peter Pirker, Patrick Martin-Smith: Widerstand vom Himmel. Österreicheinsätze des britischen Geheimdienstes SOE 1944, Wien 2004
37 Pirker, Martin-Smith: Widerstand vom Himmel
38 Heinrich Treichl: Fast ein Jahrhundert
39 Elisabeth Euler: Antifaschismus und Widerstand in Österreich anhand der drei Biografien Raoul Bumballa, Emanuel Treu, Albrecht Gaiswinkler. Dissertation, Wien 2014
40 Hans Becker: Österreichs Freiheitskampf, Wien 1945
41 Fritz Molden: Fepolinski und Waschlapski auf dem berstenden Stern, Wien 1997
42 Manfred Mugrauer: »Eine Bande von Gaunern …«
43 Manfred Mugrauer: »Eine Bande von Gaunern …«
44 Manfred Mugrauer: »Eine Bande von Gaunern …«
45 Ludwig Ullmann über die Arbeiter der Propaganda-Kommission des FAM 1945, zitiert nach Mugrauer.
46 Faksimile London-Information, April 1945. In: Otto Molden: Der Ruf des Gewissens
47 Zitiert nach Erika Weinzierl: Der österreichische Widerstand
48 Mitteräcker: Kampf und Opfer für Österreich

17 Beckers buntscheckige Truppe

1 Ronny Heidenreich: Die DDR-Spionage des BND. Veröffentlichung der Unabhängigen Historikerkommission, Berlin 2019
2 Oliver Rathkolb: Raoul Bumballa, ein politischer Nonkonformist, Wien 1985
3 Willy Thurn und Taxis im Gespräch mit Elisabeth Jauk, 17. Oktober 1989
4 Oliver Rathkolb: Raoul Bumballa, ein politischer Nonkonformist
5 Oliver Rathkolb: Raoul Bumballa, ein politischer Nonkonformist

6 Laut Elisabeth Jauk, die Jörg Unterreiner am 5. Jänner 1990 interviewte.
7 Brief Beckers an Bumballa vom 26. Dezember 1945, PAFL
8 Willy Thurn und Taxis im Interview mit Elisabeth Jauk, 17. Oktober 1989
9 Manfred Mugrauer: »Eine Bande von Gaunern …«, Wien 2016
10 Zitiert nach Mugrauer: »Eine Bande von Gaunern …«
11 Hans Becker: Österreichs Freiheitskampf, Wien 1946
12 Irene Suchy: Lilly Lieser – eine Übersehene, Österreichische Musikzeitschrift 10/2000
13 Laut Information der Israelitischen Kultusgemeinde (IKG) Wien, zitiert in Suchys Porträt von Lilly Lieser.
14 Brief Alma Mahlers an Hans Becker vom 18. März 1946, Kopie im Privatarchiv Franka Lechner
15 Archiv für die Geschichte der Soziologie in Österreich, Reinhard Müller, agso.uni-graz.at
16 Bernd-Rainer Barth/Werner Schweizer: »Der Fall Noel Field. Schlüsselfigur der Schauprozesse in Osteuropa«, Band 1, Berlin 2005
17 Rémi Kauffer: Les femmes de l'ombre – L'histoire occultée des espionnes, Paris 2019
18 Wladislaw Hedeler, Inge Münz-Koenen (Hg.): »Ich kam als Gast in euer Land gereist. Deutsche Hitlergegner als Opfer des Stalinterrors«, Berlin 2013
19 Aus dem Bericht eines Inspektors Schmid vom Polizeidienst der Schweizer Bundesanwaltschaft »In Sachen: Berger, Helene, betreffend nachrichtendienstliche Tätigkeit für die Rote Kapelle« vom 8. Februar 1958. Zitiert nach Barth/Schweizer: »Der Fall Noel Field«
20 Tamara Ehs: Die Vertreibung der ersten Staatswissenschafter – Helene Lieser und Johann Sauter. In: Franz Stefan Meissel/Thomas Olechowski/Ilse Reiter-Zatloukal/Stefan Schima (Hg.): »Vertriebenes Recht – Vertreibendes Recht« Zur Geschichte der Wiener Rechts- und Staatswissenschaftlichen Fakultät zwischen 1938 und 1945, Wien 2012
21 Radomír Luža: Der Widerstand in Österreich 1938–1945, Wien 1985
22 Radomír Luža: Der Widerstand in Österreich 1938–1945
23 Bestätigung Beckers vom 16. Juni 1945, zitiert nach Elisabeth Jauk
24 Kristen Renwick Monroe: The Hand of Compassion, Princeton 2004. Die Gespräche fanden laut Monroe »in den späten 1980er- und frühen 1990er-Jahren« statt.
25 Kristen Renwick Monroe: The Hand of Compassion
26 Elisabeth Jauk: Dissertation über Hans Becker
27 Johannes Eidlitz: »Das Radl ist sozusagen plötzlich gelaufen« – DÖW-Serie »Erinnern« www.doew.at
28 Brief von der Erzdiözese Wien, Bauamt, an Hans Becker, vom 23. Juni 1943
29 Christian F. Feest: Hans Becker – Ethnologie und Widerstand. In: Andre Gingrich, Peter Rohrbacher (Hg.): Völkerkunde zur NS-Zeit aus Wien (1938–1945), Wien 2021. Laut Feest handelte es sich beim Absender des Briefes um den für Bauangelegenheiten zuständigen Domvikar Alois Penall.

30 Hans Becker: Honorarnote an die Finanzkammer der Erzdiözese Wien, 3. August 1944
31 Christian F. Feest: Hans Becker – Ethnologie und Widerstand Becker, Brief an Hauptschriftleiter Wolfgang Schwarz in Berlin, 17. November 1942, PAFL, Kopie
32 Christian F. Feest: Hans Becker – Ethnologie und Widerstand
33 Äußerung von Hans Becker gegenüber seinem Verleger, zitiert nach Elisabeth Jauk
34 Barbara Plankensteiner: Vom Rampenlicht in die Unauffälligkeit: Etta Becker-Donner und der Widerstand am Wiener Museum für Völkerkunde. In: Andre Gingrich, Peter Rohrbacher (Hg.): »Völkerkunde zur NS-Zeit aus Wien (1938–45): Institutionen, Biographien und Praktiken in Netzwerken«, Wien 2021
35 Naturhistorisches Museum Wien nhm-wien.ac.at/forschung/mineralogie__petrographie/geschichte/nach_dem_1_weltkrieg/hermann_michel
36 Zitiert nach Plankensteiner: Rampenlicht
37 Plankensteiner: Rampenlicht
38 Biografie laut planetportugal.blogspot.com/2012/02/in-memoriam-infantin-maria-adelaide-de_25.html
39 Raquel Ochoa: A Infanta Rebelde, Lissabon 2011
40 Raquel Ochoa: Infanta
41 Zitiert nach Raquel Ochoa: Infanta

18 Schießerei am Saarplatz

1 biografiA – Biografische Datenbank und Lexikon österreichischer Frauen, biografia.sabiado.at
2 Bernhard Stillfried im Interview mit Elisabeth Jauk am 4. Juli 1989
3 Hans Becker: Österreichs Freiheitskampf, Wien 1946
4 Siehe u. a. die Website der Freiweilligen Feuerwehr Bad Vöslau, ffbv.at, und die Industriedokumentation, schlot.at
5 Bernhard Stillfried im Interview 1989
6 Hans Becker: Österreichs Freiheitskampf, Wien 1946
7 Otto Molden: Der Ruf des Gewissens, Wien 1958
8 Zitiert nach Elisabeth Jauk, bei der Frau Hrdlicka allerdings den Vornamen Mathilde trägt.
9 Bernhard Stillfried im Interview 1989
10 Johannes Eidlitz: »Das Radl ist sozusagen plötzlich gelaufen«. doew.at/erinnern/biographien/erzaehlte-geschichte
11 Barbara Stelzl-Marx: Carl Szokoll und die Operation »Radetzky«, DÖW-Jahrbuch, Wien 2009
12 Fritz Molden: Fepolinski & Waschlapski, Wien 1997
13 Bernhard Stillfried im Interview mit Elisabeth Jauk am 4. Juli 1989
14 Radomír Luža: Der Widerstand in Österreich 1938–1945, Wien 1985

15 Bernhard Stillfried im Interview 1989
16 Dr. Jörg Unterreiner im Interview mit Elisabeth Jauk, 5. Jänner 1990
17 Elisabeth Jauk: Dissertation über Hans Becker, Wien 1990
18 Gudula Walterskirchen: Blaues Blut für Österreich, Wien 2000
19 Christian Dürr: Das KZ-System Mauthausen 1938–1945, Wien 2006
20 Hans Maršálek: Die Geschichte des Konzentrationslagers Mauthausen, Wien 2006
21 Bertrand Perz: Der Todesmarsch von Wiener Neudorf nach Mauthausen. DÖW-Jahrbuch, Wien 1988, zitiert nach Dürr
22 Handschriftlicher Bericht Beckers, zitiert nach Elisabeth Jauk
23 Hans Maršálek im Interview mit Elisabeth Jauk, 24. Mai 1989
24 Elisabeth Jauk: Dissertation über Hans Becker

19 Der verratene Aufstand

1 Christhard Schneider: »Die Rolle der O5 während des Krieges und danach«, Masterarbeit Uni Wien 2012
2 Barbara Stelzl-Marx: »Stalins Soldaten in Österreich. Die Innensicht der sowjetischen Besatzung 1945–1955«, Wien/München 2012
3 Barbara Stelzl-Marx: Stalins Soldaten in Österreich
4 Barbara Stelzl-Marx: Stalins Soldaten in Österreich
5 OSS: Current Intelligence Study No. 9, 13. April 1945, cia.gov/readingroom
6 Barbara Stelzl-Marx: Stalins Soldaten in Österreich
7 Radomír Luža: Der Widerstand in Österreich 1938–1945, Wien 1985
8 Oliver Rathkolb: Raoul Bumballa, ein politischer Nonkonformist, Wien/Salzburg 1985
9 Adolf Schärf: April 1945 in Wien, Wien 1948
10 Radomír Luža: Der Widerstand in Österreich 1938–1945
11 Barbara Stelzl-Marx: Stalins Soldaten in Österreich
12 Oliver Rathkolb: Raoul Bumballa, ein politischer Nonkonformist
13 Iakovos Kambanellis: Die Freiheit kam im Mai (Originaltitel: Mauthausen). Aus dem Griechischen von Elena Strubakis, Wien 2010
14 Siehe dazu auch www.mauthausen-memorial.org
15 Hans Becker: »Report on my Experience in the Concentration Camps at Dachau and Mauthausen«, US National Archives. Siehe auch: Oliver Rathkolb (Hg.): Gesellschaft und Politik am Beginn der Zweiten Republik, Wien 1985. Aussage Hans Beckers vor der US-Militäradministration 1945 (in englischer Sprache).
16 Elisabeth Jauk: Dissertation über Hans Becker
17 Hans Becker: Brief aus Mauthausen. Kopie im Privatarchiv Franka Lechner
18 Elisabeth Jauk: Dissertation
19 Franz Lugmayer: »So blieb mir nichts anderes übrig, als die Enns zu durchschwimmen – Herbert Braunsteiner – ein Bote aus Wien für ein geeintes Österreich«, Eurojournal Linz, 11. Jahrgang, Heft 1, 2005

20 Oliver Rathkolb (Hg.): Gesellschaft und Politik am Beginn der Zweiten Republik, Wien 1985. Edwin B. Howard, Intelligence Summary No. 4, Austrian People's Party in Salzburg Province
21 Elisabeth Jauk: Dissertation
22 Elisabeth Jauk: Interview mit Wilhelm Thurn und Taxis, 17. Oktober 1989
23 Elisabeth Jauk: Dissertation
24 »Protokoll der Delegation Dr. Becker«, DÖW 12032/4

20 Wackeliger Neubeginn

1 Oliver Rathkolb: Raoul Bumballa, ein politischer Nonkonformist, Wien/Salzburg 1985
2 Briefe der ÖVP an Hans Becker vom 28. Juni und 27. August 1945, PAFL
3 Neue Zeit, Wochenblatt der steirischen SPÖ, 17. November 1945
4 People's Party Hit by Sudden Resignation of Bumballa. In: The New York Times, 12. November 1945
5 Oliver Rathkolb: Raoul Bumballa, ein politischer Nonkonformist
6 Brief von Hans Becker an Raoul Bumballa, PAFL, Kopie
7 Umrechnung laut www.eurologisch.at
8 »Unterstaatssekretär a.D. Bumballa verhaftet«. Neues Österreich, 24. Dezember 1946. Weitere Berichte am 23. und am 31. Jänner sowie am 7. Februar 1946
9 Elisabeth Euler: Antifaschismus und Widerstand in Österreich anhand der drei Biografien Raoul Bumballa, Emanuel Treu, Albrecht Gaiswinkler. Dissertation, Wien 2014
10 Oliver Rathkolb: Raoul Bumballa, ein politischer Nonkonformist
11 Elisabeth Jauk: Interview mit Carl Szokoll, 20. Juni 1989
12 Benachrichtigung des Landesgerichts für Strafsachen, Wien, an Hans Becker. 9. April 1946, DÖW 12032/1b
13 Mitteilungen der Österreichischen Liga demokratischer Freiheitskämpfer«, Nummer 2. Wien, Jänner 1946
14 Rot-Weiss-Rot-Buch – Gerechtigkeit für Österreich!, Wien 1946
15 »Dekoration für Freiheitskämpfer« – Pro-Memoria-Manuskript von Hans Becker. Ohne Datum, aber wohl aus dem Jahr 1946. DÖW 12032/8
16 »Österreichs Beitrag zum Befreiungskampf«. Neues Österreich, 22. Februar 1946
17 Elisabeth Jauk: Dissertation über Hans Becker, Wien 1990
18 »Das Kriegsende 1945 in Tirol« – Tiroler Landesarchiv 2005, www.tirol.gv
19 Fritz Molden: Fepolinski und Waschlapski auf dem berstenden Stern, Wien 1997
20 Peter Pirker: Codename Brooklyn. Jüdische Agenten im Feindesland. Die Operation Greenup 1945, Innsbruck/Wien 2019
21 Hans Haider: Leutnant Franz Weber springt ab. Die Presse, 13. Februar 1988, zitiert nach Peter Pirker
22 Barbara Stelzl-Marx: Stalins Soldaten in Österreich

23 Berthold Molden im Gespräch mit Erhard Stackl, 25. April 2022
24 »The memory of the Gulag erased that of the revolutions, the memory of the Holocaust replaced that of antifascism and the memory of slavery eclipsed that of anticolonialism: the remembrance of the victims seems unable to coexist with the recollection of their struggles, of their conquest and their defeats.« Enzo Traverso: »European Memories. Entangled Perspectives«. In: Jürgen Mittag et al. (Hg.): The Memory of Labour and Social Movements. A Global Perspective, Leipzig: Akademische Verlagsanstalt 2011
25 Enzo Traverso: Im Bann der Gewalt. Der europäische Bürgerkrieg 1914–1945, Paris 2007, deutsche Ausgabe München 2008
26 Eric Hobsbawm: Das Zeitalter der Extreme: Weltgeschichte des 20. Jahrhunderts, Berlin 1995
27 Eric Hobsbawm: Das Zeitalter der Extreme

21 Gerichte und Familiengeschichte

1 Präsidium des Bundesministeriums für Handel und Wiederaufbau, Schreiben an Hans Becker, 5. Februar 1946, PAFL, Kopie
2 Brigitte Suchan: Der Traum vom Urlaub. Österreich 1945, Wiener Zeitung, 23. April 2005
3 Elisabeth Jauk: Dissertation über Hans Becker, Wien 1990
4 Hans Becker: Die wirtschaftliche Bedeutung des Fremdenverkehrs. Manuskript zum Vortrag an der »Hochschule für Welthandel« Wien, gehalten am 5. November 1946. DÖW 12032/8
5 www.austriatourism.com/ueber-uns
6 Brief von Hans Becker an »Don Carlos«, 15. Juni 1946, DÖW 12032/4
7 Barbara Plankensteiner: Vom Rampenlicht in die Unauffälligkeit: Etta Becker-Donner und der Widerstand am Wiener Museum für Völkerkunde. In: Andre Gingrich, Peter Rohrbacher (Hg.): »Völkerkunde zur NS-Zeit aus Wien«, Wien 2021
8 Strafanzeige Beckers gegen Walter Pichl. 17. Juli 1946, PAFL, Kopie
9 Barbara Plankensteiner: »Vom Rampenlicht in die Unauffälligkeit«
10 Österreichische Staatsdruckerei: »Der Hochverratsprozess gegen Dr. Guido Schmidt vor dem Wiener Volksgericht. Die gerichtlichen Protokolle.«, Wien 1947
11 Hellmut Butterweck: Wiener Volksgericht 1945. Österreichs janusköpfige NS-Justiz, Die Furche, 12. August 2020
12 Neues Österreich, 27. Februar 1945
13 Protokollierte Aussage Hans Beckers im »Hochverratsprozess gegen Dr. Guido Schmidt«
14 Hans Becker: Österreichs Freiheitskampf, Wien 1946
15 Protokollierte Aussage Guido Schmidts im Hochverratsprozess
16 Magdalena Neumüller: Diskursanalyse des Hochverratsprozesses gegen Dr. Guido Schmidt, Diplomarbeit an der Universität Wien 2012

17 Brief von Helene Lieser an Hans Becker, undatiert, aber vermutlich von Anfang 1946, PAFL, Kopie
18 Jean-Jacques Langendorf über die FÖB im Historischen Lexikon der Schweiz. hls-dhs-dss.ch/de
19 Claudia Hoerschelmann: Exilland Schweiz. Lebensbedingungen und Schicksale österreichischer Flüchtlinge 1938 bis 1945, Innsbruck 1997
20 Zitiert nach Claudia Hoerschelmann: Exilland Schweiz
21 Elisabeth Euler: Antifaschismus und Widerstand in Österreich anhand der drei Biografien Raoul Bumballa, Emanuel Treu, Albrecht Gaiswinkler. Dissertation an der Universität Wien 2014. Siehe auch: Eintragung zu Emanuel Treu im Gedenkbuch für die Opfer des Nationalsozialismus an der Universität Wien 1938, Kategorie vertriebene Studenten. gedenkbuch.univie.ac.at
22 Briefe von Alma Mahler-Werfel an Hans Becker vom 18. März und vom 21. Juni 1946, PAFL, Kopien
23 Quelle: austria-forum.org/af/AustriaWiki/Franz_Werfel
24 Brief Beckers an Alma Mahler-Werfel, 17. Mai 1946, PAFL, Kopie
25 Original des Alma-Briefs im DÖW, 12032/7
26 Laut austria-forum.org/af/AustriaWiki/Franz_Werfel
27 Drei handschriftliche Briefe von Klaus Becker an seinen Vater, datiert mit 3. und 7. August sowie mit 21. Dezember 1946, PAFL
28 Brief von Klaus Becker an Hans Becker vom 3. August 1946, PAFL
29 Brief von Klaus Becker an Hans Becker vom 7. August 1946, PAFL
30 Brief von Gertrude Wickerhauser-Lederer an Hans Becker vom 12. März 1947, PAFL

22 Finale in Chile

1 Brief von Edmund Weber an Leopold Figl, 18. November 1946, PAFL, Kopie
2 Lebenslauf Hans Becker 1946, PAFL, Kopie
3 Elisabeth Jauk: Interview mit Karl Gruber, 6. Juli 1989
4 Dienstzettel des Wiener Außenministeriums für Beckers Einsatz in Rio, PAFL, Kopie
5 Brief von Hans Becker an Jörg Unterreiner vom 15. September 1948, zitiert nach Elisabeth Jauk
6 »Vertraulich« – anonymes Schreiben im Personalakt Hans Becker, österreichisches Staatsarchiv (ÖStA)
7 Zitiert nach: Ursula Prutsch, Klaus Zeyringer: »Die Welten des Paul Frischauer«, Wien 1997
8 Gesandter Karl Retschek aus Rio an das Bundeskanzleramt, Ministerium für Auswärtige Angelegenheiten, 13. August 1947, Personalakt Hans Becker, ÖStA
9 Edith Blaschitz: Auswanderer, Emigranten, Exilanten – die österreichische Kolonie in Buenos Aires. Diplomarbeit Uni Wien 1992

10 Brief von Hans Becker an das Bundeskanzleramt, Ministerium für Auswärtige Angelegenheiten, vom 15. November 1947, Personalakt Hans Becker, ÖStA

11 Ursula Prutsch: Wer war Fritz Mandl? Waffen, Nazis und Geheimdienste, Wien 2022

12 Ernennungsdekret von Bundeskanzler Leopold Figl, 15. Dezember 1947, DÖW 12032/5

13 Brief von Becker an Unterreiner vom 15. September 1948, zitiert nach Elisabeth Jauk

14 »Es waren Österreichs Feinde, die uns vertrieben« – Alfredo Bauer im Gespräch mit Erhard Stackl. derStandard.at, 23. Oktober 2009

15 Edith Blaschitz: Auswanderer, Emigranten, Exilanten

16 Brief von Dr. Adolfo Weiss, Cordoba; an Hans Becker, 12. Mai 1947, PAFL, Kopie

17 Edith Blaschitz: Auswanderer, Emigranten, Exilanten

18 Brief von Ing. Alejandro Langer, Salta, an Hans Becker, 23. November 1947 DÖW 12032/5

19 Brief von Hermann Schefter, Zürich, an Hans Becker, 4. März 1947

20 www.aposphere.at/ueber-uns/

21 Peter Feldmann: »Das Wunder des Überlebens«. Die Geschichte von Karl Feldmann (1884–1959) www.nationalfonds.org/peter-feldmann

22 Karl Feldmann, Ansprache namens Austria Libre/Union Austríaca zur Begrüßung Beckers. Santiago de Chile, 28. Mai 1948. Handschriftliches Manuskript. Kopie, die von der österreichischen Botschaft in Chile 2010 an die Familie Lechner geschickt wurde, PAFL

23 Austria Libre auf der Website der Botschaft: www.bmeia.gv.at/oeb-santiago-de-chile/oesterreich-in-chile/

24 Zitiert nach: Edith Blaschitz: Auswanderer, Emigranten, Exilanten

25 Hans Becker: Wirtschaft Südamerikas, Studie für das Außenministerium, 11. März 1947, zitiert nach Elisabeth Jauk.

26 Zeitung »El Imparcial«, Santiago de Chile, 12. Juni 1948, DÖW 12032/1b

27 Dr. Fritz Kalmar, Bolivien: Bericht über Vorgänge in Cochabamba, an die »Legación de Austria« in Chile. 10. August 1948, PAFL, Kopie

28 Hans Becker, Santiago: Brief an Außenminister Karl Gruber, PAFL, Kopie

29 Legationsrat Hans Becker: Eidesstattliche Erklärung. Santiago, 8. November 1948, Personalakt Becker, ÖStA

30 Brief des Unterrichtsministeriums (gez. Hurdes) an Etta Becker Donner, 28. April 1948, PAFL

31 Etta Becker: Brief an das Unterrichtsministerium in Wien, 18. September 1948, PAFL

32 Etta Becker Donner, Brief an »Helga und Ali«, Santiago, 15. April 1949, PAFL

33 Otto Springer, Frankfurt am Main, Brief an Hans Becker, 26. Oktober 1948, PAFL, Kopie

34 Prof. Dr. Dr. Richard Kerschal, Brief an Hans Becker, 2. Oktober 1948 und Dr. Friedrich Funder, Brief an Becker vom 2. September 1948, PAFL

35 Franz Dostal aus Bregenz an Hans Becker, 17. November 1948

36 Johann Gundeger Herberstein, Graz, Brief an Hans Becker, 8. November 1948 DÖW 120322/5
37 Hans Becker: Weihnachtswünsche an Karl Gruber und Leopold Figl, 13. Dezember 1948, PAFL
38 Aus dem chilenischen Polizeibericht. In deutscher Übersetzung von Chiles Gesandtschaft in Wien mit dem Datum 27. Dezember 1948 an das österreichische Außenministerium BKA-AA übermittelt. Personalakt Hans Becker, Österreichisches Staatsarchiv (ÖStA).
39 Christian F. Feest: Hans Becker – Ethnologie und Widerstand. In: Andre Gingrich, Peter Rohrbacher (Hg.): Völkerkunde zur NS-Zeit aus Wien (1938–1945), Wien 2021
40 Cristián Palacios: »La criminalidad no tan ignorada: Guillermo Beckert«. In: Palacios/Leyton (eds.). Industria del delito. Historia de las ciencias criminológicas en Chile, Santiago de Chile 2014
41 Cristián Palacios über Guillermo (=Wilhelm) Beckert
42 Otto Springer: Brief an die Forschungsstelle 20.Juli, Berlin, vom 14. Juni 1982; Fritz Molden: Brief an Wolfgang Neugebauer, 9. Mai 1989. Beides unter DÖW 21574
43 Information des Innenministeriums in Wien, 22. Dezember 1948, Personalakt Hans Becker ÖStA
44 Lebenslauf von Leo Sikorskyj, übermittelt von der österreichischen Gesandtschaft in Chile, 1. März 1949. Personalakt Becker, ÖStA
45 Ukraine: Kollaboration mit den NS-Besatzern. Le Monde diplomatique 10. August 2007
46 Aktenvermerk der Aussage von Hilde Sikorskyj in der österreichischen Gesandtschaft in Chile, 1. März 1949, Personalakt Becker, ÖStA
47 Information des Innenministeriums in Wien, 22. Dezember 1948. Personalakt Hans Becker ÖStA
48 Bericht der Kriminalabteilung der Polizeidirektion Wien zu Hilde Sikorskyj vom 18. Dezember 1948, Personalakt Becker, ÖStA
49 Bericht der Kriminalabteilung
50 Aktenvermerk der Aussage von Hilde Sikorskyj in Chile
51 Information des Innenministeriums in Wien, 22. Dezember 1948
52 Information des Innenministeriums
53 Etta Becker Donner, Brief an »Helga und Ali«, Santiago, 15. April 1949
54 Aktenvermerk zu Interventionen für Etta Becker Donner vom 15. Mai 1949, Personalakt Becker, ÖStA
55 Brief von Bernhard Joseph Kripp an das Außenministerium in Wien vom 5. Mai 1949, Personalakt Becker, ÖStA
56 Aus dem Akt »Becker Hans Sidonius – Ableben; Versorgung der Hinterbliebenen«, der am 14. Juli 1949 an das Finanzministerium weitergeleitet wurde, Personalakt Becker, ÖStA
57 Österr. Bundeskanzleramt, Auswärtige Angelegenheiten. Schreiben an das Finanzministerium zum Fall Becker. 14. Juli 1949, Personalakt Becker ÖStA

58 Tim Kirk: Neue Sichtweisen zu Gemeinschaft, Autorität und Widerstand gegen den Faschismus in Österreich. In: Heinrich Berger, Melanie Dejnega, Regina Fritz (Hg.): Politische Gewalt und Machtausübung im 20. Jh. Festschrift für Gerhard Botz, Köln 2011

59 Viktor Matejka: Widerstand ist alles. Notizen eines Unorthodoxen, Wien 1984

60 Viktor Matejka im Gespräch mit Elisabeth Jauk am 7. April 1989

61 Siehe auch: Eintrag zu Viktor Matejka auf www.geschichtewiki.wien.gv.at

62 Helga Perz im Gespräch mit Viktor Matejka, 24-minütige ORF-Radiosendung vom 22. Februar 1977 auf www.mediathek.at

63 Franka Lechner im Gespräch mit dem Autor, 30. Mai 2022

BIBLIOGRAFIE

Becker, Alois Ritter von: Arktische Reise der englischen Yacht Pandora im Jahre 1876, unter Commando des Capitain Sir Allen Young, Pola/Wien 1878

Becker, Hans Sidonius: »Lengua und Kaiotugui«. In: Zeitschrift für Ethnologie, 74. Jahrgang, Berlin 1941

Becker, Hans: Österreichs Freiheitskampf, Wien 1946

Benz, Wolfgang: Der deutsche Widerstand gegen Hitler, München 2019

Black, Edwin: IBM and the Holocaust: The Strategic Alliance Between Nazi Germany and America's Most Powerful Corporation, New York, 2001

Blair Brysac, Shareen: Resisting Hitler. Mildred Harnack and the Red Orchestra, New York 2000

Blasl, Walter; Tötschinger, Bernhard: Die k. u. k. Luftfahrttruppen, Schleinbach 2017

Brecht, Bertolt: Arbeitsjournal 1942–1955, Frankfurt a. M. 1993

Bukey, Evan Burr: Hitler's Austria. Popular Sentiment in the Nazi Era, London 2000

Canetti, Elias: Das Augenspiel, Frankfurt a. M. 1988

Chrastek, Peter; Boeckl, Matthias; Widder, Roland (Hg.): Sammlung Chrastek – Hagenbund, Weitra 2019

Csoklich, Fritz; Opis, Matthias: Karl Maria Stepan, Graz 2001

De Miguel, Carlos Hernández: Los últimos españoles de Mauthausen, Barcelona 2015

Dürr, Christian: Das KZ-System Mauthausen 1938–1945, Wien 2006

Feest, Christian F.: Faded Tracks of Austrian Anthropology. Hans Sidonius (von) Becker. In: Histories of Anthropology Annual, Volume 12, Lincoln (Nebraska) and London 2018

Feest, Christian F.: Hans Becker – Ethnologie und Widerstand. In: Andre Gingrich, Peter Rohrbacher (Hg.): Völkerkunde zur NS-Zeit aus Wien, Wien 2021

Fischer, Ernst: Erinnerungen und Reflexionen, Frankfurt 1990

Fischer, Jens Malte: Karl Kraus. Der Widersprecher, Wien, 2020

Foot, M.R.D.: Resistance. European Resistance to the Nazis, 1940–1945, London 1976

Gausterer, Tanja; Atze, Marcel (Hg.): Im Schatten von Bambi. Felix Salten entdeckt die Wiener Moderne, Salzburg 2020

Gostner, Erwin: 1000 Tage im KZ. Ein Erlebnisbericht aus den Konzentrationslagern Dachau, Mauthausen und Gusen, Mannheim 1946

Hedeler, Wladislaw; Münz-Koenen, Inge (Hg.): Ich kam als Gast in euer Land gereist. Deutsche Hitlergegner als Opfer des Stalinterrors, Berlin 2013

Henz, Rudolf: Fügung und Widerstand, Graz 1981

Hilmes, Oliver: Witwe im Wahn. Das Leben der Alma Mahler-Werfel, München 2004

Hobsbawm, Eric: Das Zeitalter der Extreme: Weltgeschichte des 20. Jahrhunderts, Berlin 1995

Hoerschelmann, Claudia: Exilland Schweiz. Lebensbedingungen und Schicksale österreichischer Flüchtlinge 1938 bis 1945, Innsbruck 1997
Huber, Andreas; Erker, Linda; Taschwer, Klaus: Der Deutsche Klub. Austro-Nazis in der Hofburg, Wien 2020
Husslein-Arco, Agnes; Boeckl, Matthias; Krejci, Harald (Hg.): Hagenbund. Ein europäisches Netzwerk der Moderne 1900–1938. Ausstellungskatalog, Wien 2014
Jelinek, Gerhard: Es gab nie einen schöneren März. 1938, 30 Tage bis zum Untergang, Wien 2017
Kalisch, Hannes; Unruh, Ernesto: Wie schön ist deine Stimme. Berichte der Enlhet in Paraguay zu ihrer Geschichte, Berlin 2014
Kambanellis, Iakovos: Die Freiheit kam im Mai. Deutsch von Elena Strubakis, Wien 2010
Kammerstätter, Johannes; Diesenberger, Nina: Das Erbe lebt. Tragbares Vaterland, Band 4, Wieselburg 2019
Kauffer, Rémi: Les femmes de l'ombre – L'histoire occultée des espionnes, Paris 2019
Kirk, Tim: Neue Sichtweisen zu Gemeinschaft, Autorität und Widerstand gegen den Faschismus in Österreich. In: Heinrich Berger, Melanie Dejnega, Regina Fritz (Hg.): Politische Gewalt und Machtausübung im 20. Jh. – Festschrift für Gerhard Botz, Köln 2011
Knittler, Norbert: Der verlorene Koffer. Eine Geschichte der österreichischen Freimaurerei während des Nationalsozialismus, Wien 2004
Kodek, Günter K.: Zwischen verboten und erlaubt. Chronik der Freimaurerei, Wien 2009
Kuretsidis-Haider, Claudia; Leo, Rudolf: »dachaureif«. Der Österreichertransport aus Wien in das Konzentrationslager Dachau am 1. April 1938, Wien 2019
Lackner, Herbert: Als die Nacht sich senkte. Europas Dichter und Denker zwischen den Kriegen und am Vorabend von Faschismus und NS-Barbarei, Wien 2019
Lein, Hermann: Als Innitzer-Gardist in den KZs Dachau und Mauthausen, Freiburg 1989
Luža, Radomír: Der Widerstand in Österreich 1938–1945, Wien 1985
Mahler-Werfel, Alma: Mein Leben, Wien 1963
Maršálek, Hans: Die Geschichte des Konzentrationslagers Mauthausen, Wien 2006
Matejka, Viktor: Widerstand ist alles, Wien 1984
Messinger, Irene: Schein oder Nicht Schein. Konstruktion und Kriminalisierung von »Scheinehen« in Geschichte und Gegenwart, Wien 2012
Mises, Margit von: Ludwig von Mises. Der Mensch und sein Werk, München 1981
Mitteräcker, Hermann: Kampf und Opfer für Österreich, Wien 1963
Molden, Berthold über Fritz Molden. In: Karl Schwarzenberg (Hg.): Fepolinski revisited, Wien 1999
Molden, Fritz: Die Feuer in der Nacht, Wien 1988
Molden, Fritz: Fepolinski & Waschlapski auf dem berstenden Stern, Wien 1997
Molden, Otto: Der Ruf des Gewissens, Wien 1958
Monroe, Kristen Renwick: The Hand of Compassion, Princeton 2004
Moore, Bob (Hg.): Resistance in Western Europe, Oxford/New York 2000

Muchitsch, Max: Partisanengruppe Leoben-Donawitz, Wien 1966
Mugrauer, Manfred: »Eine Bande von Gaunern, Schwindlern und naiven Leuten«. Die Widerstandsbewegung O5 und die Kommunistische Partei Österreichs. DÖW-Jahrbuch, Wien 2016
Natter, Tobias Günter: Hagenbund. Die verlorene Moderne, Wien 1993
Neugebauer, Wolfgang: Der österreichische Widerstand 1938–1945, Wien 2008, Neuauflage 2015
Neugebauer, Wolfgang; Schwarz, Peter: Stacheldraht, mit Tod geladen. Der erste Österreichertransport in das KZ Dachau, Wien 2008
Ochoa, Raquel: A Infanta Rebelde – Maria Adelaide de Bragança (Roman), Lissabon 2011
Ohler, Norman: Harro und Libertas. Eine Geschichte von Liebe und Widerstand, Köln 2021
Österreichische Staatsdruckerei: Der Hochverratsprozess gegen Guido Schmidt, Wien 1947
Palacios, Cristián: La criminalidad no tan ignorada: Guillermo Beckert. In: Palacios/ Leyton (Hg.): Industria del delito. Historia de las ciencias criminológicas en Chile, Santiago de Chile 2014
Patka, Marcus G.: Österreichische Freimaurer im Nationalsozialismus, Wien 2010
Peham, Andreas: Antisemitismus in Österreich, Wien 2019
Peidro, Jordi: Mauthausen, Wien 2019
Pilátová, Markéta: Mit Bat'a im Dschungel (Roman), Klagenfurt 2020
Pirker, Peter: Codename Brooklyn. Jüdische Agenten im Feindesland. Die Operation Greenup 1945, Innsbruck/Wien 2019
Pirker, Peter; Martin-Smith, Patrick: Widerstand vom Himmel. Österreicheinsätze des britischen Geheimdienstes SOE 1944, Wien 2004
Plankensteiner, Barbara: Vom Rampenlicht in die Unauffälligkeit. Etta Becker-Donner und der Widerstand am Wiener Museum für Völkerkunde. In: Andre Gingrich, Peter Rohrbacher (Hg.): Völkerkunde zur NS-Zeit aus Wien (1938–1945), Wien 2021
Rathkolb, Oliver (Hg.): Gesellschaft und Politik am Beginn der Zweiten Republik, Wien 1985
Rathkolb, Oliver: Die paradoxe Republik, Wien 2015
Rathkolb, Oliver: Raoul Bumballa, ein politischer Nonkonformist 1945. In: Rudolf G. Ardelt, Wolfgang J. A. Huber, Anton Staudinger (Hg.): Unterdrückung und Emanzipation. Festschrift für Erika Weinzierl, Wien/Salzburg 1985
Reder, Christian: Deformierte Bürgerlichkeit, Wien 2016
Reichhold, Ludwig: Kampf um Österreich, Wien 1984
Rudich, Pablo: Dazwischendasein, Wien 2019
Schärf, Adolf: April 1945 in Wien, Wien 1940
Schärf, Paul: Otto Haas. Ein revolutionärer Sozialist gegen das Dritte Reich, Wien 1967
Schefter, Hermann Heinrich: Yankees und Indianer, Wien 1927
Schuschnigg, Kurt: Ein Requiem in Rot-Weiß-Rot, Wien 1978

Steinmann, Axel: Franz Is Here! Katalog zur Ausstellung über Franz Ferdinands Reise um die Erde im Weltmuseum, Wien 2014

Stelzl-Marx, Barbara: Carl Szokoll und die Operation »Radetzky«, DÖW-Jahrbuch, Wien 2009

Stelzl-Marx, Barbara: New Soviet Sources on Major Szokoll and Austrian Military Resistance during World War II. In: Günter Bischof, Fritz Plasser, Babara Stelzl-Marx (Hg.): New Perspectives on Austrians and World War II, New Brunswick & London 2009

Stelzl-Marx, Barbara: Stalins Soldaten in Österreich. Die Innensicht der sowjetischen Besatzung 1945–1955, Wien/München 2012

Suchy, Irene: Lilly Lieser – eine Übersehene. In: Österreichische Musikzeitschrift, 10. Jahrgang, Wien 10/2000

Tálos, Emmerich: Das austrofaschistische Herrschaftssystem. Österreich 1933–38, Wien/Berlin 2013

Traverso, Enzo: Im Bann der Gewalt. Der europäische Bürgerkrieg 1914–1945, München 2008

Treichl, Heinrich: Fast ein Jahrhundert. Erinnerungen, Wien 2003

Ungar-Klein, Brigitte: Schattenexistenz. Jüdische U-Boote in Wien 1938-1945, Wien 2019

Velikić, Dragan: Via Pula (Roman), Klagenfurt 2000

Walterskirchen, Gudula: Blaues Blut für Österreich. Adelige im Widerstand, Wien 2000

Weinzierl, Erika: Der österreichische Widerstand 1938–1945. In: Erika Weinzierl, Kurt Skalnik (Hg.): Das neue Österreich. Geschichte der Zweiten Republik, Graz/Wien 1975

Wohnout, Helmut: Politischer Katholizismus und Antisemitismus. In: Gertrude Enderle-Burcel, Ilse Reiter-Zatloukal (Hg.): Antisemitismus in Österreich 1933–1938, Wien 2018

Zámečník, Stanislav: Das war Dachau, Frankfurt 2007

Weitere Quellenangaben – zu Briefen, Dokumenten, universitären Texten, Zeitungsberichten und Online-Ressourcen – finden sich in den Anmerkungen.

BILDNACHWEISE

APA, Christian Skrein, brandstaetter images, picturedesk.com: S. 318

Dokumentationsarchiv des österreichischen Widerstandes: S. 111, 375

Erhard Stackl: S. 13, 88

Hans Becker, fotografiert von Wolfgang Thaler: S. 93, 95
Hans Sidonius Becker: Südamerikanische Landschaft (vermutlich Valle del Elqui im Norden Chiles). Öl auf Leinwand, 1948 [Foto: Wolfgang Thaler]: Vorsatz
Hans Sidonius Becker: KZ Mauthausen. Feder und Tusche auf Papier, 1940 [zur Verfügung gestellt vom Dokumentationsarchiv des österreichischen Widerstandes]: Nachsatz
Hans Sidonius Becker: Prozession (Kreuzigung), Öl auf Leinwand, ca. 1930 [Foto: Wolfgang Thaler]: Nachsatz

KHM-Museumsverband, Weltmuseum Wien: S. 230

Privatarchiv Franka Lechner: S. 41, 66, 292, 333, 347

Wikicommons: S. 9, 19, 45, 215, 293, 335

Zeitgenössische Postkarte: S. 54

Zeitungsausschnitte:
El Mercurio, Las Últimas Noticias (17.12.1948), Wiener Kurier (17.12.1948), New York Times (17.12.1948): S. 9
Das schwarze Korps (21.4.1938): S. 208
Las Noticias de Última Hora (17.12.1948): S. 360

DANKSAGUNG

Das einprägsame Stakkato »Etta Becker-Donner« erklang während meines Engagements für das Österreichische Lateinamerikainstitut immer wieder. Sie war die erste Präsidentin des LAI. Doch erst vor zwei Jahren wurde mir klar, dass Hans Becker, ihr meist nur nebenher erwähnter Ehemann, die treibende Kraft hinter der Widerstandsorganisation O5 war.

Seither bin ich in die Lebensgeschichte Hans Beckers eingetaucht. Geöffnet haben dieses Fenster Hans und Ettas Tochter, die Künstlerin Franka Lechner, sowie deren Söhne Christoph und Matthias. Sie haben mir, ohne Bedingungen, ihren Fundus an Dokumenten und Erinnerungsstücken zur Verfügung gestellt. Dafür danke ich ihnen sehr.

Originaldokumente konnte ich zudem im Dokumentationsarchiv des österreichischen Widerstands (DÖW) einsehen. Elisabeth Jauk hat schon 1990 ihre Dissertation über Hans Becker verfasst. Sie konnte auch noch mit Weggefährten Beckers Interviews führen, die hier, über die Doktorarbeit hinaus, erstmals zitiert werden.

Ich danke Elisabeth Jauk, wie auch dem Chef des Österreichischen Staatsarchivs, Helmut Wohnout, sowie seinen Mitarbeitern Dieter Lautner und Harald Fiedler. Neuere Erkenntnisse verdanke ich dem Ethnologen Christian F. Feest und – zur Person Etta Donner – der Ethnologin Barbara Plankensteiner. Bei den zeitgeschichtlichen Zusammenhängen stützte ich mich auf Arbeiten von Oliver Rathkolb.

In Chile half mir der Journalistik-Experte Juan Pablo Figueroa. Der junge Journalist Luciano Andrés Candia Labraña recherchierte in der Biblioteca Nacional. Eduardo Labarca, ein Schriftsteller und Freund, gab wertvolle Hinweise. In Kroatien unterstützten mich Darko Komšo, Direktor des Archäologischen Museums von Istrien, sowie seine Mitarbeiterinnen Katarina Zenzerović und Dunja Martić

Štefan. In Österreich haben zwei Freunde, der Ethnologe Georg Grünberg und der Historiker Rudolf Leo, dankenswerterweise heikle Kapitel gegengelesen.

Ich danke dem Team des Czernin-Verlags für die umsichtige Betreuung und ganz besonders meiner Frau Brigitte Fuchs, die mich mit Geduld auf meiner Reise ins Universum Becker begleitet hat.

Erhard Stackl
Wien, im August 2022

ERHARD STACKL

geboren 1948 in Mödling bei Wien. Studien an der Hochschule für Welthandel und an der Universität Wien. Freier Mitarbeiter beim Rundfunk, Gründungsmitglied beim »profil«. Ressortleiter Außenpolitik und stellvertretender »profil«-Chefredakteur, Recherchereisen nach Lateinamerika, Osteuropa und Asien. Ab 1991 beim »Standard«, dort Chef vom Dienst. Seit 2010 freier Journalist und Autor. Ausgezeichnet mit dem Humanitätspreis des Österreichischen Roten Kreuzes und mit dem Bruno-Kreisky-Preis für das politische Buch.